盛世的侧影

丁丑岁 马识途

一〇七岁马识途先生题字

锦里耆旧丛书

|杜|甫|评|传|

盛世的侧影

向以鲜 著

项目策划：舒　星
责任编辑：舒　星
责任校对：刘一畅
封面设计：蒋　浩
责任印制：王　炜

图书在版编目（CIP）数据

盛世的侧影：杜甫评传 / 向以鲜著. — 成都：四川大学出版社，2021.11（2023.9 重印）
（锦里耆旧丛书）
ISBN 978-7-5690-4707-3

Ⅰ．①盛… Ⅱ．①向… Ⅲ．①杜甫（712—770）—评传 Ⅳ．①K825.6

中国版本图书馆 CIP 数据核字（2021）第 085634 号

书　名	盛世的侧影——杜甫评传
著　者	向以鲜
出　版	四川大学出版社
地　址	成都市一环路南一段 24 号（610065）
发　行	四川大学出版社
书　号	ISBN 978-7-5690-4707-3
印前制作	四川胜翔数码印务设计有限公司
印　刷	成都市新都华兴印务有限公司
成品尺寸	155mm×235mm
插　页	1
印　张	26
字　数	439 千字
版　次	2021 年 12 月第 1 版
印　次	2023 年 9 月第 2 次印刷
定　价	118.00 元

版权所有　侵权必究

◆ 读者邮购本书，请与本社发行科联系。
　电话：(028)85408408/(028)85401670/
　(028)86408023　邮政编码：610065
◆ 本社图书如有印装质量问题，请寄回出版社调换。
◆ 网址：http://press.scu.edu.cn

四川大学出版社
微信公众号

张大千《杜少陵浣溪行吟图》（成都杜甫草堂博物馆藏）

茅屋為秋風所破歌 永泰元年

八月秋高風怒號,卷我屋上三重茅。茅飛度江灑江郊,高者挂罥長林梢,下者飄轉沉塘坳。南村群童欺我老無力,忍能對面為盜賊,公然抱茅入竹去。唇焦口燥呼不得,歸來倚杖自嘆息。俄頃風定雲墨色,秋天漠漠向昏黑。布衾多年冷似鐵,嬌兒惡臥踏裏裂。床屋漏無乾處,雨腳如麻未斷絕。自經喪亂少睡眠,長夜沾濕何由徹,安得廣廈千萬間,大庇天下寒士俱歡顏,風雨不動安如山。嗚呼何時眼前突

南宋刻本《草堂先生杜工部詩集》（成都杜甫草堂博物館藏）

蓬莱宫阙对南山承露金茎霄汉间西望瑶池降王母东来紫气满函关云移雉尾开宫扇日绕龙鳞识圣颜一卧沧江惊岁晚几回青琐照朝班

董其昌

[明] 董其昌草书《秋兴八首之五》
（成都杜甫草堂博物馆藏）

风林纤月落衣露净琴张高饮坐临真暗水流花径春星带草堂检书烧烛短看剑引杯长诗罢闻吴咏扁舟意不忘

果亭山人瑞图

[明]张瑞图草书《夜宴左氏庄》
（成都杜甫草堂博物馆藏）

理解杜甫的五十九种角度

程章灿

友人向以鲜兄是古典文学教授,也是活跃于当今诗坛的名家,一手治学,一手写诗,左右开弓,两手都有硬功夫,这是相当罕见的。我与以鲜兄缘分不浅。我们既是同庚,又是同年,还是同行。我们同于1963年出生,同于1970年至1979年在乡村接受中小学教育,同于1979年考上大学,同于1983年考上唐宋文学专业的硕士研究生。毕业之后虽然分配在不同高校,却同在古籍所工作,从事中国古代文学的教学和研究。更巧的是,我们还有一些共同的研究兴趣,比如在南宋诗人刘克庄和中国古代石刻文化研究方面,殊途同归,不谋而合。我与以鲜兄的初次见面迟至2018年,但这些重重叠叠的缘分,使我们一见如故。对他的诗作和学术著作,我也格外关注。

说来惭愧,我年轻的时候,也曾经是新诗的爱好者,近年来俗务牵扯,用来读新诗的时间越来越有限，读过的诗作能够留下印象的也越来越少。但以鲜兄的诗作例外，他的《观察西岭雪山的十三种方式》，我一读就赞叹不置，至今难忘：

> 打从杜甫看见之后／就再也没有融化过一滴／杜甫用干净的诗歌和眼神／磨亮天上的雪山／磨亮心中的冷／和爱／／其实，杜甫看见之前／就一直堆积在那儿／乌云堆积着白云／西风堆积着东风／你堆积着我／／现在或将来，它还在／必须在，不能不在／只是越来越不容易看见／遗世而立的白色君王／离成都越来越远／美，远离了美／雪远离雪／／不要责怪空气／不要责怪土地／不要责怪轰鸣／不要责怪慢慢退化的／视网膜／／我们浑浊的生活／遥远的理想／我们逝去的青春／无尽的欲望／我们蒙尘的明镜／推不开的西窗／／雪山与成都／隔着多少片深谷／我们与雪山／隔着多少重渊／／你想看到雪山／雪山不一定想让你看／你看得起雪山／雪山不一定看得起你／／西岭的雪山／晨光或暮色剪来的雪山／是白银、缘分和遗憾／炼成的内丹／饮一粒闻一次／就足以成仙／／要见到见不到的壮丽面孔／要见到冰雪的惊鸿／得下一番苦修的功夫／得落泪／落魄／／和雪山一起寂寞／和雪山一起崩塌／和雪山一起傲立／和雪山一起承受／和雪山一起反射／／最好把自己变成／雪山的一部分／你的眼里你的心里／你的呼吸你的谈吐／要飞雪／／悬浮千仞的象征／高不可攀／又触手可及／箴言般警醒的光辉／不可理喻／却透彻心扉／／西岭雪山啊／永不熄灭的蜀人灯盏／一年一年，一代一代／万古愁中白了头

这首诗表面上咏的是雪山，实际上咏的是杜甫，把诗中的西岭雪山替换成杜甫，没有丝毫违和。"两个黄鹂鸣翠柳，一行白鹭上青天。窗含西岭千秋雪，门泊东吴万里船。"这不是一首小小的绝句，古人都已经看出来了："此'千秋''万里'，是甚气概！"所以，这首小诗经得起反复吟诵，西岭雪山也经得起各种观察。以鲜兄的十三种观察方式，既是站在诗歌的立场之上，也是站在学术的立场之上。诵读着他的这些诗句，我感觉诗人已经幻化成西岭雪山，他的心在飞雪！

既然观察西岭雪山都可以有十三种方式，那么，理解杜甫自然可以有更多种方式、更多种角度，《盛世的侧影——杜甫评传》为此提供了确证。

在中国现代学术史上，为杜甫作传者不乏名家，闻一多、洪业、冯至、萧涤非、朱东润、陈贻焮、莫砺锋等，都是熠熠闪光的人物。闻一多和冯至两位更是现代文学史上杰出的诗人，他们为杜甫作传，代表了现代诗人理解古代诗圣的特殊方式。以鲜兄也是一位当代诗人，其硕士导师王达津教授是闻一多的弟子，论起来以鲜兄就是闻一多的再传弟子，而《盛世的侧影——杜甫评传》继承了闻一多、冯至以来现代诗人为古代诗圣作传的学术传统，是有渊源的。

千家注杜，万家评杜，学统文脉，绵延不绝。这部崭新推出的杜甫评传，随着21世纪第三个十年一起来到这个世界，为21世纪杜诗学史开创新篇。它全身上下充满创意，它的结构是新颖的，它的题目是新鲜的，它的视角是新辟的，它的文字是新奇的。全书不分章，只由59个小节组成，暗合杜甫59岁的一生。评传叙述大致按照杜甫的生平先后排列。每一节都有一个引人注目的好题目，每一个题目都是观察和理解杜甫的好角度。从书名"盛世的侧影"，到节名"童年的剑气""除夕赌徒""长安诗歌道场""一只金虾蟆""第四种告别""撒娇派""诗人和艳情"等，都能引起人们的阅读冲动，欲罢而不能。至于文字跳脱灵动，文采飞扬，真不愧是诗人的手笔。

评传以"盛世的侧影"为题，这盛世，当然指的是杜甫所生活的大唐盛世。杜甫所看到的盛世，盛世所映现的杜甫，组合成了这幅"盛世的侧影"。用以鲜兄的说法，一方面，"韦坚用他的才智和当时丰富的物质文明，为我们展露了大唐盛世的侧影"；另一方面，杜甫用他的才智和卓越的诗歌创作，为我们展露了大唐盛世的侧影。《饮中八仙歌》是杜甫最引人注目的作品之一。先师程千帆先生曾经以"一个醒的和八个醉的"为题，对《饮中八仙歌》做了精彩的分析。以鲜兄又进一步细读，作出别致的赏析：

> 杜甫对玄宗、对未来充满了无限的想象。这八位沉醉的人间仙人（贺知章、李琎、李适之、崔宗之、苏晋、李白、张旭和焦遂），是杜甫所描绘的另一幅盛世侧影。……在每一个人的身上，杜甫都看见过自己的某一个侧影：放纵的侧影，抒情的侧影，失意的侧影，热烈的侧影。这些侧影既是杜甫的，又是大唐盛世的。

给杜甫作传，为诗人画像，杜诗无疑是最好的材料。以鲜兄与杜甫之间,相隔一千多年,但诗心相通,诗人总是最能理解诗人的。以鲜兄善于解析杜诗的篇章字句,发掘诗中的典型意象,把握诗人的精湛艺术,以人情物理融合诗艺文理,剖析层累的歧说。没有诗人特有的文学敏感,是做不到这一点的。不管是《奉赠韦左丞丈二十二韵》《自京赴奉先县咏怀五百字》《北征》那样的长篇巨制,还是《春夜喜雨》《绝句》《登高》那样的短篇杰作,他的解读或洋洋洒洒,或点到即止,每有精彩之笔。例如,他指出,杜甫杰出的长篇《奉赠韦左丞丈二十二韵》,"是一首带有青年自传性质的诗作,当然也有自荐的意思",与爱尔兰作家詹姆斯·乔伊斯(James Joyce)的《一个青年艺术家的肖像》异曲同工。又如,在"第四种告别"一节末尾,在叙述"三别"(《新婚别》《无家别》《垂老别》)之后,以鲜兄写道:"杜甫写了三种人间悲伤的告别场景,将第四种告别赠给自己:向内心的理想和火焰告别。"寥寥数语,曲终奏雅,巧妙点明了"三别"对于杜甫诗歌创作的历史意义。

他对杜诗的解读,既有历史把握,又有美学分析,字里行间,总是充满诗意。例如,他对杜甫《同诸公登慈恩寺塔》的解析,就有优美的想象,散发浓郁的诗意。

> 天宝十一载(752)秋天,堪称长安诗歌的秋天。放大到整个中国诗歌史上,这个秋天也是值得人们记住的:杜甫与高适、薛据、岑参、储光羲等五个盛唐诗人,一同登临了曲江池边上著名的慈恩寺塔,把本来是佛教道场的慈恩寺塔,瞬间变成了长安的诗歌道场。

于是,他把这一节命名为"长安诗歌道场"。他还引用孙英刚的最新成果,阐发此诗的历史美学意义:

> 这座经历千年风霜,至今仍矗立在西安的大雁塔,也曾经俯瞰着隋唐长安那座历史上的大都市。它是中国中古时代带有强烈世界主义(cosmopolitanism)色彩的辉煌文明的见证者,也是佛教在亚洲形成与传播这一世界脉络的重要地标。它的建立,在某种意义上是中土的长安崛起成为新的世界佛教中心的象征。从这里出发,佛教横渡东海,将佛光洒在日本列岛上。它的宗教、思想、文化意涵,以及在整个人类文明起伏演进中的意义,清晰地刻画在历史的记忆里。

很显然，《同诸公登慈恩寺塔》也从特别的角度展示了"盛世的侧影"。以鲜兄和杜甫一样，都是流寓成都的诗人。在"就在这儿待到老"一节中，以鲜兄充满感情地写道：

> 成都遇见杜甫是成都的幸运，杜甫遇见成都也是杜甫的幸运。没有杜甫的成都可能是不完美的；没有成都的杜甫，我们亦将见不到如此丰富、如此温暖而磅礴的诗人。

这是诗歌与城市的相互支撑，人与地的彼此成全。有杜甫在此，有杜甫草堂在此，锦城就是一座诗歌之城。接着，以鲜兄十分冷静地用数字统计和理性分析，对此展开进一步的论证：

> 其一，在杜甫现存的一千四百多首诗作中，写于成都及梓、阆间的诗作达四百多首，差不多占杜甫全部作品的三分之一，其中写于成都的诗作就有两百多首。其二，杜甫现存一千四百多首诗作，有一千首多一点都是在杜甫到达成都之后的十年内写出来的，这实在是一个惊人的现象！

总之，不仅可以说"成都是诗人杜甫的福地"，也可以说杜甫是诗城成都的巨星。

在这部从头到尾只有59节的评传中，以鲜兄辟出多达十节的篇幅来叙述杜甫在成都的生活与创作，包括"入蜀记""就在这儿待到老""诗歌园艺学家""为成都代言""双骏双松图""乌皮几之恋""懒即真""撒娇派""杜甫的舌尖""口语大师"等，占全书六分之一强，力度不可谓不大。

诗圣的福地，诗城的巨星。作为久住成都的诗人和古典文学学者，以鲜兄怎么可能不热爱成都，怎么可能不挚爱诗圣杜甫，怎么可能不写出这本《盛世的侧影——杜甫评传》呢？一个59岁的诗人，写作出另一个59岁的诗人的评传，岂非天意？

如果说，在《观察西岭雪山的十三种方式》中，以鲜兄用十三节的架构，展示了他"观察西岭雪山的十三种方式"，那么，这部有五十九节架构的评传，展示的就是他理解杜甫的五十九个角度。散点透视，立体性和体系性即在其中矣！

长假前夕，收到老同年寄来的新作，利用国庆假期快读一过，欣佩之余，谨述读后所见所感如上。

2021 年 10 月 7 日于南京

程章灿：现任南京大学图书馆馆长、古典文献研究所所长、文学院教授，博士生导师，教育部特聘教授。曾任美国哈佛大学、宾州大学、华盛顿大学，英国牛津大学高级访问学者，任台湾大学、台湾"中央"大学、香港浸会大学客座教授。

目录

童年的剑气/1

凤凰凤凰/9

孤单的黄犊/14

吴越游 大海梦/19

失意即放荡/27

偃师的祖脉/35

敬爱的洛阳姑姑/44

一生必然相遇的人/51

除夕赌徒/61

假考场/68

盛世的侧影/75

平生为幽兴/82

长安诗歌道场/87

铜质延恩匦/92

弄脏的白丝/101

率府滋味/106

一只金虾蟆/112

孩子的丧钟/117

至暗时刻到来/122

滴血的游魂/128

人性光辉/133

春天的泪水/139

暂时活着/146

不屈服的左拾遗/151

苍茫北征/157

罪与罚/164

青　琐/169

逼仄的光芒/175

洗兵行/181

第四种告别/187

东柯西枝/192

白题与翠袖/196

雪地觅食/201

入蜀记/209

就在这儿待到老/214

诗歌园艺学家/220

为成都代言/227

双骏双松图/235

乌皮几之恋/240

懒即真/246

撒娇派/253

杜甫的舌尖/258

口语大师/263

蜀北萍踪/271

友谊编年史/278

云安难安/291

钟　声/296

夔州风土记/301

目 录

乌鸡果园/308

诗人和艳情/317

秋兴的引诱/325

序曲或余音/332

从元结到庾信/337

孤舟洞庭湖/343

知音和侠客/350

东游南征/357

疾　风/362

万古江河/368

缘空一镜升（代跋）/382

参考书目/393

童年的剑气

盛唐气象的璀璨帷幕，到底是从哪一天、哪一刻展开的？

垂天的巨手，握着的又是一柄什么样的神器？

一千三百多年前的开元三年（715），时值冬天，一个年方四岁的小男孩，随着姑姑一家人，从洛阳来到东边四百多里远的小城郾城。大概是姑父裴荣期到这儿来做官，也可能是到这儿来走亲访戚，总之他们在这儿待了好一阵子。

一天，这个小男孩拉着姑姑的手，远远看见郾城的广场上人头攒动，不时发出阵阵喝彩声，便嚷嚷着要上前去看个究竟。姑姑担心人多不安全，因为这个小侄子可是她拿自己亲生儿子的命换来的，他的命太金贵了，不能有半点儿闪失！

姑姑蹲下身子，无比爱怜地摸着小男孩的头。小男孩使劲摇头，两眼放射着奇异的光芒。姑姑知道这个侄子看起来很文弱，性子却倔得像一头牛。

跑到广场中央，果然如姑姑所言，只能听见里面的叫喊声，却什么也看不到。小男孩急坏了，不顾一切地往人群里挤，强烈的好奇心夹杂着某种使命感，瘦弱的他像一条鲜活的泥鳅，很快就钻入人群之中。

小男孩看见了什么？

舞蹈，舞蹈，仿佛天地都在一起舞蹈，一起降落，一起上升。

在阵阵呼啸中，他看见一片光！后羿射下的九个太阳的光，也没有这片光明亮；神仙帝子们驾乘的龙凤，也没有这片光耀眼。迅疾的光，有时会突然停止下来，变成大海汹涌又凝止的光。

无常的光中，他看见一个绛唇珠袖的女子，一个带着浓烈西域风情的女子。

女子的手中，有一把剑，一把雷霆万钧的寂寞之剑。

这光，这光中的女子，以及女子手中的剑，注定要刻进一个孩子的心灵，同时刻进中国诗歌的青史。这景象，不仅启迪了一颗辽阔诗心，也启迪了一个不可复现的壮丽时代。

五十二年后的大历二年（767），依然是冬天。

在寒冷的夔州，在夔州别驾元持府宅一直持续至深夜十点多的宴会上，当年四岁的小男孩，已经变成一个白发苍苍的五十六岁衰病老人。他名叫杜甫，字子美。

杜甫出生于公元712年①，二十世纪五十年代，四川省文史研究馆认定杜甫的生日就在这年的正月初一②。如果此说成立的话，杜甫出生那年的年号当为睿宗景云三年（太极元年），而不是人们通常所说的玄宗先天元年。四川省文史研究馆的论据主要来自杜甫两首诗作：天宝十载（751）所作《杜位宅守岁》中有"四十明朝过"的诗句；大历三年（768）正月《元日示宗武》诗中又说"赋诗犹落笔，献寿更称觞"。但这个说法并未得到普遍认同，献寿称觞并不一定意味着是生日，过年大节也可以，陈贻焮认为唐朝还有元日祝寿的习俗。③

那位惊鸿一瞥的女舞蹈家，杜甫唤作公孙大娘。

观公孙大娘弟子舞剑器行并序

大历二年十月十九日，夔州别驾元持宅，见临颍李十二娘舞剑器，壮其蔚跂。问其所师，曰："余公孙大娘弟子也。"开元三载，余尚童

---

① 公元712年的年号变化较多：是年八月之前属于睿宗景云三年、睿宗太极元年和睿宗延和元年；八月初七之后至此年结束，为玄宗先天元年。
② 四川省文史研究馆编：《杜甫年谱》，四川人民出版社，1958。
③ 陈贻焮：《杜甫评传》，北京大学出版社，2003。

稚，记于郾城，观公孙氏舞剑器、浑脱，浏漓顿挫，独出冠时。自高头宜春、梨园二伎坊内人，洎外供奉舞女，晓是舞者，圣文神武皇帝初，公孙一人而已。玉貌锦衣，况余白首，今兹弟子，亦匪盛颜。既辨其由来，知波澜莫二，抚事慷慨，聊为《剑器行》。昔者吴人张旭，善草书书帖，数尝于邺县见公孙大娘舞西河剑器，自此草书长进，豪荡感激，即公孙可知矣。

昔有佳人公孙氏，一舞剑器动四方。观者如山色沮丧，天地为之久低昂。爧如羿射九日落，矫如群帝骖龙翔。来如雷霆收震怒，罢如江海凝清光。绛唇珠袖两寂寞，晚有弟子传芬芳。临颍美人在白帝，妙舞此曲神扬扬。与余问答既有以，感时抚事增惋伤。先帝侍女八千人，公孙剑器初第一。五十年间似反掌，风尘澒洞昏王室。梨园弟子散如烟，女乐余姿映寒日。金粟堆南木已拱，瞿唐石城草萧瑟。玳筵急管曲复终，乐极哀来月东出。老夫不知其所往，足茧荒山转愁疾。

有人（如清人钱谦益）觉得，一个四岁的孩子，事情过了五十多年，怎么可能还记得那么清楚呢？① 于是就把时间向后推迟两年，推到开元五年（717），杜甫六岁。现代杜甫研究者冯至、陈贻焮等人较为支持这一修订。但是，较早的版本如《九家集注杜诗》等均作开元三年，"三"与"五"在字形上有着明显区别，并非如同"鲁""鱼"一样容易混淆。也就是说，在版本传播中，"三"和"五"一般来说是不容易弄错的。杜甫诗中的"五十年间"既可以指五十年，也可以指五十多年，举整数以代表某个时间段落，是杜甫一贯的表达方式。至于孩子的记忆，宋人鲁訔和黄鹤就认为，既然杜甫在七岁时能赋诗，为什么四岁的事就记不住呢？孩子的记忆，自然与年龄相关（太小时候的事肯定会遗忘），更与事件与场景的强烈程度相关。瑞士现代儿童心理学家皮亚杰（Jean Piaget）认为，儿童往往对那些具有象征色彩的语言及图景记忆更为持久。于幼年杜甫而言，公孙大娘的剑舞场景无疑是他最早倾听到和看见的光芒语言。

《新唐书》载："凡民始生为黄，四岁为小，十六为中，二十一为丁，六

---

① 钱谦益：《钱注杜诗》卷七，上海古籍出版社，1979。

十为老。"① 在唐人眼中，四岁是人生一个重要的分水岭：四岁之前属于黄口小儿，四岁之后一直到十五岁为小年，相当于今天的童年和少年。四岁刚刚好，一颗敏感的种子，潜滋暗长，发芽抽枝，正在从弱小走向强大，从迷茫走向清醒。杜甫一定是在四岁的时候见到了公孙大娘的剑器舞，而不是六岁。这场影响深远的历史性观看，不能拖后只能向前。我们千万不能低估一个孩子的记忆力，更不能低估杜甫超群的心智力量。

就在杜甫四岁这一年，玄宗皇帝下诏整理皇家图书馆。几年之后，经史子集四部收书达到三千六百部五万一千多卷，每一种著作都用蜀笺手抄卷轴副本两份，分置于长安和洛阳。这样重大的国家举措，作为四岁杜甫的成长背景，意味相当深远。

杜甫出生的前后几年恰逢一个文学时代的结束，杜审言、上官婉儿、沈佺期、宋之问、李峤等相继离去；但另一个文学时代又拉开序幕，张说、王翰、王湾、贺知章、张九龄、王维等应时而起。② 更重要的是，最闪亮的诗歌双子星正在成长，虽然此时一个还是孩子，一个还是少年，但是，他们的出现，具有真正的划时代意义。

现在，我可以来回答了。

盛唐气象的璀璨帷幕，很可能就是从开元三年（715）那一年的冬天，在洛阳东边的郾城正式展开的。展开那片恢宏帷幕的手，属于一位混合着华夏与异域风情的女性。她的手中，握着的是一柄令人眼花缭乱的剑。

看起来好像有点不可思议，惊世发聩的盛唐之音和盛唐气象，人类文明的大舞台，竟然是由一柄剑、一个异域女子、一场舞蹈奏响和展开的。但是，这恰恰是盛唐最好的象征：无与伦比的美和力量，不可预知的变幻，不设任何藩篱的开放与包容。

唐代的舞蹈以健舞和软舞两大类别为主，公孙大娘的剑器舞属于典型的健舞。晚唐诗人郑嵎在《津阳门诗》中为"公孙剑伎方神奇"一句作下自注："有公孙大娘舞剑，当时号为雄妙。"司空图的《剑器》诗也说："楼下公孙昔擅场，空教女子爱军装。"于此可知舞剑器时，表演的女子还要穿上

---

① 欧阳修等：《新唐书》卷五一《食货志》，中华书局，1975。
② 傅璇琮：《杜甫评传序》，陈贻焮《杜甫评传》，北京大学出版社，2003。

军装（真实的军装或仿制的军装），以增加其战场的气氛。公孙大娘舞蹈时手中是否持剑，所持的是一把剑还是双剑？陈寅恪、冯至、欧阳予倩都认为她的手中持有真剑，而且是双剑，冯至还以四川二十世纪五十年代所出古砖双剑舞图为证。① 刘德坤说，中国近邻韩国歌伎身着戎装舞剑，其影响来自中国。② 清人桂馥则认为剑器舞是以彩帛结球而舞。③ 现代艺术史家常任侠在此基础上，进一步认为剑器舞是以彩绸两端结上圆球形流星，舞出闪电般的舞姿。④ 有人不认可持剑之说：如果真有闪闪的剑光，杜甫怎么会不写到它们呢？其实，杜甫诗中不仅写到了剑，还写到了不可思议的剑气和剑光。尽管公孙大娘徒手也可以有千变万化的舞姿，但如果没有大唐的剑，是抖不开那朵朵燿然剑光的。

这位了不起的女性舞蹈家，并不知道自己的一次江湖表演，竟然会在中国诗歌史，甚至文化史上留下如此浓墨重彩的一笔！我们在正史中很难找到她的身影，仅《明皇杂录》《历代名画记》说公孙大娘善舞剑器、浑脱。实际上，这些记载均来自杜甫的诗歌。《唐音癸签》引《乐史》说，剑器与浑脱本为两种舞蹈，在武后时期逐渐融合成为一种舞蹈。⑤ 浑脱又叫"苏幕遮"或"泼寒胡戏"，冯至认为是一种裸体表演。据《唐大诏令》所载开元二年（714，杜甫见到公孙大娘的前一年）玄宗皇帝颁布禁断外蕃传入的这种腊月乞寒习俗的诏令推测⑥，应该是一种相当大胆的表演，不然不会遭到禁止。

公孙大娘极有可能就是唐人所说的胡姬（或即中亚粟特人）。⑦ 唐代宫廷教坊，有来自乐户的乐工（如唐崔令钦《教坊记》所载任氏四女），也有来自民间的乐工（如唐段安节《乐府杂录》所载张红红、韦青等）。此外还

---

① 陈寅恪：《元白诗笺证稿》，上海古籍出版社，1978。冯至：《杜甫传》，人民文学出版社，2014。欧阳予倩：《唐代舞蹈》，上海文艺出版社，1980。
② 刘德坤：《古韵堂笔记》，见洪业《杜甫：中国最伟大的诗人》，上海古籍出版社，2014。
③ 桂馥：《札朴》卷六，中华书局，1992。
④ 常任侠：《中国舞蹈史话》，上海文艺出版社，1983。
⑤ 胡震亨：《唐音癸签》卷一五，古典文学出版社，1957。
⑥ 宋敏求：《唐大诏令集》卷一〇九，商务印书馆，1959。
⑦ 关于胡姬在长安的生活情形，可参阅向达《唐代长安与西域文明》之"西市胡店与胡姬"一节。

有不少胡人乐工,《教坊记》载有一个以善翻"筋斗"入籍的裴承恩,就是胡人。还有一个名叫颜大娘的,亦善歌舞,眼重、脸深,有异于众。这个颜大娘长于歌舞和化妆,是典型的胡人。公孙大娘和颜大娘一样,显然不是中原汉族人,所擅长的也不是中土的舞蹈,而是来自西域或中亚一带的舞蹈。自先秦以来,中原也有舞剑的传统,春秋子路、楚汉项庄和唐代裴旻都是舞剑高手,但与有着固定套路和程式并且可以传授的(像公孙大娘传授给李十二娘一样)剑器舞蹈相比,则显得要随意得多,中原的剑舞多由真正的击剑高手来表演,强调的是高超的击剑技巧和力量,这与由女性表演的剑器强调艺术性和神韵是完全不同的剑舞类型。

从杜甫的诗序中,我们知道公孙大娘的剑气所及,影响堪称深远。

除诗人之外,同样代表着盛唐风神的大书法家张旭也是公孙大娘剑舞的受益者:"昔者吴人张旭,善草书书帖,数常于邺县见公孙大娘舞西河剑器,自此草书长进,豪荡感激,即公孙可知矣。"比起宫廷梨园,公孙大娘更热爱民间表演,其游艺空间主要集中在黄河流域以北的广大地区。从河南郾城到河北邺县,至少也有六百多里路程。我推测张旭初次见到公孙大娘剑舞的时间可能就在杜甫见到的前后,只是地点移到了更靠近北方的邺县。如果这个推测是成立的,生于南方的张旭那时已年近三十,其书法艺术正处于苦闷的转型时刻——一道剑光,劈开了为艺术而几近癫狂的混沌之境。狂草,代表着盛唐的自由意志。元人郑构在《衍极》中记载:"(张旭)嗜酒,善楷隶,尤工草书。每大醉,叫呼狂走,乃下笔,或以头濡墨而书,既醒自视,以为神异不可复得也。自言始见公主担夫争路,而得其意。又闻鼓吹,而得其法。又观公孙大娘舞剑器,而得其神。旭尝与裴旻、吴道子相遇于洛下,各陈其能。裴舞剑一曲,张草书一壁,吴画一壁,时人以为一日获睹三绝。唐文宗诏以李白歌诗、裴旻舞剑、张旭草书为三绝。"张旭有两样看家本领,一是狂草,二是豪饮。其狂草传世作品,以《古诗四帖》《肚痛帖》为代表。其豪饮之名,我们在杜甫的《饮中八仙歌》中可窥见一斑:"张旭三杯草圣传,脱帽露顶王公前,挥毫落纸如云烟。"

《草书歌行》写的是唐代另一位狂草大师怀素,诗中提到了公孙大娘。关于此诗的作者,郭沫若认为就是李白(也有反对的,如宋人苏轼、清人王琦），还考证出其诗作于乾元二年（759）的湖南零陵，李白时年五十九岁。那时，杜甫已经四十八岁了。怀素比张旭晚生了近半个世纪，显然不可能见到公孙大娘。

公孙大娘可以算得上是杜甫的艺术启蒙者，一位风华绝代的精神上的母亲。

据《明皇杂录》的记载，公孙大娘除善舞"西河剑器浑脱"之外，还善舞"邻里曲"和"裴将军满堂势"——这位裴将军就是裴旻将军，所谓"满堂势"状摹的正是将军密不透风、疏可走马的大唐第一剑术。裴旻的剑术被唐文宗称为"三绝"之一，可一天剑刺三十多头猛虎。盛唐标杆性人物李白，可能并没有真正学剑于裴旻门下①，但是其诗歌的气息，的确是与将军的剑气相通的。两个八世纪最伟大的诗人——李白和杜甫，都和剑舞结下神秘缘分，这是偶然的遇合，还是某种宿命？

杜甫写作此诗时，滞留于瞿塘。一个衰老的沧桑诗人，在异乡见到一个并不年轻的舞剑女子（李十二娘），从而怀想起她的老师——可能早已不存世间的公孙大娘，前后间隔长达半个多世纪，大唐烟云动荡，个中况味又有几人知？清人王嗣奭于《杜臆》中点评此诗说："此诗见剑器而伤往事，所谓抚事慷慨也。故咏李氏却思公孙，咏公孙却思先帝，全是为开元天宝五十年治乱兴衰而发。"

2014年的冬天，离杜甫看到公孙大娘剑器舞蹈的那一年，已经快一千三百年。我在杜甫热爱过、快乐过、也痛苦过的成都创作了《唐诗弥撒曲》组诗，写下《剑舞》一节，以此向他致敬：

怎能没有你呢/即使是沉潜在瞿塘的杜甫/也为你的光芒失眠/一舞剑气动四方/哦，你的眼神那样悲凉/你的绛唇珠袖那样寂寞/慢慢地，这些也看不见了/急速的雪，猝不及防的霜/遮掩苍茫大地/辉煌的岁月在记忆中坍塌/诗人觉得真的老了/曲终，剑已入鞘/再见，繁响的梨园/再见，仗剑走天涯的佳人/告别是如此果断又残忍/你单薄凌厉的舞蹈/

---

① 裴敬《翰林学士李公墓碑》："（李白）常心许剑舞。裴将军（旻），予曾叔祖也。尝投书曰：如白愿出将军门下。"

穿过如狂草般缭乱的巫山云雾①

一舞剑气不仅动了四方，也动了孩童的一颗心。

---

① 向以鲜：《唐诗弥撒曲》，东方出版中心，2014。

凤凰凤凰

时间又过了三年，到了开元六年（718），杜甫已经七岁，早从郾城回到了洛阳仁风里的姑姑家。七岁的孩子，该上学了。

杜甫"破万卷"的读书生活，应该是从私塾开始的。姑姑是知书识礼的开明女性，一定程度上扮演了杜甫启蒙老师的角色。从后来杜甫漫游江南三四年后回到洛阳，请县府举荐参加开元二十四年（736）在长安举行的"乡贡进士"考试来看，杜甫应该没有进入过学馆做生徒。杜甫诗中出现过两次关于"同学"的说法，比如"取笑同学翁，浩歌弥激烈"（《自京赴奉先县咏怀五百字》），"同学少年多不贱，五陵衣马自轻肥"（《秋兴八首·其三》）。体味其上下语境，两处"同学"均指的是一起参加乡贡考试或制科考试的青年同辈（元结就是其中之一）。

天才必有天才般的开端。

杜甫第一声诗歌的初啼，发出的竟然是凤凰的叫声。

诗人在晚年夔州诗作《壮游》中写道："七龄思即壮，开口咏凤凰。"

从此，凤凰的长歌短吟，给杜甫的诗歌定下了基调。

从此，凤凰的嗓音，成为杜甫的元音。

很可惜，杜甫的《凤凰》诗篇并没有留下来。

据中唐时期的元稹记载，杜甫诗歌到他那个时候已经散失了很多，流传下来的只是一小部分。杜甫本人在《进雕赋表》中也说："自七岁所缀诗笔，向四十载矣,约千有余篇。"这儿所说的"七岁所缀诗笔"指的就是《凤凰》。从七岁到献赋的天宝九载(750)"向四十载"(实际上只有三十二载),他已经写出一千多篇诗文作品。现存杜集中,杜甫四十岁之前的作品仅有几十篇。在此种严重佚失的情形下,我们看不到《凤凰》已在情理之中。杜甫诗文集的收集与整理,经过不懈的努力,到了宋代,在杜甫辞世二百七十年后,也就是北宋宝元二年(1039),才由王洙基本完成,共收集杜甫作品一千四百零五篇。后来虽然还有一些增补,但数量已经很少。这一千多篇作品中,百分之九十以上都是杜甫四十岁之后所写,数量与杜甫所说的"向四十载"(四十岁以前)相当。是什么原因导致上千篇童年、少年、青年、壮年时期的作品流失,我们不得而知。可能是杜甫自己不满意而毁掉了——这样的例子很多,宋人刘克庄就曾将其早期大部分作品付之一炬;也可能与其动荡不安的生活有关,在辗转流徙中遗失了。

孩子的吟咏才是真正的天籁,没有任何杂质,没有任何杂音。

剑气照凤凰,万物都在闪着光辉。

从开口吟诵那一瞬开始,诗人的诗思闸门一旦打开,就势不可当,奔腾而壮美。

闻一多论及杜甫的"开口"之作时说:"只怕很少的诗人开笔开得像我们诗人那样有重大的意义。子美第一次破口歌颂的,不是什么凡物,这'七龄思即壮,开口咏凤凰'的小诗人,可以说,咏的便是他自己。禽族里再没有比凤凰善鸣的,诗国里也没有比杜甫更会唱的。凤凰是禽中之王,杜甫是诗中之圣,咏凤凰简直是诗人自占的预言。"①

杜甫算不算是一个早慧的诗人呢?由于杜甫的处女作没能流传下来,所以人们经常提及的唐代早慧诗人是另一位,即初唐时期的骆宾王——他那首《咏鹅》很幸运地传至今天,而且也同样作于七岁。这个年龄对于唐代的孩子来说,恰恰是启蒙读书的年龄。一个开口咏的是凤凰,一个开口咏的是鹅,虽然都是禽类,但境界之高下似乎一开始就已经有了分野。当然,毕竟骆宾王早生杜甫九十多年,时代的进步一定也发挥了作用。

唐代的启蒙年龄在古代中国是比较早的,按照西汉《大戴礼记》和《尚

---

① 闻一多:《杜甫》,《新月》1928 年第 1 卷 6 期。

书大传》的记载，先秦时代的入学年纪为八岁或十三岁，甚至还有十五岁的。一般来说只要没有超过十五岁的，在大部分朝代中都可以入小学或社学。唐代入学的时间则比之前及之后的朝代都要提前一些，很多儿童在六七岁时即可上学。如唐代医学家孙思邈，史书记载其"七岁就学，日诵千余言"，被洛州总管独孤信称为"圣童"。①

我一向认为，孩子是天生的诗人，他们是半人半神的动物。前面提及的皮亚杰告诉我们，儿童在潜意识之中，就具有一种万物有灵的倾向。儿童们认为人以外的一切自然存在，比如河流、山峰、植物、昆虫、太阳、月亮和星辰等，都应该同我们人类一样，有着自己的思想和感情。这种万物有灵的认识，和诗人对世界的看法是完全相同的。

打从七岁歌唱了《凤凰》诗篇后，杜甫的歌喉就停不下来了。

从此以后，他便常常以凤凰自比，如此舍不得他想象中的凤凰！

在现存的杜集中，我们可以找到写凤凰或与凤凰相关的文字多达六十余处。

来看看两首杜甫写凤凰的诗，两首诗的写作时间相距十年，其中是否还残存着童年的凤凰影像呢？

凤凰台

亭亭凤凰台，北对西康州。西伯今寂寞，凤声亦悠悠。山峻路绝踪，石林气高浮。安得万丈梯，为君上上头。恐有无母雏，饥寒日啾啾。我能剖心血，饮啄慰孤愁。心以当竹实，炯然无外求。血以当醴泉，岂徒比清流。所重王者瑞，敢辞微命休。坐看彩翮长，举意八极周。自天衔瑞图，飞下十二楼。图以奉至尊，凤以垂鸿猷。再光中兴业，一洗苍生忧。深衷正为此，群盗何淹留。

乾元二年（759）十月底，冒着凛冽的北风，四十八岁的杜甫带着一家老小，从秦州前往未知的同谷（今甘肃成县）。在甘肃成县西北方向三十里处，有一座泥泞的泥功山，泥功山的东南七里处就是凤凰山。杜甫蹚过深陷的"青泥"，蹚过满眼"哀猿"与"死鹿"的泥功山后，来到凤凰山下，抬

---

① 刘昫等：《旧唐书》卷一九一《孙思邈传》，中华书局，1975。

头望去，凤凰栖落台地高峻挺拔。诗人突然想起第一次吟诵凤凰的情形，那时自己还是一个懵懂孩童，一眨眼的工夫，就过去了四十一年。

诗中的凤凰台确实太崇高了，要有"万丈梯"才能抵达其上！

但是，即使有了万丈梯登上去了，诗人的担心仍未有丝毫减少。不仅没有减少，反而益增其忧。诗人想到，那孤高的凤凰台上，有一只丧失双亲的雏凤，在寒风中"啾啾"悲鸣着。为了养活这只孤凤，诗人愿意剖开自己的心充当孤凤的竹实，划开自己的血管以鲜血当作孤凤的醴泉。清人浦起龙认为："是诗想入非非，要只是凤台本地风光，亦只是杜老平生血性，不惜此身颠沛，但期国运中兴，刳心沥血，兴会淋漓。"① 冯至也说：《凤凰台》是一首寓言诗，崇高的征兆，杜甫用心和血来培养一个复兴的征兆。②

这只待哺的凤凰，让人想起风雨飘摇中的大唐，以及大唐的皇帝。

十年之后，杜甫逝世前一年，亦即大历四年（769）秋天，杜甫在潭州（今长沙）作《朱凤行》，这也是诗人最后一次歌唱凤凰——距他第一次吟诵《凤凰》诗篇已有五十一个春秋。

在唐代，杜甫可能不是写凤凰最多的一位诗人（至少不比李白多），但他是写凤凰写得最执着、最热烈、最投入的一位诗人。李白也喜欢凤凰，还写过凤凰台（金陵），凤凰和李白的仙气有着天然的联系，李白的凤凰没有人间味，同诗人始终保持着一种疏离感，李白的凤凰常常与大鹏具有同一性。但是杜甫不同，他只要一想到凤凰，自己就成了凤凰。杜甫的凤凰带着清洗不掉的悲剧色彩，让人想起高加索那个盗火的普罗米修斯。

朱东润认为李杜都是飞仙，杜甫却有一双泥足。③ 这个认识颇具只眼，一语道破了李白与杜甫之间的重要区别，移植于李白与杜甫的凤凰则更为生动。的确，杜甫的凤凰虽然栖息在高处，却从未飞离过大地，它的双足总是踏进泥土中，甚至深陷于泥泞中而难以自拔。正是在此一意义上，鲁迅才会有这样的感慨："我总觉得陶潜站得稍稍远一点，李白站得稍稍高一点，这也是时代使然。杜甫似乎不是古人，就好像今天还活在我们堆里似的。"④

---

① 浦起龙：《读杜心解》，中华书局，1961年。
② 冯至：《杜甫传》，人民文学出版社，2014。
③ 朱东润：《杜甫叙论》，人民文学出版社，1981。
④ 刘大杰：《鲁迅谈古典文学》，《文艺报》1956年第19期。

朱凤行

君不见潇湘之山衡山高，山巅朱凤声嗷嗷。侧身长顾求其曹，翅垂口噤心劳劳。下悯百鸟在罗网，黄雀最小犹难逃。愿分竹实及蝼蚁，尽使鸱枭相怒号。

不是吗？这只红色的凤凰，这只翅垂口噤、劳心竭力的凤凰，爱自己的同类，更爱苍生百鸟和蝼蚁，简直就是悬挂在衡山之巅的东方圣人。朱凤有时很难和南方朱雀截然区分，它们很可能属于传说中的同一个物种。薛爱华（Edward Hetzel Schafer）认为："朱雀是来自远古的意象，唐朝人用它命名神圣的长安城门。无论对个人还是国家而言，它的出现都是一种上天赐福的吉兆。在中国历代正史中，随处可见有关朱雀、赤燕、赤乌等神鸟的严肃记载。通常，这些征兆的出现，都伴随着官方对其祥瑞的解释。无论以何种外形出现，朱雀都是上天的信使，将朱墨书写的信息传递给人类的精英，即有着非凡功业与力量的圣人和统治者。它的出现本身就是一种信息的传达方式。它是真正的火鸟，体内蕴藏着太阳神圣的能量。"[①]

我们似乎也可以说，盛唐的帷幕是以凤凰的翅膀展开的，那是一只被剑气唤醒和照亮的凤凰，体内蕴藏着太阳神圣的能量！

[①] ［美］薛爱华著，程章灿、叶蕾蕾译：《朱雀——唐代的南方意象》，生活·读书·新知三联书店，2014。

孤单的黄犊

童年时代的杜甫，身体一直不太好，虽然有姑姑的疼爱和悉心照顾，但还是经常生病。又由于杜甫天性喜欢写作和苦读，"破万卷"不仅耗去了其大量时光，也耗去了他的心血和健康。情况一直到开元十四年（726）才有了根本改变。上元二年（761），杜甫在安逸的成都写下《百忧集行》，回忆了自己的少年形象：

忆年十五心尚孩，健如黄犊走复来。庭前八月梨枣熟，一日上树能千回。

前面提及的《壮游》一诗中，杜甫也写到了自己十四五岁时的情形：

往昔十四五，出游翰墨场。斯文崔魏徒，以我似班扬。……性豪业嗜酒，嫉恶怀刚肠。脱略小时辈，结交皆老苍。饮酣视八极，俗物都茫茫。

健康于任何人都是一等一的大事，于诗人杜甫依然如此。

十五岁，对很多唐代男性来说似乎都是一个标志性的年龄。唐人将人生划分为黄、小、中、丁和老五个阶段。十五岁正是中与丁的分界线，实际上是告别少年走向青年的关键年龄。李白在十五岁那年，狂热地爱上了剑术。十五岁，金色的华年，在杜甫的生涯中更加意义非凡。首先，诗人摆脱了疾病，摆脱了脆弱，摆脱了束缚。那个已经十五岁的少年，还像孩童一样调皮捣蛋，像一头浑身有用不完的力气的雄健黄犊一样，在大地上跑来跑去，即使光着一双脚丫，也会踏出黄犊一样坚实的脚印。仁风里的庭院中，种着几棵高大的梨树和枣树，梨枣成熟时节，诗人或小伙伴们猴子般爬上去爬下来，爬一千回也一点儿都不觉得累。

有了这样强健的体魄，有了这样引以为傲的本钱，再加上诗人读破万卷书的功底，以及自七岁就显现出的卓尔不群的才华，少年杜甫已经可以纵横于洛阳的文艺大咖朋友圈了。就连洛阳名士，也就是杜甫所说的"老苍"崔尚和魏启心等人，也对这位气象不凡的诗歌少年投以钦羡的目光。他们称赞杜甫的文笔简直已经接近汉代文学家班固和扬雄。崔尚和魏启心应该是最早肯定杜甫才华的两位前辈。崔尚为久视元年（700）进士[①]，当时，杜甫还没有出生，至少年长杜甫二十多岁，确实称得上文坛"老炮儿"。在《新定九域志》中出现过崔尚的名字：浙江天台赤城山有一座桐柏观碑，天宝元年（742）为司马炼师（司马承祯）所立，玄宗御书额，崔尚撰文，韩择木八分书。[②] 能和皇帝、大书法家一起勒石为碑的人，绝非寻常之辈。至于魏启心，我们知道得更少，杜甫《壮游》中有条自注"魏豫州启心"，大概魏启心曾当过河南豫州刺史吧！宋人王溥《唐会要》记载，神龙二年（706），才膺管乐科（制科考试之一种），有张大求、魏启心等及第。[③] 魏启心可能比崔尚要小几岁，但比起少年杜甫，也算得上是"老苍"之人。

杜甫十四五岁时，少年诗人还经常受邀出入于洛阳岐王李范和殿中监崔涤的府宅。在那儿，杜甫认识了唐代著名音乐表演艺术家李龟年。从此，音乐艺术的种子便在少年的心中找到了辽阔的土壤。如果我们要追寻杜甫一生对于诗律近乎苛刻的要求，对诗歌音乐性的沉迷，一定不能忽略李龟年，如同我们不能忽略公孙大娘一样。

杜甫是一个视友情如生命的人，但是，他的诗却很少提及童年的朋友。其中的原因，可能与其早期作品没有流传下来有关，更与杜甫心高气傲、不

[①] 岑仲勉：《续劳格读全唐文札记》，《历史语言研究所集刊》第9册，商务印书馆，1947。
[②] 王存：《新定九域志·古迹》卷五，聚珍版丛书本。
[③] 王溥：《唐会要》卷七六，中华书局，1960。

太愿意与同辈来往的个性相关，即所谓"脱略小时辈"。在杜甫眼中，那些小屁孩什么也不懂。杜甫的童年是孤独的，即使和几个同父异母的弟妹，也很少有机会待在一起。

代宗广德元年（763）春天，在四川梓州（三台）所作之《送路六侍御入朝》诗作，可能是杜甫唯一写及童年朋友的诗作：

> 童稚情亲四十年，中间消息两茫然。更为后会知何地，忽漫相逢是别筵。不分桃花红似锦，生憎柳絮白于绵。剑南春色还无赖，触忤愁人到酒边。

这一年，杜甫五十二岁，诗人与这位路六侍御已有四十年没有见过面，彼此杳无音信，天各一方。他们上一次在洛阳分手的时候，杜甫才十一二岁。两人相识应该更早，是真正的童年朋友，也许还在仁风里一起摘过梨或枣呢！乱世重逢，当然令人高兴，可是后会无期，相逢就是别筵。有什么办法呢？来，好兄弟，在无边的剑南春色中，饮下这杯酒，祝你顺顺利利返回朝廷。

十五岁的杜甫，酒量已经练到足以与聚会中任何酒客相匹敌的地步。这在当时是很重要的一种社交能力，酒量太小，是很难在那个圈子里混出来的。杜甫不仅酒量大，而且性情刚烈，疾恶如仇，和我们大众印象中的儒者诗人形象完全不同。当然，很多东西会随岁月而改变，但也有些东西是无法被改变的。比如，杜甫内心的孤傲和清高。他十四五岁是那样——"饮酣视八极，俗物都茫茫"，到了天宝十载（751）的不惑之年，还是老样子。那一年的中和节（二月初一），杜甫在贺兰杨长史的宴饮中，乘醉写下《乐游园歌》："此身饮罢无归处，独立苍茫自咏诗。"瞧，几乎眼空四海的身体姿势都是一模一样的高和冷。

杜甫的好身体，从十五岁一直持续到二十九岁。

这十多年，是杜甫一生中最健康、最恣意的时光，有用不完的精力，耗不尽的光阴，还有花不完的铜板，用不尽的丝绸。

随着童年、少年时代以及苦读生涯的结束，杜甫已经长成一位玉树临风的青年。这样的青年，不能老是待在姑姑家，待在洛阳，或者偶尔待在父亲和继母在奉先（今陕西蒲城）的家。那样发呆的生活已经不是诗人想要的，也不是任何一个大唐有为青年想要的。

到了开元十八年（730），杜甫即将步入弱冠之年。

恰恰这一年，洛阳遭遇大洪水，洛水上的船只翻覆无数，沿岸上千房屋倒塌，上阳宫也难以幸免地被洪水包围，几乎再现了十年前的可怕景象。

洪水到达之前，杜甫只身北渡黄河，在郇瑕（今山西临猗）一带做了一次漫游，为接下来的近十年漫游生涯做准备。洪水退却之后，杜甫回到洛阳。北方并不是杜甫的首游之选，熟读《文选》的青年杜甫，最想去的是南方，尤其是风光无限的江南，那儿有很多杜甫喜欢的六朝诗人，比如大小谢，比如阴铿，比如何逊，比如鲍照……对，还有他最爱的庾信——杜甫对庾信的喜爱超过了对六朝所有文人，即使到了暮年，这种喜爱依然没有消减。很多时候，杜甫觉得他自己就是唐代的庾信——用今天的眼光来看，杜甫过分低估了自己的价值！造成此种情况的原因是多方面的，但祖父杜审言的诗歌家法影响可能是其中最重要的。

郇瑕之游虽然短暂，却留下了深深的屐痕。

在那座北方小城，十九岁的杜甫认识了两个人，并且从此与之成为一生的朋友。一个是寇锡，一个是韦之晋。尤其是韦之晋，郇瑕一别后他们再未相见。直到大历四年（769）初，杜甫才在衡州（今湖南衡阳），与前来任衡州刺史兼湖南都团练观察使的韦之晋再次相遇。不久韦之晋调任潭州刺史，杜甫亦打算返回潭州，不料韦之晋不幸病故。在潭州，诗人看见的是韦之晋冰凉的"素车"，忍不住泪水汹涌，四十年前郇瑕的影子依稀一一闪过，失去友人的少游之地，此刻变得无比"凄怆"。

哭韦大夫之晋

凄怆郇瑕邑，差池弱冠年。丈人叨礼数，文律早周旋。台阁黄图里，簪裾紫盖边。尊荣真不忝，端雅独翛然。贡喜音容间，冯招疾病缠。南过骇仓卒，北思悄联绵。鹏鸟长沙讳，犀牛蜀郡怜。素车犹恸哭，宝剑欲高悬。汉道中兴盛，韦经亚相传。冲融标世业，磊落映时贤。城府深朱夏，江湖渺霁天。绮楼关树顶，飞旐泛堂前。帝幕旋风燕，茄箫咽暮蝉。兴残虚白室，迹断孝廉船。童孺交游尽，喧卑俗事牵。老来多涕泪，情在强诗篇。谁继方隅理，朝难将帅权。《春秋》褒贬例，名器重双全。

当我们读到"老来多涕泪,情在强诗篇"时,千载之下,亦不禁为诗人的一片深情,为诗人与韦之晋太多遗憾的友情而潸然泪下。

杜甫的童年和少年时代,包括青年时代前期,总的来说是孤单的,像一头走在洛阳古道上的孤单黄犊。杜甫是喜欢牛的,他和牛羊之间拥有天生的亲切感。他在夔州的《返照》中写道:

反照开巫峡,寒空半有无。已低鱼复暗,不尽白盐孤。荻岸如秋水,松门似画图。牛羊识僮仆,既夕应传呼。

这样的画面足够温馨,和僮仆们相处得像朋友一样的牛羊们,在相互的呼唤中,回到了各自的家中。

而那时的杜甫,已是孤单的老黄牛,他想要回去的家,还遥不可及。

吴越游　大海梦

开元十九年（731），杜甫收拾好行囊，带足钱物，从洛阳南边的广济渠坐船出发，经淮水、扬州、邗沟，渡长江前往江宁。那时他还不认识李白，也许已经听过李白的名言："大丈夫必有四方之志，乃仗剑去国，辞亲远游。"

这一次才是青年杜甫真正意义上的首游，前方是江南。

在陌生的江南，有叔父杜登在武康（今浙江湖州）做县尉，还有姑父贺㧑在常熟做县尉。万一遇上什么事，或者银子不够用时，还可以找二位长辈接济一下。当时正值开元盛世，天下太平，物美价廉，生活上花不了多少钱。正如杜甫后来在《忆昔》诗中所说，家家户户都有吃不完的粮食，到处可见美好的丝帛，人们可以在任何时候来一场说走就走的旅行，根本不需要选择什么吉日良辰，天下诗人是一家人，走到哪儿都是亲兄弟。史载，开元十八年（730），全国死刑案只有二十四件。须知当时大唐帝国幅员辽阔、人口众多，到了十二年后的天宝元年（742），全国拥有三百六十二个州郡，八百个羁縻州，近一千六百个县，一万六千多个村镇，八百五十多万户人家，近五千万口人。

二十岁意味着即将进入丁年，成为真正的成年人。一般的唐代男性青年，这时面临着两个重大的现实问题：纳税和从军。这是压在唐代男性青年头上的两块石头，在荒年或战争年代，这可是两块要人命的石头。诗人杜甫完全没有在意这回事，他的脑海中，只有梦想中的江南，他也根本不用为这两件事操心。天宝十四载（755），杜甫从长安回奉先探亲，写下名篇《自京赴奉先县咏怀五百字》，里面就说："生常免租税，名不隶征伐。"

原来，杜甫从出生那一天开始，就已经被免除了"租税"和"征伐"，他是一个多多少少拥有一点特权的人，一个相对比较自由的人。这种特权和自由，既来自他的诗人祖父杜审言和县令父亲杜闲，也来自他的外公家与唐王室的姻亲关系。仅从血统来看，比起李白那不太靠谱的所谓贵胄世系，杜甫是实实在在有着唐朝王室血缘的诗人。我之所以说杜甫只是拥有一点特权的人，原因在于开元天宝时期，具有这类特权的人实在不在少数。《旧唐书》记载，天宝十三载（754），全国户数为九百多万户，其中不课（免税）的多达三百八十多万户；全国人口数为五千二百多万，不课的人就有四千五百多万。① 朱东润统计说，从户数方面看，免税免役的户数占百分之五十四，不免者占百分之四十六；从人口方面看，免税免役者占百分之八十六，不免者仅占百分之十四。平均免税免役的每户约十四人，不免者每户约七人。② 了解了这个背景，我们对杜甫的双免（租税和征伐）身份才不至于有太大惊讶，同时也能理解像杜甫这样一个具有双免身份，甚至还有一些"薄田"的人，在战乱时期有时连吃饭都成了问题：当有特权的人太多，很多时候就等于没有特权。

杜甫在江南游赏了四年之久，从他的一些回忆诗作中，我们可以寻觅其足迹所至，遍及江宁（今南京）、姑苏（今苏州）、杭州、越州（今绍兴）和台州等地。

杜甫首先到达的是江宁。那时候的江宁，既非政治中心，亦非商业集散地，繁华程度远不及扬州。但是，那儿有六朝的风流——"王谢风流远"。对杜甫来说，这具有强烈的吸引力。那儿有石头城，有凤凰台，有陆机、陆云兄弟的读书堂，有朱雀桥和乌衣巷，有顾恺之的瓦棺寺，有谢灵运的康乐

---

① 刘昫等：《旧唐书》卷九《玄宗本纪下》，中华书局，1975。
② 朱东润：《杜甫叙论》，人民文学出版社，1981。

坊，有昭明太子萧统的北高峰读书台，还有钟山沈约宅和江总宅。

多么幽深的地方，多么迷人的年华，怎么可能没有诗呢！

在杜甫流传下来的诗文中，却很难找到一首有关江南的诗篇。

现存杜诗中被公认写得最早的一首诗，是杜甫开元二十四年（736）游齐赵时在山东所写的《登兖州城楼》，人们认为那一首是杜甫学习其诗人祖父《登襄阳城》的练习作品。

有没有比这首诗写得更早的呢？洪业是第一个质疑的人，并给出了他的答案。

夜宴左氏庄

> 林风纤月落，衣露静琴张。暗水流花径，春星带草堂。检书烧烛短，看剑引杯长。诗罢闻吴咏，扁舟意不忘。

《夜宴左氏庄》通常被系年于开元二十九年（741），洪业认为此诗当作于开元二十三年（735）的暮春，诗中提及的"吴咏"是确认此诗写作时间的最好佐证：杜甫在南方已经游历了好些时候，也许有几年了，他可能已经学会了足够多的吴方言，能够理解"吴咏"。

值得注意的是，此处的"吴咏"除指代吴越的方言方音之外，还包括（甚至主要包括）吴越的诗歌和音乐，亦即"吴歌"和"西曲"，这是一种带着浓郁江南水乡色彩的爱情欢歌或悲歌，亦即文学史上著名的"艳歌"（艳曲）渊薮。① 正如郭茂倩所指出的那样，"艳曲兴于南朝"②。洪业认为，如果将此诗系年于南方游历结尾的735年暮春，它将变得极富意味，它甚至可能是735年之前写的。杜甫"检书""看剑"也许跟他即将返回，准备科举考试有关。③ 我认为这个推断很有价值，即使从诗歌风格来看，这种被陈贻焮称为"妩媚"的作品④，也与杜甫早期迷恋六朝诗的事实相吻合。诗中表现出纤丽之美，对未来充满期待，洋溢着一种遮掩不住的青春气息，"检书"

---

① 萧子显《南齐书》卷五三《良政传序》："永明之世，十许年中，百姓无鸡鸣犬吠之警，都邑之盛，士女富逸，歌声舞节，袨服华妆，桃花绿水之间，秋月春风之下，盖以百数。"

② 郭茂倩：《乐府诗集》卷六一，中华书局，1979。

③ ［美］洪业著，曾祥波译：《杜甫：中国最伟大的诗人》，上海古籍出版社，2014。

④ 陈贻焮：《杜甫评传》，北京大学出版社，2003。

"看剑"之际，完全是一副踌躇满志的样子。

还有没有比《夜宴左氏庄》更早的诗作呢？洪业认为，《江南逢李龟年》最好系年在735年之前。这个推断足够大胆，可惜并没有太大的说服力。大唐乐圣李龟年是开元天宝时期最红的宫廷乐师，安史之乱以前的李龟年，绝无可能流落到江南。李龟年不仅善歌，工谱曲，亦擅吹筚篥，尤其会打羯鼓，深得玄宗宠爱。唐玄宗也打得一手好羯鼓，他与李龟年虽是皇帝和乐工的关系，但在音乐艺术的世界里两人情同手足。

杜甫漫游江宁的情形，从他写给许八拾遗的诗中可以梳理出一些线索。他对江宁记忆最深的还是瓦棺寺，那儿有大画家顾恺之画的维摩诘经变壁画。乾元元年（758），杜甫在长安做左拾遗，同事许八就是他当年在江宁时认识的老朋友，正好许八要回江宁看望家人，杜甫便写了两首诗给他，一首直接写给许八，另一首实际是写给江宁旧友旻上人的，请许八转呈。

《送许八拾遗归江宁觐省》杜甫题注："甫昔时尝客游此县，于许生处乞瓦棺寺维摩图样志诸篇末。"可知杜甫当年曾向许八索要过瓦棺寺维摩诘图的小样。诗歌从送别的套话开始，顺便称颂了几句唐朝推崇"孝理"以及"内帛"和"宫衣"的荣耀。许八从长安回到江宁，走的也是水路，过淮阴（今江苏淮安）渡京口（今江苏镇江），令杜甫有旧地重游之想。当年他和许八一同参观瓦棺寺，一同观摩顾恺之壁画的情景历历在目："看画曾饥渴，追踪恨森茫。虎头金粟影，神妙独难忘。"

"虎头"是顾恺之的小名，"金粟影"就是维摩诘壁画，据《净名经义钞》，梵语维摩诘，此云净名，过去成佛，号金粟如来。从《京师寺记》的记载可知，顾恺之不仅是一个壁画家，也是一个行为艺术家："兴宁中，瓦棺寺初置，僧众设会，请朝贤鸣刹注疏。其时士大夫莫有过十万者，既至长康，直打刹注百万。长康素贫，众以为大言。后寺众请勾疏，长康曰：'宜备一壁。'遂闭户往来一月余日，所画维摩诘一躯，工毕，将欲点眸子，乃谓寺僧曰：'第一日观者请施十万，第二日可五万，第三日可任例责施。'及开户，光照一寺。施者填咽，俄而得百万钱。"① 杜甫对于壁画"饥渴"般的热爱，就是从瓦棺寺开始的。顾恺之的壁上神秘画迹，为青年杜甫打开了

---

① 张彦远：《历代名画记》卷五，中州古籍出版社，2016。

一个新世界。他后来写了很多题画诗,尤其题写壁画的诗,源头都在这儿。① 清人王士禛在《蚕尾集》中指出:"六朝已来,题画诗绝罕见。盛唐如李太白辈,间一为之,拙劣不工。王季友一篇,虽小有致,不能佳也。杜子美始创为画松、画马、画鹰、画山水诸大篇,搜奇抉奥,笔补造化。嗣是苏、黄二公,极妍尽态,物无遁形……子美创始之功伟矣。"题画诗并非杜甫首创,按徐复观的说法,"特杜甫于每一诗皆全力以赴,故其题画诗特见精采"②。

因许八奉寄江宁旻上人

不见旻公三十年,封书寄与泪潺湲。旧来好事今能否,老去新诗谁与传。棋局动随幽涧竹,袈裟忆上泛湖船。问君话我为官在,头白昏昏只醉眠。

一个二十出头的年轻人,和一个南方僧人交上了朋友。即使过了二十七年("三十年"举其整数),一想起旻上人,杜甫竟然落下泪来。杜甫很想再和这个旻上人一起做一些"好事":作诗,下棋,寻竹,泛船。旻上人应该是杜甫结交的第一个僧人,江宁也是杜甫与佛教最早结缘之地。

从江宁坐船顺江东下,抵达吴越游的第二个大站姑苏。姑苏之游的场景,杜甫在《壮游》诗中进行了蒙太奇般的回忆:

东下姑苏台,已具浮海航。到今有遗恨,不得穷扶桑。王谢风流远,阖庐丘墓荒。剑池石壁仄,长洲芰荷香。嵯峨阊门北,清庙映回塘。每趋吴太伯,抚事泪浪浪。枕戈忆勾践,渡浙想秦皇。蒸鱼闻匕首,除道哂要章。

诗中提及的风景故迹,除王谢不在苏州,其余如吴王阖闾墓、虎丘剑池、长洲苑、吴阊门、太伯墓、太伯清庙、专诸墓等均在苏州及附近。姑苏之后,杜甫继续南行,到杭州过钱塘江,在萧山登览西陵故驿楼,然后转向东南方向,到会稽凭吊越王勾践及秦皇古迹。然后,杜甫来到吴越游的第三

---

① 杜甫较早的题画诗如《奉先刘少府新画山水障歌》,全诗一派烟水迷茫,如真似幻,表现了高妙的艺术鉴赏力和解读与呈现能力。
② 徐复观:《中国艺术精神》,春风文艺出版社,1987。

个重要目的地越州、台州一带。

　　杜甫在大唐帝国东南沿岸广泛游历，感受江南的"英雄与阴谋，雅致与风俗"①，今昔对映，这对于哺育一颗杰出诗心来说至关重要。如果说江宁是艺术的，苏州是历史的，那么绍兴就是美的。

　　到了绍兴古城，杜甫径奔南边，那儿有一座人工湖泊——鉴湖，又叫镜湖或长湖。《宋史》载：鉴湖之广，周回三百五十八里，环山三十六源。自汉永和五年（140）会稽太守马臻始筑塘，溉田九千余顷，至宋初八百年间，民受其利。② 杜甫到达绍兴的时候，正值五月，他和朋友们来到闻名已久的鉴湖畔，泛舟其上，穿行于碧波与荷田之间。采莲的歌声响起来，杜甫循声望去，船头坐着一位越中少女。真美啊！杜甫看呆了，《壮游》诗中是这样写的："越女天下白，鉴湖五月凉。"

　　很多年过去了，很多细节，比如发饰、服饰、姿态或歌声早已都忘记，只有那白色的皮肤，白色的脸庞，白色的手腕，白色的足踝，白色的幻影，一团白色的火焰在杜甫的眼前跳动、闪烁、分离又重合，如同逆光中的白色影像。那片天下最白的肤色，让镜子般的夏天湖水也变得清凉了。还记得苏轼在童年时代听说的那位蜀宫美人吗？她的"冰肌玉骨"也可"清凉无汗"呢！这或许是杜甫一千多篇诗作中写女性之美写得最好的两句，夏天的南方的美人！堪与其比美的只有杜甫在秦州（今甘肃天水）深山中见到的那位佳人了——"天寒翠袖薄，日暮倚修竹"——冬天的美人。杜甫记住了那一身令人心痛的颜色，翠绿的，和修竹一样单薄的身影。夏天的白色，是青春和未来，而冬天的绿色，是迟暮和无望。

　　青年诗人对于美好的事物，比我们更善于发现，也更为珍惜。郭沫若说，"杜甫也并不经常是那么道貌岸然的"③。为什么要道貌岸然呢，难道道貌岸然比不道貌岸然更好吗？！杜甫对越女的赞美是真诚的，也是纯洁的。在唐代诗歌中，能够与越女抗衡的是李白笔下的胡姬。杜甫笔下的越女，是天真浪漫的少女；李白笔下的胡姬，是成熟的透着热烈和性感的青年女子。

---

① ［美］洪业著，曾祥波译：《杜甫：中国最伟大的诗人》，上海古籍出版社，2014。
② 脱脱等：《宋史》卷九七《河渠志七》，中华书局，1977。
③ 郭沫若：《李白与杜甫》，中国长安出版社，2010。

一个才华非凡的年轻诗人,怎么可能不热爱美丽的女性——她们的灵魂,她们的身体?!

德国美学家莱辛(Lessing)曾通过分析画家与诗人对于身体之美的不同表达方式,试图说清诗画的分野:身体美是产生于一眼能够全面看到的各部分协调的结果。因此要求这些部分相互并列,而这各部分相互并列的事物正是绘画的对象。所以绘画能够,也只有它能够摹绘身体的美。诗人只能将美的各要素相继指说出来,所以他完全避免将身体的美作为美来描绘。荷马常常是这方面模范中的模范,他只说尼惹斯是美的,阿奚里更美,海伦具有神仙似的美,但他从不陷落到对这些美的周密的啰唆的描述中,他的全诗可以说是建筑在海伦的美上面的。正是这位荷马,故意避免片断地描绘身体的美,以至于我们在翻阅时,很不容易地仅有一次机会可以获悉海伦拥有雪白的臂膀和金色的头发。正是这位诗人,他仍然懂得使我们对她的美获得一个概念,而这一美的概念远远超过了艺术在这企图中所能达到的。人们试回忆诗中那一段当海伦到特罗亚人民的长老集会面前,那些尊贵的长老们瞥见她时一个对一个在耳边说:"怪不得特罗亚人和坚胫甲开人,为了这个女人,这么久忍受苦难呢,她看来活像一个青春常驻的女神。"[①] 还有什么能给我们一个比这更生动的美的概念——当这些冷静的长老们也承认,她的美是值得这场流了这么多血、洒了那么多泪的战争呢?

中国诗人杜甫正是用荷马这种笔法,为世人留存了一张盛唐南方美人的倩影,和海伦一样,有着"雪白的臂膀",她"活像一个青春常驻的女神"。

到了绍兴,杜甫一定会到更南边的名胜区域,坐船至曹娥江上游剡溪,再到天姥山下。从后来的《奉先刘少府新画山水障歌》中得知,杜甫穿着一双青色的布鞋,游览了若耶溪、云门寺、山阴道和禹穴,还可能游历了新安江、富春江沿岸。陈贻焮推测,杜甫可能在开元十九年(731)至二十一年(733)间,在越中遇见过前辈大诗人孟浩然,那时孟夫子正好也在越中漫游。在夔州回忆旧事诗作《解闷十二首》之六中,杜甫说:"复忆襄阳孟浩然,清诗句句尽堪传。即今耆旧无新语,漫钓槎头缩颈鳊。"如果两人真的在越中见过,或许还一起垂钓过呢!其实,杜甫的吴越游,还应该与另外一

[①] 宗白华:《美学散步》,上海人民出版社,1981。

个大诗人相会,只是时机还未成熟,缘分还未到达,他们几次擦肩而过,把必须的必然的相见推后了几年。这也未尝不好,相见的好酒多藏一会儿更好喝。

有一个细节值得提及:杜甫在游历苏州时,曾有顺着长江东渡大海到日本去的想法——不,不仅仅是想法,他已经付诸行动——杜甫买好了或者雇好了一条漂洋过海的船!

几十年之后,杜甫漂泊到成都,住在草堂,还专门购买了一条木船。当他从梓州避乱重返成都时,看见心爱的船儿已经破损,突然想起当年在苏州出海的事情,万千感慨,青春的梦想此生已无法实现,只能看着木船一天天破败下去:

破　船

　　平生江海心,宿昔具扁舟。岂惟清溪上,日傍柴门游。苍皇避乱兵,缅邈怀旧丘。邻人亦已非,野竹独修修。船舷不重扣,埋没已经秋。仰看西飞翼,下愧东逝流。故者或可掘,新者亦易求。所悲数奔窜,白屋难久留。

杜甫内心中一直有一个大海梦,对其一直怀着深深的向往,并为未能浮渡大海而遗恨终生。

李白想做一名"海上钓鳌客",杜甫也想"掣鲸碧海"中。

儒家文化的土壤是农耕和土地,但是,孔子和孟子都梦想过大海。

孔子说:"道不行,乘桴浮于海。"

孟子说:"观于海者难为水。"

失意即放荡

四年一晃就快过去了，诗人已经二十四岁。

杜甫游兴正浓，江南的山山水水已经饱览，胸中丘壑已然纵横。

杜甫一点也不满足，他还想到更远的世界去看看。

熟读儒家经典的杜甫，脑子里一定浮现着圣贤孔子或孟子关于大海的箴言。

杜甫打算漂洋出海！但是，这个宏大的计划却半途而废。

开元二十三年（735）秋冬际，杜甫可能收到了一封家书，或者是看见了一份朝廷邸报。

总之，杜甫得到了一条消息，不得不结束快意四年的吴越漫游。

是什么消息让杜甫终止了他人生第一场漫游呢？想家了，还是资费不够用？在所有的理由中，只有一个理由足以让杜甫改变主意，那就是为获取功名而必须参加的科举考试。要参加次年春天在京兆（今陕西西安）举行的全国大考（贡试），得先参加州郡举办的解试才行，考试科目包括诗赋和策论。通过解试的举子们由州郡政府登记造册，获得次年全国乡贡考试的入场券，贡试则由吏部考功员外郎担任主考官。

等待来年春天贡试期间，举子们也没有闲着，或者向显贵行卷，或者以各种方式做自我宣传，或让歌伎传诵自己的作品，以引起更广泛的注意。杜甫也在向世人尽情展示着自己的才华，他要让人们相信，他的赋写得像汉代博学的扬雄一样好，诗歌则写得如建安代表诗人曹植一样棒。同时，他还结识了长安文艺圈中两个厉害人物。在后来的《奉赠韦左丞丈二十二韵》诗中，杜甫写道："甫昔少年日，早充观国宾。读书破万卷，下笔如有神。赋料扬雄敌，诗看子建亲。李邕求识面，王翰愿为邻。"李邕（北海）是碑志大书法家，王翰（子羽）是边塞大诗人，绝对都是一流的"老苍"，后来杜甫还专程去北海（青州）看望李邕，成为忘年交。

杜甫参加贡举考试的时间，差不多所有的杜甫研究者都系年于开元二十三年（735），只有洪业系年于开元二十四年（736）。开元二十四年在中国科举考试史上是不平凡的一年，据《新唐书》及《唐摭言》等①，主考官是吏部考功员外郎李昂，这个人的学术修为并不高，性情急躁，评卷过程中时有偏颇，引得举子们不满，与主考官之间发生了冲突，面对面进行抗议，有人还因此下了狱。杜甫就是抗议者之一，言辞颇为激烈。科考在古代中国事关重大，这事后来闹到玄宗那儿去，玄宗也觉得仅仅让一个考功员外郎来主持如此重大的考试，分量着实轻了点，"位卑而权重"，于是颁布一道诏书，从此以后的全国贡试，均由礼部侍郎担任主考官。

杜甫在《壮游》诗中写及这次考试风潮："忤下考功第，独辞京尹堂。"杜甫所参加的考试，显然就是由开元二十四年考功员外郎李昂主持的那一场。诗中的"忤下"二字正是对杜甫当年参与的那场抗议活动的一种真实记录。杜甫一点儿也不后悔自己的行为，哪怕为此付出了代价，为此初尝人生失意的滋味——"独辞京尹堂"。从这句话可以明确得知，杜甫参加考试的地点在长安京兆，而不是在洛阳。开元二十三年的贡试地恰好不在长安而在洛阳的崇业坊福唐观，主考官是考功员外郎孙逊。如果杜甫参加的是洛阳考试，那么落第之后，"独辞"之地又怎么会是"京尹堂"呢？

长安首战失利，可能对很多人来说，打击不算小，但杜甫一副满不在乎的样子，他独辞长安，奔向远方："放荡齐赵间，裘马颇清狂。"失意即放荡，失意是放荡最好的借口和理由。尽管"独辞"的行为中包含着孤独、愤

---

① 王定保：《唐摭言》卷一，上海古籍出版社，1978。欧阳修等：《新唐书》卷四四《选举志上》，中华书局，1975。

怒和无奈，但总的姿态是洒脱的。杜甫为何如此超迈，和宋人梅尧臣、陆游落第时的悲伤完全不同？是不是杜甫太过自信，抑或是还没有完全形成成熟的心智？

朱东润提示我们注意唐宋科举制度的不同：宋代的科考每三年才放一次进士，有时多至四百余人，假如每人任职时间是三十年，全国的官员有数千人，再加上一些非进士出身、职衔带个"右"字的官员，还是可以勉强敷用的。唐代的进士科考每年举行，录取的人员很少，通常不过三十人，有时一年连一个都不录取。在这种情形下，如果每人任职三十年，则全国当官的进士不足一千人，而实际上全国的大小官吏在万人以上——唐代的官员百分之九十都没有进士身份。[①] 这也就意味着，对于唐代青年来说，是否被科场录取，影响并没有想象的那么重大。当然，这并不是说科考对唐人来说不重要，在唐代，进士的魅力还是很大的，能从数百人中脱颖而出，肯定是人生的莫大荣耀，杜甫何尝不想呢？但是已经"忤下"了，不"独辟"又能如何！

杜甫已经没有什么心思去"看尽长安花"，长安不是他的福地——现在不是，将来也不是。

正好，父亲杜闲已由奉先县令迁升为兖州司马。洪业认为杜闲可以通过荫庇入仕（从六品上即可），其仕宦经历很可能是先任武功县尉（正九品下），次任奉先县令（正六品上），然后才是兖州司马（正五品下）——这也是杜闲最后的官职。

二十五岁的杜甫，可以较为平等地和父亲交流。

游历过吴越的杜甫，心中最向往的地方就是儒家文化的发祥地。一个以"奉儒守官"为"素业"的家族的成员，必须到齐鲁朝圣！

杜甫齐赵间行踪，北至邯郸（丛台），东至青州（青丘），他一路打猎一路狂歌，过足了"快意"人生：

壮　游

春歌丛台上，冬猎青丘旁。呼鹰皂枥林，逐兽云雪冈。射飞曾纵

[①] 朱东润：《杜甫叙论》，人民文学出版社，1981。

鞍，引臂落鹜鸽。苏侯据鞍喜，忽如携葛强。快意八九年，西归到咸阳。

春天歌唱，冬天打猎，呼鹰逐兽，引臂射鸟……这是我们印象中的杜甫吗？尤其那专注且专业的马背上的骑射，英气逼人，简直酷毙了，和后来诗人所描绘的"朝扣富儿门，暮随肥马尘"的种种不堪完全沾不上边。这也太不像杜甫了，太像另一个他很快就会与之相遇的大诗人。大诗人虽然这时还没有出现，在徐州、兖州地区却出现了另一个人，杜甫引为一生知己的兄长——"苏侯"苏预（源明）。闻一多是这样描绘的：过路的人往往看见一行人马，带着弓箭旗枪，驾着苍鹰，牵着猎狗，向郊野奔去。内中头戴一顶银盔，脑后堕斗大一束红缨，全身铠甲跨在马上的，便是监门胄曹苏预。打从相识之后，两人心心相印、惺惺相惜，杜甫晚年《八哀诗》中的第六哀即为苏源明而作。苏源明虽然说不上是什么大文人，对杜甫的人生却影响甚深，他可能还是杜甫的骑射老师。苏源明的豪侠做派，让杜甫在初次见识了吴越温柔之外，又见识了齐赵英姿。这些丰富而昂扬的经历，都将在日后的岁月中，在杜甫的诗中发出回响。杜甫晚年在夔州时，意外地遇见苏源明的儿子苏徯，杜甫为之作《君不见简苏徯》。

杜甫二十岁前主要生活在洛阳，虽然已经健如黄牛，但骑马射箭的机会应该不多。之后游历吴越四年，也不太可能学习骑射技术，那一带是水乡，没有什么好马可以骑乘。只有到了齐赵地区才有这种可能性，那儿不仅多良马，还有杜甫在《进三大礼赋表》中所说的"麋鹿同群"和"丰草长林"。齐赵地处黄河两岸，既有高峡深谷，亦有平原山冈，遍布森林草泽，鸟兽众多。我们有足够的理由相信，是苏源明教会了杜甫骑射功夫，所以，当他看见自己的弟子杜甫已经习得一手好技艺时，才会有"据鞍喜"的欣然表情。

正是这种兄弟和师友之间射飞纵鞚的痛快经历，培养了杜甫对苍鹰和骏马的酷爱之情。

在此期间，杜甫写下了心中最初的马和鹰：

房兵曹胡马

　　胡马大宛名，锋棱瘦骨成。竹批双耳峻，风入四蹄轻。所向无空阔，真堪托死生。骁腾有如此，万里可横行。

画　鹰

　　素练风霜起，苍鹰画作殊。㧐身思狡兔，侧目似愁胡。绦旋光堪摘，轩楹势可呼。何当击凡鸟，毛血洒平芜。

　　两首诗气血充盈。清人浦起龙认为诗中所表现出的"少年气盛"，纯粹是"自己写照"。确实如此，无论是"所向无空阔，真堪托死生"的胡马，还是"何当击凡鸟，毛血洒平芜"的鹰，都对未来充满梦想，"嫉恶怀刚肠"，心中唯有自我又豪气纵横。"侧目似愁胡"一语虽然来自汉代王延寿和晋人孙楚①，但由于有"㧐身"与"侧目"的动态铺垫，益增其逼人杀气，就像一个带有异质和异域气息的杀手，锐利的眼睛深陷在死亡的阴影中。这是杜甫所喜欢的，在《王兵马使二角鹰》中，诗人再一次写道："二鹰猛脑绦徐坠，目如愁胡视天地。"

　　有一个值得注意的现象，杜甫诗中的凤凰和鹰（包括雕等鸷鸟）代表着两种不同的向度：凤凰代表着爱和悲悯，鹰则代表着力量与杀伐。杜甫诗中写马的有近三百处，写鹰的也有近三十处，我们称杜甫为大唐马与鹰的歌者，一点都不为过。杜甫常常将自己和马与鹰混为一体：孤独困苦时，他就是一只待人呼唤的"饥鹰"（《赠韦左丞丈济》）；失魂落魄时，远比一匹被战争遗弃的东郊"瘦马"还可悲（《瘦马行》）。

　　开元二十四年（736）至二十八年（740）四年多的时间，杜甫一直在齐赵间漫游。在汶水畔，杜甫认识了大诗人高适，还有张玠。知道张玠的人不多，知道他儿子张建封的却不少，知道张建封小妾关盼盼和燕子楼的人更多。杜甫《题张氏隐居二首》中的张氏，很可能就是张玠。张玠经常邀请杜甫去他家饮酒、钓鱼，吃最好吃的梨子（张公大梨）。在山东任城（今济宁），杜甫还认识了一位姓许的主簿，并写下《与任城许主簿游南池》《对雨书怀走邀许主簿》二诗，其中的"晚凉看洗马，森木乱鸣蝉"已有名家风范。

　　杜甫在山东地区所写的最早一首诗《登兖州城楼》，多数研究杜甫的学者认为其也是杜甫现存作品中最早的一首诗，还是杜甫现存诗中唯一写到自

---

① 汉王延寿《鲁灵光殿赋》："胡人遥集于上楹……状若悲愁于危处。"晋孙楚《鹰赋》："深目蛾眉，状如愁胡。"

己生父的诗。随着年龄的增长，杜甫与父亲和继母的关系趋于缓和，他理解了父亲的难处。同时，父亲杜闲对于长子杜甫（杜甫很可能还有个堂兄或早逝的哥哥，所以才有杜二之称）亦怀着愧疚感，他知道自己没有尽到一个父亲对儿子的抚养责任，尽管在经济上他一直在资助这个儿子，包括其漫游吴越的一些费用。从杜甫诗中只字不提继母卢氏的事实来看，卢氏对杜甫不会太好（否则他就不会被寄养在姑姑家），更没有视若己出。卢氏亲生的有四个儿子（杜颖、杜观、杜丰、杜占）和一个女儿（嫁韦氏）。

登兖州城楼

东郡趋庭日，南楼纵目初。浮云连海岱，平野入青徐。孤嶂秦碑在，荒城鲁殿余。从来多古意，临眺独踌躇。

所谓"东郡趋庭"，就是到山东兖州来看望父亲，用的是《论语》中孔子教儿子孔鲤学习诗礼的典故。杜甫的齐鲁之行，不仅仅是为了看望父亲，还在于游历感知齐鲁的风土和历史。这首写及父亲的诗，也是在他登临兖州城楼时所写，可以视作登览泰山的预演。虽然此诗可能受到祖父杜审言《登襄阳城》的影响，但从"浮云连海岱，平野入青徐"的广阔视野里，已隐然可见"岱宗夫如何，齐鲁青未了"的气势。

漫游是有成本的，或者说漫游是要有资本的，尤其是动辄数年的漫游。

唐代官吏的俸禄主要由禄米、俸料钱、职田和禄力四项构成，此外还有不完全固定的各种实物，有时发放的实物之全面，细到不可思议，比如细米、粳米、面、酒、羊肉、酱、醋、瓜、盐、豉、葱、姜、葵、韭和木炭等（官阶不同，得到的多少也不同）。当然，这得做到一定品阶的长安城中的官员（京官）才能享受，地方官员（外官）的俸禄主要来自禄米和职田。①

洪业采用《新唐书》所载代宗宝应元年（762）的一些证据，为杜闲一家算了一笔开元二十五年（737）的账：每人年平均谷物消耗量为七点二斛，占一个人生活资料的三分之一，如果全部折换成谷物，人年均总消耗量在二十二斛左右（当时一年亩产谷物平均为半斛）。② 普通家庭人口以七口计，一个家庭的年均谷物消耗量为一百五十斛以上，所需土地为三百亩。作为兖

---

① 王卓：《唐朝前期俸禄制度的演变》，《社科纵横》2017年第2期。
② ［美］洪业著，曾祥波译：《杜甫：中国最伟大的诗人》，上海古籍出版社，2014。

州司马的杜闲,可以获得两份土地,一份是任期内的七百亩,一份是终生拥有的八百亩。每年还可获得三百二十斛谷物和十一万枚铜钱作为俸禄,并可享受二十五名仆人的服务。仆人服务可以折算成货币,约为四万九千枚铜钱。这些货币折算成谷物(当时通价是一斛一百三十钱,偃师一斛只有三十钱),并假设土地租金是收益的三分之一,杜闲在三百二十斛谷物俸禄之外,还能额外得到近一千五百斛谷物,加起来近一千八百斛——这个收入是唐代普通家庭的十一倍,杜甫几乎可以称得上是"官二代"或"富二代"了。

看来,杜闲的长子杜甫,有足够的资本去齐赵之间游荡,衣轻裘,骑肥马。后来,时常落魄的杜甫,对那些"衣马自轻肥"的五陵少年同学们既羡慕又不屑,完全忘了自己当年就是这样一位放荡的主儿。

到泰山去,这是杜甫游齐赵的一个重要目的。

圣人孔子一定登过泰山,才会发出"登泰山而小天下"的感叹。

所以,杜甫是必须到泰山去的。

大约在开元二十五年(737)春夏之交,杜甫来到久仰的泰山脚下,开始人生第一次真正的登山之旅。他在南方也应该游过山,比如游天姥山,游山阴道,但是游山和登山还真不是一回事,最重要的是,泰山不仅仅是视觉上的高峻,更是心灵上的高不可及。

登到了半山腰,杜甫停了下来。不能像克服困难一样,很快就把这座神圣的山峰给过了,要像欣赏唯一的爱人一样,慢慢走,欣赏啊!杜甫停下来,放眼望去,齐鲁大地一片苍青色,从眼前一直绵延到天边。那是一种让人可以沉浸下来,纵身融入其中的苍茫世界,那儿蕴藏着造化全部的秘密。抬头向上望去,泰山之巅高到可以分割出白天和黑夜来。杜甫想张开双臂,豁开胸膛,迎接一团一团汹涌而来的云雾。诗人看得入了神,看得忘记了时间。黄昏就要来临,归巢的鸟儿们在诗人神圣的眺望和凝视中,成群结队地飞回来。

望 岳

岱宗夫如何?齐鲁青未了。造化钟神秀,阴阳割昏晓。荡胸生曾云,决眦入归鸟。会当凌绝顶,一览众山小。

从结句来看,杜甫这一次并未登顶,一路欣赏泰山美景和遗迹,一路想着圣人的事，耽误了太多时间，还未登顶天就快黑了，得赶紧下山。大历二年（767）秋天，杜甫在夔州作《又上后园山脚》，从中得知，"望岳"之后的暮秋时节，杜甫真的去"凌"了一回"绝顶"：

> 昔我游山东，忆戏东岳阳。穷秋立日观，矫首望八荒。朱崖著毫发，碧海吹衣裳。

开元二十八年（740），漫游齐赵的第五个年头，杜甫已经二十九岁，即将进入圣人所说的而立之年。就在这一年，杜甫终结了人生第二场也是最后一场主动的漫游生活。

这一年，可能发生了一件对杜甫来说很大的事。

偃师的祖脉

开元二十八年（740），到底发生了什么事？

这一年，杜甫的父亲杜闲去世了。对于任何一个人子来说，父亲的去世都是头等大事。

父亲虽然在杜甫小时候没有给予他太多照顾，在经济上却从未中断过资助，尤其是在长达近十年的漫游生活中，父亲成了他的主要甚至唯一的支持者。

关于杜闲的卒年，学界没有达成一致的认识。大部分人认为杜闲卒于天宝年间。

闻一多推测，杜闲可能卒于天宝十载（751）之后。① 洪业将杜闲的卒年提前至开元二十八年（740）。② 杜闲的仕宦经历终于兖州司马，而兖州在天宝元年（742）改为鲁郡，因此杜闲兖州司马的任命一定是在这一年之前；杜甫结束齐赵之游则发生在兖州改郡的两年前，亦即开元二十八年（740）。

父亲杜闲突然辞世，作为长子的杜甫，必须承担起天经地义的义务：扶榇归葬故土。回到偃师，杜甫和同父异母的四个弟弟及一个妹妹，为父亲服

---

① 闻一多：《少陵先生年谱会笺》，《国立武汉大学文哲季刊》1930 年第 1 卷第 1 期。
② ［美］洪业著，曾祥波译：《杜甫：中国最伟大的诗人》，上海古籍出版社，2014。

丧三年（二十七个月）。

从齐鲁回到洛阳后，开元二十九年（741），杜甫和弟弟妹妹一起，在洛阳东北七十里外的首阳山下尸乡亭附近辟出了几间土窑洞（尸乡土室、土娄庄）。服丧期间，杜甫和弟妹大部分时间即居住于此。土娄实际上就是庐墓，建于祖坟附近，便于晨昏祭祀。那座名叫首阳的山，就是商代高人伯夷叔齐隐居过的山，也是杜甫家族的祖脉所在，埋葬杜甫祖先的地方。从远祖杜预到祖父杜审言，再到父亲杜闲，包括生母崔夫人，都长眠于此。这让我想起早逝诗人海子的诗句：

亚洲铜，亚洲铜/祖父死在这里/父亲死在这里/我也会死在这里/你是唯一的一块埋人的地方

是的，杜甫也将埋在这座山下，只是还得等很多年，一直等到他死后的第四十三年，也就是元和八年（813），其遗骨才由他的孙子杜嗣业运回偃师，移葬在首阳山下，和祖先们永远躺在一起。

开元二十九年（741）寒食节，杜甫在偃师土娄写下著名的祭祖文。

祭远祖当阳君文

维开元二十九年岁次辛巳月日，十三叶孙甫，谨以寒食之奠，敢昭告于先祖晋驸马都尉镇南大将军当阳成侯之灵：初陶唐出自伊祁，圣人之后，世食旧德。降及武库，应乎虹精。恭闻渊深，罕得窥测，勇功是立，智名克彰。缮甲江陵，祲清东吴，建侯于荆，邦于南土。河水活活，造舟为梁。洪涛莽汜，未始腾毒，《春秋》主解，稿隶躬亲。呜呼笔迹，流宕何人？苍苍孤坟，独出高顶，静思骨肉，悲愤心胸。峻极于天，神有所降，不毛之地，俭乃孔昭。取象邢山，全模祭仲，多藏之诚，焯序前文。小子筑室，首阳之下，不敢忘本，不敢违仁。庶刻丰石，树此大道，论次昭穆，载扬显号。于以采蘩，于彼中园，谁其尸之？有斋列孙。呜呼！敢告兹辰，以永薄祭。尚飨！

这一年，杜甫正好是"而立"的三十岁。这篇研究杜甫生平的第一手资料，对于了解杜甫家族的历史十分重要，我们不妨循着杜甫的思绪，追溯一番杜家的祖脉。

杜甫明确宣称他是杜预的十三叶孙，杜预是他的十三世祖，也是杜氏一

脉中最为显赫的远祖。杜甫的家族传承，民国时期岑仲勉从《元和姓纂》的记载中梳理了来龙去脉，并制作出《杜甫世系表》，其说广为学术界所接受。① 杜甫直系祖脉大抵如次：杜预、杜耽、杜顾、杜逊、杜乾光、杜渐、杜叔毗、杜鱼石、杜依艺、杜审言、杜闲。其中失载两代，即六世祖和七世祖，一直到父亲杜闲，加起来共有十三世。

杜预既是军事"武库"，又是水利专家，统一江南，注解《春秋》，文韬武略，无一不备。这样一位了不起的远祖，杜甫由衷敬仰，毫无保留地接受着，毫不遮掩地崇拜着，即使在称颂朋友（卫伯玉）的业绩时，也会拿这位先祖作为光辉的参照："尚书勋业超千古，雄镇荆州继吾祖。"杜预在晋代初年曾任镇南大将军，都督荆州诸军事，在镇襄阳、平吴过程中战功第一，被晋室封为当阳侯。杜预知道像自己这样的人，一定会名留青史，但他还是担心有一天会被人忘记。连杜预这样的人，也有急于载入青史的焦虑啊！于是，杜预让人刻了两通记载其生平与功业的石碑，一通沉于襄阳西北的万山潭（后来改名沉碑潭），一通竖立于襄阳城南岘山之上。祖先立碑的逸事无疑是光辉的重大事件，激发了杜甫对于碑石的热爱。大历四年（769）春夏之交，漂泊于湘江之上的杜甫本来是要去郴州的，遇到洪水来袭，只好掉转船头顺流北上，途中写下《回棹》诗篇，再次提及杜预立碑这件事：

清思汉水上，凉忆岘山巅。顺浪翻堪倚，回帆又省牵。吾家碑不昧，王氏井依然。

这儿的"吾家碑"说的正是杜预刻立的那两块石碑。"王氏井"，当然说的就是王粲的井了，也是襄阳的名迹。可惜，即使勒石为碑，也仍然免不了"昧"的命运，杜预的两块功德纪念碑并没有能够长留于世间，而是在历史的消磨中，全部化成了沙和灰。

和对远祖杜预的态度不太一样，杜甫对祖父杜审言的感情则颇为复杂。杜审言是他的祖父，两人虽然没有见过面（杜审言死后四年杜甫才出生），但杜审言的续弦卢氏，也就是杜甫的继祖母还在，诗的传统必将两人紧紧联系起来。"诗是吾家事"（《宗武生日》）或"吾祖诗冠古"（《赠蜀僧闾丘师

---

① 岑仲勉：《杜甫世系表》，《历史语言研究所集刊》第9册，商务印书馆，1947。

兄》）等，差不多成了杜甫的口头禅。一方面自然是敬重，并且也很自豪；另一方面，对于杜审言的某些政治行为（武后时结交张易之、张昌宗兄弟），杜甫是持保留意见的。这也体现了杜甫的"刚肠"，即使对自己的祖父，他也不会全盘接受。

在诗歌和文学方面，杜甫的早期写作受到家法的影响较多。作为"文章四友"之一（另三人为李峤、崔融、苏味道），杜审言当时还是很狂的。杜审言很瞧不起苏味道，放言说如果苏味道看见他写的文判一定会羞死；又说他的文章写得太漂亮，就连屈原和宋玉也只能给他当衙官；他的书法更是超群绝伦，王羲之也难以望其项背。这口气我们听来觉得有些耳熟，杜甫好像也说过类似的话："赋料扬雄敌，诗看子建亲。"杜审言也是写过好诗的人，比如他的名句"云霞出海曙，梅柳渡江春"，就被世人传诵。宋人王得臣说：杜审言，子美之祖也。则天时，以诗擅名，与宋之问唱和。其诗有"绾雾青条弱，牵风紫蔓长"，若子美"林花带雨胭脂落，水荇牵风翠带长"，虽不袭其意，而语句、体格、脉络，盖可谓入宗而取法矣。①

其实，杜审言对杜甫诗歌的真正影响体现在排律上。杜甫所说的"诗是吾家事"，我认为更多的是指排律，尤其是五言排律。杜审言最著名的一首五言长排是《和李大夫嗣真奉使存抚河东》四十韵，在文体创新方面，这是一篇具有划时代意义的作品。虽然与杜审言同时代的崔融、宋之问和沈佺期都写过五排，却从没有写过像杜审言这样长达四十韵的排律作品。李邕曾经与杜甫谈及此诗，并给出了极高评价。杜甫在《八哀诗》（赠秘书监江夏李公邕）中回忆说：

> 例及吾家诗，旷怀扫氛翳。慷慨嗣真作，咨嗟玉山桂。钟律俨高悬，鲲鲸喷迢递。

排律确实堪称杜甫的家法，杜甫的创作中也极其鲜明地标示出这一诗歌家族血统，他甚至将祖父开创的四十韵长排直接拓展到一百韵。这是空前绝后的壮举，所以元稹在《唐故工部员外郎杜君墓系铭并序》中赞叹道："时山东人李白，亦以奇文取称，时人谓之李杜。予观其壮浪纵恣，摆去拘束，

---

① 胡仔：《苕溪渔隐丛话后集》卷五，人民文学出版社，1962。

摸写物象，及乐府歌诗，诚亦差肩于子美矣。至若铺陈终始，排比声韵，大或千言，次犹数百，词气豪迈而风调清深，属对律切而脱弃凡近，则李尚不能历其藩翰，况堂奥乎!"①

这儿所说的"铺陈终始，排比声韵，大或千言，次犹数百"，正是杜甫从祖父杜审言那儿继承下来的长篇排律，尤其是五言长排。这是杜甫的家学渊源，别的诗人很难有这样的机缘。

杜家长辈中，还有两位人物的行为一定对杜甫的性格形成产生过强烈影响：一位是祖父杜审言的曾祖杜叔毗，还有一位是杜审言的次子杜并，亦即杜甫的叔叔。这两位杜家男儿，虽然时代相距遥远，却干了同样的事情：为血亲复仇。《周书》记载："（杜）叔毗早岁而孤，事母以孝闻。性慷慨有志节。"② 杜叔毗的哥哥杜君锡被曹策陷害，叔毗朝夕号泣，具申冤状。朝议以事在归附之前，不可追罪。于是，叔毗在大白天持白刃杀了仇人曹策，然后平静地投案自首。这事在当时震动很大，叔毗的侠义之行，赢得人们交口称赞。

时间过去了很多年，杜家又惊人地重演了这一幕。武后时期，杜审言被贬为江西吉州（今江西吉安）司户参军，由于其为人清狂而招致嫉恨，同僚郭若讷联合周季童一起将杜审言投进了死狱。杜审言的次子，十六岁的杜并揣着刀子，直接在宴饮中把周季童给砍了。杜并受重伤而死，杜审言则因此事而获救。少年杜并的事迹，被当时的名人苏颋和刘允济记录下来。③ 杜甫文字中也曾闪现这位叔叔的身影：缙绅之家，谁为孝童。

为血亲复仇的故事，在中国古代并不鲜见，统治者的态度有时显得暧昧不清，虽不鼓励，但在惩处时又常常网开一面。统治者想要达到的目的是，既要让违法者受到法律的处置，又要让孝道得以彰显。统治者的潜意识中有这样的想法：那些为血亲复仇而献身的孝者，也一定是可以为国家或政府流血的忠者。

杜甫还在这篇祭远祖文中，追溯了杜氏家族更为久远的历史：杜氏的始

---

① 元稹：《元氏长庆集》卷五六，上海古籍出版社，1994。
② 令狐德棻等：《周书》卷四六《杜叔毗传》，中华书局，1971。
③ 《大周故京兆男子杜并墓志铭并序》，出土于1919年，收入罗振玉编《芒洛冢墓遗文续补》，民国六年（1917）刻本。

祖是陶唐。杜甫在后来所作的《敬寄族弟唐十八使君》中，将做过汾州刺史的唐使君视为族弟，两人相遇于巫山，杜甫开篇就说："与君陶唐后，盛族多其人。"这个亲戚关系拉得有点远，从陶唐到杜甫所处的时代，大约经历了三千年。陶唐在《尚书》中就有记载，传说为帝喾之子，复姓伊祁，名放勋，初封于陶，后徙于唐，故称陶唐。朱鹤龄引《唐宰相世系表》说："杜氏出祁姓，帝尧裔孙刘累之后，在周为唐杜氏。成王灭唐，以封弟叔虞，改封唐氏子孙于杜城，京兆杜陵是也。然则唐与杜盖同族也。"远古世系的传说成分居多。这儿说唐、杜二姓同源同族，其子孙籍贯都是京兆杜陵（今陕西西安）。

　　杜甫的籍贯一直存有争议：京兆、杜陵、少陵、首阳、襄阳、洛阳和巩县。人们对于籍贯的理解也各不相同，既可能是出生地，又可能是久居之地，还可能是家族发祥地。我觉得，出生地才是籍贯的基本意义。说杜甫是洛阳人或偃师首阳山人，显然是因为杜甫在洛阳度过了童年和青少年时光，又在偃师首阳山下暂住过。说杜甫是襄阳人，则是因为杜甫的十世祖杜逊在东晋时南迁至襄阳，当过魏兴（安康）太守。

　　现在较为普遍的说法是杜甫为今河南巩义人，如四川省文史研究馆编纂的《杜甫年谱》就说，杜甫出生于河南巩县东二里的瑶湾。① 二十世纪八十年代初，山东大学《杜甫全集》校注组在萧涤非的组织下，曾到巩县旧城（站街）东北一里处的瑶湾村进行实地考察②：瑶湾村的西面有座石碑楼，为乾隆三十一年（1766）巩县李天墀所建，石碑上刻有"唐工部杜甫故里"七个大字。碑楼东侧外壁还嵌有一方青石碑，上刻"唐工部杜文贞公碑记"，刻碑时间在同治十二年（1873）二月吉旦，由杜甫的第三十四、三十五代孙合立。村东北角有笔架山，山下有一小院，院门外墙上也嵌有一块石碑，正中刻有"诗圣故里"四个大字，由石屏张汉立于雍正丁未年（1727）。小院东面山下有一窑洞，分为前后两间，幽暗而清冷，据说当年杜甫就住在最里面那一间。经过考古学家的鉴定，这孔窑洞实际上是元代修建的。当地居民说瑶湾村并没有姓杜的人，这孔窑洞原来也是李姓所有，不知何时起人们开

---

① 四川省文史研究馆编：《杜甫年谱》，四川人民出版社，1958。
② 山东大学《杜甫全集》校注组：《访古学诗万里行》，人民文学出版社，1982。

始把这孔窑洞称为"工部窑"。

杜甫出生于巩县瑶湾村的说法并没有任何文献依据，那几块清代的石碑根本不能说明任何问题。四川省文史研究馆所根据的，也仅仅是《京兆杜氏工部家诗年谱》，但这类晚近编纂的年谱或家谱具有强烈的野史色彩。我们在杜甫的诗文中，看不到关于他出生于巩县的只言片语，连蛛丝马迹也没有——总不能因为杜甫的曾祖父杜依艺位终巩县令，就笃定地说杜甫是巩县人吧？

根据两《唐书》及元人辛文房《唐才子传》记载，杜甫的祖父杜审言出生于湖北襄阳，是没有争议的襄阳人，后随父杜依艺迁至河南巩县。杜审言在唐高宗咸亨元年（670）擢进士第后，到隰城县（山西汾阳）当了县尉。累转为洛阳县丞，杜甫在洛阳的祖产应该是在此期间置办的。武后圣历元年（698），坐事贬为吉州（江西吉安）司户参军。杜审言入仕之后便离开了巩县，很可能将家安在了远祖杜预入籍的京兆杜陵。对于此一推断，有一个旁证：民国八年（1919），河南出土一方前面提及的杜甫叔叔杜并的墓志铭《大周故京兆男子杜并墓志铭并序》，被金石学家罗振玉收入《芒洛冢墓遗文续补》之中。墓志为时任监察御史的苏颋撰于长安二年（702）四月十二日，墓志中明确无误地写道："男子讳并，字惟兼，京兆杜陵生也。"请注意，这儿写的是"京兆杜陵生"，而非通常的"京兆杜陵人"，亦即杜并的出生地就在京兆杜陵。既然杜并出生于京兆杜陵，他的哥哥杜闲亦当生于京兆杜陵。如果杜闲出生于杜陵，他又从未到巩县或周边任职，完全没有理由将家安到巩县去。由此我们可以大致推断出，杜闲的儿子杜甫亦应出生于京兆杜陵。杜甫常在诗中自称"杜陵野老"或"少陵布衣"，应该并不仅仅因为与成家后移居过这一带有关，更与其出生地相关。

杜甫为姑姑写墓志铭时，也径称其为"万年县君京兆杜氏"。京兆万年县，实际上就是京兆杜陵，万年县为京兆之下的第一个大辖区，杜陵和少陵都是万年县下面更具体的地理空间。显然，杜甫的姑姑、杜甫的叔叔（杜并），包括杜甫的父亲杜闲都出生于京兆万年（杜陵）。杜甫和京兆人（比如京兆韦氏）的关系大多处得十分友好，看起来并非偶然。

天宝十载（751）之后，杜甫定居的城南，具体位于曲江的南面，少陵的北面，下杜城的东面，杜陵的西面。在樊川的北岸有杜曲和韦曲。杜甫之所以选择在这一带居住，实际上是重返出生之地，在杜曲那儿还有点儿家族产业（桑麻田）。闻一多则考订杜甫于天宝十三载（754）春移居城南下杜（南都），到了秋天又移居奉先。① 更大的可能性是杜甫定居的城南本来就在下杜的附近，他并没有在城南再次迁居。下杜离杜曲很近，杜甫有时会去看看自己的桑麻田。《投简咸华两县诸子》和《示从孙济》两首诗可能作于下杜，他在那一带过得并不太舒心，有时还会受到晚辈的一些不待见，反而是一些萍水相逢的人表现出了难得的真情。《病后过王倚饮赠歌》一诗中的年轻人王倚就是这样的人，令杜甫倍感温暖。

祭祖文中，杜甫标榜杜家是"圣人之后"，杜甫和弟弟妹妹们之所以要在首阳山下修筑土娄，旨在"不敢忘本，不敢违仁"。这和杜甫在另一篇纪念文章中所谓的"奉儒守官，未坠素业"是一脉相承的。杜甫的家族是一个典型的以儒家文化为基因的家族，无论人生发生多大的变化，无论对佛教的极乐或道教的神仙有多么喜爱，都不能取代杜甫骨子里的儒家血统。儒才是杜甫的本色主调，佛与道都只是插曲或暂时的幻象。很多时候，杜甫好像并不太喜欢儒者形象，经常不无憎恶地称之为"腐儒"，但是"奉儒"是杜甫的命也是杜家的命，那些称呼只是一种牢骚话。对此，清人刘熙载看得比较明白，说"少陵一生却只在儒家界内"。②

杜甫在首阳山下所筑的这座土娄或土室，很多学者认为就是陆浑庄③，显然是不正确的。陆浑山在洛阳西南七十里外，而首阳山下的杜甫的家族墓地则在洛阳东北的偃师，一西南，一东北，完全是方向相反的两个地方。④ 服丧期间，杜甫确实去过陆浑山，因为远房侄子杜佐住在那儿。后来，杜甫从华州（今陕西渭南）流落到秦州，原因之一就是杜佐已经入住秦州的东柯谷，还在那儿盖了几间茅草屋。

祖父杜审言生前好友，考功员外郎宋之问的旧庄就在陆浑山附近，杜甫认为很有必要去拜访一番。杜甫为作《过宋员外之问旧庄》："宋公旧池馆，零落首阳阿。枉道只从人，吟诗许更过。淹留问耆老，寂寞向山河。更识将军树，悲风日暮多。"

---

① 闻一多：《少陵先生年谱会笺》，《国立武汉大学文哲季刊》1930年第1卷第3期。
② 刘熙载：《艺概》卷二，上海古籍出版社，1978。
③ 陈贻焮：《杜甫评传》，北京大学出版社，2003。
④ ［美］洪业著，曾祥波译：《杜甫：中国最伟大的诗人》，上海古籍出版社，2014。

杜甫去了宋之问的山庄，那儿还居住着宋之问的后人，杜甫向他们问询了很多旧事，宋家子孙还对杜甫谈及宋之问的三弟宋之悌的事迹。《新唐书》载："之悌，长八尺，开元中，历剑南节度使、太原尹。尝坐事流朱鸢，会蛮陷驩州，授总管击之。募壮士八人，被重甲，大呼薄贼曰：'獠动即死！'贼七百人皆伏不能兴，遂平贼。"

宋家兄弟不仅出诗人，也出将军呢！杜甫晚年到了湖南潭州，题诗于岳麓山寺壁，就在那面诗壁上，可见前辈宋之问的题诗。杜甫的《游龙门奉先寺》一诗当作于此间，可能是往返陆浑山途中，顺道去龙门奉先寺观瞻壮丽的石窟时所作，可能还在那儿住了一晚上：

> 已从招提游，更宿招提境。阴壑生虚籁，月林散清影。天阙象纬逼，云卧衣裳冷。欲觉闻晨钟，令人发深省。

奉先寺是由武则天亲自出资修建的一座大型摩崖石窟，据说主佛卢舍那佛的面像即是按照武则天的形象而雕造的，雄浑典丽之中确有一种宁静的东方美感，在中国雕塑史上具有重要意义。

这两年多的岁月，是杜甫成人之后在偃师待得最长的一段时间。这儿有杜甫的祖脉，之后虽也偶尔回来过，可惜都是来去匆匆。

寂寞又悲伤的首阳山下的日子，很快就要结束了。

敬爱的洛阳姑姑

天宝元年（742），父亲走了两年多，丧也守到期了。

一种从未有过的孤独和无助感向杜甫袭来。

作为长子的杜甫，觉得自己不能再像从前那样，动不动就漫游几年。

不仅因为失去了父亲的资助，更因为应当承担的责任。

他的同辈，甚至他的弟弟，可能已经有人成家。

杜甫本来可以因父荫五品官阶而直接入仕，但他没有这样做。杜甫很可能把这宝贵的资荫，甚至包括大部分家产全部让给了诸弟。两年之后，杜甫还在洛阳古城"骑驴"，他的大弟杜颖已经是临邑主簿，还纳了一个妾。杜甫为此写下《临邑舍弟书至苦雨黄河泛溢堤防之患簿领所忧因寄此诗用宽其意》，这首诗被认为是杜甫最早融入现实生活的诗。

杜甫是什么时候结婚成家的呢？研究杜甫的学者们大多认为杜甫是在开元二十九年（741），即他三十岁的时候结的婚，妻子是司农少卿杨怡的女儿。司农少卿官阶不低，从四品上，比杜甫父亲最终的官阶兖州司马正五品下要高。但是，杨氏出嫁时，可能其父已经去世了。

如果杜闲死于开元二十八年（740），那么次年的开元二十九年，杜甫的服丧期还没有结束，此期间是不可能结婚的。要结的话也一定是要等到服丧毕才能结。当然，不排除在此期间，洛阳的姑姑开始张罗起侄儿的婚事——哥哥杜闲一走，只有她出面主持。姑姑深感自己的身体一天不如一天，希望能在自己走之前，亲眼看见侄子的婚礼。

在此种情形下，杜甫结婚的日子，自然会定在天宝元年（742）服丧毕。这和宋代苏轼续娶王闰之的情形基本一样，苏轼为父亲守丧结束后，在眉山老家完成了他的第二次婚姻。

事实上，就在杜甫与杨怡的女儿结婚的当年，也就是天宝元年，杜甫最敬爱的洛阳二姑，杜甫盛赞的"大唐义姑"，在洛阳仁风里撒手而去。

杜甫的童年、少年和青年时代，基本上是在洛阳姑姑家度过的。

杜甫的生母崔氏是杜闲的第一个妻子，崔氏去世后，杜闲续弦卢氏。卢氏育有四男一女。杜甫诗歌中从未写过自己的母亲，更未对这位继母提及一字。他没写过自己生母的原因只有一个，她走得太早了。在杜甫还未省事的婴幼时代，也就是他两三岁之前，母亲崔氏就死了。杜甫在《祭外祖祖母文》中不无伤心地写道："弱岁俱苦，慈颜永违。"这儿的"慈颜"就是杜甫的生母崔氏，这也是现存杜甫诗文集中唯一写到自己生母的地方。

四川省文史研究馆《杜甫年谱》说杜甫的生母崔氏是崔融的女儿[①]，可惜没有提供什么有力的文献证据。杜审言虽然很狂，对崔融却十分钦佩。若他们结为儿女亲家，遗传精华相叠而成就诗圣杜甫，倒是情理之中的事。据《旧唐书》等史籍，崔融有两个儿子，名叫崔禹锡和崔翘，并没有女儿。[②]杜甫在《祭外祖祖母文》中说，他是没有亲生舅舅的，如果生母是崔融之女，崔禹锡和崔翘就是杜甫的亲舅舅了。杜甫诗中多次出现舅氏，所谓"舅氏多人物"，那些崔姓舅舅显然都不是杜甫的亲舅舅。这样看来，杜甫母亲是崔融之女的说法，基本上可以否定。

杜甫的母系来自清河崔氏，一直和大唐王室有着直接或间接的血缘关系。杜甫的外祖母的父亲，是唐太宗李世民第十子纪王李慎的第二子义阳王李琮。越王李贞反击武则天运动失败后，纪王李慎被株连，死于流放岭南途中。李慎的儿子李琮和媳妇均被投下大狱，丈夫被关在河南狱，妻子则被关

---

① 四川省文史研究馆编：《杜甫年谱》，四川人民出版社，1958。
② 刘昫等：《旧唐书》卷九四《崔融传》，中华书局，1975。

在司农寺。他们的女儿，杜甫的外祖母为父母送饭，来回奔走于两座监狱之间，世人称为"勤孝"，其事迹见载于张说所作《赠陈州刺史义阳王神道碑》中。①李琮的两个儿子李行远和李行芳也被流放嶲州（今四川西昌），后改死刑，行刑时李行芳尚小可免死，但行芳不忍心让哥哥行远一人上路，情愿和哥哥一同领死，悲壮之行，人称"死悌"——行远、行芳二人就是杜甫母亲的舅舅。杜甫母系与唐室的关系还不止于此，杜甫外祖父的母亲还是唐高祖李渊第十八子舒王李元名的女儿。李元名在武后时也没有好下场，死于流放利州（今四川广元）的路上。这些看似遥远的血缘关系，对杜甫的人生却有着深刻的意义，在他对唐王朝的热爱和眷恋之中，融入了一缕缕血缘之爱。

杜甫父系的儒学传统、侠义精神和母系的显贵血统、孝义行为，一起汇入了杜甫的血管中。

在生活中，凡是唐王室的人，杜甫都有一种天生的亲切感，这并不是偶然的。比如《壮游》诗中所说的那位"贤王"就是汝阳王李琎，他是玄宗长兄"让皇帝"李宪的长子。杜甫和李琎的友谊很深，李琎辞世后，杜甫为作《赠特进汝阳王二十二韵》。同时，杜甫还和李琎的六弟汉中王李瑀处得很好。李瑀曾受肃宗重托，担任肃宗次女宁国公主许嫁回纥英武可汗的娘家伴送人。杜甫和李瑀两人后来又在蜀中多次相遇，时有唱酬之作。大历五年（770）人日，杜甫翻检旧箧，看到十年前人日蜀州刺史高适写给自己的诗作，不禁感慨万千——高适已在五年前去世了。杜甫说，这世间的故人都走光了，仅剩下两人还未走，其中一位就是汉中王李瑀。

有人根据杜甫入蜀数年，无一涉及蜀中名花海棠一事推测，杜甫应该是避母亲名讳才如此，于是就说杜甫生母崔氏出嫁前的名字叫海棠。晚唐诗人薛能在《海棠》诗序中说："蜀海棠有闻，而诗无闻。杜子美于斯，兴象靡出，没而有怀。"宋人王禹偁、石延年等人也在诗中表达了相同的看法。②其实，这种说法没有任何依据。还有人觉得"海棠"这个名字虽然好听，但

---

① 董诰等：《全唐文》卷二三〇，中华书局，2013。
② 王禹偁：《小畜集》卷七，四库全书本。葛立方：《韵语阳秋》卷一六，上海古籍出版社，1984。

很像是"侍婢姬妾"的名字。如果是这样，那么杜母必然出身卑微。事实上，唐代公主的孙女或是皇帝的曾孙女是不允许做妾的。杜甫母亲出身一点儿也不卑微，她的身上，流着大唐王室的血。

杜甫从不想念他的母亲吗？当然想！但是他对母亲的样子、母亲的声音、母亲的爱抚，已经没有任何记忆。虽然杜甫没有直接写过自己的生母，却在诗中多次写到自己孩子们的母亲，即他的妻子杨氏。我认为杜甫在孩子与母亲的亲密关系中，依稀看见了自己母亲的模样。《遣兴》是写给儿子的诗篇，中有"世乱怜渠小，家贫仰母慈"之句。这就是杜甫心中的母亲：忍辱负重，用单薄的身体在乱世中支撑起一小片安宁的天空。母亲在，幸福在；母亲在，希望在。杜甫的慈母却过早地走了，留下他一个人在世间漂荡，受苦。

杜甫生母走后，杜闲很快续弦卢氏。卢氏接二连三地为杜闲生下了一大群孩子。在古代中国，继母为了保住自己的利益和地位，最有效的方式就是不断生孩子，只有这样，才会成为家中真正的女主人。卢氏正是这样做的，而且很成功——杜闲把自己与发妻崔氏所生、唯一活下来的小杜甫杜二，送给远在洛阳的二妹抚养。对于这一冷漠的决定，杜闲打算在经济上给予补偿。从后来杜甫漫游吴越及齐赵的情形来看，杜闲的确这样做了，杜甫也花销得心安理得。杜甫的"放荡"中一定有铺张行为，是否暗含着对父亲的些许报复？这就可以解释一个现象，杜甫同样在诗文中很少（只有一次）写到自己的父亲。杜甫对这个生父，内心是有解不开的复杂情结的。就连在首阳山为父亲杜闲守丧期间，他也没有给他写过任何东西，祭文或墓志铭，什么都没有，反而给几百年前的远祖，写下了那么深情的文字。几年后，他还为祖父杜审言的继室卢氏、自己的继祖母写过墓志铭。从这样的行为中，我们还是可以捉摸到几分杜甫内心的真实感受的。

杜甫幼年就失去了生母，同时也差不多失去了父亲的爱，"弱岁俱苦"，杜甫是不幸的。

杜甫得到了一个姑姑，一个不是母亲胜似母亲的姑姑，因此他又是幸运的。

把杜甫拉扯成人的这位洛阳姑姑，是杜审言与其第一任夫人薛氏所生的第二个女儿，是杜甫的二姑姑，嫁给了济王府录事参军裴荣期。我们对杜甫的这位二姑父所知甚少，但他显然也是一位敦厚长者，才容得下杜甫这个外来的孩子。

天宝元年（742），杜甫满怀悲伤和深情，为他敬爱的洛阳姑姑写下一篇纪念文章《唐故万年县君京兆杜氏墓碑》。这篇碑文，纯粹从美文的角度来看，显得太质朴了些。但是在这儿，在此刻，被巨大的悲伤所笼罩的杜甫，只想最真实、最直接地表达自己对姑姑和养母的爱和怀念，更顾不上什么优美儒雅的文辞——"铭而不韵，盖情至无文"——在这样的时刻，越质朴越深情，越少雕饰越能打动人！

碑文照例回溯了杜氏一脉的源流，从先秦的伊祁唐杜到晋代杜预，一直写到小叔父杜并，缙绅之士，以仁义传家。所以，杜家能出现像姑姑这样的仁义之人，在杜甫看来是必然的，有着深厚的历史渊源："故美玉多出于昆山，明珠必传于江海。盖县君受中和之气，成肃雍之德，其来尚矣。"

姑父裴荣期也是个典型的君子，同行领袖，朱绂有光。姑姑秉承家风，相夫教子，妇道纯一。后来舅殁姑老，承顺颜色，侍候寝疾，从不怠慢。尊卑之道出自天性，孝养哀送，为一时名流所称颂。姑姑最大的品德是先人后己，上下敦睦，而且怀有一颗善心，无论亲疏远近，泛爱无择。姑姑是一个知书达礼的人，对于孩子的教育非常用心，诗书润业，导诱为心。由此我们可以猜想，杜甫的幼年教育，很多时候正是由姑姑来完成的。姑姑还是一个信仰禅宗的人，过了长达十年的食素生活，能娴熟地诵读佛经。这样一位好姑姑，还是要走，还是要与杜甫永别："越天宝元年某月八日，终堂于东京仁风里，春秋若干，示诸生灭相。"杜甫并没有说姑姑死于天宝元年几月，很可能卒于天宝元年春夏之交。

姑姑育有三子二女：长子荣朝列，次子荣朝英（北海郡寿光尉），次子荣朝牧；长女适独孤氏，次女适阎氏。姑姑病重时只有长子荣朝列和长女独孤氏在身边，另外两个儿子（荣朝英和荣朝牧）游宦在外，未能见到最后一面。姑姑生前曾经嘱托过："可以褐衣敛我，起塔而葬。"姑父裴公爱礼实深，褐衣入殓没有筑塔，入土为安，葬礼十分俭素。

姑姑走了，杜甫悲不能已。有人说："杜甫啊，你为姑姑又守孝，又撰文，又刻石，这样的忠孝，简直有些像你的叔父杜并啊！"杜甫含泪回答说："我哪里当得起啊，我再怎么做，也不能报答姑姑恩情之万一。"

甫昔卧病于我诸姑，姑之子又病间，女巫至，曰："处楹之东南隅者吉。"姑遂易子之地以安我，我是用存，而姑之子卒，后乃知之于走使。甫尝有说于人，客将出涕感者久之，相与定谥曰义。君子以为鲁义姑者，遇暴客于郊，抱其所携，弃其所抱，以割私爱，县君有焉。是以举兹一隅，昭彼百行，铭而不韵，盖情至无文。其词曰：呜呼，有唐义姑京兆杜氏之墓。

这个幼年成长的故事，对杜甫的影响怎么强调都不过分。一枚令人揪心的种子，一直埋在杜甫的心底，一朝茁壮成长。杜甫一生中所有的善和美，所有的仁和慈，所有的献出和悲悯，全部来自他所敬爱的洛阳姑姑。她和杜甫文中提及的那位鲁义姑太像了，而且更了不起。

《列女传》载："鲁义姑者，鲁野人之妇也。齐攻鲁至郊，遥见一人携一儿，抱一儿。及军至，乃弃抱者而抱携者。将欲射之，遂止而问曰：所抱者谁之子？对曰：兄之子。所弃者谁之子？曰：己子也，妾见大军至，不能两全，遂弃所生之子。军曰：子之于母，甚痛于心，何弃所生而抱兄子？对曰：子之于母，私爱也；侄之于姑，公义也。夫背公而向私者，妾不为也。于是齐军遂止，曰：鲁郊有妇人犹持节行，况于朝廷乎！遂回军不伐。鲁君闻之，赐束帛，号曰义姑。"[①]

的确，这位在乱兵中逃难的鲁国女人，不得不在亲生儿子与哥哥的儿子之间做出选择的时候，毅然放弃自己的儿子——这和洛阳姑姑在瘟疫流行时，把唯一生的希望留给哥哥杜闲的儿子，无助地看着亲生儿子走向死亡——太相像了！洛阳姑姑简直就是鲁义姑的唐代版本，而且是更为悲伤动人的版本：鲁义姑以自己的义举感动乱兵，不仅保全了侄儿，也保全了儿子，洛阳姑姑却没有这么幸运，侄儿杜甫活了下来，她的儿子却永远离开了她。洛阳姑姑当然心疼自己的儿子，但她并不后悔自己的做法，以胜过对待亲生儿子的爱，一点一点地，一天一天地把这个侄儿——瘦弱多病的小杜甫哺育成人。

洛阳姑姑，是杜甫的姑姑，也是杜甫的母亲；是杜甫的救命恩人，也是

---

① 李昉等：《太平御览》卷五一三《宗亲部三》，四部丛刊三编影宋本。

杜甫的人生导师。

洛阳姑姑并不知道,她所哺育的不仅仅是一个小小的生命,而且是一颗辉煌的星星。

没有敬爱的洛阳姑姑,就没有诗人杜甫。

没有杜甫,人类八世纪的诗歌史,将黯然失色。

一生必然相遇的人

杜甫为姑姑服丧,把对母亲的思念、爱和悲恸,全部给了姑姑。

姑姑死了,父亲也走了,杜甫成了人间的孤儿。

虽然还有几个他舍不下的弟弟妹妹,还有继母卢氏,但他们是无法理解杜甫内心的孤独的——彻骨的孤独,比孤儿还要孤独。但是,生活还得继续,而且自己现在已经不是孑然一身,从一个漫游的青年变成一个丈夫,还将成为一个父亲。

姑姑的墓地在河南平乐乡,位于洛阳以北五六十里外,那儿是裴家的坟园。

服丧期间,杜甫就在平乐乡和洛阳之间来回走动。

在洛阳城北,有座著名的太微宫,那是纪念道家老子的地方。杜甫在洛阳生活了那么久,对这个地方应该不陌生。但是,在此之前,杜甫可能就没有进去认真看过。自己出生于"奉儒守官"的世家,和那儿没有什么关系。现在情况不同了,接连两个亲人离去,杜甫开始思考人生,思考生与死的问题。可能就是在杜甫往返于洛阳与平乐乡的途中,天宝元年(742)的冬天,杜甫第一次走进了那座森严的庙宇,并写下《冬日洛城北谒玄元皇帝庙》。

这首诗通常系年于天宝八载（749），洪业系年于开元二十九年（741）冬末偃师到洛阳路上，我认为系年于天宝元年冬天是最合适的。太微宫改称玄元皇帝庙的时间很短，据《旧唐书》，仅在开元二十九年（741）春天到天宝元年（742）秋天，前后不到一年半的时间。杜甫写此诗时已是冬天了，这座庙宇的官方名字可能刚刚恢复了旧名（太微宫），人们还没有完全适应过来，仍然叫它已经叫了一年多的名称：玄元皇帝庙。洪业释读此诗时，提出一个疑问：作为伟大儒家经典学者杜预的后裔，杜甫会怎么看待老子学派呢？①显然，这儿一定存在着某种内心的争斗。入世的儒家与神秘的道家如何保持平衡，不仅仅是此刻杜甫面临的问题，也是杜甫一生面临的问题。此诗末两句带有迷人的暧昧意味，"拙"更像是诗人的夫子自道："谷神如不死，养拙更何乡。"

　　姑姑一走，这个杜甫生活了一二十年的地方，也不是家了。当然，这种陌生感与其二十岁后就离开洛阳漫游吴越齐赵差不多十年之久有关——再熟悉的地方，离开了十年再回来，都会有种说不清楚的陌生感。

　　家的感觉没有了，这种感觉并不是说他没有居住的地方，而是他的心没有了归处。在洛阳为姑姑服丧的这两年多时光，杜甫感觉自己就像是一个异乡的客人："二年客东都，所历厌机巧。"在仁风里的姑姑家，随着姑姑的离去，姑姑的儿女们对杜甫的态度可能也发生了微妙的变化，仍然很客气，但最后，客气变成了客套。杜甫成了家，可能早就搬出了仁风里，暂住在租来的房子里，杜甫的异乡感更为强烈，他开始品尝到人生的变化和人心的"机巧"。

　　在此期间，杜甫也认识了一些朋友，其中不乏显贵与名流。杜甫并不是洛阳社交圈的陌生人，他早在少年时代就已经"出游"洛阳的"翰墨场"，并且和一帮"老苍"混得相当熟。不过此一时彼一时，那时他是少年，是初生的牛犊，对人性的"机巧"理解尚浅，更不在乎。现在，他已是一个过了而立之年的中年人。

　　就在杜甫渐渐有些厌恶洛阳的社交圈时，眼前突然出现一个夺目的身影，一个天外来客，生活在另一个星球的仙人——李白！

---

① ［美］洪业著，曾祥波译：《杜甫：中国最伟大的诗人》，上海古籍出版社，2014。

两个注定要相遇的人,两个八世纪必须相遇的不朽灵魂终于就要碰在一起了。

他们本来已有好几次相见的机遇,却一再错过。

在吴越,在齐赵,都有过这样的机会:杜甫游吴越时,李白北上太原,后又到了齐鲁;等到杜甫游齐赵时,李白又去了江南。

这一次,不能再错过。

李白在天宝元年(742)从江南的剡中北返长安,迎接人生最风光的翰林岁月。

杜甫就在洛阳,他们已经离得很近很近了。

天宝三载(744)春天,风光无限的李白,那个本来就不是、自己更认为不是"蓬蒿人"的人,被十分欣赏他的玄宗皇帝"赐金放还"。李白离开长安东游,在洛阳、陈留、梁(今开封)、宋(今商丘)一带晃荡,反正手里有大把花不完的金钱。

天宝三载夏天,杜甫姑姑的丧期可能刚结束,不久,杜甫继祖母卢氏又在陈留去世。杜甫很喜欢这位继祖母,经常去看她。洛阳到陈留的路程并不短,有好几百里呢。杜甫没有见过自己的祖父杜审言,却常常从这位继祖母口中听到一些关于祖父的逸事,杜甫的《假山》诗就是在继祖母家写的。从诗序及诗句可以看出,继祖母的家境不错,造型精巧的假山旁边,还栽种着几竿修竹。

继祖母走后,杜甫赶到陈留处理后事,撰文勒石。杜甫为自己真正喜欢的几位前辈,都很用心地写了碑文。

天宝三载夏天,杜甫和李白终于见面了。

两人相见的地方,大多数人认为就是洛阳,也有认为是陈留或梁宋。我认为在洛阳或陈留初见的可能性较大,之后才有梁宋之游。按照郭沫若的系年,这一年李白在陈留迎娶了他的第四位人生伴侣——武则天时当过宰相的宗楚客的孙女宗氏。① 杜甫和李白,一悲一喜的两个人,也有可能就是在陈留初遇的。

必须相见的人的相见,会是一种什么样的情形?

---

① 郭沫若:《李白与杜甫》,中国长安出版社,2010。

诗人闻一多是这样来再现那激动人心的一刻的:"我们该当品三通画角,发三通擂鼓,然后提起笔来蘸饱了金墨,大书而特书。因为我们四千年的历史里,除了孔子见老子(假如他们是见过面的),没有比这两人的会面更重大,更神圣,更可纪念的。我们再逼紧我们的想象,譬如说,青天里太阳和月亮走碰了头,那么,尘世上不知要焚起多少香案,不知有多少人要望天遥拜,说是皇天的祥瑞。如今李白和杜甫——诗中的两耀,劈面走来了,我们看去,不比那天空的异瑞一样的神奇,一样的有重大的意义吗?"①

历史性的相见,像极了两个灿烂星座的相会。

杜甫在《寄李十二白二十韵》中写道:"乞归优诏许,遇我宿心亲。"好一个"宿心亲"!叫得这么亲近,这要是杜甫的杨夫人知道了会怎么想!从"乞归"(其实是"放还")一语来看,两人在洛阳相识的可能性更大。

李白比杜甫年长十一岁,祖籍陇西成纪(今甘肃秦安),祖上一直在西域一带从事商业活动,所以李白出生在遥远的中亚碎叶城(今吉尔吉斯斯坦托克马克城),当然那时那片土地还是大唐的安西都护府辖地。父亲李客也是一名商人,商人的流动性大,李白五岁时随父入蜀。四川学者舒大刚与黄修明据李阳冰《草堂集序》、李华《故翰林学士李君墓志并序》、范传正《唐左拾遗翰林学士李公新墓碑并序》和郭忠恕《汗简》等文献记载,考订李白为神龙初年(705)归蜀后所生,文中颇多创获。② 如果是这样,那么李白就只长杜甫七岁。李白在诗文中对其家世有过叙述,自称是汉代名将李广和十六国时凉武昭王李暠之后,陈寅恪认为这些谱系基本上是"依托"之词。唐人虽然已经没有魏晋人那么看重门阀了,但是,谁又不想出身名门显贵呢?在世系方面,杜甫比李白更有来头,也更真实。

我们的大诗人李白,很快就以他的绝世才情,让出身颇为高贵的杜甫彻底服气。

论天赋,杜甫不可谓不高——七岁一张口,就是漫天的鸾飞凤舞。

李白呢,醒得更早——五岁就诵六甲了,十岁就观尽诸子百家了!

李白是诗人,是剑客,还是箭客,曾手刃数人,真的杀过人。李白不仅

---

① 闻一多:《杜甫》,《新月》1928 年第 1 卷第 6 期。
② 舒大刚、黄修明:《李白生卒年诸说平议》,《文学遗产》2007 年第 5 期。

剑术好,射箭的技术一样厉害——"一射两虎穿""转背落双鸢"(李白《赠宣城宇文太守兼呈崔侍御》),和杜甫在齐赵时与苏源明一起"射飞曾纵鞚,引臂落鸳鸧"相比,更加凶猛。

杜甫自己就很狂,看不上几个人——这种狂还是他祖父传给他的,遗传学有隔代遗传的说法,看来还是有点儿道理的。在遇上李白之前,杜甫认为自己就是最狂的人;见了李白之后,才知道世上还有比他杜甫更狂的人。

李白的狂中还加入了几分道家独有的风骨——杜甫当然知道贺知章曾呼李白为"谪仙人"的典故①,他觉得这话一点不虚,李白本来就是一个才华横溢的仙人。这种道骨与仙气,让杜甫十分着迷,从中看见了可以对抗死亡的希望——这几年,杜甫经历了太多的死亡,父亲的死亡,姑姑的死亡,继祖母的死亡。

杜甫还从李白身上看到了一种干净。刚刚从长安白莲池和沉香亭过来的人,身上没有一点官僚味。杜甫并不讨厌这种味,自家就是世代为官的,当官是杜家的素业。杜甫心底里对李白的那段朝廷经历是很羡慕的。李白见识了最高权力的面目,却保持了一种骨子里的干净。杜甫在《赠李白》诗中写道:

> 二年客东都,所历厌机巧。野人对腥膻,蔬食常不饱。岂无青精饭,使我颜色好。苦乏大药资,山林迹如扫。李侯金闺彦,脱身事幽讨。亦有梁宋游,方期拾瑶草。

仙风道骨的李白,和杜甫在东都洛阳认识的人完全不同:那么清狂,那么坦诚,那么天真,那么可爱,没有一点"机巧"。杜甫完全被眼前这个"金闺彦"给感染,给镇住了,几乎忘记了自己是个"奉儒守官"世家子,他渴望和李白一起到梁宋去浪游去"幽讨",去神仙居住的地方寻找长生的仙草。

对于这位风流倜傥的大哥,杜甫除了佩服和景仰,也许还有一丝丝的担

---

① 杜甫也有类似的传说,五代冯贽《云仙杂记》卷一载:"杜子美十余岁,梦人令采文于康水。觉而问人,此水在二十里外,乃往求之,见鹅冠童子告曰:'汝本文星典吏,天使汝下谪,为唐世文章海,九云诰已降,可于豆垅下取。'甫依其言,果得一石,金字曰:'诗王本在陈芳国,九夜扪之麟篆熟,声振扶桑享天福。'后因佩入葱市,归而飞火满室,有声曰:'邂逅秽吾,令汝文而不贵。'"

心。不过，这种担心很快就烟消云散了——他要像李白那样生活，要和李白一起去逍遥。《赠李白》可能写于李杜相见的秋天：

> 秋来相顾尚飘蓬，未就丹砂愧葛洪。痛饮狂歌空度日，飞扬跋扈为谁雄？

很多人认为这首诗是杜甫对李白的一种婉转规劝。金圣叹就说："此岂'脱身幽讨'犹未遂耶？读'飞扬跋扈'之句，辜负'入门高兴''侍立小童'二语不少（杜甫《与李十二白同寻范十隐居》之'入门高兴发，侍立小童清'）。先生不惜苦口，再三教戒，见前辈交道如此之厚也。"又言"秋来"句"言不如葛洪求为勾漏令而得遂也。看他用'相顾'字，每每舍身陪人，真是盛德前辈。此用'丹砂'，与前用'青精''瑶草'同意。""痛饮"二句"去又不遂，住又极难，痛饮狂歌，聊作消遣。飞扬跋扈，谁当耐之？一片全是忧李侯将不免。"①

金圣叹算是很会读书读诗的人了，对于这首诗的解读，却是强作解人。试想一想，李白是年长杜甫的大哥，他们相识不久，纵然有一些自己的看法，杜甫也是不可能这样去"不惜苦口，再三教戒"的。这完全是一个兄长才能做的事，杜甫怎么可能这样去对待他心仪的李白大哥呢？这首诗不能加上第二人称，否则看上去好像年长的诗人被当作一个顽劣孩子斥责。洪业对此诗进行了英译，曾祥波又把英译诗文回译成了汉语：

> 又到秋天，我们依旧像蓬草般飘荡在风中。我们未能如葛洪一样，找到长生的丹药。我痛饮，我狂歌，我白白浪费了每一天。我如此桀骜而不守规矩，这又是为了谁呢？②

诗中有没有一丝丝担忧呢？我认为是有的，但那不是杜甫对李白的担忧，而是对自己的担忧，其中也包含着对道家的某种质朴的怀疑：世上真的有不死的丹药吗？

就在这个秋天，杜甫与在汶水相识的高适重逢。陈贻焮认为高适此前就到了梁宋，他在长安失利之后被举荐中"有道科"做封丘尉。在这之前，他

---

① 金圣叹：《杜诗解》卷一，上海古籍出版社，1984。
② ［美］洪业著，曾祥波译：《杜甫：中国最伟大的诗人》，上海古籍出版社，2014。

一直住在梁宋，高适的家可能就安在宋州的虞地。

　　李白也认识高适。这下好了，戏剧主人公聚齐，梁宋的舞台宽阔，好戏开场了。

　　在高适的导游下，三位诗歌兄弟开始畅游梁宋名迹。杜甫在《遣怀》诗的前半段追忆了这段愉快的时光：

　　　　昔我游宋中，惟梁孝王都。名今陈留亚，剧则贝魏俱。邑中九万家，高栋照通衢。舟车半天下，主客多欢娱。白刃雠不义，黄金倾有无。杀人红尘里，报答在斯须。忆与高李辈，论交入酒垆。两公壮藻思，得我色敷腴。气酣登吹台，怀古视平芜。芒砀云一去，雁鹜空相呼。

　　广济渠岸边的宋州，水陆交通十分发达，人口稠密，高楼林立，曾是汉文帝小儿子梁孝王刘武的封地。刘武在此修筑辽阔的三百里东苑（梁苑），里面遍布亭台楼阁与复道，林泽纵横，动物繁多。有落猿岩，有百灵山；有雁池，有鹤洲；还有著名的茒苑和吹台。一时之间成为游赏之士的必到之地。用今天的话说，是人们必须打卡的地方。杜甫、李白和高适三人一起饮酒论交，随口都是才华和藻思，随处都是风景和豪情，登吹台怀古，上芒砀射雁，仿佛几年前游齐赵的场景重现。宋州商业兴盛，南来北往商贾云集，天下各路英雄啸聚。刀光剑影，红尘黄金，侠客恩仇，梁宋的江湖并不平静。这种江湖气氛对普通人而言可能意味着不安和危险，但对于李白、高适和此时的杜甫却充满了刺激。杜甫没有像李白那样亲手杀过人，但他的远祖杀过，离他很近的少年叔叔杀过。此刻，杜甫的眼前，一定浮现着远祖杜叔毗或小叔父杜并的侠义身影。

　　杜甫诗中好几处用过"杀人"一词，只有这一处说的是杀人于红尘的"杀人"，其他几处的"杀人"都是将口语引入诗中，作为一种形容修辞手段来使用，目的在于强调其愁思（也可能是欢喜）之深之无法排遣。《奉陪郑驸马韦曲二首》中的"韦曲花无赖，家家恼杀人"就是如此，和《江畔独步寻花七绝句》中的"江上被花恼不彻，无处告诉只颠狂"意思完全一致。有趣的是，当代诗人柏桦写过一首关于杜甫的诗："他思了秋江，思杀人……我倒看你如何解脱？"柏桦将"杀"字读成一个及物动词，认为杜甫在秋江之上真的想杀人了（这事李白大哥干过）。柏桦此处有意无意地误读，显得有趣且耐人寻味，其诗意出处来自杜甫晚年作于夔州的《雨晴》："天路看殊俗，秋江思杀人。"杜甫的本意肯定不是说他想在长江的阁楼上杀一个人，而是说他太想念故乡长安了，想死个人。同样的表达方式在《江月》中也出现过："江月光于水，高楼思杀人。"

杜甫、高适和李白三人还是宋州李太守和单父县（今山东单县）崔县令的座上宾，白天在孟诸泽畔打猎，享受大自然的馈赠，日暮时分登上单父台眺望，晚上在酒楼里一边痛饮一边讨论国家大事，关注边塞，指点江山，激扬文字，感觉梁宋的舞台都是他们三个人的。《昔游》诗中也有这次三人行表演的精彩片段：

> 昔者与高李，晚登单父台。寒芜际碣石，万里风云来。桑柘叶如雨，飞藿去徘徊。清霜大泽冻，禽兽有余哀。

梁宋之游，高适在《宋中十首》，李白在《梁园吟》中均有回忆，但没有杜甫写得细致，写得深情。

不久，高适决定南游，云蒸霞蔚的楚地还没有去过呢。差不多在十年前，李白带着家人（妻许氏和女儿平阳）离开湖北安陆来到山东任城居住，而且住了很多年——李白很多时候称自己是任城人。所以梁宋之游后，他是肯定要回任城的。杜甫舍不得和李白就这么分手，决定一起去"拾瑶草"。于是李杜两人渡过滔滔的黄河，直奔神仙居住的王屋山。怀着长生梦想的李白和杜甫赶到王屋山拜访心中的神仙——道士华盖君，而这位神仙君却已经不在人间了！这个偶然的巧合应该给李杜两人，尤其是给杜甫当头一击：原来，神仙也要死啊！杜甫在《忆昔行》和《昔游》中回忆起这段经历，仙人的"玉棺"已经上天，两人在卢姓弟子引领下，来到华盖君生前的炼丹室，那儿的炉火早就熄了，只有一屋的药尘和残存的香气，哪儿还有什么仙气呢，完全是一种垂死的景象。李白从道的决心很坚定，杜甫就未必了，虽然后来他和李白还一起到东蒙寻过道。前面说过，杜甫骨子里是一个儒家，佛啊道啊都只是插曲。

大约在天宝三载（744）的年底或者天宝四载（745）的年初，杜甫和李白一同来到齐州。两人的目的地相同，但是两人的目的却已经完全不同。李白决心要做一名真正的道士,于是在齐州紫极宫受了道箓。杜甫来此访问旧友,李邕和李之芳正好都在齐州。李之芳是李邕的族孙,后来曾任北海(青州)太守。杜甫写有《同李太守登历下古城员外新亭》和《陪李北海宴历下亭》等诗作。李邕不仅书法好,而且性情豪侈,武后时曾犯颜赞助宋璟以惩处张氏兄弟。其所作碑颂价值巨万,李邕可能是唐代润笔(稿费)收入最高的一位文人。① 李邕很欣赏杜甫的才气和家学,两人在年龄上属于两辈人(李邕年长杜甫三十多岁),相处却如同辈友人。可惜这样一位堪称智勇兼备的长者,两年之后竟然被李林甫、吉温等构陷,残忍地杖杀于北海。从李邕之死亦可看出,大唐的江山实际上已经出现了裂隙,溃败只是迟早的事情。杜甫在《八哀诗》中痛悼含冤而死的李北海:"坡陀青州血,芜没汶阳瘗。"明人邵宝说:二句痛其受刑而客葬也。李邕死后,先是客葬于汶阳县(境内有东汶河),后来归葬于故乡(湖北盘龙山)。

在齐州,李白经受住了烦琐痛苦的考验,终于如愿以偿当了一名注册道士,于天宝三载(744)冬天回到鲁郡任城县(今山东济宁)——那儿有他的家室。杜甫见了老友,然后向北走了几十里路,到临邑看望大弟弟杜颖,杜颖在那儿当了一个正九品下的簿曹。《暂如临邑至㟙山湖亭奉怀李员外率尔成兴》一诗就是在临邑写的,㟙山湖就在历城东门外。

天宝四载(745)秋天,杜甫重游旧地鲁郡(兖州)。几年前,他曾来此看望父亲,现在父亲早已作古。杜甫来鲁郡主要是和李白见面,然后一起去寻访高人。《太平广记》还说李白在任城县内购置了一家酒楼,"日与同志荒宴其上,少有醒时"。看来诗人开酒楼大多是难以经营得好的,顾客除了他请来的朋友,就是他自己一个人在那儿醉饮。

在鲁郡东蒙一带,杜甫和李白寻访了东蒙隐士范居士和元逸人,杜甫作有《与李十二白同寻范十隐居》和《玄都坛歌寄元逸人》。在这儿,两人还见到了另一位神仙级的人物——董炼师董奉先。董神仙后来又从东蒙到了衡阳。

再痛快的欢聚也要散,再好的兄弟也会分。

天宝四载晚秋,杜甫和李白——中国最杰出的两位大诗人,两个璀璨星

---

① 李晖:《"润笔"事象的历史钩沉》,《滁州学院学报》2016年第3期。

座就要分开了。

分手的地点在鲁郡东边的石门，杜甫可能暂住在石门附近。石门这个地方他以前是来过的，张建封的家就在那一带。《题张氏隐居二首·其一》写到过石门冬天的风光："春山无伴独相求，伐木丁丁山更幽。涧道余寒历冰雪，石门斜日到林丘。"

杜甫与李白两人再一次痛饮，再一次吟诗，再一次互道珍重。

杜甫在石门写给李白的诗没有流传下来，但幸好还能见到李白写给杜甫的其他诗。

两人分手后，李白到了沙丘（今山东临清），写了第二首给杜甫的诗，即《沙丘城下寄杜甫》。根据郭沫若的统计，杜甫诗写及李白者前后有近二十处，专门写给后者的诗也多达十首。相比之下，李白写给杜甫的诗就少多了，可以确认的实际上只有这两首。郭沫若认为的另外两首（《秋日鲁郡尧祠亭上宴别杜补阙范侍御》和《戏赠杜甫》），是不是李白写的，或者是不是李白写给杜甫的还是一个问题。

鲁郡东石门送杜二甫

醉别复几日，登临遍池台。何时石门路，重有金樽开。秋波落泗水，海色明徂徕。飞蓬各自远，且尽手中杯。

请注意，李白诗中也写到了"飞蓬"——显然是对去年秋天小兄弟杜甫诗中的那一丛"飘蓬"的回应。是啊，无论多么壮大的灵魂，都有卑微如草的时候！子美兄弟，请饮尽这杯酒吧，从此以后，我们将像你诗中的那些蓬草一样随风起舞，随风飞向天涯海角——也许我们兄弟此刻一别就是永别。谁知道呢？"夫天地者，万物之逆旅也；光阴者，百代之过客也。而浮生若梦，为欢几何？古人秉烛夜游，良有以也。"

杜甫起身仰首一饮而尽，脱口吟道："况阳春召我以烟景，大块假我以文章！"①

两人强忍住汹涌的泪水，他们都有一个预感：今生可能再也见不到彼此了。

---

① 此诗出自李白《春夜宴从弟桃花园序》。

除夕赌徒

天宝四载（745）暮秋时节，杜甫和李白在鲁郡东门的石门分手之后，李白再游江东，从邳州、扬州进入越中。杜甫顺着汶水南游，西归洛阳，再从洛阳至长安，到达长安时已经是天宝五载（746）了。在鲁郡和李白相处的日子里，他们天天寻幽访隐，虽然还见到了董炼师这样的真神，但杜甫内心并不安稳，总觉得这样的人生不是他想要的。同时，杜甫也意识到自己并不能像李白那样洒脱，他和李白完全是不同类型的人。李白骨子里那种放荡和放下，自己怎么学也学不会，那就还是回西边去从事"奉儒守官"的素业吧！

来到长安时，杜甫最先认识的是郑虔的侄子郑潜曜，郑潜曜是玄宗女儿临晋公主的驸马，其私第位于神禾原莲花洞。从《郑驸马宅宴洞中》诗可知，郑家的府第相当讲究，即使炎夏也十分清凉：

    主家阴洞细烟雾，留客夏簟青琅玕。春酒杯浓琥珀薄，冰浆碗碧玛瑙寒。误疑茅堂过江麓，已入风磴霾云端。自是秦楼压郑谷，时闻杂佩声珊珊。

有春酒冰浆，有琥珀玛瑙，还有歌吟杂佩。郑潜曜不仅常常请杜甫来宅中做客，还想方设法在经济上让杜甫不失尊严地得到帮助，比如请杜甫为去世的岳母大人（临晋公主的母亲）皇甫淑妃撰写墓碑，这样就可以让杜甫得到一笔不菲的润笔收入。这样的帮助对杜甫是很及时的——父亲杜闲走了，杜甫的手头越来越不宽裕。

杜甫打小会喝酒，又有才华，长安的朋友也越来越多，先后结交了汝阳王李琎、诗人岑参和王维，还有奇才郑虔。在杜甫众多朋友中，郑虔对于杜甫的影响仅次于李白。闻一多和刘文典均认为杜甫与郑虔订交于天宝九载（750）。① 被玄宗赞为"郑虔三绝"（诗、书、画）的郑虔实在是盛唐一个百科全书式的人物，诗书画之外，还懂天文，知地理，通药理，熟知国防要塞。不过，广博的学识也给他带来过麻烦：天宝初年他被人告发私撰国史，被贬了近十年，一直到天宝九载才被召回长安。玄宗还是有些舍不得这位几乎无所不知的"郑三绝"，专门为他在国子监中设置了一个官方机构——广文馆，让他待在里面做博士，从此人们就称其为"广文先生"。安史之乱后，他由于曾被胁迫于叛军伪政府中当过水部郎中，尽管一直装病不上任，但还是被肃宗认为是一个小小的污点，被贬到台州当了司户。这一贬就再也没有回来。如果说苏源明和李白两人带给了杜甫性格中的侠义和道骨，那么郑虔则以其博学和对历史人文的洞察所形成的通达与幽默感，给"奉儒守官"的杜甫略显呆板的做派中注入了难得的趣味——我们无法想象一个没有趣味的人会成为诗人！在最困难的时候，杜甫也没有丢掉这种幽默感。"穷得叮当响"这个说法一定来自杜甫："囊空恐羞涩，留得一钱看。"（《空囊》）

我们把时间推后几年，来读一读杜甫天宝十三载（754）秋天为郑虔而写的名作《醉时歌》：

　　诸公衮衮登台省，广文先生官独冷。甲第纷纷厌梁肉，广文先生饭不足。先生有道出羲皇，先生有才过屈宋。德尊一代常坎轲，名垂万古知何用。杜陵野客人更嗤，被褐短窄鬓如丝。日籴太仓五升米，时赴郑老同襟期。得钱即相觅，沽酒不复疑。忘形到尔汝，痛饮真吾师。清夜沉沉动春酌，灯前细雨檐花落。但觉高歌有鬼神，焉知饿死填沟壑。相如逸才亲涤器，子云识字终投阁。先生早赋归去来，石田茅屋荒苍苔。儒术于我何有哉，孔丘盗跖俱尘埃。不须闻此意惨怆，生前相遇且衔杯。

---

① 闻一多：《少陵先生年谱会笺》，《国立武汉大学文哲季刊》1930年第1卷第2期。刘文典：《杜甫年谱》，云南人民出版社，2013。

诗中写到了一场自然灾害引发的社会事件。《旧唐书》载："（天宝十二载）京城霖雨，米贵，令出太仓米十万石，减价粜与贫人。"① 当时市面上的米有多贵呢？杜甫在同时所作的《秋雨叹三首》之二中说："城中斗米换衾裯，相许宁论两相直。"就是说一斗米可以换个太太回来。② 大雨下了六十天，玄宗皇帝下诏，向长安市民提供一百万斛低价太仓米共度时艰。具体每家籴多少，史书上没有明载。从杜甫诗中可知，每家每天可以购买二十分之一斛（"日籴太仓五升米"），亦即每个家庭每天可以用较低的价格买到六七斤粮食。唐代一斤比现在的一斤要重百分之二十左右，也就是说一家一天可以拥有八斤多粮食，基本上可以满足六七口人的需要。这时杜甫家人口并不算太多——他和妻子、大儿子宗文，也许小弟弟杜占也住在他家里（也可能已经成家）。按照杜甫的做派，可能还有一两个仆人，加起来顶多不超过七八人，勉强填饱肚子是不会有太大问题的。杜甫的几个弟弟妹妹，除了大弟弟杜颖入了仕途一直待在山东一带，其他几位都混得不怎么样。妹妹嫁到安徽钟离韦氏人家（很早就守了寡），二弟杜观后来也去了山东，三弟杜丰则去了江东。

这场秋雨过后，杜甫将其城南下杜附近的家移居至长安东北方向的奉先县。奉先离长安二百四十多里，当时县令姓杨，有可能是妻子杨氏的本家。离奉先不远的白水县的县尉又是杜甫的舅父崔顼。这样一来相互之间颇多照应。杜甫的长子杜宗文已经三岁多，次子杜宗武也已出生③，而且很可能就出生于奉先。天宝十三载（754）秋冬之际，杜甫曾来到奉先并拜谒过睿宗的桥陵，在杨县令的安排下暂住于县署公舍，写有《桥陵诗三十韵因呈县内诸官》一诗。回到奉先家中又写有《天育骠图歌》《沙苑行》《魏将军歌》等作品，与其早期在齐鲁所作之《房兵曹胡马》等相较，更显老辣，一派骨气纵横。

杜甫说，像广文先生那样道出羲皇、才过屈宋的人也只能待在冷清的广文馆中，有时连饭都吃不饱，更别说像他杜甫这样的"野客"了。杜甫穿着

---

① 刘昫等：《旧唐书》卷九《玄宗本纪下》，中华书局，1975。
② 叶嘉莹：《叶嘉莹说杜甫诗》，中华书局，2018。
③ 杜甫《宗武生日》："小子何时见，高秋此日生。"

又短又窄的粗布衣服,虽说才四十出头,头发却早已经花白了,每天还得排队,在长长的望不到尽头的人群中等待认购几升太仓米。唉,人生多艰,还不如和郑老先生一起一醉方休呢——醉了的感觉真好,尤其是和郑老一起沉醉。夜色深深的时刻,雨滴不住地从屋檐上滴下来,在灯光的映照下,仿佛一朵朵转瞬即逝的花蕾。还可以纵情歌唱,歌声中似乎能倾听到鬼神的声音,人生无常,不知道在哪一天就在哪一片山谷中饿死——这儿是否有一种后来将在同谷大雪中寻觅橡实以充饥的预感?就算是司马相如和扬雄那样有才气的人又如何,还不是要自己去清洗酒具或者跳楼!想到这儿,杜甫第一次对自己崇尚的"儒术"产生了质疑,圣人也好,强盗也罢,在历史的长河中都是尘埃!一定是受了郑虔的影响,杜甫突然把人生和理想看穿了。在衮衮诸公与孤独冷峭的郑虔之间,杜甫明白了许多。

长安的冬天很快来临,杜甫突然想念起独自到南方漫游的李白——

冬日有怀李白

寂寞书斋里,终朝独尔思。更寻嘉树传,不忘《角弓》诗。短褐风霜入,还丹日月迟。未因乘兴去,空有鹿门期。

杜甫一个人坐在书房里,整个早上都在想念着李白大哥。春秋晋大夫韩宣子(韩起)出访鲁国,宴席间赋《角弓》诗以示友好,鲁大夫季武子家宴欢迎韩宣子,表示一定要植嘉树以示不忘《角弓》之情。[①] 杜甫想到李白一个人在江南,那儿的冬天也该很冷了吧,衣裳带够没有,短褐能抵挡风霜吗?还有,李白一门心思修炼的丹药炼得如何了,是否遥遥无期啊?可惜我杜甫是一介俗人,没有乘兴和你一起去那儿。我也希望自己能够像高人庞德公那样,带着妻子一起去鹿门山采药。杜甫很想念妻子,就算是庞德公那样的人,也舍不得丢下妻子。

时间再退回到天宝五载(746)除夕,杜甫本来想从长安回到洛阳家中过年,结果路上一耽搁,走到咸阳就已经是除夕,便只好在旅舍中暂住下来,第二天再赶路。为了打发旅舍中无聊的时光,杜甫和几个陌生客人一起玩赌博的游戏(唐代有些客舍兼具赌场性质)。有人认为杜甫从山东西归后

---

① 杜预注,孔颖达等正义:《春秋左传正义》卷四二,上海古籍出版社,1990。

一直住在长安和咸阳附近的旅舍，恐怕未必如此，毕竟咸阳离长安还有好几十里路，长安房租虽然要贵一些，但是毕竟方便很多。

今夕行

今夕何夕岁云徂，更长烛明不可孤。咸阳客舍一事无，相与博塞为欢娱。冯陵大叫呼五白，袒跣不肯成枭卢。英雄有时亦如此，邂逅岂即非良图。君莫笑，刘毅从来布衣愿，家无儋石输百万。

这首诗有条杜甫的原注："自齐赵西归至咸阳作。"这是杜甫罕见地写到自己参与赌博的诗。杜甫和客人们玩的是一种什么样的赌博游戏呢？通常认为就是一种被称为樗蒲的古老游戏。唐人李肇曾详细记载了"古之樗蒲"的玩法：有个叫崔师本的洛阳令，好为古樗蒲，其法三分其子三百六十，限以二关，人执六马，其骰五枚，上黑下白，黑者刻二为犊，白者刻二为雉，掷之全黑为卢，二雉三黑为雉，二犊三白为犊，全白为白。四者贵采也。开、塞、塔、秃、撅、枭六者杂采也。贵采得连掷，得打马，得过关，余则否。① 听起来有点像是在掷骰子定输赢。如果掷出来的五个骰子全是黑色的五条牛犊，就叫卢，是最贵的彩，那就赢大了。运气差一点，有四个黑的或四个白的也还是不错，也算是贵彩。清人俞樾认为五子皆黑就是卢，五子皆白就是雉，纯黑纯白都是高彩，但是纯黑高于纯白。② 骰子最初是用木刻而成，又称五木。后来花样翻新，代之以玉石、象牙等，故掷骰又叫投琼，甚至还有镂骨为窍，将相思红豆镶嵌其中的③，做工越来越考究。

赌注可大可小，赌得大的有时会弄得倾家荡产，一些人沉溺其中不能自拔，"王公大人颇或耽玩，至有废庆吊、忘寝休、辍饮食者"。杜甫并不是一个赌博沉迷者，在以后的岁月中再难见到这样的情形。他后来不仅不再参与任何赌博，对别人的赌博行为还相当反感。晚年在夔州期间，他对那些在长江上往来的商贾的赌博行为多次提出了批评。他在《滟滪》诗中劝诫道："寄语舟航恶年少，休翻盐井掷黄金。"

---

① 李肇：《唐国史补》卷下，四库全书本。
② 俞樾：《春在堂随笔》卷六，江苏古籍出版社，2000。
③ 温庭筠《新添声杨柳枝》："井底点灯深烛伊，共郎长行莫围棋。玲珑骰子安红豆，入骨相思知不知。"

这个时候的杜甫还有几分年壮气盛，还有心情和余力来呼唤五白（五子皆白）。杜甫这次偶然参与的赌博行为，很可能是受到了郑虔的某些影响，那个全知的并且具有个人修史能力的天才，肯定是熟知赌博史及相关技巧的。杜甫在诗里活灵活现地描绘了一个赌徒的形象：大呼小叫，神情亢奋，袒胸赤足，旁若无人。请注意，此时还是寒冬腊月、冰天雪地呢，杜甫和客人们已经忘记了这一切，要赌就认真地、忘情地、忘我地赌，赌博见精神，赌博见性情！人类为什么会有赌博行为出现？为什么在所有的生命中，只有人类会玩这个？杜甫想得更多，英雄的人生和事业也就像这样吧，玩大玩小都得赌上一把，赌赢了就是赢家，赌输了就是输家。

杜甫诗中提及的那位著名赌徒刘毅，在《晋书》中有这样一则记载：刘毅曾在东府聚樗蒲大掷，输赢高达数百万。有一次，刘毅一掷得了雉（五白），大喜，褰衣绕床对同坐叫道："我不是不能得到卢（五黑），只是不屑罢了！"这句话把后来的刘宋开国君王刘裕给气坏了，刘裕握着五个骰子良久不说话，众人不知所措，他后来才缓缓说道："我来回答一下你们。"既而四子俱黑，其一子转跃未定，眼看白色一面的雉鸡就要落字，刘裕厉声喝叫道："牛！牛！"果然变成了黑色的牛——"即成卢焉"。① 这段史实，恰恰可以成为杜甫"冯陵大叫呼五白，袒跣不肯成枭卢"两句的最好注脚，这也是对杜甫当时倾情投入赌博场景的生动再现。我的老师曹慕樊还把这两句杜诗译成了白话：（人们）靠着床，光着臂膀，打着赤脚，望着骰子高声喝彩，无奈那家伙任你怎样都不肯出好点子！② 但是曹先生认为杜甫此两句不是实写，语杂五木、六博，糅合《楚辞》《晋书》，全是辞藻。其实，曹先生大可不必为诗人而讳，杜甫为什么就不能赌一回呢？

《今夕行》为我们罕见地呈现了杜甫的另一面，"冯陵"与"袒跣"之际，可以想见杜甫那双激动的、激情的手怎么样在咸阳客舍的冬夜中舞动着！那情形，让人想起奥地利作家茨威格（Stefan Zweig）在《一个陌生女人的来信》中描写的那个赌徒。女主人公（陌生女人）走进一家赌馆，摸出金币预备下注，忽然迎面传来一阵非常奇怪的声响，一阵咯咯喳喳的响声，

---

① 房玄龄等：《晋书》卷八五《刘毅传》，中华书局，1974。
② 曹慕樊：《杜诗杂说》，四川人民出版社，1981。

像是骨节折裂。她不由自主地向对面望了一眼,见到两只从没见过的手,一只右手一只左手,像两头暴戾的猛兽互相扭缠,在疯狂的对搏中你揪我压,使得指节间发出轧碎核桃一般的脆声。她立刻就意识到,这儿有一个情感充沛的人,正把自己的全部激情一齐驱上手指,免得留存体内胀裂了心胸。

是的,诗人杜甫,除夕的赌徒,此刻正是一个情感充沛的人。

假考场

杜甫来到长安追求他的仕途，其中一个重要原因在于，他对玄宗皇帝始终抱有美好的期望。天宝六载（747）的杜甫三十六岁，还算年轻，对未来还没有绝望，对老友李邕的死虽然悲恸，但还没有完全理解其背后隐藏的可怕力量。

历史这个东西有时太诡异了，它的改变到底是怎么发生的？一个人可不可以改变历史？玄宗君臣和人民开创的开元盛世，它的衰变又是从哪儿开始的？盛唐的衰落，很有可能是从开元二十三年（735）开始的。就在这一年，被世人称为口中抹了蜜、腹中藏着利剑的李林甫登上了宰相位。我们应该还记得，也就是在这一年，杜甫结束了吴越漫游回到洛阳，参加了次年举行的全国贡试，但最终落选了。开元二十四年（736），亦即杜甫"忤下考功第"那一年，同为宰相的老张九龄坚决反对玄宗为朔方节度使牛仙客加实封并任其为尚书。为了讨好玄宗，李林甫对玄宗耳语："只要有才识，何必满腹经纶？天子用人，有何不可？"就这一招，李林甫就把他视为"眼中钉"的张九龄、裴耀卿宰相一脚蹬了。在李大宰相的威权之下，杜甫那一年的落选，似乎已是必然。

开元二十五年（737），玄宗皇帝为武惠妃（废除皇后王氏）处死自己的三个儿子（太子瑛、棣王琰和鄂王瑶），为武惠妃儿子夏王当上太子扫清障碍。夏王的命不长，武惠妃也很快死了，玄宗伤心了好几天。不久，玄宗将儿子寿王李瑁的女人杨玉环纳入后宫，将他对武惠妃的爱移情于其身。为了掩人耳目，他还让这个天生丽质的儿媳去太真宫里当了几天女道士，再名正言顺地将其迎入宫中册封为贵妃。接着，他又将杨贵妃的三个姐姐崔氏、裴氏和柳氏分别册封为韩国夫人、虢国夫人和秦国夫人，实际上这四姐妹都成了玄宗的女人。杨贵妃还有三个堂兄也不能落下不管，其中最为有名的就是杨国忠（钊）。作为裴氏虢国夫人情夫的杨国忠，为人虽然很渣，长得却是一表人才。有了堂妹杨贵妃撑腰，杨国忠慢慢触摸到了帝国的中枢神经。不过暂时还得忍一忍，李林甫还在呢。

　　如果我们把盛唐衰落的这笔账全部算在李林甫身上，当然是失之偏颇的，至少杨国忠、杨氏姐妹和高力士还得承担责任，更不用说玄宗本人后期的荒政了。但是，打从李林甫上台，唐朝开明的甚至堪称纯洁的政治空气就开始变得混浊、肮脏和邪恶起来——天宝六载（747），杜甫的忘年交，敢于直言的李邕李北海被杖杀——那是怎样一个血腥的场面啊！一位七十岁的老人，写得一手好书法的老人，热爱诗歌的老人，在异乡被一群打手用棍棒活活打死！李邕的血不是为自己流的，而是为大唐流的！同一年春天，皇甫惟明、韦坚及其兄弟、左相李适之（"饮中八仙"之一）及其儿子一个接一个地被处死，杜甫的年轻朋友给事中房琯也被赶出了京城。

　　几年之后的天宝十载（751），李林甫以宰相之职兼领安西大都护、朔方节度使、单于副大都护，从而拥有了从中央到边境的巨大权力。次年（752），李林甫为了杜绝既懂军事又写得一首好诗的知识分子（如张说）进入权力中心，主动辞去兼任的朔方节度使，让番人安思顺继任，举荐的理由是：文臣为将怯于战阵，不如用寒族番人——番人骁勇善战，而寒族在朝中没有党援。① 从此以后，大唐江山的一大半被交到了番将（少数民族将领）手中，几乎摧毁了唐朝的安禄山就是在此种背景下慢慢壮大起来的。

　　害怕知识分子进入权力的高层，李林甫的这一极端自私的政策取向，不知断送了多少有为青年的锦绣前程，诗人杜甫就是其中的一个牺牲品。世上没有最坏的人，只有更坏的人。老谋深算的李林甫怎么也没有想到，他最后还是栽在被他提拔起来的人手中。那时，李林甫已经病死，但是杨国忠和安

---

① 刘昫等：《旧唐书》卷一〇六《李林甫传》，中华书局，1975。

禄山依然不想放过他，还要斩草除根。玄宗皇帝命人挖开李林甫的棺材，取其口内含珠，剥其金紫朝服，换了一口狭小的棺木便将其草草埋掉了。玄宗这些怪异的行为，实已显示出其昏聩——对李林甫遗骨的惩罚，完全是皇帝自己打自己的脸。史书记载，安禄山最害怕的人就是李林甫，安禄山只要一站在李林甫面前就浑身不自在，全身流汗，李林甫只要轻轻打一个喷嚏，安禄山就会打抖。大坏蛋的坏心眼，好人不一定能够看透，坏人却能看穿。坏人从来不怕好人，他们只怕更坏的人。我猜想，如果李林甫没有死，安禄山发动的战争很可能还得往后拖几年。

天宝六载（747），已经六十三岁的玄宗皇帝还想继续自己的辉煌业绩，于是决定再搞一次常规科举考试之外的制举考试，目的在于网罗科考遗失的人才。这样的举动显然和李林甫的想法大相径庭——自己费了好大工夫才巩固的根基，决不能拱手让人。肚子里没有几滴墨水（只有一把杀人的剑）的李大宰相，恨死了那些有学问有见识，还有骨气的知识分子，因此决不能让这场考试有一点收获，必须"野无遗贤"！

从这场被操控的考试的落选者之一元结的文章中，我们可以部分窥见当时考场的腐败气象。他在《喻友》中是这样写的：

> 天宝丁亥中，诏征天下士人有一艺者，皆得诣京师就选。相国晋公林甫以草野之士猥多，恐泄漏当时之机，议于朝廷曰："举人多卑贱愚聩，不识礼度，恐有俚言，污浊圣听。"于是奏待制者悉令尚书长官考试，御史中丞监之，试如常吏。已而布衣之士，无有第者。遂表贺人主，以为野无遗贤。①

元结所记和正史所载基本相同，作为亲历者和受害者，他的话应该比史官所记更加可靠。好个玩弄权术的李宰相！为了一人独自控制这场可能给他带来潜在威胁的考试，把本应到现场的玄宗皇帝直接给屏蔽了，结果当然没有任何悬念。李林甫为这个结果找了一句统治者都爱听的话——"野无遗贤"，不仅把天下的人才（比如杜甫、元结和孔巢父）给灭了，还让玄宗觉得自己的江山既清朗又开明，早已把"天下士人有一艺者"一网打尽。②

---

① 元结：《元次山集》卷八，四部丛刊景明正德刻本。
② 参见傅璇琮《从杜甫于天宝六载应试谈唐代的制举》，《草堂》1984年第1期。

杜甫名作《送孔巢父谢病归游江东兼呈李白》当作于此际：

> 巢父掉头不肯住，东将入海随烟雾。诗卷长留天地间，钓竿欲拂珊瑚树。深山大泽龙蛇远，春寒野阴风景暮。蓬莱织女回云车，指点虚无是征路。自是君身有仙骨，世人那得知其故。惜君只欲苦死留，富贵何如草头露？蔡侯静者意有余，清夜置酒临前除。罢琴惆怅月照席，几岁寄我空中书。南寻禹穴见李白，道甫问讯今何如。

这首诗也是杜甫现存作品中最早的一首七古，颇有几分游仙诗的风范，而且是一首海上游仙诗——诗中再一次袒露了杜甫对于大海的神往之情。如果说当年漫游吴越时，受到儒家圣人的影响，在姑苏备好渡海船只，还只是出于对大海的好奇和向往，此刻的杜甫在送别掉头入海的孔巢父时，则怀揣了某种道家理想，诗中的"仙骨"既是孔巢父和李白的，同时也是杜甫的。在经历了数次失败之后，杜甫真的有些厌倦了，终于吐出肺腑之言："诗卷长留天地间，钓竿欲拂珊瑚树。"

明人周珽在《唐诗选脉会通评林》中说此诗："说透归隐人心曲。真空中打扑，骨节都作龙鸣，而婉韵之致，又自朗然。"清人王嗣奭在《杜臆》中也说："此篇宛然游仙诗，但人能超出尘氛之外，便是仙人，非必乘鸾跨鹤也，巢父何减仙人？"最值得注意的是清人何焯在《义门读书记》中所指出的：似用太白体，虚景作衬。确实，诗中所传达出来的瑰丽飘逸之气、行云流水的节奏、痛快淋漓的胸怀，确有李白的影子。这是杜甫刻意为之，他希望通过这种相近的诗风，唤醒两人珍贵的记忆。清人沈德潜在《唐诗别裁》里，于"缥缈恍惚语"中，还读到了《楚辞》的意味。

说来，杜甫和李林甫还沾亲带故呢！杜甫的族侄杜位就是李林甫的女婿，杜甫晚年在夔州和荆南都遇见过这位远房侄儿（一说是远房堂弟）。天宝十载（751），杜甫还在杜位家中过了个除夕夜。这些所谓的关系，与权力相比，在李林甫眼中连浮云都算不上。

天宝六载（747）的考场，就是一个不折不扣、充满滑稽和愚弄色彩的假考场。

李林甫怎么可能选用杜甫这样的人？他居然敢在诗歌中歌颂自己的政治敌人（如左丞相李适之）！天宝十一载（752），杜甫在给鲜于仲通的《奉赠鲜于京兆二十韵》诗中，追述此次屈辱的经历："破胆遭前政，阴谋独秉钧。微生沾忌刻，万事益酸辛。"还在写给韦济的《奉寄河南韦尹丈人》诗中，于无可奈何之中表达了彷徨和绝望："尸乡余土室，谁话祝鸡翁？"

失意的杜甫想回到偃师首阳山下尸乡亭附近的土室，去和祖先的灵魂住在一起。刘向《列仙传》载："祝鸡翁者，洛人也。居尸乡北山下，养鸡百余年，鸡有千余头，皆立名字。暮栖树上，昼放散之。欲引，呼名即依呼而至。卖鸡及子，得千余万，辄置钱去之吴。"

杜甫一直想像祝鸡翁一样养一大群鸡，这个小小的愿望，也要等他到了巴蜀（成都和夔州）之后，才得以实现。

这次制举考试被李林甫搅黄了，杜甫的仕途没了着落。

天宝九载（750），杜甫三十九岁，河南尹韦济入京任尚书左丞。韦济出身名门，父亲韦嗣立与杜审言同朝于武后时期，韦济长杜甫二十多岁，在他面前，杜甫是晚辈。这一年，杜甫写下杰出的《奉赠韦左丞丈二十二韵》①，这是一首带有青年自传性质的诗作，当然也有自荐的意思。爱尔兰作家詹姆斯·乔伊斯（James Joyce）也写过一本《一个青年艺术家的肖像》。② 在诗中，杜甫回忆了自己前半生的光芒和晦暗，倾诉自己一生的理想和抱负：

> 纨袴不饿死，儒冠多误身。丈人试静听，贱子请具陈。甫昔少年日，早充观国宾。读书破万卷，下笔如有神。赋料扬雄敌，诗看子建亲。李邕求识面，王翰愿为邻。自谓颇挺出，立登要路津。致君尧舜上，再使风俗淳。此意竟萧条，行歌非隐沦。骑驴十三载，旅食京华春。朝扣富儿门，暮随肥马尘。残杯与冷炙，到处潜悲辛。主上顷见征，欻然欲求伸。青冥却垂翅，蹭蹬无纵鳞。甚愧丈人厚，甚知丈人真。每于百僚上，猥诵佳句新。窃效贡公喜，难甘原宪贫。焉能心怏怏，只是走踆踆。今欲东入海，即将西去秦。尚怜终南山，回首清渭滨。常拟报一饭，况怀辞大臣。白鸥没浩荡，万里谁能驯。

---

① 此诗系年依陈铁民《由新发现的韦济墓志看杜甫天宝中的行止》（《文学遗产》1992年第4期）考订，系于天宝九载。

② ［爱尔兰］詹姆斯·乔伊斯著，徐晓雯译：《一个青年艺术家的肖像》，译林出版社，2014。

韦济应该是比较了解这个晚辈的，出身"奉儒"世家，才学超拔群伦，很早就立下志向，要像远祖杜预那样身居要津，干一番大事：致君尧舜。但是世事多不如意，"此意竟萧条"，杜甫的理想一次又一次落了空，人一晃也快四十岁了，还在长安骑着一头瘦驴——连马都骑不起。这京华长安的日子不好混啊，一点儿尊严都没有，乞丐一样追随着富儿和肥马——肯定是夸张了些，杜甫是想强调自己如何不得志，过得如何悲惨，以此博得韦老前辈的同情与支持。差不多同样的话，多年以后在他于荆州所作的《秋日荆南述怀三十韵》中也出现过："苦摇求食尾，常曝报恩鳃。"由于这首诗具有自荐和乞求引荐的目的，杜甫一方面尽量展示自己的才华和抱负，以激发起韦济对自己的重新认识和掂量；另一方面也尽量倾诉自己的落魄与无助，甚或可悲复可怜，以引起韦济的同情——如果你在诗中说自己混得如何如何风光无限，谁还会来帮助你呢？杜甫在长安十年，虽然经历过很多困苦，偶尔也有填不饱肚子的时候，但除特殊的天灾和仕途有点不顺之外，总的来说还是比较平和的。尽管失去了父亲的资助，毕竟是两京有些薄产的人①，朋友中显贵者又多，生活上并没有我们想象的那么艰难。这个时候的唐王朝虽说没有开元年间那么富有，但还是相当强盛的。从前面提到的动辄就可以拿出一百万斛低价太仓米给老百姓的事实也可以看出，唐王朝的府库还是很充盈的。

　　杜甫又一次想到了大海，他真后悔在吴越时连船都弄好了，为什么没有去大海上"浩荡"一回，做一只毫无羁绊的、自由的、永远不能被驯服的白色海鸥，那是多么惬意的人生啊！

　　天宝六载（747）春天，安西副都护、都知兵马使、充四镇节度副使高仙芝大将，以行营节度使的身份征讨小勃律国（今克什米尔西北部），八月始平定并俘获小勃律王。两年后（749），高仙芝还朝时还骑回了一匹神气十足的中亚地区的青色战马。我相信这马应该是征伐孽多城（小勃律国都城，即今吉尔吉特）的一个战利品。为了宣扬大唐国威，"胡青骢"很可能在长安的朱雀大街上展示过，杜甫和很多人都前去观赏——那是大唐的荣耀之马：

---

　　① 杜甫《秋日夔府咏怀奉寄郑监李宾客一百韵》："两京犹薄产，四海绝随肩。"《曲江三章》："自断此生休问天，杜曲幸有桑麻田。"

> 安西都护胡青骢,声价欻然来向东。此马临阵久无敌,与人一心成大功。功成惠养随所致,飘飘远自流沙至。雄姿未受伏枥恩,猛气犹思战场利。腕促蹄高如踣铁,交河几蹴曾冰裂。五花散作云满身,万里方看汗流血。长安壮儿不敢骑,走过掣电倾城知。青丝络头为君老,何由却出横门道。

在这首《高都护骢马行》中,还能隐约见到杜甫漫游齐赵时所写《房兵曹胡马》的影子。"此马临阵久无敌,与人一心成大功"正是"所向无空阔,真堪托死生"的当下表达。这匹来自西域"流沙"的青骢,雄姿与猛气、速度与勇敢、铁蹄与满身云朵,一样带着逼人的"锋棱"。但是,在最后两句诗中,人们还是闻到了衰老的味道:"青丝络头为君老,何由却出横门道。"

盛世的侧影

水运专家韦坚是一个很有想法和行动能力的人，他的妹妹韦氏做了太子李亨的妃子。在担任江淮租赋水陆运使的天宝元年（742），韦坚主持了一项巨大的水运工程：在咸阳填塞渭水为堰以绝灞、浐二水，向东开挖一条与渭水并行的人工渠，再在华阴永丰仓与渭水汇流，以此解决渭水曲淤的痼疾。同时于长安禁苑东面望春楼下开凿广运潭，以与浐河相通。这样一来，加上南北运河网，长江与渭水之间便可畅通无阻，扬子江上往来的商业和漕运船只可以直接行进至长安的皇宫前，玄宗皇帝的眼皮底下。这不仅节约了大量的人力物力财力，使水运能力提高十倍不止，还逗得皇帝满心欢喜。

《新唐书》是这样记载的：

> 坚为使，乃占咸阳，壅渭为堰，绝灞、浐而东，注永丰仓下，复与渭合。初，浐水衔苑左，有望春楼，坚于下凿为潭以通漕，二年而成。帝为升楼，诏群臣临观。坚豫取洛、汴、宋山东小斛舟三百首贮之潭，篙工柂师皆大笠、侈袖、芒屦，为吴、楚服。每舟署某郡，以所产暴陈其上。若广陵则锦、铜器、官端绫绣；会稽则罗、吴绫、绛纱；南海玳瑁、象齿、珠琲、沉香；豫章力士瓷饮器、茗铛、釜；宣城空青、石绿；始安蕉葛、蚺胆、翠羽；吴郡方文绫。船皆尾相衔进，数十里不绝。关中不识连樯挟櫓，观者骇异。先是，人间唱《得体纥那歌》，有

"扬州铜器"语。开元末,得宝符于桃林,而陕尉崔成甫以坚大输南方物与歌语叶,更变为《得宝歌》,自造曲十余解,召吏唱习。至是,衣缺胯衫、锦半臂、绛冒额,立舻前,倡人数百,皆巾帻鲜冶,齐声应和,鼓吹合作。船次楼下,坚跪取诸郡轻货上于帝,以给贵戚、近臣。上百牙盘食,府县教坊音乐迭进,惠宣妃亦出宝物供具。帝大悦,擢坚左散骑常侍,官属赏有差,蠲役人一年赋,舟工赐钱二百万,名潭曰广运。①

那首《得体歌》(又名《得体纥那歌》),在《旧唐书》上有载,歌曰:"得体纥那也,纥囊得体耶?潭里船车闹,扬州铜器多。三郎当殿坐,看唱《得体歌》。"② 明代胡震亨在《唐音癸签》中说《纥那曲》"不著所出。今考天宝中,崔成甫所翻《得体歌》,有'得体纥那也,纥囊得体那'之句,岂其所本欤?"清《钦定词谱》以为"唐人于舟中唱《得体歌》,有号头,即和声。'纥那'者,或曲之和声也"。

中唐时期的刘禹锡写有《纥那曲》,词中"杨柳""竹枝"等语,当属来源于北方民歌的唐声诗,人们可以在江边船头踏舞而歌。刘禹锡又于《竹枝词》中写道:"楚水巴山江雨多,巴人能唱本乡歌。今朝北客思归去,回入纥那披绿罗。"

杨慎认为:"刘禹锡诗言翻南调为北曲也。"③

这确实是难得一见的盛唐愿景:一场流动的水上博览会,百方来贺,千船竞发,万物皆备于我,数不尽的风物,听不尽的歌声,看不完的舞蹈!韦坚不仅是一个水运专家,还是一位极具才艺的室外情景剧创立者和大导演,连船工的服装也进行了统一设计,一派南国水乡风情,博尽了北方人的眼球。那位坐在望春楼上俯瞰盛大表演的"三郎"(睿宗李旦第三子)不是别人,正是年富力强的大唐天子李隆基。

韦坚用他的才智和当时丰富的物质文明,为我们展露了大唐盛世的侧影。

---

① 欧阳修等:《新唐书》卷一三四《韦坚传》,中华书局,1975。
② 刘昫等:《旧唐书》卷一〇五《韦坚传》,中华书局,1975。
③ 杨慎:《词品》卷一,上海古籍出版社,2009。

杜甫可以说是吃着玄宗时代的饭长大的：他出生那一年，正是玄宗从睿宗手中接过玉玺，登上历史舞台的一年。玄宗李隆基年长杜甫二十七岁，杜甫对这位皇帝寄予了太多的爱和希冀。很多人不理解杜甫对玄宗的感情，说他是儒家的愚忠。这话听起来好像有一定的道理，对杜甫却不甚公平。实际上，杜甫一生所眷恋的是前期的唐玄宗，具体地说就是开元、天宝时期，尤其是"开元全盛日"的唐玄宗——那个时期的玄宗皇帝绝对称得上是一代明主，意气风发，雄心勃勃，开疆拓土，政治清明，官僚廉洁（如张说、张九龄、姚崇、宋璟、张嘉贞、王晙等）。帝国幅员辽阔、人丁兴旺，八大节度使（范阳、平卢、河西、陇右、剑南、岭南、河东、朔方）拱卫江山，两大都护府（北庭和安西）镇住西域。史载开元十三年（725）唐朝军队的马厩中养了四百三十万匹骏马，主要集中在陇右地区。那是什么概念？几百万匹战马的嘶鸣何等威风！再想一想驰骋在遥远的葱岭（今帕米尔高原）以北的名将高丽人高仙芝，勇敢地与阿拉伯帝国和中亚联军对垒，又是何等壮烈！战争时有胜负（比如怛罗斯战役）①，虽败犹荣，一点儿也不丢大唐的脸！二十世纪初的英国汉学家阿瑟·韦利（Arthur David Waley）认为李白的《战城南》一诗即可能与此次战役相关。②

据洪业计算，当时的唐朝每年国家收入达到惊人的二十亿文，粮食近两千万斛，绢七百四十万匹，丝一千多万两，麻布上千万端。那时的大唐真是富得流油——"稻米流脂粟米白"啊！那时的大唐还是诗歌兄弟的祖国，音乐姐妹的天堂。正如杜甫在《忆昔》诗中所歌颂的那样："宫中圣人奏云门，天下朋友皆胶漆。百余年间未灾变，叔孙礼乐萧何律。"

那时的长安，才是世界的中心，是全世界人民向往的地方。我在《唐诗弥撒曲》的《望长安》中这样写道：

前额才抖落葱岭积雪/舌尖又舔尝印度洋的气流/多么温暖又虚无/骆驼的白骨一直绵延向东方/在流沙呜咽的尽头/丝绸挂树梢，瓷器正蜿蜒/粟特人落日中跳舞/梦想的街市如新世界喧哗/龟兹的乐工用筚篥诉说寂寞/少女刺绣常常发呆/春风十里花袭人啊/年轻的帝王威武又仁慈/

---

① 李方：《怛罗斯之战与唐朝西域政策》，《中国边疆史地研究》2006年第1期。
② ［美］洪业著，曾祥波译：《杜甫：中国最伟大的诗人》，上海古籍出版社，2014。

还有高车人、天竺人、楼兰人/翘首望长安，灯火隐楼台/一声驼铃炸响天外/长安突然点亮①

玄宗还下诏整理充实了国家图书馆，建立专门的文学艺术机构集贤院、翰林院和梨园。玄宗皇帝甚至会为某一个人（郑虔）的特殊才华而设立专门的国家机构（广文馆）②，这在古今中外的人才史上可能再也找不出第二人。玄宗皇帝只要听说民间有高人异士，有着不同寻常的才能，便以特殊的考试启用之。有时求才心切，干脆直接召用——大诗人李白就是这样被玄宗选入朝廷做了翰林供奉的。那场载于正史中的孟浩然与玄宗的对话，在我看来一定是真的。自视清高的孟浩然自己不努力于仕途，却在诗中抱怨："不才明主弃，多病故人疏。"玄宗觉得很冤枉，轻轻地回击了一声："卿不求仕，而朕未尝弃卿，奈何诬我？"③ 这是我读到的古代皇帝与诗人之间一场最动人的对话，在责备和怨气之间，充溢着无比温暖、平等和自由的气息。一个是堪称中国最英明的君王之一的万乘之尊，一个是住在"南山敝庐"的隐士诗人，他们的对话却像两个久违的朋友一样。杜甫所钟爱的玄宗皇帝，正是这样的玄宗，正是这时候的玄宗。这样的爱，单纯、固执，没有理由——没有理由的爱才是最真的爱。即使遭遇安史之乱这样的灭顶之灾，杜甫依然无法更改他心目中的玄宗形象，并且随着玄宗的离去和唐王朝的一步步衰落，杜甫对玄宗的怀念更加强烈。

能生活在玄宗开创的开元天宝时代的人们是幸福的，可以个性张扬，可以目空一切。

杜甫的《饮中八仙歌》被程千帆称为"一个醒的和八个醉的"④，是杜甫西归长安后不久写的，当作于李适之罢相的天宝五载（746）四月之后，李适之在宜春服毒自杀的天宝六载（747）七月之前。⑤ 那时杜甫对玄宗、对未来充满了无限的想象。这八位沉醉的人间仙人（贺知章、李琎、李适

---

① 向以鲜：《唐诗弥撒曲》，东方出版中心，2014。
② 欧阳修等：《新唐书》卷二〇二《郑虔传》，中华书局，1975。
③ 欧阳修等：《新唐书》卷二〇三《孟浩然传》，中华书局，1975。
④ 程千帆、莫砺锋、张宏生：《被开拓的诗世界》，上海古籍出版社，1990。
⑤ 参见浦江清《八仙考》，载《浦江清文录》，人民文学出版社，1989。

之、崔宗之、苏晋、李白、张旭和焦遂），是杜甫所描绘的另一幅盛世侧影。① 在某种意义上，它比韦坚的水上博览会更令人神往，更动人心弦。我试着把这首名作译成现代汉语诗歌，以便读者认知得更真切一些：

老诗人贺知章骑在马背上摇摇晃晃，就像是骑在波浪中的一条小船上；

醉眼昏花，一不小心落到枯井底，干脆就在井底睡着了。

汝阳王李琎本来要去觐见当今圣明的君王，先喝三大斗酒再去也不迟；

路上又遇到一辆装满酒曲的车子，车中散发出来的浓烈酒味让人口水欲滴；

那一刻，我们的汝阳王为自己没能移封到酒泉郡而深深遗憾起来。

左相李适之每天只要一打开大门，就意味着成千上万的酒水花销开始了；

左丞相只要一饮酒就劝不住，像大海中的一头长鲸，可以饮尽百川，喝干千河；

还为自己的豪饮找了一个不是理由的理由：圣贤让别人当去，我只想醉我的酒！

俊逸傲慢的美少年崔宗之，饮酒时从不看人只看天，一双白眼仁儿就那么向上翻着；

他长得太好看了，如同一棵玉雕的玲珑树木，在风中傲然摆动。

那个叫苏晋的人，一方面在古佛青灯面前沐浴，斋戒，吃素；

另一方面又经不起酒的诱惑，一看见酒就忘记了所有的清规和戒律。

从天上来的李白大哥，就为两件事而来：饮一斗酒，写一百篇诗；

醉了就去长安西市胡姬掌柜的酒肆睡上一觉，醒了继续喝。

就算是当朝天子在龙池画舫上邀请他来赴宴，也是一副爱理不理的

---

① 杜甫的《饮中八仙歌》："知章骑马似乘船，眼花落井水底眠。汝阳三斗始朝天，道逢曲车口流涎，恨不移封向酒泉。左相日兴费万钱，饮如长鲸吸百川，衔杯乐圣称避贤。宗之潇洒美少年，举觞白眼望青天，皎如玉树临风前。苏晋长斋绣佛前，醉中往往爱逃禅。李白一斗诗百篇，长安市上酒家眠。天子呼来不上船，自称臣是酒中仙。张旭三杯草圣传，脱帽露顶王公前，挥毫落纸如云烟。焦遂五斗方卓然，高谈雄辩惊四筵。"

样子：

"陛下，微臣本来就是酒世界的仙人，还是不上人间的船好些……"

草书圣人张旭沾不得酒，哪怕沾上两三杯，就非得进行书法表演了！

他在纸上挥毫，如同大风在天空中挥舞着云烟，随手一扫，都是美不胜收的风景；

兴致高昂时，管你是王公还是大臣，他都要扔掉帽子，解开满头长发；

将头发灌进砚池中，以发为笔，进入一种癫狂的书法状态。

布衣焦遂可能是八仙中最低调的，但酒量大得惊人；

要喝完五斗酒之后，才感觉到自己真是喝了点酒；

才会来点精神，才会在宴席上海阔天空地谈论；

焦遂啊，不说话像哑巴，一说话就惊呆天下。

杜甫的这八幅人物速写，以写意、点染或白描手法，抓住每一个人的性格及行为特征，仅用十四个字、二十一个字或二十八个字，就使各位酒中大神跃然于纸上，将每一个人最富有表现力的某一个瞬间、某一个表情、某一个姿态，定格在历史的巨幕之上——时间仿佛停止了流逝！有学者认为杜甫的这种人物肖像诗作可能受到唐代佛经变相的影响，或有一定的道理，艺术之间是相通的。在这些充满传奇色彩的人物身上（从王公大臣到落第者或普通人），杜甫寄寓了无限的赞美和遗恨。在每一个人的身上，杜甫都看见过自己的某一个侧影：放纵的侧影，抒情的侧影，失意的侧影，热烈的侧影。这些侧影既是杜甫的，又是大唐盛世的。

望春楼上，还有一些侧影：美丽的侧影，阴谋的侧影。

玄宗的旁边是风姿绰约的杨玉环及其三个风韵犹存的姐姐。

不远处，一双阴鸷的眼神扫了过来，在韦坚兴奋的脸上停顿了片刻。

要说吧，李林甫和韦坚的关系还比较近，韦坚的妻子姜氏是姜皎之女，姜皎是李林甫的舅父，姜氏和李林甫就是表兄妹。姜皎在李隆基还是临淄王时就与他交好，参与过"先天政变"，在玄宗即位后拜殿中少监，迁殿中监，封楚国公。姜皎还是一位画鹰高手，杜甫的《姜楚公画角鹰歌》就是为他而作。

在李林甫眼中，除了权力还是权力，只要有一丝挡道的可能性，他都会六亲不认，妹夫又如何？挡了道一样得灭。此刻，他从玄宗对韦坚无比欣赏的表情中突然意识到，这个他曾经帮过的妹夫很可能会在未来某一天成为自己的竞争对手！他还那么能干，懂水运，懂工程，懂经济，懂艺术，最重要的是，还懂得如何讨玄宗的欢心——这个太要命了，必须除掉！很快，韦坚就被李林甫除掉了。

李林甫的政治迫害一刻也没有停止，杜甫并不知道其中的细节，但凭着诗人的直觉，他嗅到了帝国潜藏的危险气息。杜甫的《贫交行》可能与这种气息相关：

> 翻手作云覆手雨，纷纷轻薄何须数。君不见管鲍贫时交，此道今人弃如土。

李林甫正是这样一位翻云覆雨的阴谋家。

李林甫的那道眼神，不仅给韦坚和众多心怀理想的人投下可怕的阴影，还给大唐盛世覆上了浓重的乌云。

平生为幽兴

杜甫自天宝五载（746）从山东鲁郡西归长安后，"旅食京华"差不多整整十年，一直待到天宝十四载（755）。这十年长安生活，大体可以划分为前后两个时期，天宝五载到天宝九载（750）为前期，天宝十载（751）到天宝十四载为后期，天宝十载成为一条重要的分界线。

杜甫在长安的前期生活相对要安逸一些，一来父亲可能还留了些现金可供使用，二来他还没有当上人父，三来当时的社会状况也比后期更好——人与人的命运虽然各自不同，但总是逃不出时代的驱使和左右，这一点在杜甫身上尤其显著。杜甫是那个时代的大诗人，那个时代的获益者，更是那个时代的受难者。

韦坚所开通的广运潭的漕渠给沿途带来巨大的繁荣机会，并形成很多新的风景，丈八沟就是其中之一。由于广运潭上曾有水上博览会的盛况，丈八沟沿岸遍布秦楼楚馆，那一带已经成为长安富商大贾争相游冶的避暑之地。之所以叫丈八沟，据《旧唐书》，是由于其沟渠"阔八尺，深一丈"[①]。杜甫曾来到丈八沟，而且是和几个贵公子及歌伎一起来的。前面已经说过，不要用卫道士的眼光看待杜甫。杜甫在诗中说自己只是一个陪客，其实，他本身

---

① 刘昫等：《旧唐书》卷一一《代宗本纪》，中华书局，1975。

就带有一些贵公子的习气，不然就不会动不动漫游十年了。

陪诸贵公子丈八沟携妓纳凉晚际遇雨二首

其　一

　　落日放船好，轻风生浪迟。竹深留客处，荷净纳凉时。公子调冰水，佳人雪藕丝。片云头上黑，应是雨催诗。

其　二

　　雨来沾席上，风急打船头。越女红裙湿，燕姬翠黛愁。缆侵堤柳系，幔卷浪花浮。归路翻萧飒，陂塘五月秋。

这两首诗的准确写作时间已不可考，黄鹤定在天宝十三载（754）。从诗中表现出来的轻快惬意来看，作于西归长安之后的第二或第三年夏天的可能性更大。第一首诗写的是杜甫与贵公子及歌伎们一起来到丈八沟，已是黄昏时分，景致更加宜人。放船下水，轻风生浪，竹影浓布，仿佛是在挽留过往的客人多待一会儿。荷叶盛开，又像是在用无数的手掌召唤凉意。贵公子调和着冰雪之水，俏佳人正在清洗雪白的莲藕。抬头望去，一片硕大的乌云向头顶飘来，云中的雨滴如同饱蘸的墨汁，催促着心中的诗句夺腔而出。

大雨果然落了下来！风挟着雨滴，打湿了船上的席子，打湿了佳人的红裙。于是他们停止了前行，将船系在岸边的柳树上，拉开帷幔，欣赏着雨中胜景。我觉得杜甫的丈八沟之游，更像是对自己年轻时初游吴越的一次梦幻洄游。诗中那位穿着红色裙子的"越女"，完全就是鉴湖白衣女子的长安姐妹。"片云头上黑，应是雨催诗"是杜甫前期诗作的名句，后来很多人有意效仿，但都没有杜甫写得自然、富有生机。清人梁章钜还记载了一个趣事，说有两生同谒纪文达师者（纪昀），一额有黑瘢，一左目已瞽。师见之，大笑不止。两生惊讶，请其故，师笑曰：吾偶集得杜句，一为"片云头上黑"，一为"孤月浪中翻"耳。[①]

杜甫在长安生活的前期写过不少这样的陪宴诗作。其实，这也是当时的一种风气。从李白、王维及高适、岑参等人的写作中，都能找到这样的作品。这种风气与漫游、交接之风是一脉相承的，可以视之为同城漫游。

---

① 梁章钜：《巧对录》卷六，岳麓书社，1991。

天宝十载（751）前后，杜甫在长安城南定居下来，把妻子也接了过来。很可能就在这一年之前，杜甫家迎来了第一个小生命，长子杜宗文降生了。① 早在天宝元年（742），三十一岁的杜甫就在洛阳结了婚，为什么一直等到八九年后才有第一个孩子？这在古代有些难以理解。洪业提出假设：杜甫是一个晚婚者，天宝十一载（752）献三礼赋后才结婚。② 这个甚为大胆的推断，在今天看来并非完全没有道理。

现在已无法得知杜甫安家的详细地点，有人说在杜陵或少陵，有人说在下杜。冯至划定了一个大体的范围：曲江以南，少陵以北，下杜城以东，杜陵以西。③ 长安城的格局规矩得像一个巨型的棋盘，以至于有人在解释《秋兴八首》中那句"闻道长安似弈棋"时认为，杜甫写的就是长安的建筑格局。在长安棋盘上，北边是皇家禁苑，虽然有朱雀大街纵贯南北，老百姓还是不能轻易接近。与北边的森严气象完全不同，南边才是最富有生气的，才是长安的风光所在。这儿有曲江，有杜曲和韦曲，有何将军山林，有皇子陂，有第五桥，有丈八沟，还可以眺望终南山上的积雪。

杜甫在长安"旅食"的十年，越是到后来，生活越艰辛。即使如此，这样的同城漫游依然没有停止。

乐游园歌

乐游古园崒森爽，烟绵碧草萋萋长。公子华筵势最高，秦川对酒平如掌。长生木瓢示真率，更调鞍马狂欢赏。青春波浪芙蓉园，白日雷霆夹城仗。阊阖晴开詄荡荡，曲江翠幕排银榜。拂水低回舞袖翻，缘云清切歌声上。却忆年年人醉时，只今未醉已先悲。数茎白发那抛得，百罚深杯辞不辞。圣朝亦知贱士丑，一物但荷皇天慈。此身饮罢无归处，独立苍茫自咏诗。

《乐游园歌》作于天宝十载中和节，《文苑英华》中，此诗题下自注："晦日，贺兰杨长史筵醉中作。"长安城南的乐游园（又叫乐游苑或乐游原）

---

① 四川省文史研究馆编：《杜甫年谱》，四川人民出版社，1958。
② ［美］洪业著，曾祥波译：《杜甫：中国最伟大的诗人》，上海古籍出版社，2014。
③ 冯至：《杜甫传》，人民文学出版社，2014。

始建于汉代，毗邻曲江。① 到了唐代，因太平公主（唐高宗李治与武则天的小女儿）置亭而广为人知，成为长安显贵和诗人佳丽的必达之地，尤其是每年上巳节（三月初三）和重阳节（九月初九），乐游园里游人如织，翠幕如云，真是风华绝代。那时的长安，无论是城里还是城郊，确实是世界上最有魅力的地方，欧洲的罗马也难以望其项背。值得注意的是，在尽情歌唱了乐游园的欢乐之后，在尽情展现了乐游园的风色之后，杜甫回到了自身，回到了眼下，也可以说回到了内心的真实：如此盛世，如此圣朝，如此圣明，万物都沐浴着浩荡的皇家恩泽，怎么还有像他这样难堪又难看的"贱士"呢？王嗣奭在《杜臆》中点评道："'此身饮罢无归处'境真语痛，非实历安得有此？"

何将军山林是杜甫和郑虔都爱去的一个地方，离丈八沟也不远。按王嗣奭的说法，山林与园亭不同，依山傍水，连村落，包原隰，溷樵渔，和王维的辋川山庄相似。杜甫先后写过《陪郑广文游何将军山林十首》和《重过何氏五首》，去了一回不过瘾，过几天再去。在何将军山林中，杜甫玩得很尽兴，有时醉得像个孩子一样。杜甫太喜欢这片山水了，要是哪天他也能拥有这样一片天地，那将是多么幸福的事："何日沾微禄，归山买薄田。"

和郑虔一起游何将军山林，两人相互激赏。杜甫焕发出一个大诗人必备的才能：细腻、敏锐和准确的感知能力。我注意到，杜甫两游何将军山林，两次提及"幽兴"一词："平生为幽兴，未惜马蹄遥。""向来幽兴极，步屐向东篱。"他在别的地方又把"幽兴"称为"逸兴"或"野兴"②，一种寂静或寂寞之中的雅兴，一种亲近大自然时所激发出来的愉悦之心。在《重过何氏五首》第二首中有这样两句："犬迎曾宿客，鸦护落巢儿。"这就是典型的"幽兴"，只有一个极具观察力的诗人，才能发现其中所蕴藏的生命之美。如何来理解这两句之间的逻辑关系呢？王嗣奭解释说，鸦护儿是犬迎客。王嗣

---

① 简锦松在《唐诗现地研究》〔（高雄）中山大学出版社，2006〕中，以现地研究的方法推断，乐游原的具体位置位于唐代的修政坊高地："长安城，基本上是东南偏高，北、西、南偏低的格局，所谓高，也不过是海拔460~465米左右，所谓低，也就是海拔400~405左右。但由于高低海拔之间的落差急速改变，因此形成一些对比明显的高地。"

② 杜甫《刘九法曹郑瑕丘石门宴集》："㩳曹乘逸兴，鞍马到荒林。"《课小竖锄斫舍北果林枝蔓荒秽净讫移床》："背堂资僻远，在野兴清深。"

爽的意思是说，乌鸦保护它的小儿，是因为有狗汪汪叫着迎客所致。好像也有点道理——狗的叫声太大太热情，让乌鸦老妈感到了一丝不安全，所以才盘旋起舞以保护巢中的幼鸟不受惊吓或伤害？仇兆鳌则提出了自己对落巢的理解，就是雏鸟生落巢中。其实就是雏鸟不小心从巢中掉落地上，乌鸦母亲焦急地飞来飞去想保护坠落的幼鸟，可是已经来不及。不要忽略那只记性很好的狗，第一次来时，将军的狗就记住了杜甫的形象和气味，重遇故人，它就撒着欢儿抢在主人之前迎了上来。杜甫后来在《草堂》中也写过类似的情景："旧犬喜我归，低徊入衣裾。"

我们再来看看《重过何氏五首》的第三首：

落日平台上，春风啜茗时。石栏斜点笔，桐叶坐题诗。翡翠鸣衣桁，蜻蜓立钓丝。自今幽兴熟，来往亦无期。

此诗作于天宝十二载（753）春天，虽系杜甫居长安的后期之作，却写得清新飘逸之极。这样的心情与景致，实在很难和杜甫所说的"朝扣""暮随"联系在一起。落日黄昏下坐在何将军山林的平台上饮茶，春风骀荡，襟袖灌满春色，随意在石栏杆上写几笔，或摘片桐叶题几行诗句，世事尽管无法把握，生活仍然有它遮不住的美。只有无比热爱这个世界的人，才写得出这样的诗句。清人蒋弱六曾评杜甫："此老痴情狂兴，真绝世风流。"

你瞧，那儿正展现一幅盛景中的幽兴图：碧绿的翡翠鸟一点儿也不怕人，就栖歇在晾衣架上；不远处斜拉着一根钓鱼竿，一只火红的蜻蜓静静地立在透明的钓鱼丝线上。

长安诗歌道场

长安是杜甫的故乡，也是他认可的出生地。不管在这儿经受了多少磨难，无论走到天涯海角，杜甫都始终割舍不下长安。在长安所有的风景中，杜甫认为，真正具有诗歌道场意义的只有两处：一处是渼陂，一处是慈恩寺塔（大雁塔）。这是聚焦诗歌之气的两处地方，不仅聚来了杜甫，还聚来了另外几个很有名气的诗人。

天宝十一载（752）秋天，堪称长安诗歌的秋天。

放大到整个中国诗歌史上，这个秋天也是值得人们记住的：杜甫与高适、薛据、岑参、储光羲等五个盛唐诗人，一同登临了曲江边上著名的慈恩寺塔，把本来是佛教道场的慈恩寺塔，瞬间变成了长安的诗歌道场。

慈恩寺塔坐落于长安晋昌坊慈恩寺内，高宗永徽三年（652）由玄奘法师亲自督建，用以珍藏来自天竺的佛像及经卷。最初为五层佛塔，曾增至九层，后固定为七层，以合七级浮屠。孙英刚指出：汉语语境中的"雁"与印度圣鸟桓娑（hamsa）有着奇妙的关联。这座经历千年风霜，至今仍矗立在西安的大雁塔，也曾经俯瞰着隋唐长安那座历史上的伟大都市。它是中国中古时代带有强烈世界主义（cosmopolitanism）色彩的辉煌文明的见证者，也是佛教在亚洲兴起与传播这一世界脉络的重要地标。它的建立，在某种意义上是中土的长安崛起成为新的世界佛教中心的象征。从这里出发，佛教横渡东海，将佛光洒在日本列岛上。它的宗教、思想、文化意涵，以及在整个人类文明起伏演进中的意义，清晰地刻画在历史的记忆里。①

对于唐代知识分子来说，慈恩寺塔意义亦非同一般，通常只有那些春风得意的新科进士才有资格到此一游并题名其上。当然，像杜甫与高适他们也是有资格来的。五人同登佛塔，都为此写下了诗篇，五篇诗作经历了漫长的近一千三百年的洗礼后，最终保留下来四篇（薛据诗已失传），不能不说是一个小小的奇迹。

同诸公登慈恩寺塔

高标跨苍穹，烈风无时休。自非旷士怀，登兹翻百忧。方知象教力，足可追冥搜。仰穿龙蛇窟，始出枝撑幽。七星在北户，河汉声西流。羲和鞭白日，少昊行清秋。秦山忽破碎，泾渭不可求。俯视但一气，焉能辨皇州。回首叫虞舜，苍梧云正愁。惜哉瑶池饮，日晏昆仑丘。黄鹄去不息，哀鸣何所投。君看随阳雁，各有稻粱谋。

杜甫诗题附有一条原注："时高适、薛据先有作。"登塔五人中，杜甫大概是第三个写出诗歌来的。这种相对较长的古风，一般而言不可能临场写作，登塔之后五人约定同题歌吟，以纪念这次具有历史意义的登高事件——实际也是一次诗歌兄弟之间的同台竞技。流传下来的四首作品，清人王士禛称之为"如大将旗鼓相当，皆万人敌"②。公正地说，杜甫的诗写得最好，其次是岑参，高适只能屈居第三，储光羲垫底。估计那首没有留下来的诗，应该还在储光羲之后，所以干脆就不留了。只有时间才是检验诗歌好坏的唯一标准，这是绝对的真理。在岑参感慨"塔势如涌出，孤高耸天宫"之时，杜甫的忧思（"百忧"）亦在汹涌。这时离天宝十四载（755）那个冷酷血腥的冬天还有两年多，但杜甫似乎已经提前嗅到，甚至已经看到或听到了什么：是破碎的山峦，还是混浊的河流？是瑶池（华清池）神仙们的荒淫，还是黄鹄的悲鸣？一直以"致君尧舜"为己任的杜甫，突然想纵声呼唤圣明的

---

① 孙英刚：《大雁与佛教信仰》，《读书》2016 年第 1 期。
② 王士禛：《带经堂诗话》卷二，人民文学出版社，1963。

虞舜（实际上叫的是唐太宗）①，可是，除了为稻粱而悲鸣的大雁，天地更加空茫。大雁形象的出现并非随意，实际上暗扣着慈恩寺塔的隐秘脉络——大雁塔的大雁，正是佛陀曾经慈悲的化身。杜甫的忧患意识在此显露出来，从盛世中看到了破绽。吉川幸次郎认为杜甫在塔上展开了由"冥搜"而产生的"冥搜"，由"幻想"而产生的"幻想"："秦山"，按各位注家的解释，大概是指位于长安南郊连绵起伏的终南山脉。作者的思维在此产生了一个飞跃，它是一个饱含深情的句子。后面引岑参"连山若波涛，奔走似朝东"的诗句，只是相同的摹写，而不是杜甫的体验。自《诗经》中的《天保》篇问世以来，象征着社会安定的"秦山"忽然"破碎"，成为一种不吉利的征兆，杜甫的这两句诗也成了不吉利之语。看到秋天山上的景色，杜甫说出了"破碎"之语，按照清朱鹤龄的解释，杜甫可能是有感而发，登塔只是一个过程而已。②

大雁塔是杜甫心中的第一个诗歌大道场，渼陂则是杜甫心中的第二个大道场。一个从地上涌出，向天空生长；一个在大地上荡漾，向下涵藏着深度。

渼陂行

岑参兄弟皆好奇，携我远来游渼陂。天地黤惨忽异色，波涛万顷堆琉璃。琉璃汗漫泛舟入，事殊兴极忧思集。鼍作鲸吞不复知，恶风白浪何嗟及。主人锦帆相为开，舟子喜甚无氛埃。凫鹥散乱棹讴发，丝管啁啾空翠来。沉竿续缦深莫测，菱叶荷花净如拭。宛在中流渤澥清，下归无极终南黑。半陂以南纯浸山，动影袅窕冲融间。船舷暝戛云际寺，水面月出蓝田关。此时骊龙亦吐珠，冯夷击鼓群龙趋。湘妃汉女出歌舞，金支翠旗光有无。咫尺但愁雷雨至，苍茫不晓神灵意。少壮几时奈老何，向来哀乐何其多。

这首诗作的系年没有太多争议，一般认为是天宝十三载（754）杜甫居

---

① 仇兆鳌《杜诗详注》卷二引潘柽章语："高祖号神尧皇帝，太宗受内禅，故以虞舜方之。"杜甫对唐太宗十分景仰，诗中多次提及。《北征》："煌煌太宗业，树立甚宏达。"《行次昭陵》："寂寥开国日，流恨满山隅。"《夏日叹》："眇然贞观初，难与数子偕。"
② [日]吉川幸次郎著，李寅生译：《读杜札记》，凤凰出版社，2011。

长安城南下杜城附近时所作。只有洪业提出异议，觉得系年于天宝六载（747）初秋更合适，理由是诗中表现出情绪波动，以及它看上去似乎是写于我们的诗人第一次寻访这个距长安西南七十多里的著名湖泊之时。① 我认为还是系年于天宝十三载（754）夏秋，也就是杜甫居住长安的后期较为合适。恰恰是那种波动情绪，显示它不是杜甫刚到长安时的作品。

《渼陂行》系与岑参兄弟同游渼陂而作。岑参在天宝九载（750）秋天由安西回到长安，至天宝十三载又以安西北庭节度判官的身份随封常清赴北庭，这首诗当写于岑参离开长安之前——他离开长安应该是在这年岁末。岑参同辈兄弟五人（渭、况、参、秉、亚），其中比较有名的是被王昌龄在《留别岑参兄弟》中称作"岑家双琼树"的岑况和岑参两兄弟。② 杜甫在此之前已经和岑参很熟悉，他们长达数年同城而居，又都是诗人，自然会有很多机会相识。杜甫和岑参还有一个共同的朋友——鄠县（属京兆府，今西安市鄠邑区）的源少府（县尉）。渼陂本来就在鄠县境内，由终南山山谷之水汇合胡公、白沙诸泉向北流经锦绣沟后积水成湖，源县尉算是地主。杜甫有《与鄠县源大少府宴渼陂》诗（自注"得寒字"），岑参也有《与鄠县源少府泛渼陂》诗（自注"得人字"）。显然，杜甫、岑参和这位源县尉，三人在这年冬天同游过渼陂。两首诗歌可能就写于岑参赴北庭前夕的一场为了告别的聚会上。杜甫的《渼陂西南台》一诗，我推测应该就是在这次三人游之后写的，诗中的"错磨终南翠，颠倒白阁影。崷崒增光辉，乘陵惜俄顷"，与夏秋之际首游所作《渼陂行》中的诗境颇多吻合，只不过是换了视角，一在船上，一在台上。

渼陂长十四里，曾经是汉武帝上林苑十池之一，时称西陂。蜀人司马相如《上林赋》就写过这座湖泊"日出东沼，入乎西陂"，这气势让人想起曹操写大海的诗句。杜甫诗中的唐代开元、天宝时期的渼陂仍然十分壮阔，万顷波涛如同琉璃般晶莹闪耀，虽然有诗人的想象和暴雨来临前的昏暗，但渼陂本身也一定是一处激动人心的所在。"黤惨忽异色"的变化，不仅没有让三位诗人停止游湖的计划，反而益增其"好奇"之心。正当杜甫为鼍鲸与风

---

① ［美］洪业著，曾祥波译：《杜甫：中国最伟大的诗人》，上海古籍出版社，2014。
② 李昉等：《文苑英华》卷二八七，四库全书本。

浪略怀"忧思"之时（我们的诗人总是忧心忡忡），眼前已经焕然一新，锦帆涨满了风，船工唱起了船歌，船女奏响了丝管。天地清朗，可以用鱼竿去深不可测的湖里垂钓，也可以静静欣赏干净如拭的菱叶与荷花。游船到了湖水的中央，视野更为辽阔，仿佛来到大海之上。其实，这儿离大海远着呢。湖水中倒映着终南山的影子，游船似乎不是划行于湖水之上，而是划行于倒立的终南山峰之上。接着，船舷如箭，擦着鄠县东南云际山的大定寺边缘而过。黄昏降临，船家点亮灯火，蓝田关上的月亮升起来，骊龙吐出珠子，冯夷击响鼓点，湘妃跳起舞蹈，翠旗闪着光芒。但是，我们的杜甫，他的"忧思"又涌了起来，忧的不是可能还要到来的雷雨，忧的是令人难以捉摸的神的意志。

渼陂的湖水令杜甫难忘，尤其是与岑参兄弟在一起时的渼陂。杜甫暮年在夔州写作《秋兴八首》时，再一次回首了这次渼陂之游："佳人拾翠春相问，仙侣同舟晚更移。"

杜甫诗中所谓苍茫的"神灵"，一定暗含着对玄宗无可奈何的情绪——杜甫已经不年轻，头发也白了，可是仍然一事无成。他要奉的官，他要守的儒，还一点儿没有着落。

长安的诗歌道场，既让杜甫兴奋难抑，又让杜甫忧思不已。

铜质延恩匦

天宝九载（750），杜甫写了首较长的诗给"贤王"李琎——《赠特进汝阳王二十韵》。诗作成后不久，李琎便辞世了。诗中有这么两句："瓢饮惟三径，岩栖在百层。"杜甫住在长安城里，怎么会有"三径"和"岩栖"之语呢？而且那岩栖还有百层之高。因此，有学者推测，杜甫可能一度到过长安东南三十多里的产玉的蓝田山，并在山中做了一次短暂的隐退，却因好客的汝阳王而结束了此次隐居生活。① 如果这个推测是成立的，那么，经常被人提及的《去矣行》一诗，一定作于本年之前。更多的人则将此诗系年于天宝十四载（755）或永泰元年（765）：

> 君不见鞲上鹰，一饱即飞掣。焉能作堂上燕，衔泥附炎热。野人旷荡无靦颜，岂可久在王侯间。未试囊中餐玉法，明朝且入蓝田山。

就在这一年的岁晚，杜甫写出了四十岁前的名篇《兵车行》。朱东润认为这首诗意味着杜甫的一个大转变，已经由旁观者变成了"充满了热情，充满了血泪的诗人"②。

---

① ［美］洪业著，曾祥波译：《杜甫：中国最伟大的诗人》，上海古籍出版社，2014。
② 朱东润：《杜甫叙论》，人民文学出版社，1981。

兵车行

　　车辚辚，马萧萧，行人弓箭各在腰。耶娘妻子走相送，尘埃不见咸阳桥。牵衣顿足拦道哭，哭声直上干云霄。道旁过者问行人，行人但云点行频。或从十五北防河，便至四十西营田。去时里正与裹头，归来头白还戍边。边庭流血成海水，武皇开边意未已。君不闻，汉家山东二百州，千村万落生荆杞。纵有健妇把锄犁，禾生陇亩无东西。况复秦兵耐苦战，被驱不异犬与鸡。长者虽有问，役夫敢伸恨？且如今年冬，未休关西卒。县官急索租，租税从何出？信知生男恶，反是生女好。生女犹得嫁比邻，生男埋没随百草。君不见，青海头，古来白骨无人收。新鬼烦冤旧鬼哭，天阴雨湿声啾啾！

　　唐代的边境，始终存在着两个时敌时友的对手：吐蕃和回纥。相较于回纥，被杜甫称为"西戎甥舅礼"的吐蕃更具威胁性。天宝八载（749），在名将太原人王忠嗣（最早看穿安禄山祸心并让奚和契丹联军全军覆没）属下战将哥舒翰的指挥下，唐王朝以十万大军攻克了吐蕃石堡城（今青海湟源石城山）。仗虽然打赢了，但唐军损失惨重，且从战略的层面来看，并没有给吐蕃带来太大打击。唐王朝赢得的是一种虚荣心，吐蕃仍然盘踞着辽阔的青海地区。唐王朝与吐蕃对垒的战线拉得相当长，从西北的巴尔喀什湖、青海湖一直绵延至西南的洱海地区。为了应对这个难缠的对手，唐王朝不得不随时抽调大量的兵力去往前线，《兵车行》就是杜甫亲历的一次壮行场景。

　　《前出塞》中的好几首也很可能与《兵车行》作于同一时期。诗中提及了耐于苦战的"秦兵"（关中卒）。关中卒能苦战的传统源自北周（北周军队的核心力量均为关中卒），他们英勇善战，击垮了北齐与后梁。隋朝的战力实际直接继承了北周，唐朝前期实行府兵制，关中地区置府数量也占了近一半的规模。即使在彍骑和募兵制取代了府兵制后，唐朝兵力仍以关中地区（京兆、同州、岐州和华州）军队为主力，关中地区的战士承担着大唐江山绝大部分的防务。由于地缘关系，在对抗吐蕃的战役中，参战的几乎百分百为关中卒，也就是杜甫诗中所说的"秦兵"。

　　杜甫总的来说是反战的，尤其是对一些穷兵黩武的战争行为，他持坚定的批判态度。我们从"边庭流血成海水，武皇开边意未已"两句中，就能够清晰听到杜甫的心声。即使是面对自己十分热爱的唐玄宗，诗人也是勇于批判的——批判始终是诗人的权利，也是诗人的武器。

汉武帝建元三年（前138），始建咸阳桥于渭水之上，此桥当时叫西渭桥，是通往西域的必经之地。那些来自西域或更为遥远地区的商人和驼队，就是通过这座桥进入长安的。玄奘从这座桥开始了天竺之旅，王维与元二分手的地方也在这座桥边。现在，咸阳桥上尘埃滚滚，哭声和泪水似乎比渭水还要绵长。呼啸的战车，嘶鸣的战马，明亮的弓箭，赴死的壮士，如同一场电影的开篇，有长镜头，有中景，有特写，还有汉乐府式的对话，展现了杜甫非凡的叙事才华。杜甫四十岁之前的几十首诗中，很少出现如此壮烈的场景。冯至认为《兵车行》的出现代表着杜甫诗的国土的扩大，杜甫的步履从贫乏的坊巷走到贵族的园林，从重楼名阁的曲江走到征人出发的咸阳桥。①

《兵车行》也是杜甫较早"即事名篇"（因事立题）的作品，这种具有文本开创性的行为，直接影响到白居易的新乐府运动。郭茂倩说："新乐府者，皆唐世之新歌也。以其辞实乐府，而未常被于声，故曰新乐府也。元微之病后人沿袭古题，唱和重复，谓不如寓意古题，刺美见事，犹有诗人引古以讽之义。近代唯杜甫《悲陈陶》《哀江头》《兵车》《丽人》等歌行，率皆即事名篇，无复倚旁。乃与白乐天、李公垂辈，谓是为当，遂不复更拟古题。"② 和李白爱写古乐府题材的做法完全不同，在杜甫的一千多首诗作中，几乎找不到一篇纯古乐府的作品，这是杜甫的固执，也是杜甫的不同凡响之处。

不可一世的大唐王朝，开始品尝失败的滋味。天宝十载（751），唐王朝接连遭受失败：鲜于仲通征南诏失败，高仙芝征大食（阿拉伯）失败，安禄山征契丹失败。

已经六十七岁的唐玄宗还没有意识到，更大的危险正在潜滋暗长。

杜甫的个人情况也好不到哪儿去。我们这位在长安和洛阳略有田产的诗人，日子一天天难熬起来。靠出租那些祖传的"桑麻田"来养活一家人，显得越来越力不从心。遇上灾荒年月，或许一个铜板也收不到。

---

① 冯至：《杜甫传》，人民文学出版社，2014。
② 郭茂倩：《乐府诗集》卷九〇，中华书局，1979。

天宝九载（750）这一年，三十九岁的杜甫中途短暂回过洛阳，但很快就返回了长安。这年春天，杜甫写《赠翰林张四学士垍》一诗给朋友张垍，希望获得引荐的机会。张垍和张均兄弟俩对此时的杜甫来说很重要，他们很可能是杜甫次年投递延恩匦的保人。① 张垍出身名门（宰相张说次子），又是玄宗之女宁亲公主的驸马，两人估计是在另一位和杜甫要好的驸马郑潜曜（临晋公主的丈夫）的引荐下相识的。张垍和哥哥张均都很得玄宗喜欢，两人同时供奉于翰林院。所以杜甫致诗张垍，有其明确的目的。

天宝十载（751），杜甫四十岁，已届真正的不惑之年。他的大儿子已经出生——这对一个男人来说，是一次重要的角色转换。再过几年，还会有几个儿女相继到来。唐人的不惑和今天的不惑完全不是一回事情，那时人均寿命才五十多岁。② 今天中国人的人均寿命已接近八十岁，不惑之年才过了人生的一半，未来还很长。唐人的四十岁一过，大半截身子已埋进土里。

本来性格就比较急躁的杜甫③，实在有些等不及了。还好，机会终于到来。

这一年的正月，唐玄宗要接连举行三场盛大的国家典礼：大祀太清宫（祀老子）、太庙（祀祖宗）和南郊（祀天地）。杜甫决定一显身手，一口气写出三大礼赋和赋表，信心十足地投进了有望得到皇帝关注的延恩匦。杜甫之前有篇《天狗赋》，黄鹤在《年谱辨疑》中认为当作于天宝六载（747）应诏退下之后不久，有序言但是没有赋表，这篇请求玄宗提拔自己的赋可能最终没有投入延恩匦，估计是一时间没有找到合适的保人所致。

冯至说延恩匦实际就是一种意见箱，这个说法并不完全准确。《旧唐书》载："则天临朝，初欲大收人望。垂拱初年，令铸铜为匦，四面置门，各依方色，共为一室。东面名曰延恩匦，上赋颂及许求官爵者封表投之。南面曰招谏匦，有言时政得失及直言谏诤者投之。西面曰申冤匦，有得罪冤滥者投之。北面曰通玄匦，有玄象灾变及军谋秘策者投之。每日置之于朝堂，以收天下表疏。既出之后，不逞之徒，或至攻讦阴私，谤讪朝政者。后乃令中

---

① 陈贻焮：《杜甫评传》，北京大学出版社，2003。
② 王辉斌：《唐人生卒年录》，贵州人民出版社，1989。
③ 新旧两《唐书》本传均称杜甫"性褊躁""傲诞"。

书、门下官一人，专监其所投之状，仍责识官，然后许进封，行之至今焉。"① 司马光记载的延恩匦的创设时间略晚，在垂拱二年（686）三月，并由三名朝廷官员（正谏、补阙和拾遗）掌管，"先责识官，乃听投表疏"②。这儿的"识官"实际上就是保人，所以这个延恩匦不是随便就可以投的，得有人保荐才行。不过，从《旧唐书》的记载来看，最初可能并没有设置"识官"，才导致"不逞之徒，或至攻讦阴私，谤讪朝政者"，这些"不逞之徒"还可能是以匿名的方式进行的。为了杜绝这种现象，便开始设置保人制度。

显然，这个做工考究的四方形铜质格子箱（里面分隔出东西南北四室），其功能与形式都有别于现在的意见箱。铜在唐代还是一种颇为贵重的金属，朝廷用铜来铸造延恩匦，显然是想传递女皇对民意与人才的重视这一政治信息。延恩匦是一个多功能的铜质装置：既有求职引荐的功能（东面），也有议论时政的传达功能（南面），还有申冤诉恨的上访功能（西面），更有颇具哲学与军事色彩的通玄功能（北面）。

"垂拱"虽然名义上是睿宗李旦的年号，但由于李旦完全被架空，因此史学家通常将垂拱视为武则天的年号（有趣的是，唐玄宗正是在垂拱元年出生的）。武则天大权在握后，表现出一位颇具雄才的女性政治家的胸怀：她似乎并不惧怕来自民间的声讨或指责。《资治通鉴》载，垂拱元年二月，武则天命人在朝堂设立登闻鼓与肺石，不须防守，有击鼓或立石之人，令御史受状奏闻。③ 登闻鼓（悬鼓）设于西朝堂外，红色肺石则设于东朝堂外。设置悬鼓和肺石的目的，是让天下臣民可以自由登石或击鼓，御史闻见后接取状纸，直接呈送武则天审阅。登闻鼓与肺石，本来是古代帝王与民间百姓一种特别的沟通方式。据《大戴礼记》等典籍记载，早在尧时，即在庭前置有进善旌以听取天下百姓声音，后又立诽谤木，使百姓有机会和媒介指出君王过错。舜时更置敢谏鼓，人们得以畅所欲言。肺石之设始于西周，采掘红色的石头雕造成肺形（或意为发自肺腑），故名肺石。肺石通常置于朝廷门外，遇有不平或冤屈之人，可至此击石或立石鸣冤。沈括就曾见过唐朝的肺石：

---

① 刘昫等：《旧唐书》卷五〇《刑法志》，中华书局，1975。
② 司马光：《资治通鉴》卷二〇三，中华书局，1956。
③ 向以鲜：《中国石刻艺术编年史》，东方出版中心，2015。

"其制如佛寺所击响石而甚大,可长八九尺,形如垂肺。"① 肺主声,声所以达其冤也。红色肺石与铜质的延恩匦,成为武则天的两个重要政治符号。肺石之后没有再立,但延恩匦制度一直延至玄宗朝。

杜甫在张氏兄弟的保荐下,郑重地将三大礼赋和赋表一同投进了古铜的延恩匦东面。三大礼赋都保留在杜甫的全集中,用心良苦,辞藻典雅,从文学史的角度来看,说不上有多大的意义,倒是那篇作为三赋总序的表文很值得一读,里面吐露了一些杜甫的行迹与心迹:

进三大礼赋表

臣甫言:臣生长陛下淳朴之俗,行四十载矣。与麋鹿同群而处,浪迹于陛下丰草长林,实自弱冠之年矣。岂九州牧伯,不岁贡豪俊于外?岂陛下明诏,不仄席思贤于中哉?臣之愚顽,静无所取,以此知分,沉埋盛时,不敢依违,不敢激讦,默以渔樵之乐自遣而已。顷者,卖药都市,寄食友朋,窃慕尧翁击壤之讴,适遇国家郊庙之礼,不觉手足蹈舞,形于篇章。漱吮甘液,游泳和气,声韵浸广,卷轴斯存,抑亦古诗之流,希乎述者之意。然词理野质,终不足以拂天听之崇高,配史籍以永久,恐倏先狗马,遗恨九原。臣谨稽首,投延恩匦,献纳上表,进明主《朝献太清宫》《朝享太庙》《有事于南郊》等三赋以闻。臣甫诚惶诚恐,顿首顿首,谨言。

虽然是写给圣上看的,却显得真实而亲切。表中甚至还倾诉了自己"卖药都市"这样纯粹的私事——由此亦可以想见杜甫心中的玄宗和普通人心中的皇帝真是有所不同——不明白这一点儿,我们就不明白杜甫为什么会把自己一生说成是始终倾向"太阳"(玄宗)的"葵藿",完全是一种执着又无望的痴缠!②

杜甫数次说到自己在长安有过"卖药"的经历,后来他在成都、长沙等

---

① 沈括:《梦溪笔谈》卷一九,中华书局,2016。
② 杜甫《自京赴奉先县咏怀五百字》:"葵藿倾太阳,物性固难夺。"此处之"葵"并非向日葵(十七世纪才从南洋传入中国),而是锦葵科的戎葵,一名胡葵、蜀葵、吴葵或一丈红。明代严从简《殊域周咨录》卷七:"常寓苏之天王堂,见葵花不识,问其名,人绐之谓一丈红花。即题云:花于木槿浑相似,叶比芙蓉只一般。五尺栏干遮不尽,独留一半与人看。"潘岳《闲居赋》:"时藿向阳,绿葵含露。"

地也确实卖过药。按照当时长安的城市管理规定，买卖东西只能到东西二市，大街小巷上是不能随便摆摊子的。唐朝曾经多次下达敕文，不准居民"向街开门"卖货。[①] 药行主要设置于西市，据史念海研究，药行与果子行（包括糕点）、椒笋行、杂货行等开在一起，地处西市的东北角。[②] 要在西市开个药房，得花很多钱不说，还得很专业，杜甫毕竟只是粗通药理而已。那么杜甫去什么地方卖药呢？如果真卖过，杜甫只能违法跑到西市大门外去卖点"吼货"。不过，西市内设有西市局和平准署[③]作为市场管理机构，通常不允许场外交易发生，即使有，也只能是极其零星的行为。杜甫在长安的住处种过药，从《秋雨叹》及《叹庭前甘菊花》中可知，他在阶下庭前种过决明草和甘菊花之类的药草。

有保人的推荐，三大礼又是玄宗皇帝非常看重的皇家行为——尤其是其中的祀太清宫，那可是玄宗此时最有兴趣、最挂念的一件心事。随着暮年的逼近，这个权倾天下的君王，在意的已经不是苍生和社稷，而是生与死、爱和欲。学者们指出，玄宗对道教的迷信不断增长，通过炼金术和道教仪式获取长生不老的自私愿望使得其疏于朝廷事务。他对于超自然神迹的进献，以及对其不加辨识地接受并予以嘉奖，自然刺激着人们为了爵禄而背信欺诈。[④] 这种对道教的非理性崇拜，有可能是导致盛唐没落的一个内在原因。以道士身份而屡获玄宗宠爱和重用的大有人在，宰相陈希烈也是因为老庄讲得不错而得以晋升高位。深受玄宗宠信的道士王玙，到了肃宗朝也直接升到了宰相位置。一时之间，人造的祥瑞纷呈，玄宗却件件信以为真。杜甫在此际献上三大礼赋，算是踩准了鼓点。

果然有了回应！《新唐书》载：玄宗奇之，命待制集贤院，宰相试文章。[⑤] 据杜甫自述，玄宗看到他的三大赋时正在用膳，惊喜万分，停下玉箸，下诏立马考试。[⑥] 集贤院本来叫集仙院，开元十三年（725）更名为集

---

① 王溥：《唐会要》卷八六，中华书局，1960。
② 史念海：《西安历史地图集》，西安地图出版社，1996。
③ 刘昫等：《旧唐书》卷四四《职官志三》，中华书局，1975。
④ ［美］洪业著，曾祥波译：《杜甫：中国最伟大的诗人》，上海古籍出版社，2014。
⑤ 欧阳修等：《新唐书》卷二〇一《杜甫传》，中华书局，1975。
⑥ 杜甫《壮游》："天子废食召，群公会轩裳。"

贤院①，院中的丽正殿修书院也更名为集贤殿书院。② 那时的玄宗还不像后来那么沉迷于道教，还想聚拢天下英才，所以改了这个名字。

考试地点设在宰相的政事堂，而且让宰相来负责这场特别的考试。照理来说，以这样的重视程度，玄宗应该亲自到场——如果玄宗真的来了，可能就是杜甫一生中唯一亲见玄宗的机会。玄宗并没有来，杜甫后来所说的"往时文采动人主"，给人感觉好像是他这次见到了心中景仰已久的皇帝一样，其实应该没有见着。所谓"文采动人主"，指的是玄宗读到他的三大礼赋时的欣喜情形。不仅玄宗没有来，宰相也没有来。此时宰执李林甫身体已经很差，于天宝十一载十一月即病逝，权柄正在向杨国忠转移。考试名义上是李林甫出题，实际上应该是由另一位相对有点学问的宰相陈希烈命的题。

杜甫知道一定会有一点儿反响，但是反响会有多大，他心里一点儿底也没有。我们这位一心想要登上"要路津"的诗人，仿佛看到了一片光辉的未来。

从后来杜甫在成都所作的《莫相疑行》中，可以窥见他在集贤院殿试文章时的炫目风采："忆献三赋蓬莱宫，自怪一日声烜赫。集贤学士如堵墙，观我落笔中书堂。"晚年，杜甫在夔州所作的《秋兴八首》最后一首中，再次提到这个无比荣耀的时刻："彩笔昔曾干气象，白头吟望苦低垂。"

不久，杜甫致诗集贤院两个学士，直学士（六品下）崔国辅和学士（五品上）于休烈，诗作名叫《奉留赠集贤院崔于二学士》。从诗中可知，如黄鹤所说，崔、于二学士正是当时杜甫集贤院殿试的"试文之官"。此诗末尾有条自注："甫献三大礼赋出身，二公尝谬称述。"看得出来，监考官崔、于二人对杜甫是相当友善并支持的。殿试过程中，杜甫本人的感觉很好，旁观者的反应也很强烈。

考试结束后，杜甫一直在等一个满意的结果。

可惜，风光只是暂时的，君王的喜欢转瞬即逝。

杜甫又一次从希望的巅峰跌了下来。

---

① 刘昫等：《旧唐书》卷四三《职官志二》，中华书局，1975。
② 徐松：《唐两京城坊考》卷五，中华书局，1985。

他对崔、于二学士说:"青冥犹契阔,凌厉不飞翻。儒术诚难起,家声庶已存。故山多药物,胜概忆桃源。欲整还乡旆,长怀禁掖垣。"

杜甫甚至做好了回首阳山过采药卖药生活的打算。

弄脏的白丝

在等待结果的过程中，天宝十一载（752）秋天，诗人漫步于曲江之畔，写下《曲江三章》。一晃来到长安六七年，等得都有点儿"心似灰"了，自己也已一大把年纪（"游子空嗟垂二毛"）。怎么办？诗人想到另一条出路："短衣匹马随李广，看射猛虎终残年。"

天宝十载（751）的最后几天，包括除夕，杜甫在远房侄子杜位家中度过。按理说，杜甫此时已经在城南安了家，家里还有好几口人呢，可他为什么不回家过年呢？我推测原因只有一个：杜甫希望从这位李林甫的女婿口中，听到一些来自李林甫那儿的与自己有关的消息，甚至希望他从中促成一些事情。

杜甫寄予厚望的三大礼赋和集贤院殿试的最后结果，他在《进封西岳赋表》中的自述是："送隶有司，参列选序。"这个结果肯定不是杜甫想要的，和当时"集贤学士如堵墙"的热闹劲儿完全不搭调。这句话的意思是说：资料已经递交相关职能部门（吏部）了，杜甫你就等着被选用，等着做你的官吧！

杜甫只有坐等。从字面就可以想象，在吏部"参列"的人不只杜甫一个，大家都排着长队呢。左等右等，等了两三年也没有个消息，虽说参列的人不少，但像杜甫这样直接去中书堂"落笔"的人，近几年来是唯一的。那么"烜赫"的一个人物，不可能就这么被遗忘了吧？冯至推断，这儿可能还是那个腹中藏剑的人在作怪。① 我倒觉得不一定就是李林甫，李林甫第二年冬天就去世了，已经顾不上别人。那么是谁在作梗呢？只可能是杨国忠。杜甫心里也是明白这一点的。天宝十一载（752）十一月李林甫一死，杨国忠立马升为右相。杨国忠对权力的贪婪与李林甫相比有过之而无不及，大到军国大事，小到一块木炭的采购，他都要管。在这样一个吞金宰相的控制之下，杜甫"致君尧舜上，再使风俗淳"的远大理想，如果说在玄宗朝的前期还有一丝希望的话，到现在基本上是痴人说梦。

三年很快就过去了，到天宝十三载（754）的秋天，玄宗又要大封西岳华山为金天王（西岳是玄宗的本命象征）②，勒石以志其事，那块御制西岳华山铭迄今还在华阴市西岳庙中。杜甫有些孤注一掷了，他决定再写两篇赋投进延恩匦——如果算上未遂的《天狗赋》——这已经是杜甫的第三次献赋行动。在起居舍人田澄的保荐下③，杜甫献上《封西岳赋》和《雕赋》二赋。前一篇很明显是针对玄宗的封山而作，后者则更多的是想向玄宗再一次申述自己宏伟的政治目标。早在游历齐赵之时，杜甫就觉得自己不是一只"凡鸟"，而是一只充满英雄气概的"苍鹰"。杜甫觉得自己今非昔比，尽管身体不及当年（肺气之疾），但意志上已经磨炼成一只"沉郁顿挫，随时敏捷"的猛禽。杜甫也不想遮掩了，直接在《进雕赋表》中标出了身价：再怎么着也得给他一个从六品上的著作佐郎吧！④

事实上，杜甫还是高估了他在玄宗心目中的地位，要价远远高于朝廷最终给出的价码。

人们认为《进雕赋表》中的调子太大胆了，杜甫可能已经失去最后的耐心，成败在此一举。杜甫暗示玄宗，他不想通过通常的磨勘程序获得任命，希望以自己的文学才能直接为玄宗效劳（或许受到李白大哥的影响），就像自己的祖父一度在中宗朝服务一样。杜甫在赋中极其优美地描写了猎雕在秋

---

① 冯至：《杜甫传》，人民文学出版社，2014。
② 杜甫《进封西岳赋表》："维岳，固陛下本命，以永嗣业。"
③ 据杜甫《赠献纳使起居田舍人澄》。
④ 杜甫《进雕赋表》有"倘使执先祖之故事，拔泥涂之久辱"之句，其祖父杜审言曾于长安二年（702）官拜著作佐郎。

天的捕食活动，意图很明白，他要像雕一样勇敢无畏地为皇帝效力，清除朝廷中的孽狐和狡兔。① 就在这篇《进封西岳赋表》中，杜甫同时对新宰相杨国忠表达了赞美："维岳，授陛下元弼，克生司空。"不知杨国忠读到这篇文章时心里会怎么想？难道他不明白，杜甫这只雕真正想要除掉的狐兔，不正是像他这样的人吗？

闻一多对杜甫称颂杨国忠的行为甚感遗憾：公之求进，勿乃太急乎？

杜甫难道忘记了，就在刚刚过去不久的天宝十二载（753）的春天，他还写下了另一首"即事名篇"《丽人行》？

我认为杜甫很快就为自己的这种行为深感愧悔，此中心迹可以从《白丝行》一诗中清晰感受到。《白丝行》一般系年于天宝十一载（752）或十二载（753），而我更倾向系年于天宝十三载（754）秋天——几乎可以视为杜甫为自己的谀颂而写作的后悔诗：

  缫丝须长不须白，越罗蜀锦金粟尺。象床玉手乱殷红，万草千花动凝碧。已悲素质随时染，裂下鸣机色相射。美人细意熨贴平，裁缝灭尽针线迹。春天衣着为君舞，蛱蝶飞来黄鹂语。落絮游丝亦有情，随风照日宜轻举。香汗清尘污颜色，开新合故置何许。君不见才士汲引难，恐惧弃捐忍羁旅。

在这首看起来好像纯粹为咏物（白丝）而作的诗中，我确实读到了沉痛、内疚和无可奈何："已悲素质随时染！"再洁白的丝线，也有被污染弄脏的时候；再厉害的诗人，也有庸俗不堪的时候。宏伟的长安，是一个永远洗不干净的大染缸。

还是回头去看看《丽人行》吧，多少能为诗人挽回几分面子：

  三月三日天气新，长安水边多丽人。态浓意远淑且真，肌理细腻骨肉匀。绣罗衣裳照暮春，蹙金孔雀银麒麟。头上何所有？翠微㔩叶垂鬓唇。背后何所见？珠压腰衱稳称身。就中云幕椒房亲，赐名大国虢与秦。紫驼之峰出翠釜，水精之盘行素鳞。犀箸厌饫久未下，鸾刀缕切空纷纶。黄门飞鞚不动尘，御厨络绎送八珍。箫管哀吟感鬼神，宾从杂遝

---

① ［美］洪业著，曾祥波译：《杜甫：中国最伟大的诗人》，上海古籍出版社，2014。

实要津。后来鞍马何逡巡,当轩下马入锦茵。杨花雪落覆白蘋,青鸟飞去衔红巾。炙手可热势绝伦,慎莫近前丞相嗔!

一首成功的政治讽刺诗应该具备这样的品质:既要透过现象直击要害和本质,又要具有开放性和启示性。当时过境迁,历史烟云已散,人们再次读到你的诗作时已经味同嚼蜡或完全不知所云,那你就失败了。《丽人行》恰恰具备了耐人寻味的政治诗品质。清人仇兆鳌《杜诗详注》批注此诗时说,此诗刺诸杨游宴曲江之事,"本写秦、虢冶容,乃概言丽人以檃括之,此诗家含蓄得体处"。浦起龙《读杜心解》:"无一刺讥语,描摹处,语语刺讥;无一慨叹声,点逗处,声声慨叹。"杨伦《杜诗镜铨》引蒋金式说得更透彻:"美人相、富贵相、妖淫相,后乃现出罗刹相。"

自玄宗从儿子寿王那儿弄来杨玉环并将其封为贵妃之后,杨氏的三个姐姐(韩国夫人、虢国夫人和秦国夫人)、两个兄弟(杨国忠和杨铦)飞黄腾达、飞扬跋扈到了极致。现在杨国忠又是当朝大宰相,一人之下万人之上,大有吐泡口水也要淹死人的势头。三个姐妹中,虢国夫人最好看,可能也是除杨玉环之外最受玄宗宠幸的一个,因此行为十分张扬。虢国夫人曾看中宰相世家韦嗣立(杜甫非常敬重的韦济的父亲)的一处宅子,带上人马直接就去把韦家给拆了,这可能是中国历史上很罕见的一次强拆事件。大概就在写作《丽人行》的前后,杜甫还写过一首直接讥讽虢国夫人的诗:"虢国夫人承主恩,平明上马入金门。却嫌脂粉涴颜色,淡扫蛾眉朝至尊。"(《虢国夫人》)我们的诗人真够大胆的,敢在杨氏兄妹如日中天的时候直接唱对台戏!如果将杜甫的《丽人行》和几乎写的是同一件事情的李白的《古风》放一起比较,我们就会发现,至少在勇气上杜甫远胜李白一筹:"咸阳二三月,宫柳黄金枝。绿帻谁家子,卖珠轻薄儿。日暮醉酒归,白马骄且驰。意气人所仰,冶游方及时。"杜甫就是杜甫,绝不搞这种借古讽今的拐弯抹角之事。

《旧唐书》载:"(杨氏)姊妹昆仲五家,甲第洞开,僭拟宫掖,车马仆御,照耀京邑,递相夸尚。每构一堂,费逾千万计,见制度宏壮于己者,即彻而复造,土木之工,不舍昼夜。玄宗颁赐及四方献遗,五家如一,中使不绝。开元已来,豪贵雄盛,无如杨氏之比也。玄宗凡有游幸,贵妃无不随侍,乘马则高力士执辔授鞭。宫中供贵妃院织锦刺绣之工,凡七百人,其雕刻镕造,又数百人。扬、益、岭表刺史,必求良工造作奇器异服,以奉贵妃献贺，因致擢居显位。玄宗每年十月幸华清宫①，国忠姊妹五家扈从，每家为一队，着一色衣，五家合队，照映如百花之焕发，而遗钿坠舄，瑟瑟珠翠，灿烂芳馥于路。"②

《丽人行》写的正是杨氏五兄妹春游的场景——算不算是另一种大唐盛世的侧影呢？每一家从上到下，包括仆人，都有特定的服饰和颜色，五种代表着权力和气焰的颜色，为长安的水边（曲江）陡增可怖的美丽。无论三姐妹的媚态有多浓，春意有多深，多么装淑扮真，肌理多么细腻，骨肉多么匀净，衣裳上面刺绣和装点的动物（金孔雀和银麒麟）多么鲜亮，头上的发饰多么翠绿晃眼，缀满珠宝的腰肢多么窈窕，享用的山珍海味（紫驼峰和素鳞）多么珍稀，用的器皿多么精美（翠釜和水精盘、犀箸和鸾刀），箫管的声音多么动人，大路上往来的宾从多么缤纷，仍然遮不住与曲江春天格格不入的权力的腐朽气息。太监的马跑得再快，也还是匹太监的马。

诗中，突然来了一个神秘的男人："后来鞍马何逡巡，当轩下马入锦茵。"他是谁？杜甫卖了一个小小的关子："杨花雪落覆白蘋，青鸟飞去衔红巾。"接着才直接说"炙手可热势绝伦，慎莫近前丞相瞋"——他就是大唐杨大宰相杨国忠。

杜甫那个关子可不是随便卖的，他是想用人们熟悉的北魏胡太后与臣下杨华私通以及青鸟衔书（书信在诗中成了富有性暗示的红巾）的故事告诉世人一个秘密（也许是公开的秘密）：玄宗宠爱的女人（虢国夫人）同时也是当朝宰相的女人。《旧唐书》上是这样记载的：国忠私于虢国而不避雄狐之刺，每入朝或联镳方驾，不施帷幔。每三朝庆贺，五鼓待漏，艳妆盈巷，蜡炬如昼。

如此嚣张，我们的玄宗皇帝难道真的不知道吗？

如此大唐，离崩溃还会远吗？

---

① 据陈寅恪《元白诗笺证稿》考证，玄宗幸骊山温泉的时间，通常均在一年的冬季或初春。

② 刘昫等：《旧唐书》卷五一《玄宗杨贵妃传》，中华书局，1975。

率府滋味

要进入仕途，摆在杜甫面前的只有下面这么几条路：

以父荫入仕。这个机会杜甫当然有，但之前就给了同父异母的大弟弟杜颖。通过科举考试入仕。杜甫一共考了三次（贡考、制考、殿考），均以失败收场。通过显赫人物的举荐入仕。杜甫试过多次（比如请韦济引荐），但效果并不明显，所求的人也许尽了力，无奈胳膊拧不过大腿。

用隐居出名，以退为进，也可以入仕。杜甫并不是没有想过，甚至也试过（比如短暂的蓝田隐居）。杜甫早期的漫游，用他自己的话说是浪迹于玄宗陛下的"丰草长林"，未必不可以视为一种青年时代的泛隐居尝试。这条路上未知因素太多，更渺茫。

最后还有一条，也只剩下这一条了——他之前已经想到了，是不是可以通向"罗马"不知道，但他已没得选：从戎。

唐人以从戎或从边而入仕，然后再进入高阶层的并不少见。也有中了进士后因仕途不如意而从戎的，这样会得到更多更大的升迁机会，杜甫的朋友高适和岑参就是这样干的。

《旧唐书》载，高适进士及第后，只得了汴州封丘县尉的官职，这根本不是高适想要的，他立马辞了职客游河西。河西节度使哥舒翰见而异之，表为左骁卫兵曹，充翰府掌书记。天宝十一载（752），高适随同哥舒翰入朝回到长安，后者还在玄宗面前盛赞了他的这位诗人掌书记。从戎的经历可说影响了高适的一生。不久，高适又要还边，饯行之际，杜甫为其写下《送高三十五书记》：

> 崆峒小麦熟，且愿休王师。请公问主将，焉用穷荒为。饥鹰未饱肉，侧翅随人飞。高生跨鞍马，有似幽并儿。脱身簿尉中，始与捶楚辞。借问今何官，触热向武威。答云一书记，所愧国士知。人实不易知，更须慎其仪。十年出幕府，自可持旌麾。此行既特达，足以慰所思。男儿功名遂，亦在老大时。常恨结欢浅，各在天一涯。又如参与商，惨惨中肠悲。惊风吹鸿鹄，不得相追随。黄尘翳沙漠，念子何当归。边城有余力，早寄从军诗。

这首送别诗写得很有几分汉乐府风味，读来十分亲切，为其之后在"三吏""三别"等名作中将汉乐府精神写入化境做好了铺垫。不断从古典传统中汲取力量，并注入自己的血液，学古而不泥古，这确实是杜甫的过人之处。杜甫在诗中对高适弃官（一个经常折磨百姓的官）而从边（鞍马上的诗人高适完全像一个地道的幽并青年）的行为大加赞赏，并鼓励说虽然现在他还只是一个掌书记，但是未来不可限量，十年八年之后，未必不能成为一方军政首脑——杜甫还真有点儿预言家眼光，高适后来确实做了好几个地方的刺史（在蜀州和成都都做过）。杜甫诗中虽然没有直接表露从戎的想法，但其实还是隐隐埋下了伏笔。

高适能够顺利进入哥舒翰的幕府，得感谢一个人的引荐，这个人叫田梁丘，他是哥舒翰的幕府判官。天宝十三载（754），田梁丘受哥舒翰委派返回长安，杜甫写了一首《赠田九判官梁丘》，显然是想走高适走过的路数，希望田判官能够引荐自己进入哥舒翰的幕府。杜甫同时还写了一首《投赠哥舒开府翰二十韵》，请田判官转呈哥舒翰，意图再明白不过。但是，流年就是不怎么顺，他寄予厚望的哥舒翰将军不久生了一场重病（沐浴中风），不得不退还长安养病。这场疾病不仅改变了哥舒翰本人的命运，还改变了杜甫的命运：杜甫的从戎入仕梦就这样又一次泡汤了。

时间很快又过去一年，天宝十四载（755），杜甫已经四十四岁，勋业还是一无所成。

"独耻事干谒"的杜甫只有再次放下身段走老路，想到刚刚取代陈希烈宰相不到一年的左丞相韦见素，于是写诗《上韦左相二十韵》以结交。韦丞相为人并不坏，可是胆子小，在右丞相杨国忠面前说不起话。尽管如此，估计他还是帮杜甫说了几句情。

这年冬天的十月，一直在"参列选序"的杜甫，"旅食京华"整整九年的杜甫，终于等来一个结果。那个在杜甫心中神一样存在的玄宗及大唐王朝的吏部官员，终于向他下达了任命：河西尉。一个让玄宗惊喜得连饭都顾不上吃就下诏想要的人，等了三四年，等来的却是一个河西尉！

我们知道杜甫的理想是帮助他热爱的玄宗皇帝成为像远古明君尧舜一样的人物，由于在现实中一次又一次失败，杜甫后来不断降低标准，就在前一年的《进雕赋表》中，杜甫还给自己画了一条红线：不能低于从六品上的著作佐郎。而这个河西尉才从九品，杜甫有点儿恼怒了，并立刻想到他的朋友高适辞去封丘尉的故事。杜甫也来得爽快：不就！①

杜甫虽然很想入仕为大唐效力，但这一次，他还是勇敢地拒绝了。

而且，杜甫后来还拒绝过两次。

至于这个杜甫压根儿就没有去过的河西县，闻一多说是在云南河西县境内②，我觉得当时应该不会把杜甫派到那么边远的地方，那无异于流放。其实河西就是现在的陕西韩城市，武德三年（620）分郃阳置河西县，因在黄河之西，故称河西。乾元三年（760）改河西县为夏阳县，属河中府。③

唐代在对官员是否赴任这一点上还是比较开明的，吏部下达文书后，被任命的人可以选择接受，也可以选择拒绝。而在拒绝之后还会再次获得任命机会，且通常而言，再次任命的官位要比之前的略好。

吏部收到杜甫的辞职书后，很快改授他为右卫率府胄曹参军，职责是看守兵器甲仗，管理门禁锁钥等。这个职位在官阶上略高于县尉，从八品下。

---

① 简锦松在《杜甫诗与现地学》〔（高雄）中山大学出版社，2018〕中认为：像杜甫这样没有正式科举出身临时听敕而授予紧县河西县尉已属优待，杜甫之所以"不就"可能出于对仕途的考虑，由于自己没有科举资格（流外出身），从县尉入仕的前途比较暗淡，顶多做到县丞或县令就到头了。另外也许还有一个因素，就是杜甫预先感觉到战乱的可能发生，他知道旧河西县地当黄河和官道要冲，可能不安全，因而预先辞拒。这个理由看起来非常不切实际，不过，事实上却发生了安史之乱，而叛军果然从这里经过。

② 闻一多：《少陵先生年谱会笺》，《国立武汉大学文哲季刊》1930年第1卷第3期。

③ 宋开玉：《杜诗释地》，上海古籍出版社，2004。

就算是这样一个位置，说不定还是哥舒翰从中说了情才得到的，毕竟哥舒翰在读到由田判官转交给他的诗后，对杜甫还是有印象的。

杜甫的家已于两年前自长安迁至长安东北方向的奉先县，现在长子杜宗文近五岁，次子杜宗武也有两岁。从两年后的《北征》诗中可知，这期间杜甫家里还多了三个女儿（长女和两个幼女）：长女已能向母亲学习描画眉毛了，应该是杜甫的第二个孩子，估计是在天宝十载（751）下半年出生的，也快四岁了。两个"补绽才过膝"的小女儿的出生时间有点不好确定，至迟不会晚于天宝十三或十四载。在不足两年的时间内连续生了两个小女儿，确实有点儿令人费解。就在这一年的冬天，杜甫还得了一个幼子，可惜等到杜甫回家时已经饿死。结婚八九年间一个孩子也没有，现在好了，一串一串地来！做出杜甫晚婚判断的人也同样困惑，并想到了另一种可能性：这对小女儿可能是一对双胞胎。①

无论如何，到了天宝十四载（755），杜甫的家里面至少添了两三口丁，大大小小加起来有十口之多。② 杜甫肩头的担子很沉重，在这种情形之下，他还能怎么选？清人王嗣奭不无痛心地说："为贫而仕，不得已也！"

于是，杜甫只好到右卫率府报到，开启诗人的从政之旅。

官定后戏赠

不作河西尉，凄凉为折腰。老夫怕趋走，率府且逍遥。耽酒须微禄，狂歌托圣朝。故山归兴尽，回首向风飙。

虽然官品甚为卑微，好歹也算正式成为大唐庞大官僚系统中的一员。一切手续办理完毕后，杜甫可能是站在军械库的门口或周围写下了这首五律。诗后有条自注："时免河西尉，为右卫率府兵曹。"根据张海珊的研究，唐朝卫率分左右二府，全名太子左右卫率府，主要负责太子的保卫与仪仗，下置仓、兵、胄三曹参军。③ 显然，杜甫的"胄曹参军"是里面最低的一个等级。

杜甫在诗中向他的朋友，也向我们解释他为什么要辞去河西尉，说自己

---

① ［美］洪业著，曾祥波译：《杜甫：中国最伟大的诗人》，上海古籍出版社，2014。
② 杜甫《自京赴奉先县咏怀五百字》："老妻寄异县，十口隔风雪。"
③ 张海珊：《杜甫是胄曹参军吗》，《文学遗产》1980年第2期。

不想为此"折腰"。只是拒绝的态度有些凄凉,完全没有前辈诗人陶渊明那种洒脱之气。生活是把刀,会消磨掉多少人的锐气啊!接着,他说还有一个原因:不想到河西那么远的地方去,去河西不如待在长安城太子卫率府里逍遥自在。所获得的那点微薄俸禄还可以用来沽酒,喝醉了还可以狂歌感谢圣明的朝廷。

杜甫口中的"微禄",用今天的眼光来看,其实并不算微——直接服务于直属太子李亨的军事机构,收入太低说不过去。当时各种归于率府名下的卫将多为虚衔而非实职,胄曹参军基本上无事可做,相对来说还是一个美差,只是听起来没有预期的那么光鲜罢了。

洪业估算了一下杜甫的收入:率府胄曹参军可以获得两百亩土地的永久拥有权,任职期间还要多出五十亩来,年收入一百三十四斛谷物,月收入总计三万五千多文钱,还可以配给两名仆人及马匹等,这笔收入足以支撑十口人的日常开销。① 明白了这个物质前提,我们才可以理解杜甫所说的"逍遥"并非空穴来风。盛唐时大小官吏的俸禄在今天看来可说是高得惊人,大唐盛世的"盛"字真不是浪得的。从前面披露的部分数据中,我们已可清楚知道大唐的富庶,大唐的府库确实有能力担负起官员们的昂贵俸禄。司马光记载:开元二十一年(733),全国官员人数为一万七千六百多名,属吏接近五万八千名。② 二十多年后的天宝末期,这个数字有多无少,总计大小官员肯定在八万以上。这时的全国人口为五千二百多万,官民的比例为千分之一点五左右,这个官民比例相当低,所以至少在天宝十四载(755)之前的大唐,完全负担得起官员们奢侈的费用。

杜甫为什么觉得在"率府"就很"逍遥"呢?根据简锦松的研究,左右卫率府源自秦汉、北齐及隋唐,曾实际拥有权力。唐初,十率还有战斗力,但随着建成太子的失败,十率的武力减弱,渐渐形成其"清简"的职务特色,有不少的业余时间从事自己喜欢的事情(如左卫率府长史魏光乘奏请礼学之事,率府兵曹梁令瓒参与天文工作,率府兵曹参军毋煚参与校正秘籍等工作)。同时,待在率府,在人事升迁方面也较待在河西尉任上更有优势,

---

① [美]洪业著,曾祥波译:《杜甫:中国最伟大的诗人》,上海古籍出版社,2014。
② 司马光:《资治通鉴》卷二一三,中华书局,1956。

升迁管道又颇畅通。① 但这些都是理想中的想象,谁知道现实又会怎样?

杜甫接着在诗中吟道:"故山归兴尽,回首向风飙。"

等到酒醒了之后,杜甫突然觉得好空虚,真想回到首阳山去,已好几年没有回去过,尸乡的土窑说不定早就倒塌了。这是什么意思呢?好不容易捞了个可以养家糊口的胄曹参军职位,屁股都还没有坐热,突然就起了归故山的念头,杜甫一定是预感到了什么!

《旧唐书》载,有个叫金梁凤的人,善相人,又言玄象。天宝十三载(754)的某一天,他对祠部郎中、知河西留后的裴冕说:抬头看看天空,那儿的玄象有变,半年间必有兵起。②

诗人杜甫并不会观玄象,那他又看见了什么样的未来?

---

① 简锦松:《杜甫诗与现地学》,(高雄)中山大学出版社,2018。
② 刘昫等:《旧唐书》卷一九一《金梁凤传》,中华书局,1975。

一只金虾蟆

天宝十四载（755）冬十月间，杜甫心爱的君王玄宗与玄宗心爱的贵妃再次幸临烟雾迷蒙的华清宫，要一直待到来年春天才回到长安的宫中去。往年的这个时候，玄宗除了带上贵妃的三个姐姐，还会邀请他十分信任并深得贵妃喜欢的一个男人，一起来享受这严寒中的温暖。

四年前，也就是天宝十载（751），父系为中亚月氏族的胡人安禄山成为同时执掌大唐范阳、平卢与河东三大镇的节度使，整个北方及东北方向都是他的势力范围。由李林甫设计的重用寒族番将的政策至此达到了巅峰，保卫唐朝江山的权力基本落入三个外族将领手中：高仙芝、哥舒翰和安禄山。三人之中，又以安禄山的实力最为雄厚。这一年正月甲辰，安禄山的生日，刚刚获得三节度大权的安禄山当然要在华清宫陪浴了。据司马光记载，玄宗和贵妃赏赐了很多衣服、宝器、酒馔给安禄山为其祝生。在华清池狂欢三天之后，杨贵妃又把安禄山直接召入禁中，用一匹巨大的华丽锦绣做成一个成人褓褓，肥胖的安禄山一走进来，杨贵妃就将他裹起来，装得像一个母亲一样。然后又让宫女将包裹在褓褓中的安禄山抬上一顶彩色轿子，在禁中的花园中游走。我估计安禄山还会时不时地发出婴儿般的叫唤——"上闻后宫欢笑，问其故，左右以贵妃三日洗禄儿对。上自往观之，喜，赐贵妃洗儿金银钱，复厚赐禄山，尽欢而罢。自是禄山出入宫掖不禁，或与贵妃对食，或通宵不出，颇有丑声闻于外，上亦不疑也。"①

在杨贵妃的放纵和唐玄宗的昏聩中，大唐巨婴降生了。

六十七岁的唐玄宗已经很好忽悠，既然安禄山成了贵妃的养子，那还有什么值得怀疑的呢?!

安禄山没有接受过教育，完全是一个寒族。这个一直很胖的男人，晚年更是胖得不像话。《新唐书》载：晚益肥，腹缓及膝，奋两肩若挽牵者乃能行。② 五十三岁的安禄山，肥大的肚皮不断下垂，直到可以遮住膝盖，差不多已失去自我行走的能力，得让几个侍女扶着他的肩膀才能走动（其中一定有假装的成分）。安禄山实在太重了，连骏马也吃不消："每乘驿入朝，半道必易马，号'大夫换马台'"，否则，"马辄仆，故马必能负五石驰者乃胜载"。

但是，就是这样一个看上去一堆肥肉的男人，却是一个舞蹈高手——"作'胡旋舞'帝前，乃疾如风"。这就奇怪了，一个连走路都困难的人，怎么还会跳舞跳得像风一样快？

大唐的万里江山，竟然就是因这样一堆肥肉，一堆散发着膻味的肥肉开始坍塌的。

文盲安禄山实在是一个天才的戏精和深藏不露的阴谋家。

超级肥胖本来是一个人的生理缺陷，但是安禄山并不这样想。

在他的眼中，肥胖正是他最好的、得天独厚的道具，行动不便的肥胖既可以让人放松对他的警惕，又可以造成一种视觉上的憨厚印象。有一天，玄宗盯着安禄山的大肚子问道："你肚子里装着什么样的东西才会这么大呢?"安禄山回答道："唯赤心耳!"处心积虑的安禄山，把已经不再英明的唐玄宗哄得团团转。

天宝十一载冬天，安禄山唯一害怕的人李林甫死了。

安禄山的时代即将来临，唐玄宗一点儿没有察觉，虽然之前有人提醒过，要小心这个巨婴。

唐玄宗根本不相信，他把提醒自己的人直接送给安禄山处死。

---

① 司马光：《资治通鉴》卷二一六，中华书局，1956。
② 欧阳修等：《新唐书》卷二二五上《安禄山传》，中华书局，1975。

但是，诗人杜甫似乎提前嗅到了一些危险的气味，并预见了令人不安的未来。

天宝十三载（754）的春天，在写给一名姓郭的给事的唱和诗中，杜甫表达了对华清池的担忧，那首《奉同郭给事汤东灵湫作》（也有人认为其作于天宝十四载秋天），诗题下有条原注："骊山温汤之东有龙湫。"杜甫写道，每年的十月间，玄宗皇帝就会来华清池沐浴，池中的君王就像一轮红日一样，光芒照亮了池边和空中的亭台楼阁。君臣有时也会来温泉东边观望和祭祀深达百丈的龙湫潭，那儿潜藏着龙的"幽灵"。

接着，诗中出现了一个颇为怪异的形象："坡陀金虾蟆，出见盖有由。至尊顾之笑，王母不遣收。复归虚无底，化作长黄虬。"为什么在这样的地方，在龙的世界突然跳出一只金色的虾蟆呢？而且跳出来的这只金色怪物，"王母不遣收"——杨贵妃还把这只怪物放回了龙湫之中——显然是对怪物的一种纵容。

美国著名汉学家薛爱华引述了一位十七世纪的西方人对虾蟆的厌恶看法："它们其实只是一些冰冷、粗劣、黏滑的、像排泄物的汁液而已。"① 中国人对虾蟆也没有什么好感，韩愈在《答柳柳州食虾蟆》一诗中写道："虾蟆虽水居，水特变形貌。强号为蛙蛤，于实无所校。虽然两股长，其奈脊皱疱。跳踯虽云高，意不离汀淖。鸣声相呼和，无理只取闹。"

日本学者吉川幸次郎曾将杜甫这首诗译成现代日本语，李寅生将之回译成现代汉语②：

> 骊山上的温泉，佳气鸿蒙。华丽的宫殿，建在骊山的上面。唐玄宗他们十月份一定要来此避寒，华丽的仪仗好像临幸九州。骊山上的泉水用阴火煮开，好像从地上喷出来的一样。有时候又好像沐浴着阳光，在太阳的照耀下，空中的楼阁显得剔透玲珑。仙风吹来，仙乐飘飘，人们会从很远的地方看到、听到。骊山温泉的泉水在涌动，可以看到里面有一个"百丈湫"。这里面一定有幽灵在管理这个温泉，王命、百官都可

---

① ［美］薛爱华著，程章灿、叶蕾蕾译：《朱雀——唐代的南方意象》，生活·读书·新知三联书店，2014。

② ［日］吉川幸次郎著，李寅生译：《读杜札记》，凤凰出版社，2011。

以放假了。当初龙出现了，长大之后推开那些石头和丛林。然后龙移山倒海改换住宅，出动时往往是有风雨的时候。江水倒悬龙的影子，江流奔腾，温泉水又好像甘露浆一样，很柔滑细腻。翠旗飘扬，是神仙的车驾出来了。箫鼓伴随着龙出来，异香四处飘溢。南海的鲛人献上微绡，主祭把豪牛沉到河里面当做祭礼。天地中的各种感应都要奔向盛明，一个很壮观的场面在古代是没法比的。这里也有一只金虾蟆要出来了，虾蟆出现是有原因的。皇帝对这虾蟆不放在眼里，杨贵妃也不要它。这只虾蟆又沉到河底里面，化作一只独角龙。郭给事要上朝去了，他文才很好，风度翩翩。他写了这首《汤东灵湫》的诗，我读了感觉很清新，但是也很担心。

根据宋人陆佃《埤雅》的解释，虾蟆就是蟾蜍（或作"詹诸"），这个叫法一直保留到今天。

虾蟆喜欢阴湿之地，所以又称为阴虫。① 要弄清楚这只金色的阴虫为什么会在这个时候出现，我们还得弄明白杜甫到底想说什么，或者说杜甫预见了什么。

最容易想到的当然是如同清人王嗣奭所说："禄山当如阴虫伏处，今一旦凭借宠灵，窥窃神器，妄自意为夭矫飞天之物，岂非虾蟆而黄虬，上下失位者乎？盖始终以虾蟆事为比也。"这个理解没什么不对，但是总觉得还没有完全猜透杜甫的心思。蟾蜍的意象还容易令人想到月亮（日月都是帝王的象征），张衡在《灵宪》中就说："羿请不死之药于西王母，嫦娥窃之奔月，是为蟾蜍。"杜甫在另外一首名叫《月》的诗中，就曾指斥过那只遮挡了月光的蟾蜍，有人认为杜甫是以蟾蜍暗喻张皇后和李辅国。

早在《诗经》中就出现了虾蟆这种动物，《国风·邶风》有首名叫《新台》的诗，第三段是这样写的："鱼网之设，鸿则离之。燕婉之求，得此戚施。"闻一多认为此诗费解：历来皆以鸿为美的象征（其仪甚美，又善鸣舞），此诗却以之喻丑，显然有乖于情理。取鸿当以矰缴，不当以网罗，结合全诗语意推绎，以鱼形象为美，以"篴篨""戚施"为丑，鸿在此当与

---

① 陆倕《漏刻铭》："灵虬承注，阴虫吐噏。"李周翰曰："阴虫，虾蟆也。"

"戚施"平列而喻丑。闻一多考证说,戚施与籧篨实为一物,就是蟾蜍(取其"大腹"之义)。并从语义上证实"鸿"亦有"肥大"之义,"鸿"的古音为"苦蠪",《淮南子·坠形篇》所载"屈龙"草别名"鸿",由此推论:"鸿与苦蠪为语之变,而苦蠪实蟾蜍之异名,则古有称蟾蜍为鸿者。"① 落实到诗中,意思是下网本求鱼,却打到了癞蛤蟆,其讽刺之义不言自明。

后来闻一多进一步修正说:"鸿是双关语,我从前把这鸿字解释为虾蟆的异名,虽然证据也够确凿的,但与《九罭》篇的鸿字对照了看,似乎仍以训为鸟名为妥。"又引《九歌·湘夫人》里"鸟何萃兮蘋中,罾何为兮木上"句为例,说明这两句都是隐语性质,"喻所求失宜,必不可得"。②

《新台》一诗广为人们所接受的一个观点就是,这首诗是一首政治讽刺诗,讽刺的是卫宣公劫夺儿媳姜氏(宣姜)的故事——这才是杜甫引入金虾蟆的深意所在——既包含对安禄山的隐喻,又包含对唐玄宗与儿媳杨贵妃的暗讽!

一只颇有来历的金虾蟆,最后却变化成了一条"黄虬":天宝十五载(756)的正月,这只金虾蟆便在洛阳做了大燕皇帝——诗人的预感真的很厉害。《文献通考》载,唐中宗神龙年间(705—707),渭水中出现了一只奇怪的虾蟆,其大如鼎,里人聚观,数日而失。③ 把又肥又胖的安禄山比喻成一只大虾蟆,实在是惟妙惟肖。

历史真是太吊诡了,搅动大唐惊世巨变风云的,竟然是一只肥胖的"金虾蟆"。

---

① 闻一多:《诗新台"鸿"字说》,《清华学报》1935 年第 10 卷第 3 期。
② 闻一多:《神话与诗》,上海人民出版社,2006。
③ 马端临:《文献通考》卷三一三《鱼异考》,中华书局,2011。

孩子的丧钟

前往奉先的路上，风霜冻断了衣带，手指在寒冷的环境中完全无法弯曲。

天宝十四载（755）十月，杜甫在率府"逍遥"一月左右，十一月初便请假离开长安，前往奉先探望家人（率府本来事情也不多），并写下其现存作品中最早的一首长诗——《自京赴奉先县咏怀五百字》。我一直认为大诗人一定要有长诗——当然也要有短诗：短诗是诗人的通行证，长诗是诗人的身份证。对于古典时期的诗人来说，一生能写出一首像杜甫《自京赴奉先县咏怀五百字》这样的长诗就足以雄视诗坛。对于杜甫来说，重头戏才刚刚开始。这是一首放在中国诗史任何一个时代都无法忽略的杰作，熔叙事、抒情、述志、咏怀、家事、国事、天下事，以及现实和想象于一炉，一首具有高难度的长诗，杜甫却写得酣畅淋漓，毫无斧凿痕迹。一个真正的好诗人，必定会不断提高写作的难度，不断降低阅读的难度，杜甫正是这样做的。

杜陵有布衣，老大意转拙。许身一何愚，窃比稷与契。居然成濩落，白首甘契阔。盖棺事则已，此志常觊豁。穷年忧黎元，叹息肠内热。取笑同学翁，浩歌弥激烈。非无江海志，潇洒送日月。生逢尧舜君，不忍便永诀。当今廊庙具，构厦岂云缺。葵藿倾太阳，物性固难夺。顾惟蝼蚁辈，但自求其穴。胡为慕大鲸，辄拟偃溟渤。以兹悟生理，独耻事干谒。兀兀遂至今，忍为尘埃没。终愧巢与由，未能易其节。沉饮聊自遣，放歌破愁绝。岁暮百草零，疾风高冈裂。天衢阴峥嵘，客子中夜发。霜严衣带断，指直不能结。凌晨过骊山，御榻在嵽嵲。蚩尤塞寒空，蹴踏崖谷滑。瑶池气郁律，羽林相摩戛。君臣留欢娱，乐动殷胶葛。赐浴皆长缨，与宴非短褐。彤庭所分帛，本自寒女出。鞭挞其夫家，聚敛贡城阙。圣人筐篚恩，实愿邦国活。臣如忽至理，君岂弃此物。多士盈朝廷，仁者宜战栗。况闻内金盘，尽在卫霍室。中堂有神仙，烟雾蒙玉质。暖客貂鼠裘，悲管逐清瑟。劝客驼蹄羹，霜橙压香橘。朱门酒肉臭，路有冻死骨。荣枯咫尺异，惆怅难再述。北辕就泾渭，官渡又改辙。群水从西下，极目高崒兀。疑是崆峒来，恐触天柱折。河梁幸未折，枝撑声窸窣。行李相攀援，川广不可越。老妻寄异县，十口隔风雪。谁能久不顾，庶往共饥渴。入门闻号咷，幼子饿已卒。吾宁舍一哀，里巷亦呜咽。所愧为人父，无食致夭折。岂知秋禾登，贫窭有仓卒。生常免租税，名不隶征伐。抚迹犹酸辛，平人固骚屑。默思失业徒，因念远戍卒。忧端齐终南，澒洞不可掇。

杜甫的长诗，总有一种从容不迫的气度，娓娓道来，寻常口吻中暗含着惊天动地的波澜。杨伦《杜诗镜铨》引李子德云："此篇金声玉振，可为压卷。首从'咏怀'叙起，每四句一转，层层跌出。自许稷、契本怀，写仕既不成，隐又不遂，百折千回，仍复一气流转，极反复排荡之致。次叙自京赴奉先道途所闻见，而致慨于国奢民困，此正忧端最切处。"末叙抵家事，仍归结到"忧黎元"，乃是"咏怀"本意。"太史公谓《国风》好色而不淫，《小雅》怨诽而不乱，《离骚》兼之。公《咏怀》足以相敌。"从杜甫的长诗中，确实可以窥见《诗经》的雅颂传统，同时又有融入其中的汉乐府的民间气息，因而既有雅颂的黄钟之音，端庄大气，又不失鲜活的生活底气。其间的微妙分寸，正是小诗人与大诗人的区别所在。

诗人写道：凌晨时分经过骊山脚下，抬头望去，大唐君王的"御榻"高悬在群峰之间（语气中已然包含着危险的意味），大雾漫天，崖谷光滑冰冷。华清池云蒸霞蔚，皇家卫队的旗帜和兵器发出威严的摩擦声（杂沓之中难道没有一丝异响？），玄宗正与他宠幸的女人和大臣们一起纵情"欢娱"，优美的音乐缭绕，如同仙境。

塞满"寒空"的"蚩尤"在这儿一语双关，既指大雾，亦暗示叛乱的气氛。那弥天的浓雾，即将遮住大唐盛世的光芒。

杜甫的预感是如此准确且逼真！

这种预感，本质上来自诗人的敏锐和批判的天性。

危机已然来临的十一月，玄宗和杨贵妃照例还在华清池中沐浴求欢。

这个注定改变大唐历史的十一月，在华北平原的范阳（今北京），那个满脸堆笑，满身堆肉，满肚子"赤心"的安禄山，以"清君侧"的名义，带着豢养已久的二十万（实有十五万）虎狼之师，正日夜兼程向南方，向洛阳和长安扑来。

预感中的梦魇，来得如此凶猛。大唐巨婴的肥肉中竟然藏着一身反骨——我们甚至可以理解为，安禄山的肥肉是他故意养出来的，可以将所有阴谋和杀气都隐藏其间。

在如烟似雾的温泉中舞蹈的"神仙"（杨贵妃及其姐妹），就要和这种神仙般的生活说再见了。不可一世的"卫霍"（杨国忠兄弟），很快就会死于乱刀之下。

"神仙"们完全没有想到，蒙住她们"玉质"的烟雾，转眼就会变得杀气腾腾。

在庄重严峻的史诗性叙述中，毫无黏滞地介入个人生活史，在奇崛之中嵌入寻常，这是只有大手笔才敢做的事。杜甫诗中有时会有一些十分日常的表达，朱东润认为，这样的诗才是黄金铸就的诗句。[①]《杜诗镜铨》引张上若云：只此家常事，曲折如话，亦非人所能及。穷困如此，而惓惓于国计民生，非希踪稷、契者，讵克有此！五古前人多以质厚清远胜，少陵出而沉郁顿挫，每多大篇，遂为诗道中另辟一门径。无一语蹈袭汉魏，正深得其神理。此及《北征》，尤为集内大文章，见老杜平生大本领。所谓"巨刃摩天""乾坤雷硠"者，唯此种足以当之。半山、后山，尚未望见。

美国汉学家宇文所安（Stephen Owen）指出："这种体验在杜甫之前的诗歌中极少见到，即使出现（如《悼亡》题材，或卢照邻自伤疾病的抒情

[①] 朱东润：《杜甫叙论》，人民文学出版社，1981。

诗）也通常是风格仿效多于体验认识。而杜甫不仅表白了心迹，还交织融汇个人体验与民众体验……为了抵抗这种复杂化的离心冲力，杜甫以新的统一法则将诗篇集中起来，包括类比（皇帝对大臣的赏赐和父亲对子女的供养）、主题的微妙延续（诗人希望像后稷和契一样，成为伟大家族的创立者，而后来却是其子的死亡），以及神秘的时事象征传统（朝廷中过度的阴律体现于黑暗意象和洪水景象）。这些安排全无人工的痕迹；相反地，杜甫似乎在无意中掌握了事物的内在模式，能够统摄此前诗歌结构的一切惯例。"①

战乱才刚刚开始，杜甫就闻到了可怕的死亡气息。

回到家中，诗人看到的第一幅场景竟是如此冰凉、无情：心爱的小儿子已活活饿死！

少年时代初读杜甫此诗，总觉得杜甫对丧子之痛写得太仓促了些。皇皇五百字中（这在古典诗歌中算是相当长的诗作），竟然只给这个来到世间不久就匆匆离开的孩子留了三十个字（入门闻号咷，幼子饿已卒。吾宁舍一哀，里巷亦呜咽。所愧为人父，无食致夭折），篇幅仅为全诗的百分之五多一点。然后，诗人立即想到了自己的特殊身份（生常免租税，名不隶征伐），接着又想到了比他过得更苦、没有特殊身份的人（默思失业徒，因念远戍卒）。这之间的过渡是不是太快了些？一个刚刚失去儿子的父亲，怎么会如此迅速地从失子之痛中抽离出来，想到了别人的苦，想到了天下的苦?！

随着岁月的增长，我开始慢慢明白了，诗人杜甫的痛，那是一种失声甚至失语的痛！长歌当哭啊，短歌吞声。刚刚失去儿子的父亲，要在诗中，哪怕写一个与儿子相关的痛，那也得具有多大的勇气，得忍住多少汹涌的泪水！

"忧端齐终南，澒洞不可掇。"

在大诗人杜甫心中，失去儿子是人间悲剧。

更大的悲剧是失去家园，失去人民和祖国。

诗人杜甫的心，是圣人之心，晶莹剔透而又辽阔壮丽。

尽管杜甫此时并不知道安禄山已经反叛了，但我确信此刻的杜甫一定看见了，而且远比那个会观玄象的金梁凤看得更清楚、更真切："疑是崆峒来，恐触天柱折。河梁幸未拆，枝撑声窸窣。"

---

① ［美］宇文所安著，贾晋华等译：《诗的引诱》，译林出版社，2019。

大唐的"天柱"真的就要摧"折"了。

在摧折的崩溃的悲音中,我们首先听到的,是诗人儿子的丧钟。

那痛彻心扉的孩子的丧钟,到底在为谁而鸣?!

至暗时刻到来

天宝十四载（755）十一月初九，安禄山起兵于范阳。

那时交通不便，加上安禄山军纪严酷，行动迅捷而隐秘，反叛的消息直到六天以后的十一月十五日，才传到身在华清宫的唐玄宗的耳中。

事实上，安禄山叛乱的迹象早就出现，就在起兵前夕，安禄山的军事参谋高邈曾试图让其以向朝廷献三千匹马为由，让二十二名番将带领六千人马（每匹马配备马夫两名）先期进入长安，成为一股潜伏于长安的偷袭奇兵。在河南尹鲜卑人达奚珣的强力反对下，此计没有得逞。玄宗下诏说：马就不必献了。即使如此，玄宗也并没有真正有所警惕。

叛变消息最初是被严格封锁的，杜甫知道的时候一定更晚。

他在奉先家中写作《自京赴奉先县咏怀五百字》时，并不知道自己担心的事情已然发生。

唐玄宗用了两天的时间才从惊愕与慌乱中醒来！

中原一带完全没有什么兵力可以调动，如同杜甫在《忆昔》中所说的那样："百余年间未灾变，叔孙礼乐萧何律。"百余年间不仅很少发生大的灾难和变故，大的战争也很少发生。唐朝兵力主要为八大节度使所拥有，精锐力量集中于西北和东北两个方向的边境，叛军首领安禄山已于四年前控制了其中的三大节度使军政大权。

中原无兵可以调遣，东北方向已经沦陷，唐玄宗唯一可以动用的只有西北一个方向的兵力。两天后，十一月十七日，安西节度使封常清紧急响应，这个腿脚有点跛的将军成为大唐抵抗叛军的第一支力量——这不是一个好兆头——封将军仓促征兵六万，从长安向东进发，并且毁了洛阳桥。又过了四天，十一月二十一日，距安禄山起兵之日已经过去了整整十二天后，玄宗才带着贵妃姐妹回到长安皇宫，随即将叛首安禄山的爱子安庆宗处死。玄宗的这种报复行为毫无政治远见，所带来的只能是安禄山更加疯狂的复仇。

安禄山占领洛阳和长安后，立即展开大规模的血洗行动，儿子安庆宗被杀成为最好的借口。他命令占领长安的孙孝哲抢劫皇宫，凡是皇室成员一律杀死（如霍国长公主及王妃、驸马、皇孙及郡主、县主等），就连孩子也不放过——剥刳他们的心脏向死去的儿子献祭。凡杨国忠、高力士之党及禄山素所恶者，无一例外成为屠杀的对象，以铁棓敲揭其天灵盖①，流血满街，手段之残忍令人发指。从后来杜甫身陷长安贼中所写的《哀王孙》一诗中，我们得以窥见悲惨的一幕。杜甫在长安城中遇见一个可怜的乞丐，从他腰间系着的那块宝佩（宝玦青珊瑚）判断出这个衣衫破烂的人一定是一个被玄宗遗弃的王室贵公子，便上前询问他的姓名。公子当然不敢说出自己的真实名字，因为叛军正在四处寻找他这样的人。为了逃避追杀，"王孙"已经在荆棘丛中躲藏了一百天，伤痕累累，身上已找不到一块完好的肌肤——诗人怎么也没有想到，眼前所见之景就发生在他热爱的大唐！

> 长安城头头白乌，夜飞延秋门上呼。又向人家啄大屋，屋底达官走避胡。金鞭折断九马死，骨肉不得同驰驱。腰下宝玦青珊瑚，可怜王孙泣路隅。问之不肯道姓名，但道困苦乞为奴。已经百日窜荆棘，身上无有完肌肤。高帝子孙尽隆准，龙种自与常人殊。豺狼在邑龙在野，王孙善保千金躯。不敢长语临交衢，且为王孙立斯须。昨夜东风吹血腥，东来橐驼满旧都。朔方健儿好身手，昔何勇锐今何愚。窃闻天子已传位，圣德北服南单于。花门剺面请雪耻，慎勿出口他人狙。哀哉王孙慎勿

---

① 司马光：《资治通鉴》卷二一八，中华书局，1956。

疏，五陵佳气无时无。

身居奉先的杜甫，很快就知道唐王朝出大事了：那只肥胖的金虾蟆，正在向黄色的虬龙变化，大唐的至暗时刻已经到来！

《后出塞五首》写于《自京赴奉先县咏怀五百字》之后不久，成为杜甫诗中最早直接涉及安史之乱的诗歌，也是唐诗中最早涉及安史之乱的诗歌。杜甫的"诗史"并不仅仅在于他的诗歌反映了历史的真实，还在于他的高度敏感性和在场感。诗中的军士很可能是从安禄山的叛军中逃脱出来的，还没有完全弄清楚安禄山的真实意图（打着"清君侧"的幌子），但他看到了很多冷酷的现实："主将位益崇，气骄凌上都。边人不敢议，议者死路衢。"杜甫借这个战场逃脱者的口吻追溯了叛乱的根源所在，很像一篇战地采访侧记。玄宗于开元年间将府兵制改为募兵制，由此而形成的职业军人正如后来李泌所论，既非土著亦无宗族，重赏赐而轻生死。他们以利益为至上，毫无忠义可言。安禄山手下的十五万大军就是这样招募起来的。叛军以突厥语称之为"曳落河"（健儿壮士）的兵力为主体，族属属于同罗、奚、契丹、室韦等通古斯系少数民族。①

《后出塞五首》中写得最好的是第二首：

朝进东门营，暮上河阳桥。落日照大旗，马鸣风萧萧。平沙列万幕，部伍各见招。中天悬明月，令严夜寂寥。悲笳数声动，壮士惨不骄。借问大将谁？恐是霍嫖姚。

洛阳东面有上东门，是著名的军营所在地，所以称为"东门营"。由洛阳北上蓟门，须从东门出发。河阳桥是黄河上的一座浮桥，在河南孟津——这座桥对杜甫而言颇有意味，建造这座浮桥的不是别人，而是他的远祖杜预！② 河阳桥是洛阳通往蓟北的要津，安史之乱爆发后被封常清断掉。

诗中的"霍嫖姚"本来指的是西汉大将嫖姚校尉霍去病，这儿指的就是安禄山。清人王嗣奭解释说："将如卫霍，此世主所祷祠而求者，而此恐其是，何故？盖贪功之将，动以开边启人主好大喜功之心，至枯万骨以成封侯

---

① 欧阳修等：《新唐书》卷二一七下《回鹘传》，中华书局，1975。
② 徐坚：《初学记》卷七《地部下》，四库全书本。

之业，此军士所最苦而不敢言，公为道破，人主深味此言，必不肯轻言用兵。"① 杜甫的意思是说，如果当初玄宗不重用像安禄山这样的边将，就不会酿成今天的灾难。

"落日照大旗，马鸣风萧萧"是杜甫的名句，落日与火红的旗帜交相辉映，战马的嘶鸣裹挟着风的啸叫。杜甫仅用十个字就从视角与听觉的层面，将战场上的壮丽、辽阔与肃杀景象推到我们的眼前，镜头感十足，不愧是杜甫的笔力。宋人许𫖮曾于《彦周诗话》中指出：诗有力量，犹如弓之斗力：其未挽时，不知其难也；及其挽之，力不及处，分寸不可强。若《出塞曲》"落日照大旗，马鸣风萧萧""悲笳数声动，壮士惨不骄"等，此等力量，不容他人到。② 的确如此，一首诗就是一张弓，我曾在诗中这样写道："此时，月不是月／而是长夜的一张弓箭／弓已拉满弦，弦断万壑风。"③

天宝十四载（755）十二月初十，安禄山起兵范阳的第二十一天，高丽人高仙芝带领五万人马赶往潼关以东两百里处的陕郡驻守，严阵以待叛军的扑来。就在次日，安禄山抵达灵昌，四天后渡过黄河占领陈留（这儿曾是杜甫继祖母卢氏生活的地方）。在这之前，玄宗已任命时为卫尉卿的张介然为河南节度使，掌管陈留等十三州郡，开了内地设立节度使的先例，但是张介然并没有守住陈留。

十二月二十一日，坐在特制防箭铁车（相当于现在的防弹车）中的安禄山，带着大军从陈留出发，一路向西进逼东都洛阳，并很快占领这座古老的都市。

唐朝两名大将封常清与高仙芝会合于陕郡，随即退守潼关，这意味着安禄山离长安更近了一步。就在这生死关头，十二月二十七日，在宦官边令诚的蛊惑下，唐玄宗竟然将唐朝两员虎将高仙芝和封常清处死——这是一个致命的错误。在几乎无将可用的情形下，玄宗只得紧急起用沉疴中的哥舒翰前往潼关。封常清临死之前，给玄宗皇帝上了一封《谢死表》④，提出了三个请求："一期陛下斩臣于都市之下，以诫诸将；二期陛下问臣以逆贼之势，

---

① 王嗣奭：《杜臆》卷三，上海古籍出版社，1983。
② 魏庆之：《诗人玉屑》卷五，中华书局，2007。
③ 向以鲜：《唐诗弥撒曲》，东方出版中心，2014。
④ 刘昫等：《旧唐书》卷一〇四《封常清传》，中华书局，1975。

将诚诸军；三期陛下知臣非惜死之徒，许臣竭露。"一个愿意用自己"莫须有"的污名，死的污名来报效祖国的人，是何等忠义，何等磊落，何等无私！连这样的大将也要杀，大唐怎能不衰？！跛子将军最终用自己的死向世人证明，真正跛脚的不是他封常清，而是大唐王朝。在法国巴黎国立图书馆中，还保留着这封遗书的一份手抄本，它是由沙州土豪张议潮（大中年间的河西节度使）恭恭敬敬抄录下来的。

天宝十五载（756）正月初十，安禄山称帝于洛阳，国号大燕。

那只硕大的金虾蟆，不幸被我们的诗人言中，真的变成了一条"黄虬"。

正月十七日，唐朝的热血在喷涌，常山的颜氏兄弟（杲卿和真卿）、史思明急战于土门，虽然最终不敌，但颜杲卿在洛阳酷刑中所表现出的不屈气概，为大唐江山抹上了一层宝贵的英雄色彩。

这时，唐玄宗终于清醒过来，紧急重用堪称挽大唐之狂澜于既倒的两员虎贲大将——郭子仪和李光弼。正是他们的出现才使得一击即溃的唐军显现出铮铮的骨骼来。颍川（今河南许昌）太守来瑱绰号"来嚼铁"，他誓死守住了颍川。这个绰号很有象征意义，当时的大唐太需要这样的铁和血。

尽管如此，唐军还是坏消息不断。

天宝十五载六月初九，哥舒翰迫于朝廷压力不得不放弃固守潼关的策略，仓促应战，结果遭遇一生中致命的惨败，安禄山部下崔乾祐攻破潼关，将病中的哥舒翰俘往洛阳。潼关被破，长安失去最后一道屏障。

自从安禄山称帝东都洛阳之后，唐军便在潼关和长安之间设置了十座平安烽火台，大约每三十里就有一座。以前的烽火只能在边关看见，而今，长安的君王和百姓，举头就能看见。那日日夜夜熊熊燃烧的火焰，一朵一朵的，传达的哪是什么平安，全是恐惧和绝望。杜甫在《夕烽》中写道：

> 夕烽来不近，每日报平安。塞上传光小，云边落点残。照秦通警急，过陇自艰难。闻道蓬莱殿，千门立马看。

这景象够凄凉，曾经不可一世的大唐、万国来朝的大唐，现在的皇宫门前，一千匹马站在余晖中，翘首以望来自东边的烽火。"塞上传光小，云边落点残"，由于气压及尘埃的阻隔，传至长安的烽火看起来总是很细小，很多光亮似乎被云雾给吞没了。

至暗时刻到来

潼关失守的第三天,天宝十五载(756)六月十二日,亮了半年的平安烽火台突然熄灭了——真正的至暗时刻到来!

在经过仓皇的十三天准备后,天宝十五载六月二十五日凌晨时分,天空还是一片乌黑,大唐的皇帝,杜甫一心想要倾慕的"太阳",趁着黑暗和微雨的掩护,带着杨贵妃,还有杨国忠等一干最亲近的人马(加上北衙禁军和龙武军,总计三千余人),从禁苑的西门,也就是著名的延秋门,溜出长安。[1]

至暗时刻的长安真安静,比玄宗心中的惊恐更安静。

至暗时刻的长安真黑啊,比杜甫诗中的油漆还要黑。[2]

---

[1] 刘昫等:《旧唐书》卷九《玄宗本纪下》,中华书局,1975。
[2] 杜甫《北征》:"或红如丹砂,或黑如点漆。"

滴血的游魂

天宝十五载（756）六月二十五日中午时分，经过近四十里的奔徙，玄宗一行人来到长安西边的咸阳望贤驿。大队人马走过一座便桥时，杨国忠担心叛军追过来，打算把桥拆断。这时唐玄宗恢复了几分善意，上前制止说：后来者何以能济？他终于想起了后来者，想起那些被他抛弃的千千万万的臣民。

到了咸阳望贤驿，平日车马相迎的官吏早就骇散，更没有什么东西可供食用，可怜的唐玄宗第一次尝到了饥饿的滋味。史书上是这样记载的："上憩于宫门之树下，亭午未进食。"这时，一个郭姓老人带着一群百姓给他们送来了食物。那个老人还对玄宗说了下面这样一段话："禄山包藏祸心，固非一日；亦有诣阙告其谋者，陛下往往诛之，使得逞其奸逆，致陛下播越。是以先王务延访忠良以广聪明，盖为此也。臣犹记宋璟为相，数进直言，天下赖以安平。自顷以来，在廷之臣以言为讳，惟阿谀取容，是以阙门之外，陛下皆不得而知。草野之臣，必知有今日久矣，但九重严邃，区区之心无路上达。事不至此，臣何由得睹陛下之面而诉之乎！"上曰："此朕之不明，悔无所及！"① 这场对话，可能是大唐皇帝第一次向一个普通的百姓、一个深

---

① 司马光：《资治通鉴》卷二一八，中华书局，1956。

明大义的平凡老人做出的道歉,虽然来得太迟了,但还是表现了玄宗的某些本来面目,被权力和欲望完全遮蔽了的面目。

六月二十六日凌晨,又是一个凌晨,玄宗的车驾来到距长安西边已有一百二十里路的马嵬驿。这儿所发生的事情众所周知,杨贵妃和她的兄弟姐妹的好日子走到了尽头。尽管玄宗一万个舍不得,甚至对陈玄礼将军说她是无罪的,但还是眼睁睁地看着高力士将心爱的女人带到驿站的佛堂,用一条白色的丝绸结束了其香艳、冷艳、凄艳的一生,年仅三十八岁。

马嵬驿事件对于中国诗人,尤其是唐代诗人来说,是一个不得不直面的重大事件。这个事件具备诗歌发生的一切要素:君王、美人、权力、爱情、战争、逃亡、悔恨。有"诗史"之称的杜甫当然要写。至德二载(757)春天,杜甫身陷叛军控制的长安城中,为了不引起人们的注意,他过着隐姓埋名的生活。一天,他独自"潜行"到曾经无比迷人的曲江边:

哀江头

少陵野老吞声哭,春日潜行曲江曲。江头宫殿锁千门,细柳新蒲为谁绿?忆昔霓旌下南苑,苑中万物生颜色。昭阳殿里第一人,同辇随君侍君侧。辇前才人带弓箭,白马嚼啮黄金勒。翻身向天仰射云,一笑正坠双飞翼。明眸皓齿今何在?血污游魂归不得。清渭东流剑阁深,去住彼此无消息。人生有情泪沾臆,江草江花岂终极!黄昏胡骑尘满城,欲往城南望城北。

杜甫对待马嵬驿事件的态度颇为复杂,里面的男主角是他一生都很喜欢的君王。一方面他认为事件的出现是必然的;另一方面,杜甫又对事件中的悲剧男女主角寄予无限的同情。就在这一年闰八月的秋天,杜甫在他的《北征》中写道:"忆昨狼狈初,事与古先别。奸臣竟菹醢,同恶随荡析。不闻夏殷衰,中自诛妲妃。周汉获再兴,宣光果明哲。桓桓陈将军,仗钺奋忠烈。微尔人尽非,于今国犹活。"诗中视杨贵妃为夏桀时代的妹喜、殷纣王时代的妲己、周幽王时代的褒姒。但是在春天所作的这首《哀江头》中,杜甫的态度却有微妙的不同,在反讽之中充满了同情与怀念。随着玄宗的逃离和叛军的烧杀抢掠,长安已不是从前的长安,曲江边的皇家建筑坏的坏了,锈的锈了,锁的锁了,人去楼空,一切皆变。只有那些刚刚吐芽的柳丝,刚刚转绿的蒲草还一如既往地生长着，一个劲地发芽，一个劲地绿，根本不理睬人世的变化。眼前浮现着昔日的繁华：云朵般的旗帜，万物散发着光辉。昭阳殿里的第一美人，和君王坐在同一个御辇里。御辇左右是一行身怀绝技的宫女，她们骑着雪白的骏马，马儿戴着黄金雕就的马嚼子。这时，天空中出现一对比翼而飞的大鸟，手持弓箭的才人翻转身来，弯弓搭箭射向云天。那姿势真是潇洒极了，极其富有表演性，一对恩爱的鸟儿眨眼间坠落下来（难道玄宗和贵妃没有从那一对悲鸣的鸟儿身上看见自己的未来吗？），唐代最美丽的女人开心地笑了！她的眼睛明亮如星辰，她的牙齿白得发光——突然，杜甫的眼前被一片浓重的血迹所遮蔽，鲜红的血慢慢变成乌黑的污迹，最后成为一滩滩乌泥。这就是诗人杜甫的厉害之处，他的过渡来得如此陡峭！不落言筌，却又如此触目惊心。如果杜甫所处的时代有摄影术，那他一定是一个超一流的镜头大师。

朱光潜在《悲剧心理学》中曾引述伽尔文·托马斯这样一段话：对于我们的祖先说来，死亡是最大的不幸，是最可怕的事情，也因此是最能够吸引他们想象力的事情。死亡总是令人不安和难忘，何况是如此哀婉动人、荡气回肠的死亡。有人对《全唐诗》进行过初步统计，中唐至晚唐期间，有二十多位诗人写过马嵬驿事件，作品多达五十余首。如果我们把杜甫笔下的马嵬驿事件和唐代其他诗人笔下的马嵬驿事件进行一番对比就会发现，无论是与杜甫同时代的李白，还是晚生的李益、白居易、李商隐，还是后代的如清人袁枚，这些诗人所写的马嵬驿事件都显得过于戏剧化或诗意化，而缺少杜甫这种一击即中的震撼力。杜甫仅用几个镜头，仅用明媚的眼睛和牙齿与乌血滴游魂的强烈对比，就将那幅悲伤的历史场景牢牢定格下来！

杀了杨贵妃及杨氏家人之后，玄宗一行人不敢有丝毫耽搁，继续赶路，让滴血的游魂永远游荡吧！现在自身的性命能否保全，都还说不清楚呢！天宝十五载（756）六月二十七日一大清早，和玄宗一同出逃的车驾分为两队人马：玄宗的人马向南方成都方向出发，玄宗第三子、太子李亨的人马向甘肃方向出发。玄宗经扶风和大散关再到成都，差不多两千里的路程，走了四十多天，于天宝十五载八月十二日到达蜀郡成都。途中，玄宗将从普安赶过来的宪部侍郎房琯任命为同平章事。

太子李亨和他的两个儿子（广平王李俶和建宁王李倓）及宦官李辅国等

人则星夜兼程向北行进,渡渭水后经过陕西奉天（今陕西乾县）、永寿（今陕西永寿县）、新平郡（今陕西彬州）、安定郡（今甘肃泾川）等地,于七月初二到达甘肃平凉郡。七月二十二日,太子李亨在距长安西北一千多里远的宁夏灵武安顿下来。三天后,亦即七月二十五日,四十五岁的中老年太子李亨,在朔方留后杜鸿渐、御史中丞裴冕,以及宦官李辅国的劝说之下,于灵武登基,是为肃宗,改元至德。肃宗接受了不足三十名的文武官员的热烈朝贺,这也可能是史上最为冷清的一次登基大典。

就杜甫的人脉关系来看,一南一北的父子集团中都有他的朋友或熟人。但是,杜甫自己很清楚,外人也很清楚,他是玄宗的人,他心中的那轮"太阳"只能是玄宗,不可能是肃宗。

分手时候的太子李亨现在已经成了大唐的天子,父亲唐玄宗此时并不知道这件事情。就在李亨披上皇袍的第三天,也就是七月二十八日,玄宗还在成都的行宫中下诏,要让太子李亨充当天下兵马元帅,领朔方、河东、河北、平卢节度使,另外几个儿子（包括永王李璘）均任各地节度使。这个主意出自房琯,意图很明显,就是要以血缘关系为纽带,重建和维系崩溃的大唐江山。在当时的紧急情形下,这个主意并非没有现实意义。据说安禄山知道了这个消息后十分害怕,认为自己统一大唐的梦想可能会落空。但是,房琯的这个治国方略后来被贺兰进明等人解读成是对太子李亨势力的一种瓦解,并且大有为自己多留一条后路的嫌疑。这个阴险的推测深刻影响了房琯的政治生涯,同时也影响了杜甫的后半生。在玄宗的诏令中,第十六子永王李璘成为东部和南部军政首领,担任山南、江西、岭南、黔中四道节度使,建府于江陵,势力仅次于太子。众所周知,永王的此次上任,也改变了另外一位大诗人李白的命运。

控扼川陕咽喉的大散关地理位置十分重要,幸好得到陈仓令薛景仙的死守,才让蜀郡成都和灵武之间的联系一直没有中断。天宝十五载（756）八月二十五日,太子李亨登基一个月后,他从灵武派出的信使才到达成都。

一切木已成舟,玄宗心中纵有万千说不出的苦,也得自己往肚子里吞。

这一切,难道不是他一手酿成的吗?玄宗平静地接受了退位的事实。

玄宗随即委派韦见素、房琯二人,奉上传国玉玺和玉册直奔灵武,正式传位于太子李亨。

从政治角度而言，开创了中国古代最为辉煌时代的大唐玄宗皇帝，这一刻开始，已退出历史的舞台。

后来，玄宗返回长安后从兴庆宫迁入西内，过着软禁般的生活。不知道他在西内读到过杜甫的《哀江头》没有？据说他的后代，九世纪上半叶的唐文宗就喜欢读杜甫的诗，并从《哀江头》一诗中知道了安史之乱以前的曲江是多么美好，沿岸的宫殿是多么壮丽，便起了重建开元天宝盛景的决心。①我想唐玄宗也是有可能读到杜诗的，当他读到当年连饭都来不及吃就要下诏考试选用的杜甫之诗，读到那对被宫中才人射落的飞鸟，读到明眸皓齿被血污游魂遮掩的时候，内心会产生怎样的震动和愧悔呢？

此情此景，让我突然想到当代诗人张枣的《镜中》：

只要想起一生中后悔的事／梅花便落了下来／比如看她游泳到河的另一岸／比如登上一株松木梯子／危险的事固然美丽／不如看她骑马归来／面颊温暖／羞涩。低下头，回答着皇帝／一面镜子永远等候她／让她坐到镜中常坐的地方／望着窗外，只要想起一生中后悔的事／梅花便落满了南山

我甚至怀疑那位镜中的皇帝，就是独居西内垂暮的唐玄宗，而那位喜欢"危险的事"的美人，会不会就是杨贵妃的游魂呢？

---

① 宋敏求：《春明退朝录》卷中，中华书局，1980。

人性光辉

天宝十五载（756）十月初十，肃宗在隐士李泌（杜甫非常喜欢的一位富有远见的高士）的建议下，将行在从灵武移向彭原和凤翔，途经张掖的顺化时，刚好与来自蜀郡成都的房琯和韦见素相遇。肃宗自二人手中接过传国玉玺和玉册，从法律和仪式上完成了登基的最后程序。

战乱爆发时，杜甫正在奉先探亲，中途曾冒险回到长安右卫率府待了几个月。直到六月潼关失防之前不久，杜甫才再次前往奉先，孤独地彷徨于奉先和白水县一带。先是携家从奉先迁往东北三十多里远的白水县——他的远房舅舅崔十九在那儿当县尉。崔舅舅让杜甫一家暂住于高斋之中（应该是县上的公馆），杜甫在此写作了《白水崔少府十九翁高斋三十韵》。杜甫想再回到长安已经不可能，奉先、白水都在长安东北方向，整个长安东边的通行道路全部被安禄山的部队卡死。不久，白水可能也陷落了，杜甫不得不举家再迁至北方数百里之外的三川洛交县的鄜州羌村（羌族东来者的聚居地，犹今言回回营、陕西街之类）①，那儿离战火更远一点，相对来说也更安全一些。

名将哥舒翰被安禄山强授司空官职，表面好像是接受了，但内心是不可能真正投降的（被手下突骑施人火拔归仁胁迫投降时曾试图以马鞭插喉自

---

① 胡小石：《胡小石论文集》，上海古籍出版社，1982。

杀），所以很快就被安禄山囚禁于禁苑之中，最终死于安禄山的儿子安庆绪之手。

杜甫在从白水向鄜州逃亡的险途中差点丧命，是一个名叫王砅的重表侄救了他。十多年后，杜甫居然在湖南的潭州与正要前往南海的王砅相遇。

送重表侄王砅评事使南海

我之曾老姑，尔之高祖母。尔祖未显时，归为尚书妇。隋朝大业末，房杜俱交友。长者来在门，荒年自糊口。家贫无供给，客位但箕帚。俄顷羞颇珍，寂寥人散后。入怪鬓发空，吁嗟为之久。自陈剪髻鬟，市鬻充杯酒。上云天下乱，宜与英俊厚。向窃窥数公，经纶亦俱有。次问最少年，虬髯十八九。子等成大名，皆因此人手。下云风云合，龙虎一吟吼。愿展丈夫雄，得辞儿女丑。秦王时在坐，真气惊户牖。及乎贞观初，尚书践台斗。夫人常肩舆，上殿称万寿。六宫师柔顺，法则化妃后。至尊均嫂叔，盛事垂不朽。凤雏无凡毛，五色非尔曹。往者胡作逆，乾坤沸嗷嗷。吾客左冯翊，尔家同遁逃。争夺至徒步，块独委蓬蒿。逗留热尔肠，十里却呼号。自下所骑马，右持腰间刀。左牵紫游缰，飞走使我高。苟活到今日，寸心铭佩牢。乱离又聚散，宿昔恨滔滔。水花笑白首，春草随青袍。廷评近要津，节制收英髦。北驱汉阳传，南泛上泷舠。家声肯坠地，利器当秋毫。番禺亲贤领，筹运神功操。大夫出卢宋，宝贝休脂膏。洞主降接武，海胡舶千艘。我欲就丹砂，跋涉觉身劳。安能陷粪土，有志乘鲸鳌。或骖鸾腾天，聊作鹤鸣皋。

在异乡与救命恩人重逢，是杜甫完全没有想到的。

就诗歌的抒情本色方面而言，李白一点不逊色于杜甫，很多时候还在杜甫之上，尤其是在个性张扬、天地辽阔的时候，抒情的李白是无人能及的。而在叙事方面，情形就迥然不同了，杜甫是唐代诗人中最会讲故事的人（白居易的叙事艺术虽然承继了杜甫的传统，却流于琐碎），在平常的口吻中时时藏着隐隐的惊雷——这是后来所有学杜甫的人（包括白居易）所无法企及的。

按照清人施鸿保在《读杜诗说》中的解释，重表就是两重表亲的意思，杜诗一开头就说"我之曾老姑，尔之高祖母"，杜甫和王砅两人是亲上加亲。姑姑的儿子为表兄弟，由姑而上，祖姑的子孙就是重表，由祖姑而上就不能说再重表，因为亲缘隔得有点远了，一般就以重表统之，相当于同姓兄弟叔侄，共祖以上都称从。杜甫就像拉家常一样，和这位远房晚辈聊起了祖辈的亲情和交往，以及自隋朝大业至唐代贞观年间两家值得夸耀的历史。目的只有一个，表明王家和杜家都不是平凡的人："凤雏无凡毛，五色非尔曹。"接着画风突变，正如清人王嗣奭在《杜臆》中所说："叙述往事，曲折矫健，有太史公笔力。"

　　在亲切的回忆中，杜甫突然给我们展现了一幅乱世特写图景。

　　杜甫和王砅两家人一起汇入逃亡的洪流，从白水向北逃亡。可以想象当时的场景多么混乱，人们为了逃命，已经顾不上什么谦让或道德，能抢的就抢。在仓促的逃亡中，杜甫突然被人推下了马！马被人抢走了不说，人还狠狠地摔进草坑中。逃难的人们继续向前，没有人在意身边所发生的一切，连杜甫的妻儿都没有注意到。

　　杜甫的重表侄王砅是一个细心又勇敢的年轻人，他觉得少了一个人。于是这个逆风而行的重表侄掉转马头，冒着死亡的危险逆着逃难人流的方向急速奔跑，一边纵马一边大声呼叫着重表叔杜甫的名字——王砅不会想到，他呼唤的是一个中国诗歌史上最为光芒四射的名字——在焦急的呼唤和搜寻中，王砅一口气跑了十里地。

　　终于，他听到了杜甫微弱的回应。

　　王砅从草坑中救起了杜甫（杜甫从马上摔进草坑时可能已经昏迷），并把他扶上自己的坐骑。为了防止再次被人抢夺马匹，王砅左手牵着紫色马缰，右手在腰间紧扣着一把雪亮宝刀。此刻的王砅简直就是一个纵横江湖的侠客，他要用生命保护眼前这个差点死于路途中的长辈。

　　这彰显的不仅仅是亲情（仅就亲情而言，"重表"并不算太亲），还有人性的光辉。

　　让我们回放一下那个艰难而悲壮的时刻："争夺至徒步，块独委蓬蒿。逗留热尔肠，十里却呼号。自下所骑马，右持腰间刀。左牵紫游缰，飞走使我高。苟活到今日，寸心铭佩牢。"在我们歌颂杜甫的时候，请不要忘记他的这位重表侄。毫不夸张地说，王砯对于杜甫的重要性，几乎可以与那位可敬的洛阳姑姑相提并论。洛阳姑姑所表现出的是一种母爱，而重表侄王砯所表现出的则是一种侠义。

从白水向东北方向行走六十里左右，杜甫一家人来到了彭衙城的同家洼，被一场大雨阻止了行程。杜甫在长安待了差不多十年，结交了不少朋友，走投无路之时，想起一个名叫孙宰的故人，他的家就在同家洼。杜甫带着家人来到孙宰家，在这儿，我们再一次看见了人性的光辉。

彭衙行

忆昔避贼初，北走经险艰。夜深彭衙道，月照白水山。尽室久徒步，逢人多厚颜。参差谷鸟吟，不见游子还。痴女饥咬我，啼畏虎狼闻。怀中掩其口，反侧声愈嗔。小儿强解事，故索苦李餐。一旬半雷雨，泥泞相攀牵。既无御雨备，径滑衣又寒。有时经契阔，竟日数里间。野果充粮粮，卑枝成屋椽。早行石上水，暮宿天边烟。小留同家洼，欲出芦子关。故人有孙宰，高义薄曾云。延客已曛黑，张灯启重门。暖汤濯我足，剪纸招我魂。从此出妻孥，相视涕阑干。众雏烂熳睡，唤起沾盘飧。誓将与夫子，永结为弟昆。遂空所坐堂，安居奉我欢。谁肯艰难际，豁达露心肝。别来岁月周，胡羯仍构患。何当有翅翎，飞去堕尔前。

这首作于至德二载（757）的《彭衙行》，是杜甫于投宿孙宰家的第二年由凤翔回鄜州途经彭衙西边时所作，可以视为对故人孙宰的一种诗意致谢。杜甫的叙事以白描见长，陈贻焮就认为这首诗很像是一幅流民图与风俗画。[①] 清人何焯在《义门读书记》中说"早行石上水，暮宿天边烟"这十个字写得真好："望见白水，以为晓光，几堕深涧；遥指晚烟，以为村落，仅宿空林。深山间道，奔窜之苦，尽此十字矣。"其实写得好的岂止这十字？全诗一气呵成，气息流转而沁人肺腑。"厚颜"两字下得心疼：为了妻儿老小，杜甫不得不厚着脸皮找人要东西。孩子们实在太饿了，小女儿饿得直哭，要咬食杜甫的肉。这哭声很可能引来更加饥饿的野兽（虎狼），杜甫不得不赶紧用手捂住

---

① 陈贻焮：《杜甫评传》，北京大学出版社，2003。

她的嘴巴。这样一来，不解事的女儿反而哭得更凶了。儿子杜宗文装着很懂事的样子，声称自己最爱吃的就是像"苦李"一样的野果子。杜甫知道，他哪里是爱吃那些苦涩难咽的东西，儿子只是想尽量分担一点父母的艰难而已。这场景真是令人心酸，战争中最受苦的就是孩子们，他们是最柔弱无助的人群。伊茨哈克·卡曾尼尔森（Izhak Kazennielsen）在《我惨遭杀戮的族人之歌》里为我们描述了一个纳粹大屠杀时期的场面："在车站我看见一个大约五岁的小姑娘，她在给她生病的弟弟喂食，往些许冲淡了的果酱里撒进了面包的碎屑，熟练地把它们塞进弟弟的嘴里。这一切我的眼睛有福看见，看见这母亲，一个五岁的以色列母亲在哺育她的孩子，听见她抚慰的词语。我自己的母亲，全世界最好的一个，也不曾发明这样的计策。但这一个却带着微笑擦擦他的嘴，把欢乐注入他的心里。"杜宗文的行为，让我想起了这伤心欲绝的场景。

逃难的路上，遇上下雨天最麻烦，那时的雨具也就是蓑衣斗笠之类，遮点小雨还行，真正的大雨是顶不了用的。而杜甫连这样的简陋雨具也没来得及准备，一家老小在泥泞的道上行走，天黑了就找一棵大树当临时的屋子，低矮的树枝就成了遮风挡雨的屋檐。

就在杜甫几乎无路可走、无处可投之时，老朋友孙宰向他敞开了温暖的家门。

到达孙宰家时天已经黑下来，孙宰特意吩咐家人把灯烛点亮些，烧了一大锅洗脚水。有过乡村经历的人都知道，暖暖的洗脚水对于行过远路、蹚过泥泞的脚来说是多么稀罕。待杜甫和家人洗漱完毕后，孙宰还为落难的杜甫举行了简单的"招魂"仪式①——早行暮宿很可能让人把魂魄弄"丢"了——接着又让自己的妻子和仆人们出来和杜甫家人一一相见，相视无语落泪。孙宰的礼数相当周到，他还把宽敞的堂屋让给杜甫一家安睡。

王砯救杜甫，还多多少少有点亲缘关系，而孙宰与杜甫无亲无故，确实当得了"高义薄曾云"这五个字。人类在最艰难的时刻所绽放出来的人性光

---

① 仇兆鳌《杜诗详注》引宋代蔡梦弼《杜工部草堂诗话》："剪纸作旐，以招其魂，不必果有此事，只是多方安慰耳。"徐霖《绣襦记·得觅知音》："关山万里，谁为我招魂剪纸？"陈裴之《湘烟小录·紫湘谏》："剪纸招魂，采蘋设祭。"

辉才是最美的："谁肯艰难际，豁达露心肝。"杜甫的朋友孙宰，一位普通得不能再普通的人，却在杜甫一家进退维谷之际掏心掏肺地接纳了他们，这样的"心肝"，这样的古道热肠，才是世上最耀眼的珍宝。

春天的泪水

告别"高义薄曾云"的故人孙宰之后,杜甫和家人继续北行,目的地是鄜州。

途经三川县(今富县南)时,遇山洪暴发,杜甫写下《三川观水涨二十韵》一诗以纪实(显然受到西晋木华《海赋》及东晋郭璞《江赋》的影响)。到达鄜州后,杜甫将妻儿安居在一个叫羌村的村落中。

家人安顿下来后,杜甫又只身出发。

他要穿过西北方向四百多里之外横县附近的芦子关,从那儿可以抵达灵武。杜甫身上始终有一种使命感,觉得在国家危难之时自己不能不在场,不能只做一名逃亡者。杜甫当然已知道现在的新天子是玄宗的儿子李亨,年号也由天宝变成了至德。

杜甫的"太阳"还躲在遥远的蜀郡成都。

杜甫还没有想到,要不了多久,他也会去往那座江水清澈得可以洗涤锦绣的地方。

在投奔灵武行在中途,杜甫曾在延州(延安)城南小住过。

他收到了弟弟杜颖的来信,作《得舍弟消息二首》。

杜甫对他的几个同父异母的弟妹始终关爱有加,和对待弟妹的母亲,也就是继母卢氏态度迥然不同。

还没等到穿越芦子关，杜甫就在路上被安禄山的叛军捉住了。

史书是这样记载的："会禄山乱，天子入蜀，甫避走三川。肃宗立，自鄜州赢服欲奔行在，为贼所得。"① 关于杜甫具体在哪儿被捉住，没有更详细的说法，应该是在延州至芦子关的途中。至德元载（756），长安落入叛军之手后，关中大部分地区（京、鄜、坊、岐、陇等）都被叛军控制②，杜甫此行实在是很容易被发现，尽管他做了一些准备：所谓"赢服"（只有皇帝才能说"微服"）就是一种化装行为，他故意将自己打扮成难民的样子。实际上，此时的杜甫虽说只是一个从八品下的芝麻官，但从身份上来说还是一个朝廷命官。

有人说杜甫被叛军捉住后，被当作挑夫押进了长安。③ 这个说法应该是一种推测，并无文献上的根据。当然，从情理上说，这也是完全可能的。杜甫这时四十五岁，虽然头发花白了些，但在叛军眼中还算是一个劳动力，抓来当挑夫亦未尝不可。

杜甫被押回长安的时候，已是至德元载八月的秋天。

十八世纪来华的法国传教士钱德明（Joseph-Marie Amiot）用法文写了篇《杜甫传》，里面虚构了一段杜甫被捉往长安后叛军与安禄山的对话，相当有趣：

> 我们在大道上捉住了全国最著名的诗人。你要不要我们把他带到这儿来见你？你要消遣的时候，有他在旁，也是好玩的。
>
> 诗人？安禄山说，那是怎样的畜生？他会耍什么把戏？
>
> 诗人是会诌文的，会用新奇可喜的字眼，会造腔调好听的句子；我们满口只平淡无味。
>
> 这个诗人是否比我们更会打仗？他若是战士，我可见他，也可用他。他若只能用文字来变戏法，我用不着他，而且讨厌他。

这段被洪业斥为"离奇"的对话，在我看来具有相当的想象性真实。历史上的杜甫肯定没有和安禄山见过面（安禄山当时不在长安，而在洛阳），

---

① 欧阳修等：《新唐书》卷二〇一《杜甫传》，中华书局，1975。
② 司马光：《资治通鉴》卷二一八，中华书局，1956。
③ ［美］洪业著，曾祥波译：《杜甫：中国最伟大的诗人》，上海古籍出版社，2014。

如果真见了，那杜甫的人生又得改写，后来的左拾遗肯定没戏，和小伪官郑虔一样受到贬谪则是必然之事。这段对话传达了一个真相，那就是安禄山和他的军队是一支野蛮的军队，他们对文化、对艺术、对诗歌不会有任何兴趣（王维等人被其强迫做伪官并不是因为他的诗歌成就，而是因为他的地位），这一点恰恰救了我们的诗人。在叛军眼中，诗人杜甫就是一介凡人，甚至还不如凡人，至少在下苦力方面不如凡人。这让杜甫有更多机会做到"数尝寇乱，挺节无所污"。

从杜甫困居长安的诗中我们可以清楚地知道，他虽然过着屈辱和恐慌的日子，但行动还是相对较为自由的，没有受到严格监控。从前面我们提及的《哀江头》和《哀王孙》诗中亦可看出，他还可以到曲江边去怀旧，到城中转悠。在人身自由方面，至少杜甫过得比那位王孙好得多。作于此间的《喜晴》一诗也显示，杜甫可以比较随意地在长安城内（主要还是在城南）走动。杜甫在此段时间内一直没有闲着，感觉他一直在四处游荡——"黄昏胡骑尘满城，欲往城南望城北"。在这种看似恍惚的行为中其实藏着一个坚定的信念：一定要逃出这座曾经的天堂，而今的魔窟。

机缘合适的时候，他还可以找到同样被困城中的朋友一起喝酒。① 最让杜甫难忘的是，他竟然遇到了老友郑虔。至德二载（757）春天，被迫出任安禄山伪政权官职的郑虔（以正五品上的水部郎中求从九品上的摄市令）装病从洛阳溜回了长安，他的侄儿驸马郑潜曜居然也还活着。于是杜甫和郑虔就在郑潜曜家中的池台上重逢了。乱世相见异常珍贵，意外之喜溢于言表，为此，杜甫写下《郑驸马池台喜遇郑广文同饮》一诗，在诗中赞美郑虔的气节（但是后来郑虔仍然没有得到肃宗的原谅）。由此亦可知杜甫的守节意识是相当强烈的。很幸运，诗人杜甫守住了自己的气节。

郑虔之外，长安怀远坊大云寺的住持赞公是"困兽"杜甫此际最值得信赖的朋友，赞公曾是房琯的门客。在那种情形之下，寺庙可能是最好的避难之所。两人结下患难深情，后来杜甫流亡秦州，其中一个原因就是赞公也到

---

① 至德二载（757）正月初一，杜甫和苏端、薛复一起饮酒醉歌，杜甫作《苏端薛复筵简薛华醉歌》。其中的苏端是在此期间周济过杜甫的友人，杜甫为其写有《雨过苏端》。

了秦州的西枝村。我们从杜甫的《大云寺赞公房四首》诗中得知，赞公特地送给杜甫两样东西。《大云寺赞公房四首》之二："细软青丝履，光明白氎巾。深藏供老宿，取用及吾身。自顾转无趣，交情何尚新。道林才不世，惠远德过人。雨洿暮檐竹，风吹春井芹。天阴对图画，最觉润龙鳞。"赞公送给杜甫一双青履和一条白氎巾，这两样东西赞公一直"深藏"着。这就相当有意思了，为什么要把这两样"深藏"之物赠给杜甫呢？

"泱泱泥污人，狺狺国多狗！"（《大云寺赞公房四首》之四）困守长安的夜晚滋味不好受，尤其有月光的时候，且是一些特别的月光，比如中秋的月光，比如寒食的月光，更让人难以消受。

月　夜

今夜鄜州月，闺中只独看。遥怜小儿女，未解忆长安。香雾云鬟湿，清辉玉臂寒。何时倚虚幌，双照泪痕干。

一百五日夜对月

无家对寒食，有泪如金波。斫却月中桂，清光应更多。仳离放红蕊，想像颦青蛾。牛女漫愁思，秋期犹渡河。

在没有人类的时代，月亮早已高挂清空。《诗经》中的月亮已美得心痛："月出皎兮，佼人僚兮。"英国汉学家克兰默—宾（L. Cranmer-Byng）在其名著《灯宴》的序言中指出：月亮悬挂在中国旧诗坛的上空。她是人间戏剧美丽而苍白的观众，而她所知道的一切隐秘、激情和欢乐，迅速地崩溃或是慢慢地腐烂，她把远隔千山的情侣思念联结起来。中国诗人对月亮的眷爱，到唐代达到了巅峰。在唐人眼中，月亮就是世界的本相，正如《五灯会元》所载的那首唐代法眼禅师的名偈所言："见山不是山，见水何曾别？山河与大地，都是一轮月。"唐人为什么如此好月？还是寒山说得好："吾心似秋月，碧潭清皎洁。无物堪比伦，教我如何说？"或者，我们从海德格尔（Martin Heidegger）致里尔克（Rilke）的书信中，也能得到启示：就像月亮一样，生命也一定具有不断从我们转身而去的一面，但这一面并不是生命的对立面，而是它向光满的完成，向丰盈的完成，向真实、全部、完整的存在之领域的完成。

无论是中秋的月亮，还是春天寒食的月亮，被叛军控制在长安城中的杜甫，在那皎洁的无边月色之下，最牵肠挂肚的还是同一片月色之下鄜州的家人。在唐代的月光曲中，有写故乡几近完美的（比如李白），但是要找出写思念家人、思念妻子的月光曲，没有比杜甫写得更动人的了。杜甫不从长安的月色写起，不说自己想念妻儿，而是从鄜州的月色，从鄜州的家人写起，可谓别开生面。明人谭元春在《唐诗归》中就说："'遍插茱萸少一人''霜鬓明朝又一年'，皆客中人遥想家中相忆之词，已难堪矣。此又想其'未解忆'，又是客中一种愁苦，然看得前二绝意明，方知'遥怜''未解'之趣。"近人高步瀛在《唐宋诗举要》中引吴汝纶的话说："专从对面着想，笔情敏妙。"李庆甲在《瀛奎律髓汇评》中引用纪昀对此诗的评论："入手便摆落现境，纯从对面着笔，蹊径甚别。后四句又纯为预拟之词，通首无一笔着正面，机轴奇绝。"

如果我们要在唐诗中找出两句赞美自己妻子的诗句，写得最梦幻最迷人的，当首推杜甫的"香雾云鬟湿，清辉玉臂寒"。近百年前的民国十一年（1922）夏天，梁启超在清华大学曾做过一次名为"情圣杜甫"的演讲。梁氏说："杜工部被后人上他徽号叫做'诗圣'。诗怎么样才算'圣'？标准很难确定，我们也不必轻轻附和。我以为工部最少可以当得起'情圣'的徽号。因为他的情感的内容，是极丰富的，极真实的，极深刻的。他表情的方法又极熟练，能鞭辟到最深处，能将他全部完全反映不走样子，能像电气一般，一振一荡地打到别人的心弦上，中国文学界写情圣手，没有人比得上他，所以我叫他做情圣。"[①] 杜甫确实当得了"情圣"二字，他是中国诗史上最深情的圣人。

至德二载（757）寒食节的这轮月亮，完全可以和上年秋天的《月夜》互读。据南朝梁宗懔《荆楚岁时记》记载："去冬节一百五日，即有疾风甚雨，谓之寒食。禁火三日，造饧大麦粥。"这样算来，那一年的寒食节应该就是至德二载（757）三月初七。洪业根据一部出版于十九世纪的西方天文学著作《蚀经》推算，至德二载寒食节的月亮不是满月而是半月，并进一步推算出杜甫一生所过的寒食节只有三次满月，分别在天宝六载（747）、天宝

---

① 梁启超：《饮冰室合集·文集》卷三八，中华书局，2015。

十四载（755）和广德元年（763）。① 从天文学角度来讨论诗歌是非常独特的一次尝试，但是如果仔细寻绎杜甫这首诗的诗意，我们并不能从中得出他所写的就是满月这一层意思。恰恰相反，杜甫在诗中埋怨月光不够明亮，不够圆满，所以才有"斫却月中桂，清光应更多"的愿望。事实上，月亮中的阴影并不一定是要在满月时才有，半月时也是可能看见的。这首诗在形式上也有所创新，清人杨伦在《杜诗镜铨》中指出，首联对起，颔联散承，从而构成一种后世所说的偷春格，如同梅花偷春光而率先绽放。

至德二载（757）元旦，杜甫想念乱世中的钟离妹妹，有《元日寄韦氏妹》。春天，杜甫还写有表现卓有见地的筹边之作《塞芦子》，以及怀念家人的《忆幼子》和《遣兴》等作品。杜甫在任何时刻都没有忘记自己的祖国，在更早些的时候，他刚被抓回长安不久的至德元载（756）十月，他的朋友房琯兵败陈陶斜和青坂二地，他悲伤地写下《悲陈陶》和《悲青坂》，以纪念那几万名付出鲜血代价的生命——请注意这是在叛军控制的黑暗时期所作，如果被敌人发现是可能导致杀头的。看看写于同一时期的《对雪》，从中可窥见杜甫的痛苦："战哭多新鬼，愁吟独老翁。乱云低薄暮，急雪舞回风。瓢弃樽无绿，炉存火似红。数州消息断，愁坐正书空。"这种痛苦随着时间的推移会越来越浓重，压得诗人喘不过气来。第二年（至德二载）春天，杜甫写出了在中国几乎妇孺皆知的名篇《春望》：

> 国破山河在，城春草木深。感时花溅泪，恨别鸟惊心。烽火连三月，家书抵万金。白头搔更短，浑欲不胜簪。

古今中外讨论这首诗的人太多了，常被提及的如宋人司马光，今人黄药眠、萧涤非等，难以胜数②，讨论的焦点好像都集中在杜甫为什么要说"花溅泪"三个字上。黄药眠认为：花并不溅泪，但诗人有这样的感觉，因此，由带着露水的花联想到它也在流泪。萧涤非反驳说：果如此说，溅字就很难讲通。为什么呢？因为溅是迸发，有跳跃义。故此处"泪"仍以属人为是，

---

① ［美］洪业著，曾祥波译：《杜甫：中国最伟大的诗人》，上海古籍出版社，2014。
② 魏庆之：《诗人玉屑》卷六引《温公续诗话》，中华书局，2007。陈贻焮《杜甫评传》转引，北京大学出版社，2003。萧涤非：《杜甫诗选注》（增补本），人民文学出版社，2017。

所谓"正是花时堪下泪"。实际上这些都是一些近乎迂腐的见解,和当年沈括说杜甫写成都武侯祠古柏("霜皮溜雨四十围,黛色参天二千尺")写得"太细长"是一回事。① 花为什么不可以"溅泪"呢?花朵也是有生命的,它们的忧伤有时是我们普通人所无法理解的,只有极少数的人,比如诗人和音乐艺术家才可以感知到。杜甫在这儿不说"落泪"或"流泪",不过是想强调其伤心欲绝的程度,增强其动感,让全诗在悲伤的气氛中平添几分生气,同时和"惊心"的鸟鸣声形成一种姿态上的呼应。如果按照萧涤非等人的意见,当他们读到西班牙诗人加西亚·洛尔迦(Garcia Lorca)的《哑孩子》(戴望舒译)又会怎么说呢:"孩子在找寻他的声音。/(把它带走的是蟋蟀的王。)/在一滴水中/孩子在找寻他的声音。"那些可怜又美丽聪明的哑孩子,他们的声音被带到什么地方去了?谁带走了他们的声音?还能找回来吗?洛尔迦给出了自己的答案:孩子的声音被带到了一滴露水中;带走孩子声音的是一只蟋蟀的王,那声音已穿上蟋蟀的衣裳。这就是诗歌,这就是诗人,不理解这个就无法真正理解诗人杜甫。

是春天的泪水打湿了长安的花朵,还是花朵上的露水让杜甫觉得像人类流出的眼泪?

还好,流泪的春天就要结束了。

---

① 沈括:《梦溪笔谈》卷二三,中华书局,2016。

暂时活着

我们应该还记得,杜甫在《大云寺赞公房四首》之二中说赞公和尚临别时,将他"深藏"的两样东西——一双青履和一条白氎巾赠给了杜甫。这两样并非什么很值钱的东西,赞公为什么要深藏起来?又为什么要送给杜甫呢?答案终于在至德二载(757)四月十二日浮出水面:杜甫从金光门逃出,间道窜归凤翔。肃宗已于至德二载的二月,将行在从彭原南迁到了凤翔。至此我们才明白,杜甫到大云寺并不是去闲聊的,而是一直在和赞公商量逃出长安的大事。最后确定了逃走的时间("今夏草木长,脱身得西走。"夏天草木葱茏,利于隐藏)、地点(金光门位于长安西面,出入的人相对较少)①,以及装扮——原来赞公的主意是用青鞋和白帕子将诗人杜甫打扮成一个胡人的模样。胡人多信奉源于波斯的摩尼教,尚白是摩尼教徒的一个重要特征。《摩尼光佛教法仪略》中说摩尼"串以素帔""其居白座",教义规定摩尼信徒的前四个等级"并素冠服",亦即身着白衣头戴白帽。考古发现也证明了这一点,高昌(今新疆吐鲁番)存世的摩尼教壁画中摩尼教僧侣皆着白色冠服。② 由此我们还可得知当时被叛军控制的长安有着明确的种族区分:对汉

---

① 简锦松《杜甫诗与现地学》:"胡骑把守多在开远门通往西方的正路一线,所以选择金光门出发,偏离正路,以避开胡骑查缉。"

② 林悟殊:《摩尼教及其东渐》,中华书局,1987。

人严格，对胡人比较宽松。这也可以从一个侧面证明安史之乱的背后，确实隐藏着种族之战。安禄山的父系为中亚月氏族，史思明是突厥种，安史军事集团中核心战力全部是胡人（如前面提及的曳落河）。

金光门对杜甫的一生有着特别的意义，这座让他成功逃出的长安城门，在他和唐朝新天子肃宗及大小官吏一起返回长安之后不久，乾元初（758），他会再次从金光门出发前往华州——这也是杜甫的双足最后一次踏在长安的大地上。

杜甫为何能在困守长安达八个月之后〔从至德元载（756）的八月到至德二载（757）的四月〕成功逃走呢？除他个人的精心准备之外，也与时局紧密相关。早在三个月前，也就是至德二载的正月，叛军内部曾发生过一起严重的内乱事件：安禄山的儿子安庆绪联手严庄和太监李猪儿等人，趁着患有严重目疾的安禄山熟睡之际将其杀死。① 这个事件对于叛军来说肯定不是一件好事情，并且给了叛军另一名凶猛的头目史思明一个暗示：儿子都可以杀老子，难道老子还不能杀你这个儿子？！史思明表面上按兵不动，私底下已经打好了主意。两年后（759）的夏天，史思明在一次击败唐军之后，借着胜利的势头回到范阳，伺机杀了安庆绪，自己当上了大燕皇帝。不可思议的是，安史叛乱集团内部似乎已经戴上了一个魔圈（明清时期的黄宗羲和全祖望甚至认为这个魔圈也戴在玄宗的头上）：老子总是要被儿子杀掉。两年后（761）的阳春三月，史思明的儿子史朝义和手下复制了四年前安禄山被杀时的场景，一场历史镜头的回放或对杀人现场的血腥模仿，老子史思明被儿子史朝义给杀了。

安庆绪的篡权一定给叛军带来不小的震动，这种震动传递到长安后会带来各种管控的变化，这正是杜甫出逃的机会。

逃出长安的金光门还只是第一步，杜甫还要面对很多未知的凶险。窜归

---

① 刘昫等《旧唐书》卷二〇〇上《安禄山传》：禄山以体肥，长带疮。及造逆后而眼渐昏，至是不见物，又着疽疾。俄及至德二年正月朔受朝，疮甚而中罢。以疾加躁急，动则斧钺。严庄亦被捶挞，庄乃日夜谋之。立庆绪于户外，庄持刀领竖李猪儿同入禄山帐内，猪儿以大刀斫其腹。禄山眼无所见，床头常有一刀，及觉难作，扪床头不得，但撼幄帐大呼曰："是我家贼！"腹肠已数斗流在床上，言讫气绝。因掘床下深数尺为坑，以毡罽包其尸埋之，又无哭泣之仪。庄即宣言于外，言禄山传位于晋王庆绪，尊禄山为太上皇。

的大半路程都在叛军控制的势力范围内，因此随时都可能被发现，随时都有生命危险。杜甫冒着如此高的风险逃出来，不是去鄜州看望妻儿老小，而是直奔大唐王朝的临时政治中心凤翔。在家和国之间，杜甫做出了自己的选择，也是一个中国儒生的选择。这种选择是残酷的，杜甫在《述怀》诗中表达了这种痛苦：

> 去年潼关破，妻子隔绝久。今夏草木长，脱身得西走。麻鞋见天子，衣袖见两肘。朝廷愍生还，亲故伤老丑。涕泪受拾遗，流离主恩厚。柴门虽得去，未忍即开口。寄书问三川，不知家在否。比闻同罹祸，杀戮到鸡狗。山中漏茅屋，谁复依户牖。摧颓苍松根，地冷骨未朽。几人全性命，尽室岂相偶。嵚岑猛虎场，郁结回我首。自寄一封书，今已十月后。反畏消息来，寸心亦何有。汉运初中兴，生平老耽酒。沉思欢会处，恐作穷独叟。

诗人做梦也不曾想到，他第一次拜见唐朝天子的情形竟是如此狼狈：穿着一双磨破了的麻鞋（赞公赠送的那双青履早就破得不能再穿），两片衣袖被沿途的丛林和荆棘划得褴褛不堪（杜甫不敢走大道，只能走"间道"），两只又脏又瘦的手肘袒露在破袖之外——我突然想起瑞典诗人特朗斯特罗姆（Tomas Tranströmer）的一句名诗："外套破旧得像狼群。"此刻的诗人杜甫，就以这种形象站在大唐君王面前。杜甫在诗中说，他不是不想家，不是不担心家人。他也偷偷写过一封家书，可是天知道家人收没收到，总之他没有收到妻子一个字的回音（显然杨夫人是识字且会写书信的）。在那个连鸡狗也不放过的可怕时期，鄜州的妻子和孩子们是否还活着他也不知道。杜甫对家人怀有深深的愧疚，他在《遣兴》中所写的"世乱怜渠小，家贫仰母慈"是发自肺腑的，杜甫的家和他的儿女们能在战乱中幸存下来，全靠孩子们的母亲，他的妻子杨夫人一个人的苦苦支撑！

人们推测杜甫大约用了二十三天的时间才完成这次"窜归"，从四月十二日出逃算起，直至五月初五杜甫才抵达凤翔行在①。杜甫为这次成功的逃脱一连写了三首《喜达行在所》，欣喜之情难掩。

---

① ［美］洪业著，曾祥波译：《杜甫：中国最伟大的诗人》，上海古籍出版社，2014。

西忆岐阳信，无人遂却回。眼穿当落日，心死着寒灰。茂树行相引，莲峰望忽开。所亲惊老瘦，辛苦贼中来。

　　愁思胡笳夕，凄凉汉苑春。生还今日事，间道暂时人。司隶章初睹，南阳气已新。喜心翻倒极，呜咽泪沾巾。

　　死去凭谁报，归来始自怜。犹瞻太白雪，喜遇武功天。影静千官里，心苏七校前。今朝汉社稷，新数中兴年。

诗题后有条杜甫的原注：自京窜至凤翔。"司隶章初睹，南阳气已新"用的是汉代的典故：新莽末年淮阳王刘玄起兵欲北都洛阳，以刘秀兼代司隶校尉。刘秀修复旧馆，置僚属，作文移，从事司察，一如旧章。三辅吏士东迎刘玄部队，及见司隶僚属皆欢喜不自胜。老吏垂涕说道："不图今日复见汉官威仪！"① 杜甫的意思是说，凤翔虽是临时行在，帝室威仪犹存，大唐重光指日可待。

怀着一种急迫的心情走上逃亡的路，杜甫天天眼巴巴地望着西边——落日的方向（凤翔），望也望不到尽头，有时真的有些心灰意冷。茂盛的树影似乎成了指引杜甫前行的动力和方向，峰回路转，终于望见了莲峰（太白和武功山），望见莲峰也就离凤翔不远了。到达凤翔时，估计已是薄暮时分，杜甫的一些亲友见到他后，都有些不敢相认：这个从贼窝中跑出来的老人（其实也就四十五六岁）瘦得变了形，加上破旧的衣履，更增一重陌生感。

诗中写得最沉痛的是："生还今日事，间道暂时人。"

只有经历过无数生死险境的人，才写得出这样的诗句。

对于这十个字，我们这些没有经历过战乱，没有经历过逃亡的人很难理解其中的痛楚。

乍读起来似乎很寻常，仔细读后才会惊出一身冷汗。

能够活着回来的事，就在昨天都还不敢想，那时觉得活着才是世上最奢侈的事，今天真的活着回来了，令杜甫自己都不敢相信。"暂时人"是什么

---

① 范晔：《后汉书》卷一上《光武帝纪》，中华书局，2007。

意思？仅从字面上看是很好理解的，但是杜甫想要表达的很多，很辛酸，很绝望。"间道暂时人"，就是一个人悄悄行走（躲避）在崎岖小路上（更多的时候是荆棘和丛林，或根本没有路），随时都有可能被叛军发现而遭杀害或被野兽发现而吞食。因此，对于逃亡中的杜甫来说，活一天是一天，活一刻是一刻。今天还活着，还在做人，谁知道明天还能不能活着，明天就可能做了鬼；此刻还活着，还在做人，谁知道下一刻还能不能活着，下一刻就可能丢了魂。"暂时人"就是暂时性活着，没有希望地活着，这三个字真是字字千钧笔笔血啊！

杜甫的行为感动了肃宗李亨，再加上同中书门下平章事房琯的极力推荐，至德二载（757）五月十六日①，肃宗下诏让中书侍郎张镐任命杜甫为左拾遗。从官阶方面看，这个从八品上的左拾遗仅比之前任职的从八品下的右卫率府胄曹参军高了一点点，实际上还是大不相同的。一来因为杜甫所任的左拾遗实阶为从七品下，二来因为与房琯的关系以及左拾遗的言官身份，杜甫官阶虽不高，却成为直接参与到唐朝中央政权的官员之一。

这是诗人一生政治生涯的巅峰，之后再也没有超越过。②

自比稷、契，致君尧舜的杜甫③，用冯至的话说，终其一生真正待在官场的时间，就是管理兵甲器仗的几个月，在肃宗身边做左拾遗的一年，以及做华州司功参军不到一年的时间——除去后来在成都严武幕府的短暂岁月，加起来不过两年半。④

---

① 清人钱谦益《钱注杜诗》卷二《述怀一首》注引湖广岳州府平江县杜甫裔孙杜富家所藏唐授杜甫左拾遗敕，敕书中署有"至德二载五月十六日行"。
② 杜甫后来在成都以检校工部员外郎（从六品上）身份入参严武幕府，官阶上高于左拾遗，实际上只是一个虚衔。
③ 清蒋士铨在《南池杜少陵祠堂》中写道："先生不仅是诗人，薄宦沉沦稷契身。"（《忠雅堂集》卷二）
④ 冯至：《杜甫传》，人民文学出版社，2014。

不屈服的左拾遗

身为大唐言官的杜甫,上任不久就遇见了一件大事。

还没有进入大唐官僚体系的时候,至迟在天宝六载(747)前后,杜甫在刚刚从山东鲁郡西归长安时,就认识了在朝廷当给事中的房琯。房琯是名相房玄龄之后,父亲房融也是武后时的宰相。房融和杜甫的祖父杜审言肯定是相识的。房琯年长杜甫十五六岁,算起来是杜甫的长辈。虽说房琯系出名门,然仕途也并非平步青云,而是从基层做起来的,先后在卢氏、慈溪、宋城和济源等县做过地方官,政声甚佳。柳宗元在《唐相同房公德铭之阴》中对房琯做出了极高评价:"唐之大臣以姓配公最著者曰房公。房公相玄宗,有劳于蜀,人咸服其节;相肃宗,作训于岐,人咸尊其道。惟正直慈爱,以成于德。用是进退,所居而事理辩,所去而人哀号。"[①]唐代(尤其是前期)名相辈出,唯独房琯敢以姓氏径称房公,这个符号意义足以让两朝(玄宗、肃宗)重臣的房琯名彪后世。史学家司马光的评价可能更公正一些:"房琯喜宾客,好谈论,多引拔知名之士,而轻鄙庸俗,人多怨之。"[②]

---

① 柳宗元:《柳河东集》卷九,上海古籍出版社,1993。
② 司马光:《资治通鉴》卷二一九,中华书局,1956。

房琯对玄宗的感情甚深，这对君臣堪称患难之交。在玄宗最无助的时候，是房琯给了玄宗信心，在逃亡途中玄宗即授予其文部尚书、同中书门下平章事之职，走到蜀郡成都之后，再加封为银青光禄大夫。此刻的房琯享殊荣之极，不啻玄宗的心腹股肱。如果不是因为太子李亨在灵武突然登基，房琯的前程未可限量——当然历史没有如果。李亨登基后，玄宗又派房琯和韦见素北上灵武带去传国玉玺和玉册。玄宗之所以要派房琯去传达圣意，是希望房琯在新任天子的心中占据重要之地，也为自己将来多留一条后路。房琯以此顺利进入肃宗重新组建的权力核心。

摆在肃宗和房琯面前的当务之急，是如何收复两京。至德元载（756）冬十月，房琯决定一试身手，他认为只有凭借战功才能最终确立自己在新朝廷中的地位。房琯太自信了，而且太相信书本和道德的力量。他请求肃宗给他四万兵力，以北、中、南三路大军挺进长安。但是房琯的作战思路很奇怪，竟然以古代战车作为对阵的利器，这是一种近乎迂腐的军事策略，再加上宦官邢延恩的督战，一开始就注定了失败。败局很快呈现，房琯的四万大军在咸阳以东的陈陶斜及青坂几乎全军覆没。前面已经提及，困守长安的杜甫为此写下《悲陈陶》和《悲青坂》，前者写道："孟冬十郡良家子，血作陈陶泽中水。野旷天清无战声，四万义军同日死。群胡归来雪洗箭，仍唱夷歌饮都市。都人回面向北啼，日夜更望官军至。"

四万名战士全部献出了生命，这在唐朝兵力奇缺的时候，无疑是一次致命的打击。不过，唐军在与叛军对峙的时候，失败是常有的事，肃宗并不能因此就将房琯贬谪，至少这还不是最佳时机。在肃宗内心深处，这个来自太上皇身旁的旧臣是不值得信任的。这次兵败对唐军来说当然是一次重大损失，但对肃宗维护自身权力的稳定来说，未尝不是一次清理旧臣的机会。肃宗最不能原谅的是房琯在成都向玄宗提出的那些事关存亡的建议（下诏任命太子李亨为天下兵马大元帅及诸子任各地节度使），并且玄宗还在房琯、崔圆的协助下制订了收复反攻计划，打算兵分四路，永王李璘即为四路之一——如果没有这些建议，很可能就不会有永王李璘的所谓叛乱。这条建议不仅让他这个太子在没有得到父皇授权的情形下就贸然登基的行为缺少合法性，相反还使永王的军事行动看上去顺理成章——在李璘看来，你这个当哥的虽然是太子，是皇位继承人，但是父皇还健在，也没有禅位，你就宣布自己是新天子,这不是僭越或谋反是什么?!

由北海太守晋升为代理御史大夫的贺兰进明洞察了肃宗的心病,他说房琯忠的是"南朝"太上皇,他当初的建议就是要削弱肃宗的力量,同时脚踩多只船,不把鸡蛋放在同一个篮子里。①

房琯被肃宗冷落是必然的,即使没有陈陶之败也会如此。房琯可能自己也明白这个道理。结果事与愿违,现在成了一个失败的、肃宗不待见的人,只好假装在家养病。

房琯出身名门,一闲下来的行为看起来有些纨绔,实际上是在表达强烈的不满。

有着极高音乐修养的房琯酷爱古琴。在他众多的宾客中,有一位著名的琴师名叫董庭兰,深得房琯的欣赏。据说有人为了接近房琯而向董庭兰行贿(这完全可能是贺兰进明等人的阴谋所致),此事被人向朝廷告发,肃宗大为震怒,重治房琯,立即罢了其宰相之职。明眼人一看便知,肃宗完全是借题发挥,目的在于将玄宗的旧臣房琯赶出中央权力部门——打了大败仗未受责罚,门客受了点贿反而被重处。

房琯被罢相的事发生于杜甫上任左拾遗的前几天②,成为言官的杜甫立即上疏挽救房琯。元人辛文房记载:"(杜甫)至德二年,亡走凤翔上谒,拜左拾遗。与房琯为布衣交,琯时败兵,又以琴客董庭兰之故罢相,甫上疏言:罪细,不宜免大臣。帝怒,诏三司杂问。宰相张镐曰:甫若抵罪,绝言者路。帝解,不复问。"③杜甫根本没有弄明白肃宗为什么会因为房琯的一名琴师受贿而大动干戈,他只想为朋友说句公道话,只想为大唐留住一个人才。杜甫更没有想到他的这个行为会触怒肃宗,特敕三司(刑部、御史台、

---

① 刘昫等《旧唐书》卷一一一《房琯传》载,(贺兰进明)曰:"琯昨于南朝为圣皇制置天下,乃以永王为江南节度,颖王为剑南节度,盛王为淮南节度,制云'命元子北略朔方,命诸子分守重镇'。且太子出为抚军,入曰监国,琯乃以枝庶悉领大藩,皇储反居边鄙,此虽于圣皇似忠,于陛下非忠也。琯立此意,以为圣皇诸子,但一人得天下,即不失恩宠。又各树其私党刘秩、李揖、刘汇、邓景山、窦绍之徒,以副戎权。推此而言,琯岂肯尽诚于陛下乎?臣欲正衙弹劾,不敢不先奏闻。"上(肃宗)由是恶琯。
② 据《旧唐书·肃宗本纪》载,至德二载五月十日,房琯罢相。
③ 辛文房著,傅璇琮等校笺:《唐才子传校笺》卷二,中华书局,1995。

大理寺）推问。按照《唐六典》，"凡国之大狱，三司详决"①，即只有犯重罪、死罪的人才会三司会审。

诗人杜甫被关进大狱中，这是一种顶格处罚，是要置他于死地的架势。

在宰相张镐、御史大夫韦陟的苦苦救援之下（几个月后肃宗便将张镐贬为平章事兼河南节度使，罢免韦陟御史大夫之职），被囚禁了十多天的杜甫最终无罪释放。其中也可能还有一点杜甫与肃宗的私人关系：杜甫之前在右卫率府工作过。

至德二载（757）六月初一，杜甫例行写了一封感恩状，《新唐书》载其状曰：

> 琯宰相子，少自树立为醇儒，有大臣体，时论许琯才堪公辅，陛下果委而相之。观其深念主忧，义形于色，然性失于简。酷嗜鼓琴，廷兰托琯门下，贪疾昏老，依倚为非，琯爱惜人情，一至玷污。臣叹其功名未就，志气挫衄，觊陛下弃细录大，所以冒死称述，涉近忤激，违忤圣心。陛下赦臣百死，再赐骸骨，天下之幸，非臣独蒙。

杜甫向肃宗坦白：我是一个智识浅昧的人，向所论事，涉近激讦，违忤圣旨，既下有司，具已举劾，甘从自弃，就戮为幸。今日巳时，中书侍郎平章事张镐奉宣口敕，宜宽免我的罪行，赦臣万死，曲成恩造，再赐骸骨。陛下不计较我狂狷的过错，深容我这样的直臣，对后来进言大臣更是一种鼓励。这不仅让我杜甫感到幸甚，也让天下人感到幸甚！

看起来好像杜甫屈服了，认错了？

不，这不过是些客套话，不是杜甫的心里话。

即使在这篇表面上认错的状子里，杜甫仍然免不了对房琯进行一番赞美（"深念主忧，义形于色"），仍希望肃宗能"弃细录大"。

实际上，杜甫根本不认为自己疏救房琯有什么错，错的是身为大唐君王的李亨。

结果可想而知，房琯罢相的事实无法更改，杜甫本人的政治生涯也基本走到了头——"帝自是不甚省录"②——什么意思呢？就是从此以后大唐中

---

① 李林甫等：《唐六典》卷八，中华书局，2014。
② 欧阳修等：《新唐书》卷二〇一《杜甫传》，中华书局，1975。

央权力圈层中，不会再有杜甫的身影。

至德二载（757）七月，杜甫写有《月》诗："天上秋期近，人间月影清。入河蟾不没，捣药兔长生。只益丹心苦，能添白发明。干戈知满地，休照国西营。"清人王嗣奭在《杜臆》中认为，杜甫单咏一物必有所指，这首诗的所指必与房琯罢相及李辅国等人相关。从诗中散发出来的悲凉情绪来看，这个推断是成立的，杜甫的"丹心"无人知，"白发"一天天多起来。

疏救房琯的事件影响了杜甫的一生，其追求宏大的政治理想之路至此宣告结束。

但是，倔强的左拾遗杜甫没有后悔，只是遗憾——遗憾自己未能尽到一个言官的责任，没能阻止肃宗的一意孤行，没能让房琯留在权力的中心为国效力。

六年之后，亦即广德元年（763）秋天，房琯客死于阆州，杜甫专程从梓州前往阆州致祭，在《祭故相国清河房公文》一文中写道："拾遗补阙，视君所履。公初罢印，人实切齿。甫也备位此官，盖薄劣耳。见时危急，敢爱生死。君何不闻，刑欲加矣。伏奏无成，终身愧耻。"清仇兆鳌说，此段自述感恩疏救之意。① 请注意，杜甫使用了"切齿"二字，可以想象他当时对肃宗的决定是何等无奈和愤怒。

对于疏救房琯一事，杜甫一直深感内疚，这种情绪几乎纠缠着杜甫的余生。在上元元年（760）的《建都十二韵》、大历元年（766）的《壮游》、大历三年（768）的《秋日荆南述怀三十韵》以及《秋兴八首》中，杜甫多次提到疏救失败一事。决不屈服的左拾遗，在阆州写下了《别房太尉墓》一诗："他乡复行役，驻马别孤坟。近泪无干土，低空有断云。对棋陪谢傅，把剑觅徐君。惟见林花落，莺啼送客闻。"诗人在老友的孤坟面前流尽眼泪，打湿了坟墓上的泥土。

杜甫很清楚自己在这个位置上待不了太长的时间，但只要在位一天，就要尽到一个言官的责任。至德二载六月十二日，杜甫和同为言官的韦少游等人一同举荐诗人岑参为右补阙，撰有《为补遗荐岑参状》。

这时，刚刚三十出头的严武也在凤翔行在门下省做给事中，杜甫开始和

---

① 仇兆鳌辑注：《杜诗详注》卷二五，中华书局，1979。

这位晚辈密切交往，写有《奉赠严八阁老》一诗。杜甫和严武的父亲严挺之是旧交，在诗中以一个长辈的口吻称严武为"妙年"，并以"蛟龙"及"雕鹗"相期许。

如果说房琯是影响杜甫政治生涯的一个重要人物，那么严武则是影响杜甫人生和生活的另一个重要人物——这是不屈服的左拾遗杜甫在凤翔行在所得的一个收获与馈赠。

苍茫北征

自至德二载（757）五月出任左拾遗以来，两三个月过去了，杜甫还没有回过鄜州的羌村，妻子和儿女们日夜盼望着他归来。自从疏救房琯一事发生后，杜甫明显感觉到肃宗对自己的冷淡，已经预感到不太明朗的未来。

杜甫强烈地想念家人，想念那个自己并不熟悉却寄寓着无限牵挂的羌人小村落。

杜甫决定向朝廷告一次长假，回鄜州探亲。

唐朝官吏的休沐时间在古代是比较长且相对自由的，除例行的每月三日旬浣之外，还在一年的春分、清明及冬至各设有长达七天的假宁之节。① 如果遇有特殊情况（如守孝等），亦可临时请假。

这一年闰八月初一凌晨，杜甫踏上前往鄜州的归程。

临行之前，凤翔行在要好的同事贾至、严武和岑参等人为杜甫饯行，几人还在酒宴上随机拈韵作诗，杜甫得到一个"云"字，写下《留别贾严二阁老两院补阙》一诗。从诗中可知，那年的秋天又是雨水连绵，虽然等来了省亲的机会，杜甫内心的愁闷却是难以排遣的。

北行的路程并不短，从凤翔到麟游有一百六十里，再到彬州七十里，到宜君二百一十里，最后到达鄜州还有二百二十多里，全程共有六百多里。据

---

① 《唐六典》卷二："内外官吏，则有假宁之节。"

洪业和陈贻焮的研究，杜甫行程前部分有两百多里路全靠步行，一直到了新平（今陕西彬州）才在以养马闻名的李嗣业将军那儿借到一匹马，还为此作《徒步归行》一诗。后来的行程（包括入蜀）虽然处处艰辛，但大部分还是有马骑的。杜甫在麟游参观过九成宫，作《九成宫》一诗。到了宜君又参观了玉华宫，并写下《玉华宫》诗，"不知何王殿"的明知故问中透露出无限的幻灭感。《晚行口号》与《独酌成诗》也是此行所得。

一路晓行夜宿，杜甫终于到达久别的羌村。

在经历六百多里的行程以及长达两年的担忧与思念后，如同好酒经过时间的窖藏一样，杜甫写下了不朽诗篇《羌村三首》和《北征》。这组一短一长的诗作使杜甫的诗艺上升到空前沉郁而开阔的境界。从诗学的层面来看，作为一个大诗人，杜甫至此已经完全站立起来。这一年，杜甫四十六岁。

《羌村三首》肯定写于《北征》之先，可以和《北征》互读。我怀疑是杜甫在写完《羌村三首》之后意犹未尽，并激发出抒写一首长诗的热情火焰，于是又写作出《北征》这首名垂百代的诗作。《羌村三首》前二首人们谈得比较多，我个人最喜欢的却是第三首：

群鸡正乱叫，客至鸡斗争。驱鸡上树木，始闻叩柴荆。父老四五人，问我久远行。手中各有携，倾榼浊复清。莫辞酒味薄，黍地无人耕。兵革既未息，儿童尽东征。请为父老歌，艰难愧深情。歌罢仰天叹，四座涕纵横。

杜甫诗歌的鲜活性体现在各个层面，他的确是唐代挑战腐朽语言的超一流大师，常常在情感充沛之际省去全部的诗歌修辞，而将一颗滚烫的诗心以近乎粗砺的方式直接敞开给世间。在我看来，凡是能看得见修辞的都可以视为败笔，最高的修辞是没有修辞的修辞。很多人将粗砺与粗糙混为一谈，对于一个雕刻大师来说，光滑与粗砺都是他十分珍贵的语言，也是构成其作品的重要品质和手段。无论是古埃及、古希腊的雕刻家，还是米开朗琪罗或罗丹，我们都能在他们的鬼斧神工中看见这两种相辅相成的东西。粗砺是经过艺术家精心选择和预设的，而粗糙则是艺术家所不能容忍的。无论是由于疏忽还是才华不逮，粗糙永远是艺术的敌人。这种感觉，如同你看见一个美人，身着棉质或纯麻质地的衣裳，她可能不施粉彩、举止随意，却自有一番沉静的天生丽质令人感动。粗砺是一种内在，十分考究，表象显得朴素甚至荒芜，但有触之疼痛、抚之刺痛的品质，而粗糙则是从内到外的粗俗、粗野、粗鄙。巨匠在作品中留下斧凿的痕迹，留下木头或石头的纹理，留下诗歌蛮荒的、野性的痕迹，那是粗砺。而资质与学识均难符其实的匠人或小诗人，在作品中处处露拙、露丑、露怯、露肘，留下零乱和破败的痕迹，那就是粗糙。

杜甫的《羌村三首》确有一种动人的粗砺之美，尤其是第三首，那乱叫着争斗着的群鸡，客人还未到就已经感知到了，一只只被驱赶到高高的树上——这景象在汉乐府及陶渊明、阮籍等人的诗中都曾出现过，但是没有一个人能写出杜甫的这种鲜活与生命力。清人浦起龙在《读杜心解》中认为杜甫这三首诗作"俱脱胎于陶"，我以为这样说过分强调了杜甫对陶诗的学习而忽略了他的创造。还是清人张谦宜在《茧斋诗谈》中说得较好："《羌村》只是一真，遂兼众妙。"这个"真"才是杜甫诗歌的最后背书。

杜甫诗情澎湃，写完《羌村三首》之后，通过皇皇《北征》拉开具有史诗色彩的序幕。《北征》在文本写作方面，肯定受到了赋体的影响，尤其是受到班氏家族班彪《北征》和他的女儿曹大家班昭《东征》的影响较多，从中也能依稀看见潘岳《西征》的影子。所受诗歌传统方面的影响则主要来自《诗经》（《小雅》）和王粲的《七哀诗》。曹慕樊认为杜甫开篇就唱响"皇帝二载秋"，其中颇有些春秋大义，目的在于尊崇中央，斥责叛变，宣扬形势以鼓舞士气。①

《宋本杜工部集》②中《北征》有条题下自注："归至凤翔，墨制放往鄜州作。"这是一个极其重要的提示，但除极少数学者之外③，诸家似乎都轻轻放过了。即使仅从字面上理解，此次的苍茫北征已有几分被放逐的意味。

唐代的墨制与制敕是完全不同的两种行文方式，所传达的信息也大不相同。清人钱大昕说："墨制犹云墨敕，不由中书、门下而出自禁中者。"④说

---

① 曹慕樊：《杜诗杂说》，四川人民出版社，1981。
② 王洙辑：《宋本杜工部集》，国家图书馆出版社，2019。
③ 邓小军：《杜甫疏救房琯墨制放归鄜州考——兼论唐代的制敕与墨制》，《杜甫研究学刊》2003年第1、2期。
④ 钱大昕：《潜研堂金石文跋尾》卷四，上海古籍出版社，2020。

得直白点，墨制带有极大的随意性和私人性，所以不用中书起草、门下审查，其中包含着轻慢的意味。被"墨制放往"的杜甫，他的此次北征省亲，一开始就带有鲜明的前途未卜的迷茫和凄凉调子。再加上两京尚未收复，"国破山河在"，更在迷茫和凄凉之中增添了一种无根的漂泊感。

《北征》在形式上属于五言古体诗，这是杜甫运用得最为娴熟的诗歌形式之一。相较于李白，杜甫的七古没有五古写得好，在七古方面，李白显得更为得心应手。总的来说，五古长于叙事，七古利于抒情，因此李杜的选择自有其内在的需求。《北征》全诗一百四十句、七百字，长度及字数均在杜甫诗中位居第二（杜甫第一长诗当推晚年所作之《秋日夔府咏怀奉寄郑监（审）李宾客（之芳）一百韵》）。《北征》在《自京赴奉先县咏怀五百字》的基础上向壮阔之境继续开拓，以叙事见长，杂以家国情怀，汪洋恣肆而又针线细密，唐诗中难得找到第二首能与之相比肩的作品。

既然是回家省亲，作为个人的杜甫当然有他的喜悦，至少我看见了两重喜悦。

第一重喜悦来自途中所见，是亘古不灭的大自然赠送给杜甫的喜悦。虽然一路上并不顺利，时有惊心动魄的场景出现——"猛虎立我前，苍崖吼时裂"，但是，西北荒野的秋天仍然处处充满生机：

> 菊垂今秋花，石带古车辙。青云动高兴，幽事亦可悦。山果多琐细，罗生杂橡栗。或红如丹砂，或黑如点漆。雨露之所濡，甘苦齐结实。

杜甫在《后游》诗中曾说："江山如有待，花柳更无私。"我们的诗人观察得如此细致，不仅看见山谷中的菊花开了，还能从苍凉的石板路上看见古代车马留下的印迹——菊花是刚刚绽放的新鲜事物，车辙则是渺远的前尘旧影。还有更多"琐细"的"幽事"纷至沓来（还记得杜甫在长安时说的"幽兴"吧）：山果熟透了，橡栗也咧开了嘴巴，有的比丹砂还要红艳，有的比生漆还要黑亮——这让杜甫想到了人世，想到了君王的恩泽，如果政治的雨露也能和上苍的雨露一样不分贵贱、不分高低均沾天下，让人们的辛劳与智慧都能结出自己的果实，那样的人间不知该有多美好！

杜甫深爱自己的家人，他想用最美丽的诗句来赞美他的妻子，想用最温情的词来歌唱他的儿女们，以至后世有人说杜甫有"誉儿癖"。杜甫终于回到羌村的茅屋中，妻子身上早没有一件像样的衣裳。杜甫心如刀绞，情不能已，两人抱头恸哭，和悲泉一起幽咽。接着，孩子们的镜头出现了，完全是电影镜头般的切换，这是深秋赠给杜甫的第二重喜悦：

> 平生所娇儿，颜色白胜雪。见耶背面啼，垢腻脚不袜。床前两小女，补绽才过膝。海图坼波涛，旧绣移曲折。天吴及紫凤，颠倒在裋褐。老夫情怀恶，呕泄卧数日。那无囊中帛，救汝寒凛栗。粉黛亦解苞，衾裯稍罗列。瘦妻面复光，痴女头自栉。学母无不为，晓妆随手抹。移时施朱铅，狼藉画眉阔。生还对童稚，似欲忘饥渴。问事竞挽须，谁能即嗔喝？

杜甫的小儿子杜宗武应该有三岁多了，他的皮肤很白，长得俊又聪明，很得杜甫欢心。很多学者认为杜甫在两个儿子之间更偏爱杜宗武，经常教杜宗武读诗书、诵《文选》；长子杜宗文做的则是一些体力活（如树鸡栅等）。洪业认为人们之所以有这种印象，主要根源于对两兄弟小名的误解——从宋代王洙注杜甫开始，人们都认为老大杜宗文小名熊儿，小儿子杜宗武小名骥子。事实并非如此，人们刚好把两个儿子的小名弄反了，明代的胡夏客就曾指出老大杜宗文小名骥子，小儿子杜宗武小名熊儿。[①] 我认为这个判断是站得住脚的，至德二载（757）春天，杜甫在沦陷的长安写有《遣兴》一诗，里面有这样两联诗："骥子好男儿，前年学语时。问知人客姓，诵得老夫诗。"杜宗武大约出生于天宝十三载（754）秋天，如果这个"好男儿"是杜宗武的话，那时（即757年的"前年"）才一岁左右，怎么可能问询客人的姓名，背诵杜甫的诗？此处的"骥子"若指称老大杜宗文则顺理成章，那时杜宗文已经快五岁了。如果这个判断正确，那么怎样来理解杜甫在《得家书》中的"熊儿幸无恙，骥子最怜渠"呢？其实很好理解，杜甫最担心的是小儿子杜宗武（熊儿），还好有他懂事的哥哥杜宗文（骥子）的爱怜和照顾。杜宗文一向很懂事，在前面提及的《彭衙行》中，吃苦李子的行为令人无不鼻酸。

---

① ［美］洪业著，曾祥波译：《杜甫：中国最伟大的诗人》，上海古籍出版社，2014。

杜甫回到家中，可能由于旅途劳顿和饮食不洁，一连呕吐了好几天，身心疲惫不堪，但是看见憨态可掬的三个女儿，心情还是好了很多。他从包裹中取出在凤翔行在的街市上购买的丝帛、衾裯和粉黛来，一一送给妻子和女儿们——在那兵荒马乱的岁月里，这是多么温馨的场景啊！人们对于长女（痴女）模仿母亲化妆而使眉毛"狼藉"而"阔"的现象做出了各种各样的解释。我在读大学期间曾就此写过一篇随笔，认为杜诗不仅描绘了女儿天真烂漫的情态，还反映了当时流行画阔叶眉或桂叶眉的风尚。①

　　喜悦之外，《北征》表达得更多的是忧思，一种深重的、难以排遣的忧思。

　　这种忧思之中，当然有杜甫对于自身处境的忧思，更有对于时代与朝廷的忧思，尤其是对肃宗的忧思。疏救房琯的失败，让杜甫失去政治热情，他知道那个曾经的辉煌时代可能再也回不来了，那个心中的"太阳"可能再也无法发出炫目的光芒。时代变了，"维时遭艰虞"，杜甫的"谏诤姿"并没有能够挽回君王的什么"遗失"。杜甫一步一回头，他觉得这次请假回家很可能意味着离朝廷越来越远——"回首凤翔县，旌旗晚明灭"。那晚风中明灭不定的"旌旗"，现实中可能指的是凤翔行在大阅兵的旌旗，又未尝不是杜甫的那一面摇摆不定的心旌。黑夜降临，旅途的夜晚太难熬，那是什么样的夜色啊？"鸱鸟鸣黄桑，野鼠拱乱穴。夜深经战场，寒月照白骨。"

　　唐肃宗把收复两京的梦想全部寄托在回纥军队的身上，杜甫对此深感忧惧："阴风西北来，惨澹随回纥。其王愿助顺，其俗善驰突。送兵五千人，驱马一万匹。此辈少为贵，四方服勇决。所用皆鹰腾，破敌过箭疾。圣心颇虚伫，时议气欲夺。"阴风惨惨的白色回纥在击退叛军之后带给长安或洛阳的伤害有可能比叛军更为深重（回纥在洛阳等地曾大肆劫掠三天）。回纥与唐廷达成的条件十分苛刻：克城之日土地士庶（官吏士人及完粮纳税人）归唐，金帛子女（金银财宝和青年男女）归回纥。②肃宗为了自己的权力，为了重返长安皇宫，几乎把子民全部卖了，同时还搭上了自己的女儿宁国

---

　　① 向以鲜：《杜甫"狼藉画眉阔"琐议——诗歌中的社会风俗剪影》，《时代文学》2008年第1期。

　　② 司马光：《资治通鉴》卷二二〇，中华书局，1956。

公主。

　　杜甫最为忧虑的还是肃宗，也包括玄宗。胡小石提醒我们注意两句前人未太留意的诗句，此二语实一篇主旨之所在："凄凉大同殿，寂寞白兽闼。"南内兴庆宫勤政楼之北有大同门，其内大同殿，此宫是玄宗龙兴大唐的旧邸，玄宗即位后仍常居其间。高力士曾在大同殿谏议玄宗不要以天下事尽付李林甫，此事实与天宝之乱相关。白兽门为西内入玄武门后由北往南所经要地，玄宗诛韦后即攻白兽门而入，此事又与玄宗成就帝业有关。杜甫颇有远见，如胡小石《杜甫〈北征〉小笺》云："盖杜早于灵武擅立、成都内禅之日，已豫见玄、肃将来父子之关系必至恶化，固不待南苑草深，秋梧叶落，始叹上皇暮境有悲凉之感。"[1] 曾经代表盛世的大同殿和白兽门，而今一片冷寂，这不仅是对玄宗的忧思，还是对大唐未来的忧思。

　　杜甫的《北征》实为一篇诗歌的政治忧思录，美与心灵的历险记。

---

[1]　胡小石：《胡小石论文集》，上海古籍出版社，1982。

罪与罚

肃宗坐镇凤翔,眼看着大唐江山一天比一天灰暗,忧心如焚。

尽管还有郭子仪和李光弼的支撑,但叛军在史思明的指挥下较之安禄山时期更加难以对付。就战斗经验和能力来看,史思明显然远胜于安禄山。在常山土门之战中,颜氏兄弟就见识了史思明的厉害。至德元载(756)年底,史思明又以绝对的优势使东边河南鲁郡、东平、济阴等地相继陷覆,尤其是乾元二年(759)春天的相州(邺城)之战,史思明表现出了突出的军事才能。那场以郭子仪为首,由九节度汇聚起来的六十万唐军,竟然惨败于仅有五万人马的史思明之手,迫使郭子仪倒退回洛阳东北八十多里处的河阳。安逸了百多年的唐军,在正面遭遇战中几乎占不到任何便宜。唐肃宗并不笨,他已看清这个事实。怎么办?只有求外援。当时大唐帝国除汉民族之外,异族以突厥、回纥、吐蕃、契丹、吐谷浑、突骑施等为主体。在和平的时代,这些异族和唐王朝保持着泛血缘的关系,称大唐君王为天可汗,天可汗则将自己的女儿、侄女、外甥女或功臣的女儿嫁给异族的王者。吐蕃看起来和唐王朝时好时坏,实际上一直是唐王朝的劲敌。突厥也被回纥收编,契丹、吐谷浑和突骑施等族要么离得太远要么太弱小,能为唐王朝所用的异族军事力量只剩下回纥。肃宗君臣并不是不知道回纥军队不好使,但其战力胜过唐军,除了向回纥搬兵,别无良策。杜甫诗中(如《留花门》)经常表达对回纥的担忧,他对回纥破坏性之预估,显示出非凡的政治与军事见识。

在信任极度缺失的时刻，只有一条纽带可以利用，那就是血缘。至德元载（756）九月，肃宗任命长子广平王李俶为天下兵马大元帅。一年后的至德二载（757）九月，李俶率领郭子仪的朔方军，并联络以回纥为主体的西域军队，共计十五万人（声称二十万）发兵凤翔，在长安西边的香积寺北、沣水以东严阵以待。战斗还没有开始，杜甫似乎已经看到胜利的希望，有些控制不住自己的情绪，当即写下《喜闻官军已临贼境二十韵》。杜甫经历过战乱，却并没有亲历过前线的战火，但写起战争来却有十足的在场感，这种在场感是历史学家难以实现的。你看"戈鋋开雪色，弓矢向秋毫"这两句诗写得多好，战士们的锋利兵器比雪光还要明亮，刀锋闪过之处，雪落山河，弓箭强劲又准确，千钧一发，不爽秋毫。王嗣奭在《杜臆》中说：此诗四十句二百字，字字犀利，句句雄壮，真是笔能扛鼎。杜甫和长安人民太渴望唐军能够迎来一场真正的胜仗，并且已经做好了庆祝凯旋的准备——"家家卖钗钏，只待献香醪"。这一次杜甫没有失望，官军在回纥人的帮助下，收复了长安和洛阳。至德二载（757）十月，肃宗告别凤翔行在回到长安的皇宫中。从天宝十五载（756）七月在灵武登基到现在，已过去了一年多时间，肃宗这才真正坐上龙椅宝座。

　　为杜甫生平系年的学者遇到了一个问题：在收复长安后，杜甫是和肃宗君臣一同回到长安的呢，还是先回鄜州看望妻儿后，再和家人一起返回长安？清人仇兆鳌认为杜甫并没有和肃宗一起返回长安，这个观点也受到大多数杜甫研究者的认可，《收京三首》普遍确定为杜甫回到鄜州探亲时所作。其实，仅从诗中所传达出来的意思来看，我们并不能做出如此肯定的回答，三首诗完全有可能作于长安城中。洪业不赞同仇兆鳌等人的说法，并饱含深情地说："不，不能夺去杜甫的这段经历。就像写我们当代英雄乔纳森·温莱特将军（General Jonathan M. Wainwright）令人崇敬的经历，而把他于1945年9月2日在东京湾'密苏里号'上见证日本投降的经历抹杀掉一样。爱国精神是杜甫性格中杰出的一部分。在经受了这么多颠沛坎坷之后，757年12月8日这一天对杜甫来说一定终生难忘。我可以想象杜甫看到长安城前欢呼和哭泣的人群时是如何的喜不自禁、老泪纵横！"①

---

① ［美］洪业著，曾祥波译：《杜甫：中国最伟大的诗人》，上海古籍出版社，2014。

我认同这种激情判断,大唐天子重返失而复得的长安这样喜悦的时刻,这样盛大的庆典,杜甫肯定是不会缺席的,这种强烈的仪式感对于始终视朝廷利益高于一切的儒家诗人杜甫来说太重要了。因此,他一定是先随肃宗回到长安,在见证了光复盛典之后才匆匆赶回鄜州羌村的。杜甫虽然想家,但在这之前的闰八月已经回过鄜州一次,而且至少在那儿待了一个多月才返回凤翔①,因此于家于国,他都有足够的理由先同肃宗的人马一起回到长安,然后再返回鄜州。至德二载(757)十一月,杜甫和家人一起从鄜州回到长安,在中途经过唐太宗的昭陵时写下《重经昭陵》诗。所谓"重经",极有可能说的就是之前从长安回到鄜州时(至德二载十月底)已经过一次(当然也有可能是之前从凤翔回鄜州经过时所作),现在从鄜州回长安又经过一次:"再窥松柏路,还有五云飞。"

至德二载十二月,躲在蜀郡成都的唐玄宗也回到了阔别两年多的长安,住进兴庆宫,暂时享受着礼遇有加的太上皇生活。这个结果是他当初离开长安时怎么也没有想到的,世界变化确实太快。

至德二载十二月初八的腊日节,心情甚好的肃宗向百官赏赐口脂面药,类似于今天的护肤霜或防冻药物(看来肃宗已拿不出更像样的东西)——这是杜甫一生中第一次得到皇帝赐予之物②,杜甫为此写下《腊日》一诗:

> 腊日常年暖尚遥,今年腊日冻全消。侵陵雪色还萱草,漏泄春光有柳条。纵酒欲谋良夜醉,归家初散紫宸朝。口脂面药随恩泽,翠管银罂下九霄。

皇家的东西就是讲究,即使是这类日常生活用品,也是用"翠管银罂"盛装起来的。实际上,此时大唐府库早被叛军抢空了,朝廷官员穷得甚至连马都骑不起。③

---

① 《唐六典》卷二:"父母在三千里外,三年一给定省假三十五日。五百里,五年一给拜扫假十五日,并除程,五品已上并奏闻。"鄜州去凤翔只有几百里,通常假期不会超过三十五天。

② 乾元元年(758)端午节,杜甫任拾遗时还获得过一次赏赐,得赐细葛宫衣(杜甫得皇帝最后一次赏赐),作《端午日赐衣》。多年后杜甫在江陵所作《惜别行》中再次提及赐衣一事。

③ 刘昫等:《旧唐书》卷一〇《肃宗本纪》,中华书局,1975。

杜甫对自己获得这种皇家恩泽的感激与喜悦毫不掩饰，他就是这样一个真实的人，哪怕是他的庸俗，也是光明磊落的。瞧他那个高兴劲儿：严寒突然消失，积雪渐融，草绿柳青，春光乍泄。我猜此刻的杜甫一定是在想，他的那次冒险"窜归"行为真是值了。但是，一想到前不久的"墨制放往"，杜甫的情绪便立即低落下来。宰相房琯和帮杜甫求情的人（张镐和韦陟）都一一被放逐到外地，接下来自己的日子也好不到哪儿去。

有人欢喜就有人忧！

至德三年（758）正月十六日，稍事安定之后的肃宗开始清算被他抛弃在长安的大大小小的官员：凡是在伪政府任过职的，视情节轻重分为六等定罪，重者杀头（如陈希烈）。在三司使梁国公李岘的请求下，对被迫为官的人"多所原宥"。① 被安禄山任命为河南尹的张万顷被判无罪，因为他在出任伪职期间保护了很多老百姓的性命。杜甫的朋友王维和郑虔等都被贬官，王维以《凝碧池》诗及其弟王缙的请求而得以幸免。郑虔就没有这么幸运了，尽管他装病不仕，甚至秘密送达过叛军的消息，"潜以密章达灵武"②，仍没有得到肃宗的原谅，后被贬至遥远的沿海小城浙江台州。杜甫送别这个博学的朋友时，知道他们再也不可能相见了，便写下《送郑十八虔贬台州司户伤其临老陷贼之故阙为面别情见于诗》：

> 郑公樗散鬓成丝，酒后常称老画师。万里伤心严谴日，百年垂死中兴时。苍惶已就长途往，邂逅无端出饯迟。便与先生应永诀，九重泉路尽交期。

诗中表达的不仅仅是对郑虔才学的赞美，还有不满和不平。须知这是需要勇气的——完全是和当朝天子唱反调。朝廷对待郑虔这样的人才，采取的是"严谴"政策，这显然和对另外一些人的"原宥"行为相违背，杜甫对这种带有强烈个人好恶色彩的罪与罚深感无助。同时，作为一名言官，他没能够通过自己的努力与劝诫使老朋友得到原宥，杜甫心中十分惭愧。现在的朝廷百废待兴，正是用人之际，却偏偏容不下郑虔这样的人，怎能不让诗人内心涌起无限凄凉？"百年垂死中兴时"这句写得极有分量：一个被贬的、"垂

---

① 刘昫等：《旧唐书》卷一一五《崔器传》，中华书局，1975。
② 欧阳修等：《新唐书》卷二〇二《郑虔传》，中华书局，1975。

死"的老年艺术家（郑虔此时六十八岁，年近古稀）和一个亟待"中兴"的大唐之间，难道没有一点联系吗？

一年之后（759），杜甫一生最喜欢和最敬重的朋友之一郑虔客死台州。差不多在同一时间，他的另一个青年时代结交的豪侠朋友苏源明（预）也走了。杜甫伤心欲绝，写下二十二行《哭台州郑司户苏少监》，再次为老友鸣冤："故旧谁怜我，平生郑与苏。存亡不重见，丧乱独前途。……流恸嗟何及，衔冤有是夫。"写这首诗时，杜甫已经到了成都，疟疾好像又犯了。

其实，就政治层面来看，肃宗抓住了一次重新洗牌的大好机会。肃宗并不是不清楚那些出任伪职的人中绝大部分是被迫的，出于自愿的实在是少之又少。那他为什么还要"严谴"，还要打开罪与罚的闸门呢？原因很简单，这些人几乎百分百为玄宗的旧臣（郑虔就是玄宗很欣赏的一位旧臣），肃宗不利用这个名正言顺的借口把这些忠于玄宗的旧臣清洗掉，更待何时？！

诗人杜甫并不能够完全明白此中道理，真正的诗人始终是一种单纯的动物，诗人来自"纯洁的部落"。所以杜甫拼尽了全力，想尽到一个大唐言官的职责，结果不仅没能够挽救朋友的政治生命，还连自己的政治前途一并给毁了。

青琐

乾元元年（758）的春天，无论是对皇宫中的肃宗还是长安人民来说，都是一个久违的春天，他们已经三年没有感受过春天的气息了。虽然祖国的山河还处于破碎之中，叛军的势力还很炽盛，但至少已经收复了东西两京，至少中央政权已经收复。对杜甫个人来说，他的家人也一同从鄜州羌村返回长安（仍然居住于城南下杜附近），再也不用承受思念之苦。更重要的是，他现在还可以在左拾遗的位置上待着——一家老小等着吃饭，他这个主心骨纵有各种不如意也得忍。

何况我们的杜甫是如此热爱春天，朝中还有一大帮诗人朋友，他们在凤翔行在同过甘共过苦，一起见证过重返长安的盛典，一想到这些，杜甫的心情顿时好了许多。杜甫的朋友们在这个春天的心情也不错，这不，中书舍人贾至刚把早朝的仪式做完，就写下了《早朝大明宫呈两省僚友》："银烛朝天紫陌长，禁城春色晓苍苍。千条弱柳垂青琐，百啭流莺绕建章。剑佩声随玉墀步，衣冠身惹御炉香。共沐恩波凤池上，朝朝染翰侍君王。"如果我们不知道这是写于安史之乱远未结束的乾元元年，仅从诗意来理解，完全是一幅盛世长安的御苑游春图：银烛高烧紫陌纵横，春色破晓新柳千条，流莺在百啭，剑佩又叮当，炉烟染了衣，凤池在流波，宫殿永远巍峨，君王威仪长存，还有翰墨溢香，还有青琐幽深。

贾至的诗歌在朋友圈迅速得到回应，王维、岑参和杜甫等人随即唱和。

一时之间，大自然的春天和诗歌的春天，把长安城着实装点了一番。有人认为诸人的唱和开启了"大历十才子"华美空虚的诗风。[①] 杜甫在《偶题》中说得好，"前辈飞腾入，余波绮丽为"，诗歌有诗歌发展的逻辑。几位诗人的唱和确实华彩纷呈，但我们并不能以此批评此种行为就是粉饰，粉饰与赞美的区别在于是否出于真诚。此刻的诗人们对长安春天的情感是真诚的，他们太需要、太渴望这样一个美丽的、太平的春天了。

深受盛唐人喜欢的诗人王维那首《和贾至舍人早朝大明宫之作》是这样写的："绛帻鸡人报晓筹，尚衣方进翠云裘。九天阊阖开宫殿，万国衣冠拜冕旒。日色才临仙掌动，香烟欲傍衮龙浮。朝罢须裁五色诏，佩声归到凤池头。"清人徐松引征文献说："每朝会，监察御史二人立于东西朝堂砖道，鸡人报点，监者押百官由通乾、观象入宣政门。及班于殿廷前，则左右巡使二人分押于钟鼓楼下。"左右砌道盘上谓之龙尾道，"龙尾道自平地七转上至朝堂，分为三层：上层高二丈，中、下层各高五尺，边有青石扶栏。上层之栏柱头刻螭文，谓之螭头，左右二史所立也。"[②] 古代没有时钟，便让人装扮成绛色的雄鸡来报晓，更有一种仪式的神秘感。与贾至强调皇宫春色不同，王维强调的则是一种气象（实际上更像是一种对盛世的回忆和向往）："九天阊阖开宫殿，万国衣冠拜冕旒。"两京才刚刚收复，哪来的万国衣冠啊？！

岑参《奉和中书贾至舍人早朝大明宫》："鸡鸣紫陌曙光寒，莺啭皇州春色阑。金阙晓钟开万户，玉阶仙仗拥千官。花迎剑佩星初落，柳拂旌旗露未干。独有凤凰池上客，《阳春》一曲和皆难。"岑参的七律写得很好，应该是四人中第三个写出来的，诗中吸取了贾、王二人的一些气息，又翻出了自己的新意，尤其是颈联"花迎剑佩星初落，柳拂旌旗露未干"，境界堪称高华。当然缺点也是明显的，意象比较老套，基本上被贾至和王维笼罩了。

杜甫又是如何唱和的？我个人虽然一向反对这种同题诗作，但世事无绝对，同题至少也有一个好处，就是诗人们可以同台竞技，相互切磋，相互砥砺，看看谁的功力更高更深。诗歌确实是一门需要精湛技巧的艺术。

[①] 陈贻焮：《杜甫评传》，北京大学出版社，2003。
[②] 徐松：《唐两京城坊考》卷一，中华书局，1985。

青 琐

奉和贾至舍人早朝大明宫

五夜漏声催晓箭,九重春色醉仙桃。旌旆日暖龙蛇动,宫殿风微燕雀高。朝罢香烟携满袖,诗成珠玉在挥毫。欲知世掌丝纶美,池上于今有凤毛。

诗后有条杜甫的原注:"舍人先世尝掌丝纶。"贾至的父亲贾曾,曾为唐睿宗起草传位册文。后来唐玄宗传位李亨的册文又是贾至所写,父子两人可谓唐朝皇家第一写手。唐玄宗对此无不感喟:"昔先帝逊位于朕,册文则卿之先父所为。今朕以神器大宝付储君,卿又当演诰。累朝盛典,出卿父子之手,可谓难矣!"① 杜甫此诗应该是四人中最后写出来的,杜甫的用意也在于此,殿后之作。苏轼在《东坡志林》中认为,杜甫这首七律写得很"伟丽",尤以颔联"旌旆日暖龙蛇动,宫殿风微燕雀高"为伟丽之代表。明人胡应麟《诗薮》认为这四首有关早朝的诗妙绝今古,但是杜甫的诗全首轻扬,较他篇之沉着浑雄,如出二手。清人纪昀在《瀛奎律髓》中也认为杜甫颔联壮气,直掩王、岑。前四句将早朝打叠,后半详叙和贾,较之王、岑绰有余裕,此笔力之高。杜甫七律写得好的太多,这首唱和之作在杜甫诗中算不上上乘之作,唱颂歌也并非杜甫的长项。仅置于四人唱和作品中,杜甫确实是写得最有生气也最接地气的。贾至和岑参都写到"莺啭",这个似乎和皇宫的风物更吻合,但是杜甫却放弃了优美的黄莺而选取了日常所见的"燕雀",这个意象在此刻的介入具有极大的冒险性和暗示性。

杜甫在长安任左拾遗期间,仍然十分敬业,时常工作得很晚,有时还要加班,加班太晚干脆就在省中过夜,《宣政殿退朝晚出左掖》《晚出左掖》《春宿左省》就是在此种情形下写出来的。从"避人焚谏草,骑马欲鸡栖""明朝有封事,数问夜如何"等诗句来看,杜甫工作态度相当认真,讲究原则。兴之所至,杜甫还会在门下省的墙壁上题上一两首诗作。《题省中壁》:"掖垣竹埤梧十寻,洞门对霤常阴阴。落花游丝白日静,鸣鸠乳燕青春深。腐儒衰晚谬通籍,退食迟回违寸心。衮职曾无一字补,许身愧比双南金。"这是杜甫写得较早的一首拗体七律(杜甫诗集中现存最早的一首拗体七律是

---

① 刘昫等:《旧唐书》卷一九〇中《贾至传》,中华书局,1975。

《郑驸马宅宴洞中》），在诗歌文体创新方面颇有意义。① 所谓拗体，说得简单一点，就是打破固有平仄、韵律和句法的格式，不走旧路，不蹈常规，从而达成一种奇峭的诗风，在险中求胜，在奇中寻美，于不和谐中取得和谐。② 元人方回在《瀛奎律髓》中评价杜甫这首诗说："此篇八句俱拗，而律吕铿锵。试以微吟，或以长歌；其实文从字顺也。"有人认为杜甫常于拗体中寄予愤懑之情，这是完全可能的。就这首诗而论，我们也可以感知诗人内心的牢骚和不满：腐儒衰晚，寸心违背，惭愧衮职（显然指疏救房琯失败一事）。

无论如何，杜甫在长安皇宫门下省的经历，尽管没能致君尧舜，淳朴天下，仍然是他一生难忘且引以为傲的一段宫廷生活。贾至的早朝诗中提到了"青琐"："千条弱柳垂青琐，百啭流莺绕建章。"十多年后，杜甫在南方夔州一座江边阁楼上，再次回忆起这段长安左拾遗的生涯，也想到了"青琐"：

秋兴八首·其五

蓬莱高阙对南山，承露金茎霄汉间。西望瑶池降王母，东来紫气满函关。云移雉尾开宫扇，日绕龙鳞识圣颜。一卧沧江惊岁晚，几回青琐点朝班。③

这首诗可以视为杜甫对当年早朝唱和诗的重新抒写，"云移雉尾开宫扇，日绕龙鳞识圣颜"亦堪称"旌旂日暖龙蛇动，宫殿风微燕雀高"的姊妹对，但是它写得更梦幻、更庄严，和接下来的沧江晚岁形成强烈反差：从前的繁华一去不复返，客病异乡的诗人也曾在皇宫青琐之间点名朝拜过君王。

---

① 杜甫《愁》诗题下自注："强戏为吴体。"吴体即拗体，郭绍虞在《论吴体》（《照隅室古典文学论集》下编）中认为（吴体与拗体）"亦微有分别，拗体可该吴体，吴体不可该拗体，这全是义界大小的关系"。

② 王达津《说七律》（《王达津文粹》，南开大学出版社，2006）则从音韵平仄方面对拗体进行举要：七律平起即第二字平为正格，仄起即第二字仄为偏格，诗人多用平起正格，还多就起句起韵，第七字用仄声的很少。二、三、四联均为正格，而第一联反用偏格的，是正格拗起联体。杜甫《咏怀古迹五首》之二（摇落深知宋玉悲），高适《送前卫县李寀少府》，均属此格。还有一正一偏与一偏一正互拗体，前者如岑参《使君席夜送严河南赴长水》，后者如王维《酌酒与裴迪》，这两种拗体，抑扬顿挫可读，所以用者较多。

③ 朝班即朝会时官员依品秩高低而排列的班序。参见《唐会要》卷二五之《文武百官朝谒班序》。

青　琐

《汉书》中有"赤墀青琐"的记载①，颜师古注引孟康的话："以青画户边镂中，天子制也。"并解释说，青琐者，刻为连环文，而以青涂之也。青琐实际上是一种建筑装饰，一种漆成青色的连环花纹（多饰以夔龙纹、蟠螭纹、凤鸟纹、忍冬纹及唐草纹），主要用在宫廷门窗门楣之上。图案极富东方韵味和装饰性，体现了安静中的韵律，连续中的循环；加上皇家工匠们的巧思，考究的木材，精致的漆艺及绘画艺术，让人印象深刻。这种建筑局部的美在诗人的回忆中完全取代了整体建筑，成为最迷人的旧时光象征。南朝的沈约也写过："散朱庭之奕奕，入青琐而玲珑。"南北朝时，青琐已由皇宫普及到民间。刘义庆在《世说新语》中就记载了一则故事："韩寿美姿容，贾充辟以为掾。充每聚会，贾女于青琐中看，见寿，说之。"② 青琐不仅是宫中君臣的共同记忆，还成了民间窥视爱情的窗口。

杜甫在诗中多次写到"青琐"。《哭李常侍峄二首·其二》："青琐陪双人，铜梁阻一辞。"《赠献纳使起居田舍人澄》："晓漏追趋青琐闼，晴窗点检白云篇。"《宣政殿退朝晚出左掖》："侍臣缓步归青琐，退食从容出每迟。"《奉同郭给事汤东灵湫作》："飘飘青琐郎，文采珊瑚钩。"

青琐萦绕于长安的皇宫中，也始终萦绕于杜甫的回忆里。

只是，诗人杜甫很快就要告别他的青琐了。

乾元元年（758）的春天，估计就在几位诗人唱和早朝诗之后不久，中书舍人贾至就被贬到汝州去做刺史，杜甫为此作《送贾阁老出汝州》，诗中再次提及青琐（青门）："宫殿青门隔，云山紫逻深。"一年后的乾元二年（759）秋天，为肃宗起草传位册文的贾至，被再贬为岳州司马。贾至走后，肃宗接着又把杜甫另一位重要友人严武也贬出长安，一直贬到南方的巴州。③ 杜甫后来为其作《寄贾严两阁老》及《寄岳州贾司马六丈、巴州严八使君两阁老五十韵》。

---

① 班固：《汉书》卷九八《元后传》，中华书局，2007。
② 刘义庆：《世说新语·惑溺第三五》，中华书局，2014。
③ 洪业《杜甫：中国最伟大的诗人》已辨明，巴州所传南山严武诗作并非严武所作，而是一个姓万的宋代刺史所作。

朋友们一个一个离开了长安,杜甫心中非常清楚,他在长安的日子即将画上句号。

皇宫中的青琐,那缠绕无尽的青色花纹,离我们的诗人会越来越远。

逼仄的光芒

乾元元年（758）春天，杜甫一方面和贾至等人唱和，表现出几分短暂的喜悦；另一方面，在他内心深处却始终是悲伤的。从疏救房琯的事件中，他明白了很多之前并没有想明白的事。杜甫在写给朋友和邻居毕曜的《逼仄行赠毕曜》一诗中（逼仄又作"逼侧"，即今天的"狭窄"），以近乎漫画的笔触表达了他对长安官场的认知：长安的道路太"逼仄"了（其实长安的街道并不逼仄），现在上下班还没有马骑（官员代步的马被征用为战马），步行又显得太寒酸，遇上刮风下雨天更难堪，被上司见了还要受到莫名其妙的责备。怎么办呢？杜甫想了一个带有几分行为艺术的馊主意：找东边的邻居借一匹跛脚的驴子。但是春雨泥泞，骑着"蹇驴"去朝拜当今圣上是不是有点滑稽的感觉？杜甫骨子里，藏着几分冷幽默。

长安城南的曲江成了杜甫消解忧愁的地方，那清澈的反映着唐代盛衰变幻之景的流水，成了杜甫最可信赖的知己。阿根廷作家博尔赫斯（Jorge Luis Borges）在《交叉小径的花园》中说：一个人可能成为别人的敌人，到了另一个时候，又成为另一些人的敌人，然而不可能成为一个国家，即萤火虫、语言、花园、流水、西风的敌人。杜甫自己在《岳麓山道林二寺行》中也说过类似的话："一重一掩吾肺腑，山鸟山花共友于。"在春天的曲江畔，杜甫先后写下《曲江二首》《曲江对酒》《曲江对雨》《曲江陪郑八丈南史饮》。诗人杜甫实在是一个不可救药的春天的理想主义者，他说："一片花飞减却春，风飘万点正愁人。"在他的眼中，完美的春天应该是这样的：盛开的花朵不能多出一朵，多了就太烦琐；也不能减少一朵，不，哪怕是减少一小片花瓣也不允许！如果减少了一朵或一瓣，就已经是残缺的不完美的春天。而现实中的春天又如何？风飘万点，落红如海，长安曲江的春天早已溃散。

几个月之后，乾元元年（758）六月，房琯在罢相一年之后，终于被逐出长安，贬为邠州司马，国子监祭酒刘秩被贬为阆州刺史，京兆尹严武被贬为巴州刺史。同时，正如诗人所预感的那样，他自己也从长安的左拾遗出为华州司功参军。之前说过，杜甫的左拾遗官阶属于从八品上，但实阶为从七品下，现在这个华州司功参军的官阶也是从七品下，因此从表面上看，从左拾遗到华州司功参军，用今天的话说是平调，所以史书说是"出为"华州司功参军，而不是"贬为"华州司功参军。肃宗的用意很明显，就是要把你这个不屈服的左拾遗赶出长安，平调的用意在于减少非议。

华州在长安东边一百八十多里处，说远不远，说近也不近。杜甫再次来到长安城西的金光门——就在一年前的孟夏四月，杜甫也曾来到这道大门前，脚上穿着大云寺赞公和尚送给他的青鞋，头上戴着赞公送的雪白帕子，化装成一个胡人模样混过盘查的耳目匆匆逃往凤翔。世事真是难以预料啊！仅仅过去一年，杜甫又得穿过这道金光闪闪的大门，踏上前往华州的路。去年是满怀恐惧与希望的逃奔，今年是充满迷茫与失望的贬出，一种被遗弃的感觉笼罩着杜甫的身心。杜甫为此写下《至德二载甫自京金光门出间道归凤翔乾元初从左拾遗移华州掾与亲故别因出此门有悲往事》："此道昔归顺，西郊胡正繁。至今犹破胆，应有未招魂。近侍归京邑，移官岂至尊。无才日衰老，驻马望千门。"同样的一道门，前次离开时虽然心中有恐惧，但更多的是希望；此次离开却是一片茫然，并且充满衰老的气息。

华州在长安的东边，按理说杜甫应该从城东的通化门出发，经京洛大道至灞桥再东行至华州治所郑县。杜甫为什么要特意从西边的金光门出发呢？这得绕很大一个圈子，按简锦松的计算，至少要多走九十多里路程。① 杜甫之所以要这样做，可能是出于某种仪式感或反讽意味。

---

① 简锦松：《杜甫诗与现地学》，（高雄）中山大学出版社，2018。

长安城中的朋友一个个都走光了,杜甫和家人离开长安时,前来送行的人很少,孟云卿可能是在杜甫临行的前夜赶来告别的唯一朋友。杜甫的老友、那位"好奇"的诗人岑参还在长安,但我们无法确知他是否来和杜甫告过别。山东平昌诗人孟云卿比杜甫小十多岁,从现存的十多首诗作来看,算不上太好的诗人,但是他的人缘很好,和杜甫、元结等人交好,元结编选的《箧中集》就收有孟云卿的作品。杜甫在诗中也多次写到这位坦诚的朋友。①

酬孟云卿

乐极伤头白,更长爱烛红。相逢难衮衮,告别莫匆匆。但恐天河落,宁辞酒盏空。明朝牵世务,挥泪各西东。

这首诗将杜甫出为华州司功参军的落寞心情表露无遗。我们的诗人头发白得早,不到四十岁就白了,现在四十七岁就更白了,在红烛的掩映下弥显苍老。相逢一笑就匆匆告别,再见还不知是何时。不如今夜尽情一醉吧,天河下沉,黎明快要到来,明天我们就各奔西东,再多的泪水也无法挽留。

次日清晨,杜甫从金光门出发,从此再未回过长安,长安越来越远,也越来越小。

那道焕发着金色光芒的大门,在杜甫的回望中,显得无比"逼仄"。

途经郑县西溪的游春亭,杜甫作《题郑县亭子》。回首望西岳华山,又作《望岳》诗。杜甫一生写过三次名叫《望岳》的诗,一次是青年时代望东岳泰山(五律),一次是中年时期望西岳华山(七律),还有一次是晚年望南岳衡山(五古)。三首中写得最好的还是望泰山那首。望西岳一诗亦有可观之处,首先是在似律非律、似古非古的形式中(拗体)蕴含着一种摆脱羁绊的自由之美,同时以民间传说及口语入诗,"安得仙人九节杖,拄到玉女洗头盆"这样的诗句,粗砺、大胆而韵味深长。

---

① 乾元元年(758)年终,杜甫因公出差,在华州东边两百里远的湖城东遇孟云卿,相约一同去朋友刘颢家喝酒,杜甫作《冬末以事之东都湖城东遇孟云卿复归刘颢宅宿宴饮散因为醉歌》。乾元二年(759)秋天,杜甫写诗《寄张十二山人彪三十韵》给孟云卿表兄弟张彪。杜甫在秦州时写了不少怀友诗,这些友人包括严武、李白、贾至、薛据、高适、岑参、孟云卿和张彪。杜甫晚年又在夔州、江陵与孟云卿相遇,写有《别崔潩因寄薛据孟云卿》。那时候,杜甫同时代的大流诗人相继死去,只有孟云卿、薛据、郑审、李之芳还残存世间,杜甫为作长诗《秋日夔府咏怀奉寄郑监李宾客一百韵》。

杜甫到达华州任上不久就迎来了秋天。

华州的秋天闷热又潮湿，让人难以忍受，让人想发狂大叫——就算是发狂大叫也要穿着整齐的官服——衣带束紧的不仅是诗人的身体，还有诗人渴望自由的心。

早秋苦热堆案相仍

七月六日苦炎蒸，对食暂餐还不能。常愁夜来皆是蝎，况乃秋后转多蝇。束带发狂欲大叫，簿书何急来相仍。南望青松架短壑，安得赤脚踏层冰。

华州的热不是燥热而是湿热，像蒸笼一样热，肚子再饿，却没有一点食欲。白天，苍蝇乱飞，嗡嗡地叫着，让人心烦意乱。①夜晚更可怕，毒蝎子在屋子里窜来窜去，一不小心还会被咬上一口，弄不好就会搭上一条命。还有更令人心烦的事，那就是看不完的各种公文，做不完的各种杂事。杜甫真想放倒一棵青松作为木桥，渡过炎热的沟壑，去一个不为人知的冰雪世界，双脚踏入冰凉清爽之中！这又是一首拗体七律，再次印证诗人常以拗体抒发内心不平与愤怒的隐秘行为。

诗中所说的"簿书何急来相仍"并非虚语，司功参军在职责上相当于华州主管文化和教育的专员，华州的祭祀、礼乐、学校、选举、医筮、考课等事务都要管。杜甫虽然说"束带发狂欲大叫"，但该做的工作还得做，他又是一个认真的人，不仅要做，还得做好。

杜甫就是这样的人，一个真实而率直的人，心中有不满就要发泄出来，报国的理想之火，即使在没有希望的时刻也不会泯灭。从保存下来的几篇写于华州任上的策状公文来看，杜甫在任期间不仅是一个称职的官员，也是一个极具政治眼光的官员。很多人认为诗人杜甫志大才疏，事实上并非如此。在华州，杜甫用他卓有识见的治理方略向世人展示了自己的另一面，他绝不是一个象牙塔中的空谈家，他所提出的建议具有高度的针对性和可操作性。

---

① 于赓哲《隋唐人的日常生活》（陕西人民教育出版社，2017）指出：长安地区由于居民排污方式的粗放（明沟排污和渗井），导致夏秋之际气味难闻，苍蝇泛滥，蝇虫多到能把书籍上的字全部遮住，使长安居民的消化系统疾病及疟疾十分常见。华州离长安仅一百八十多里，从杜甫诗中所写来看，苍蝇虫蝎遍布的情形亦非常严重。

就在炎蒸的七月，诗人杜甫为华州郭刺史代写过两篇公文：一篇是《为华州郭使君进灭残寇形势图状》，主要阐述唐军对付安史叛军的军事策略；一篇是《乾元元年华州试进士策问五首》，希望考生们从唐朝当时亟待解决的赋税、交通、征役和币制等问题出发，阐述自己的见解。杜甫认为这些问题如果不解决好，必将影响复兴大业。当时两京才收复，浩劫远未结束，物资十分短缺。东西两京的米价腾贵，一斗米要七千铜钱，水酒每斗涨至三百铜钱。① 这和开元天宝之际全盛时期的物价相比，简直一个天堂一个地狱。那时物价最低廉的时候，一斗米仅需十余文钱，最便宜的地方甚至低至三文钱，一匹绢也才二百文。② 战乱让物价上涨了几百倍，一部分官民穷得数日不食，把粗糙的纸张拼凑起来当衣服穿。③ 通货膨胀已经不可避免，御史中丞第五琦建议朝廷铸一当十钱及一当五十的乾元通宝，这加剧了货币的贬值。肃宗似乎也想不出更好的办法，为了勉力维持中央政权的运转，他不得不把官爵当成商品来买卖。正是在此种情形之下，杜甫才在提出的策问中直击现实，希望青年学子对症下药，务实不务虚。但是诗人的拳拳之心不可能得到人们的理解，也不可能得到考生们的欢迎，这和他们所接受的诗书传统教育相去甚远。

　　杜甫的苦闷无人知亦无人诉说，又不可能随时发狂大叫，那样也会把自己弄疯掉。他唯一能做的就是尽量让自己平静下来，装着什么事都没有发生。深秋的重阳节，杜甫曾来到离华州八十里的蓝田山（杜甫曾在此小隐），曾做过濮阳太守的朋友崔季重在这儿有一座山庄，名叫东山草堂，与诗人王维的辋川山庄东西相对。杜甫写有《九日蓝田崔氏庄》和《崔氏东山草堂》二诗。

九日蓝田崔氏庄

　　老去悲秋强自宽，兴来今日尽君欢。羞将短发还吹帽，笑倩旁人为

---

① 司马光：《资治通鉴》卷二二一，中华书局，1956。
② 欧阳修等《新唐书》卷五一《食货志一》："是时（天宝五载），海内富实，米斗之价钱十三，青、齐间斗才三钱，绢一匹钱二百。道路列肆，具酒食以待行人，店有驿驴，行千里不持尺兵。天下岁人之物，租钱二百余万缗，粟千九百八十余万斛，庸调绢七百四十万匹，绵百八十余万屯，布千三十五万余端。"
③ 刘昫等：《旧唐书》卷一一四《周智光传》，中华书局，1975。

正冠。蓝水远从千涧落,玉山高并两峰寒。明年此会知谁健?醉把茱萸仔细看。

这首七律在杜诗中算是写得十分平静且有情致的一首。宋代诗人陈师道在《后山诗话》中也指出了这一点,认为此诗文雅旷达,诗非力学可致,正须胸肚中泄耳。这个"泄"字评得极准,杜甫将一腔愤懑"泄"于平静而辽阔的山高水远之间。

从蓝田返回不久,以养马知名,善使陌刀,有着英俊硬汉形象的李嗣业将军(我们还记得李将军曾经借过一匹马给杜甫)带领整齐的人马从华州经过,作为华州地方官的杜甫当然要和郭刺史一起出面迎送这位为大唐中兴做出重要贡献的老朋友,杜甫为之作《观安西兵过赴关中待命二首》。杜甫从李嗣业将军身上仿佛看到了久违的大唐气象:"奇兵不在众,万马救中原。谈笑无河北,心肝奉至尊。孤云随杀气,飞鸟避辕门。竟日留欢乐,城池未觉喧。"送走李将军部队后不久,杜甫到洛阳公干,再次见到李嗣业开赴邺城的部队,杜甫再作《观兵》一诗以壮行色。

可惜这样的激情转瞬即逝,即使诗人把他的"心肝"捧给"至尊"的君王也无济于事。就在这年十一月的冬至,杜甫写诗给长安的同僚,作《至日遣兴奉寄北省旧阁老两院故人二首》,其一云:"去岁兹晨捧御床,五更三点入鹓行。欲知趋走伤心地,正想氤氲满眼香。无路从容陪语笑,有时颠倒着衣裳。何人却忆穷愁日,日日愁随一线长。"从长安来到"伤心地"华州,杜甫有时竟然神思恍惚到连衣裳都穿颠倒了。一天天堆积起来的愁绪,如同云层一样越堆越厚,就连仅存的那"一线"逼仄光芒,也快要被彻底吞没。

洗兵行

乾元元年（758）冬天，杜甫因公前往东都洛阳，中途与一位来自襄阳的杨姓县尉相遇。杜甫对杨姓的人有一种天然亲切感——杨姓是妻子的姓氏。杨县尉正要去长安，那个让他做过美梦也做过噩梦的烟云京华——他已经回不去了。杜甫为此写下《路逢襄阳杨少府入城戏呈杨四员外绾》："寄语杨员外，山寒少茯苓。归来稍喧暖，当为剧青冥。翻动龙蛇窟，封题鸟兽形。兼将老藤杖，扶汝醉初醒。"杜甫让杨县尉把诗转呈长安的员外杨绾，华州山野的茯苓远近闻名，他想把自己闲暇时采来的茯苓寄给杨绾，又因为走时没有想到会遇上要进入长安的熟人，并没有随身带上，所以只好"戏呈"，又显示出幽默的天性。

回到久别的童年故乡洛阳，杜甫偶尔也能寻回在别的地方很难找到的好心情。我们在《李鄠县丈人胡马行》中就看到了杜甫发自内心的快乐与快意：

> 丈人骏马名胡骝，前年避贼过金牛。回鞭却走见天子，朝饮汉水暮灵州。自矜胡骝奇绝代，乘出千人万人爱。一闻说尽急难才，转益愁向驽骀辈。头上锐耳批秋竹，脚下高蹄削寒玉。始知神龙别有种，不比俗马空多肉。洛阳大道时再清，累日喜得俱东行。凤臆龙鬐未易识，侧身注目长风生。

杜甫不仅将自己早年骑在齐赵骏马身上那种"竹批双耳峻，风入四蹄轻"的意象重新引入诗中，还在想象之中将马与鹰的灵魂进行了复合与重构，这匹"侧身注目"的西域"胡骝"，简直就是当年那只"㧎身思狡兔，侧目似愁胡"的雄鹰的满血复活。

这种带着某种青春气息的痛快，还在作于此次东归途中的《赠卫八处士》诗中出现过：

> 人生不相见，动如参与商。今夕复何夕，共此灯烛光。少壮能几时，鬓发各已苍。访旧半为鬼，惊呼热中肠。焉知二十载，重上君子堂。昔别君未婚，儿女忽成行。怡然敬父执，问我来何方。问答乃未已，驱儿罗酒浆。夜雨剪春韭，新炊间黄粱。主称会面难，一举累十觞。十觞亦不辞，感子故意长。明日隔山岳，世事两茫茫。

这个从未进入过官场的卫八处士，应该是杜甫青少年时代在洛阳生活时就相识的朋友，很可能是杜甫从江南回来参加科考那一年前后认识的。他们已经二十年没有见过面，或者他们当年还一同上过考场。二十年过去，当年的翩翩少年早就"鬓发各已苍"，老了还活着已属幸运，一些不幸的朋友已经生活在另一个世界。两人上一次分别时，这位卫兄弟还没有成婚，现在已是儿女成行。卫八的孩子们很有教养，对父亲的朋友礼貌又周到，不仅献上珍贵的酒浆，还用战乱中非常难得的食物招待杜甫："夜雨剪春韭，新炊间黄粱。"杜甫真是太会写诗了，仅用十个字就把一场艰难时世中友情与大自然的馈赠写得满屋生香、满纸生气。唐代诗人用"剪"字用得最好的，杜甫算一个，用夜雨来剪春韭；还有一个诗人也用得好，就是年长杜甫五十多岁的前辈诗人贺知章，他用春风来剪柳条。卫八为人厚道热情（让人想起杜甫在彭衙遇见的故人孙宰），两人喝了十觞（有的版本作"百觞"）还在相互劝酒，洛阳确实待我们的诗人杜甫不薄。

杜甫此次东都之行至迟持续到乾元二年（759）春天。从《忆弟二首》那条"时归在南陆浑庄"的原注来看（杜甫的族侄杜佐住在那儿）[①]，杜甫到达洛阳之后还抽空回了一趟首阳山下的土室，这也是杜甫生前最后一次回

---

① 《唐五代人物传记资料综合索引》（中华书局，1982）载，唐代有两人叫杜佐，一个是杜繁的儿子，一个是杜晊的儿子。清人钱谦益在《钱注杜诗》中认为，杜甫族侄杜佐当为殿中侍御史杜晊的儿子。

到祭祀祖先的地方。在此期间，杜甫得到了离乱中分别的大弟弟杜颖的消息："乱后谁归得，他乡胜故乡。直为心厄苦，久念与存亡。汝书犹在壁，汝妾已辞房。旧犬知愁恨，垂头傍我床。"（《得舍弟消息》）战争改变了一切，物非人亦非。诗人的一个远房从弟，也在这场还未结束的战争中死去。①

乾元二年（759）春天，离开东都洛阳回到华州前夕，他在洛阳这个养育自己长大的古城中写下不朽名篇《洗兵行》，也算是杜甫对洛阳的一种特别报答：

> 中兴诸将收山东，捷书夜报清昼同。河广传闻一苇过，胡危命在破竹中。只残邺城不日得，独任朔方无限功。京师皆骑汗血马，回纥喂肉蒲萄宫。已喜皇威清海岱，常思仙仗过崆峒。三年笛里关山月，万国兵前草木风。成王功大心转小，郭相谋深古来少。司徒清鉴悬明镜，尚书气与秋天杳。二三豪俊为时出，整顿乾坤济时了。东走无复忆鲈鱼，南飞觉有安巢鸟。青春复随冠冕入，紫禁正耐烟花绕。鹤驾通宵凤辇备，鸡鸣问寝龙楼晓。攀龙附凤势莫当，天下尽化为侯王。汝等岂知蒙帝力，时来不得夸身强。关中既留萧丞相，幕下复用张子房。张公一生江海客，身长九尺须眉苍。征起适遇风云会，扶颠始知筹策良。青袍白马更何有，后汉今周喜再昌。寸地尺天皆入贡，奇祥异瑞争来送。不知何国致白环，复道诸山得银瓮。隐士休歌紫芝曲，词人解撰清河颂。田家望望惜雨干，布谷处处催春种。淇上健儿归莫懒，城南思妇愁多梦。安得壮士挽天河，净洗甲兵长不用。

《洗兵行》被王安石推为杜甫诗歌"压卷"之作。杜甫在唐代诗人中具有罕见的文体自觉意识，在这方面李白远远不及杜甫。朱东润说："作为一位伟大的诗人，杜甫不但学古，而且还能变古。惟有能变，才能开辟出新的道路。"② 诗歌艺术实在是一门浅如池塘、深过大海的艺术，常会在人们意想不到的时机显现出锋芒。这个时候的杜甫正处于人生的低谷，于诗歌方面

---

① 杜甫《不归》："河间尚战伐，汝骨在空城。从弟人皆有，终身恨不平。数金怜俊迈，总角爱聪明。面上三年土，春风草又生。"
② 朱东润：《中国文学论集》，中华书局，1983。

却如异军突起，表现出前所未有的创造力。我们很难在这首诗中将排律和歌行体进行截然的区分。杜甫以常人难以企及的笔力，将排律与歌行融于一体，从而达成一种既有整饬之美又饶有变化之趣的音乐性。这首诗的韵律匠心独具，全诗四十八句，共四韵，每十二句一转韵。按后代总结出来的平水韵，第一韵（一东）和第四韵（二宋），也就是尾韵之间，一平起一仄收，以邻韵的方式形成韵相近而调不同的效果，在听觉上达成一种环绕的、连绵不绝的音乐感受。中间两韵也在变化，一为十七筱仄声，一为七阳平声。这显然是杜甫刻意想要达成的艺术效果，一切来得又是那么自然，完全让人察觉不到斧凿痕迹。

《洗兵行》是一首很让人振奋的诗篇。有人从"青春复随冠冕入，紫禁正耐烟花绕。鹤驾通宵凤辇备，鸡鸣问寝龙楼晓"的诗句中读到了杜甫的另一层忧虑①，其实也是杜甫在《北征》中表达的忧虑，就是玄宗和肃宗这对父子间的微妙关系。钱谦益说："《洗兵马》，刺肃宗也。刺其不能尽子道，且不能信任父之贤臣以致太平也。"② 我们不能责怪肃宗对玄宗的不放心或过度防范，只比杜甫年长一岁的肃宗是见识过玄宗之狠的人。当年玄宗皇帝为讨武惠妃欢心而处死三个儿子——肃宗兄弟的事情，他怎么也无法遗忘，那一年他已经二十七岁。幸好武惠妃和他的儿子很快就死了，不然也就没有次年立他为太子的事情。三个兄弟的死亡阴影挥之不去，肃宗岂能不防？！就在杜甫写完此诗的次年，上元元年（760）夏天，宦官李辅国对肃宗说：太上皇住在兴庆宫中，经常和外人（陈玄礼和高力士等）交接紧密，恐怕不是一件好事。七月，带着五百骑射生将的李辅国矫诏（更大的可能性是肃宗授权）强行将玄宗从兴庆宫迁居西内甘露殿。途经花萼夹城时，太上皇玄宗几乎坠下马来，幸亏有高力士相护，才没有成为"兵死鬼"。③

《洗兵行》是献给为平定安史之乱做出卓越贡献的皇储李俶，大将郭子

---

① 清人钱谦益在《钱注杜诗》中指出："肃宗之事上皇，视汉宣帝之于昌邑，其心内忌，不啻过之。幽居西内，辟谷成疾，与主父之探雀鷇何异？"相比之下王嗣奭显得单纯一些，他在《杜臆》中说："上皇初还，帝备法驾迎之，释黄袍趋拜，欲仍为太子。此时事往矣而犹引'鹤驾通宵''问寝龙楼'，必谓既复位之后尽人子之礼，与太子时无异也。"

② 钱谦益：《钱注杜诗》卷二，上海古籍出版社，1979。

③ 欧阳修等：《新唐书》卷二〇八《李辅国传》，中华书局，1975。

仪、李光弼、王思礼，以及宰相张镐的一曲颂歌。杜甫太渴望迎来全面收复失地的胜利，对未来的期望还是乐观了些，过早地认为可以让壮士挽来天河清洗武器上的血污。杜甫没有料到由郭子仪率领的九节度大军实际上是群龙无首、各自为政，再加上一个根本不懂作战的宦官督战，其结果可想而知。宋人杨万里说得很明白，"用鱼朝恩为监军而九节度之师溃"①。杜甫虽然时常对军事形势有一些清晰的认知，但毕竟不是军事专家，更没有深入前线，他的判断也是有出入的。清人浦起龙为了证明杜甫的军事预见性，在《读杜心解》中刻意将此诗写作时间提前至乾元元年（758）九十月间："观此，知公之论事不在邺侯（李泌）下矣，尚安得以诗人目之！"

诗中歌唱"紫芝曲"的"隐士"，说的正是李泌：能挽来天河清洗甲兵的壮士，当有李泌的影子在。清人钱谦益说："隐士，谓李泌也。肃宗即位八九日，泌谒见于灵武，调护玄、肃父子之间，为张良娣、李辅国所恶。及上皇东行有日，泌求归山不已，乃听归衡山。公以四皓拟泌，不独着其羽翼之功，盖亦以正肃宗为太子之名也。《收京》诗云：'羽翼怀商老。'其意深如此。"② 杜甫在《寄韩谏议注》诗中也写到李泌："似闻昨者赤松子，恐是汉代韩张良。昔随刘氏定长安，帷幄未改神惨伤。"钱谦益说："公此诗，盖当邺侯隐衡山之时，劝勉韩谏议，欲其贡置之玉堂也。安刘帷幄，在玄肃之代，舍泌其谁？"在政治智慧方面能超过白衣隐士李泌的，唐代还真难找出第二人。

"安得壮士挽天河，净洗甲兵长不用。"每一个成熟的诗人都有一定的腔调和言说的口吻，杜甫也不例外。杜甫在表达强烈的期望或宏大理想时，就常常使用"安得……"这个句法，这个句法并非杜甫首创，早在屈原的《天问》中就出现了"安得夫良药，不能固臧"的诘问。嵇康的《兄秀才公穆入军赠诗十九首》中也有"安得反初服，抱玉宝六奇"的说法。此种诘问有问无答或有问无解，在绝望中埋藏着不熄的希望火种。李白也是比较爱用这种句法的诗人，他常常为一己的梦想而"安得"，比如在《游泰山》诗中就说："安得不死药，高飞向蓬瀛。"在众多诗人中，将这

---

① 杨万里：《诚斋易传》卷三，四库全书本。
② 钱谦益：《钱注杜诗》卷二，上海古籍出版社，1979。

一句法运用得最好,内涵最博大的则是杜甫。杜甫不是为自己,而是为他人、为苍生而呼唤"安得"。我粗略统计了一下,在杜甫现存诗作中,诗人至少使用近三十次"安得",如《石笋行》之"安得壮士掷天外,使人不疑见本根",《石犀行》之"安得壮士提天纲,再平水土犀奔茫"……其中最著名的是众所周知的《茅屋为秋风所破歌》之"安得广厦千万间,大庇天下寒士俱欢颜"。比较巧合的是,上面三首诗均作于成都。

第四种告别

乾元二年（759）三月，杜甫将在洛阳的公务处理完毕，可能还处理了他在东都的一些产业，尽管舍不得离开这座有着太多回忆的古城，但还是不得不返回华州。路上，他听到一个最不愿意听到的坏消息：以郭子仪为代表的九节度六十万大军（实为二十万）围攻邺城（相州）的歼灭战，在史思明的顽强抵抗和沙尘暴的袭击下惨遭失败，唐军再次陷入兵力严重不足的紧急状态。郭子仪退回洛阳以北八十多里处的河阳一带，中原及关中再度面临重大危机。

去年冬天来洛阳的时候，沿途虽然比较荒凉，但还是比较安宁。现在，由于相州之败，人心惶惶，到处都是征兵的场景，到处都是诀别的哭声。杜甫来到洛阳西边七十多里处的新安县境内，看见县吏正在吼叫着征兵，白水日夜流泪，青山日夜恸哭，于是写下《新安吏》。继续向西骑行两百多里路①，黄昏时分，杜甫来到一个名叫石壕村的小村子②，心想：这个荒僻的

---

① 从《潼关吏》"要我下马行，为我指山隅"一语可知，杜甫是骑马返回华州的。
② 据清人吴永《庚子西狩丛谈》卷四载，石壕村即后来的英豪镇，在河南渑池县西部："予先由英豪镇冒雨行二十五里，至渑池县，即在渑池候驾。是处当崤山分支，沿途皆顽石横梗，极碍车道。清道光十四年、光绪九年两次兴工铲削，另辟新路。无如大车所载过重，砰訇磅磕，不久即成磊砢，十九皆震轇脱辐，须待修辑，故大驾不能不因之迟滞也。英豪镇即杜诗所咏之石壕村。矞目时艰，惓怀身世，与杜陵当日境地颇复相类，益不胜芒鞋露肘之感矣。"

小村子总不会有什么官吏来抓兵丁吧。到了晚上，抓人的官吏还是来了。没有年轻或年少的，那就抓老人——老人的三个儿子中，两个儿子战死，一个儿子还在邺城守卫。没有老年男子可抓，就抓留下来的老妇人。伤心和愤怒中的诗人，写下"三吏"之中最生动的《石壕吏》。那个顶替丈夫的老妪令人感动：不仅勇敢，而且深明大义，愿意到郭子仪将军驻守的河阳军中充当一位战地老厨娘。她是那个岁月中苦难、良知和爱的象征：

> 暮投石壕村，有吏夜捉人。老翁逾墙走，老妇出看门。吏呼一何怒！妇啼一何苦！听妇前致词：三男邺城戍。一男附书至，二男新战死。存者且偷生，死者长已矣！室中更无人，惟有乳下孙。有孙母未去，出入无完裙。老妪力虽衰，请从吏夜归。急应河阳役，犹得备晨炊。夜久语声绝，如闻泣幽咽。天明登前途，独与老翁别。

次日凌晨老妪去了河阳，家中只有一位老翁、一对可怜的衣难蔽体的母子。面对此景，诗人无能为力，自己还得赶路，又走了两百多里，来到长安东边的门户潼关。如果潼关失守，也就意味着长安会再度沦陷。杜甫在潼关所关心的是军事要塞是否坚固，临时充当起一个并未获得官方授权的关防考察人的角色，一边走一边认真估量。在《潼关吏》一诗中，诗人告诫潼关的官吏们：一定要稳住，一定要死守，千万不要像哥舒翰那样被迫仓促出关应战。

杜甫的"三吏"诗篇，将《诗经》及汉乐府中的人物对话引入具有故事色彩的诗歌叙事之中，给人一种强烈的写实感。这种写实感及个案性质的诗意叙述，是众多史官、史学家难以企及的。

同样写于自洛阳回华州途中的"三别"——《新婚别》《无家别》《垂老别》，则采取了迥别于"三吏"的写作手法，以人物内心独白的方式来展现史诗性画面。杜甫选取了三种告别的悲伤场景（从"孰知是死别"来看，实际上就是诀别）：一种是新婚之夜后的告别（"暮婚晨告别"），一种是白发送黑发的告别（"子孙阵亡尽"），还有一种是向没有家的家园告别——这也可能是世间最绝望最虚无的告别——"新婚别"当然痛苦，毕竟还有可以告别可以相思的红妆妻子；"垂老别"当然也痛苦，毕竟还有可以告别的卧路而啼的老妻相送。那么，"无家别"呢？

> 寂寞天宝后，园庐但蒿藜。我里百余家，世乱各东西。存者无消息，死者为尘泥。贱子因阵败，归来寻旧蹊。久行见空巷，日瘦气惨凄。但对狐与狸，竖毛怒我啼。四邻何所有？一二老寡妻。宿鸟恋本枝，安辞且穷栖。方春独荷锄，日暮还灌畦。县吏知我至，召令习鼓鞞。虽从本州役，内顾无所携。近行止一身，远去终转迷。家乡既荡尽，远近理亦齐。永痛长病母，五年委沟溪。生我不得力，终身两酸嘶。人生无家别，何以为蒸黎！

这个从失败战场上暂时返回故园的士兵，并不是想要逃跑，只是想回来看看日思夜念的家中还有没有活着的人，他的父母兄弟和姐妹还有没有一个残存于人间！在长满杂草的园庐中，除了一两个守着活寡的老女人，就是草丛里几只反客为主的野兽（"狐与狸"），竖立着恼怒的毛发对着这里原来的主人大叫着，仿佛自己的领地受到了侵犯一样。当士兵被县吏发现，必将重上战场时，孤独的士兵不得不向早已荡然无存的家园说再见了。没有告别对象的告别，难道不是世间最悲伤的告别吗？

我们还记得，天宝十三载（754）的时候，唐朝全国户数达九百多万户，总人口数则为五千二百多万人。但是到了广德二年（764），仅仅十年过去，唐代的人口就锐减至一千六百多万，近三千六百万人口消失了，排除正常的生老病死及故意逃避注册户口者（逃税的一种方式），战死者、饿死者和失踪者加起来，安史之乱至少给唐朝带来三千万左右的人口损失，这是一个何等触目惊心的数字！在冷兵器时代，唐朝的天空游离着多少冤魂，唐朝的河山流淌过多少鲜血！杜甫在《白马》诗中悲叹："丧乱死多门，呜呼泪如霰。"[1] 人力资源在任何时代都是一种宝贵的资源，没有了人，一切都会改变，一切都将失去生机。陈寅恪在《论韩愈》中认为：唐代之史可以安史之乱为界分为前后两期，"前期结束南北朝相承之旧局面，后期开启赵宋以降之新局面，关于政治社会经济者如此，关于文化学术者亦莫不如此"[2]。

---

[1] 杜甫在诗中多次写及战争导致唐朝人口锐减的史实。《白帝》："戎马不如归马逸，千家今有百家存。哀哀寡妇诛求尽，恸哭秋原何处村。"《三绝句·其二》："二十一家同入蜀，惟残一人出骆谷。自说二女啮臂时，回头却向秦云哭。"

[2] 陈寅恪：《金明馆丛稿初编》，上海古籍出版社，1980。

安史之乱给中国历史文化带来的影响是难以想象的，其不仅成为唐代历史的分水岭，从某种意义来看，也是中国文化的分水岭。

战争带来的灾难是如此触目惊心！晚年的杜甫在夔州所作《峡中览物》诗中，曾回忆起这段坎坷而诗意勃发的旅程，"忆在潼关诗兴多"。这"诗兴"的成果我想主要指的就是"三吏""三别"，当然也包括之前在洛阳所作的《洗兵行》。

回到华州已是初夏四月。华州的夏天似乎来得比长安还要早些，刚刚四月，白天和晚上就已经热得不行。从杜甫此间所作的《夏日叹》和《夏夜叹》二诗可知，关中已经好多天不下雨了，即使偶尔下点细雨，也根本解决不了问题，连田野中的尘埃还没有打湿就停了。关键是"至今大河北，化作虎与豺。浩荡想幽蓟，王师安在哉"，叛军还很嚣张，干旱、炎热，加上战乱，令杜甫"对食不能餐"。好不容易挨到晚上，月上中天，还是没有等来万里凉风。月色中飞舞着各种羽虫，翅膀上的纹路清晰可见。万物不论巨细，要能够自适才没有违背造化的旨意。然而，在万方多难的时代，想要自适是一件多么困难的事情。远处的刁斗和悲笳响了一整夜，前路看不见一丝的光亮。杜甫突然觉得还不如脱掉官服，回到偃师首阳山和祖先们待在一起。

杜甫的去意，实际上早在凤翔疏救房琯失败后就有所流露。回到长安继续担任左拾遗期间，随着对肃宗及李辅国等人了解的不断深入，尤其是当他敏锐地洞察到肃宗对玄宗越来越冷漠，越来越冷酷，父子间的温情面纱被拨开，杜甫的心便凉了，去意一天天强烈起来。从洛阳回到华州任上工作了三个月，到初秋的七月，杜甫做出一生中最为重大的一个决定：辞官。

杜甫之前曾辞过一次官（辞去河西县尉职），那次辞官的目的是以退为进，并不是想真正离开官场。为了踏入仕途，杜甫已经等得太久太久，如果从参加科考那一年算起，至少已经等了整整二十年，怎能轻言放弃？但是这一次辞官的情形完全不同，他打算彻底离开官场，做一个没有青紫加身的普通人。杜甫做出这个决定是十分艰难的，要知道杜家的素业是"奉儒守官"，现在他却要毅然辞官，这等于是背叛了祖先的遗训。

乾元二年（759）立秋的第二天，杜甫写下五律《立秋后题》：

　　日月不相饶，节序昨夜隔。玄蝉无停号，秋燕已如客。平生独往愿，惆怅年半百。罢官亦由人，何事拘形役。

诗中明白无误地表达了去意！这一年杜甫四十八岁，所谓"半百"只是举整数以符合音节的约束。晋代诗人陶潜在《归去来兮辞》中所说的"既自以心为形役，奚惆怅而独悲"，像一杯烈酒在杜甫心中不断升腾、翻卷。那些叫了一个夏天的黑色蝉子现在也停止了鸣叫，来来往往的燕子们也成了越来越稀少的客人，不久将不见踪影。万物都有它不可更改的规律，诗人也看见了自己命定的规律。

杜甫为什么会选择在此间辞去华州司功参军之职？有的学者认为是因为这一年关中遇到大饥荒①，这个说法似乎不太可信。这年夏秋久旱不雨，中原及关中确实遭遇了自然灾害，加上叛军远未平定，回纥疯狂抢掠，朝廷根本没有任何余力来对民间施以赈济（像天宝十三载那样打开太仓施米），民生多艰，官吏的生活也好不到哪儿去。话虽如此，但当官的总比老百姓要好一点，杜甫还有一大家子人要养活，他为什么会在生活这样艰难的时候辞官？饥荒不应该成为他辞官的理由，至少不是最主要的理由。那到底是什么原因让杜甫最终做出了这个选择？想来想去，只有一个原因，那就是彻底的失望，是失望和沮丧让杜甫下定决心辞去这个官职。杜甫认清了一个事实，像他这样沉寂于地方的官吏，无论多么用心，多么真心，都不可能在现在这个君王的心中激荡起丝毫涟漪。他很用心地为郭刺史写的那些针对性极强的策问，最终不过是郭刺史用以交差的一纸例行公文而已。②

杜甫心中那轮曾经带给大唐辉煌、带给自己温暖的"太阳"已然熄灭，孤独地留下他这株忠诚的"葵藿"。纵然是痴心不改，光源都没有了，又能往哪儿"倾"呢？

杜甫写了三种人间悲伤的告别场景，将第四种告别赠给自己：向内心的理想和火焰告别。

---

① 赵子栎《杜工部年谱》（四库全书本）："（乾元）元年九月九，节度兵讨庆绪于邺城，遂溃。三月，官军败滏水，甫有《新安吏》《石壕吏》《新婚别》《垂老别》《无家别》。甫时华州司功参军，关辅饥弃官西去。"参见丁启阵《论杜甫华州弃官的原因》，《杜甫研究学刊》2003年第4期。

② 参见韩成武《诗圣：忧患世界中的杜甫》，河北大学出版社，2000。

东柯西枝

乾元二年（759）秋天，杜甫带着妻子和儿女，还有最小的同父异母的弟弟杜占一起踏上西行之路。那座曾经比罗马还要繁华的都市长安，离杜甫真的越来越远了。

妻子杨氏对于杜甫的任何选择都是顺从的，从后来杜甫的漂泊行踪来看，杨氏从来没有对杜甫说过"不"字。杜甫做出的决定，不论对与错，她都选择接受，并且尽可能以她单薄的身体为杜甫承担更多的辛劳。千年之后的我们对于杜甫的某些去留行为并不能完全理解，甚至觉得杜甫太喜欢折腾了。作为诗人妻子和诗人儿女母亲的杨氏，她可能也并不完全认可杜甫的做法，但她从不反对，只是顺从杜甫的决定，尽力使生活变得好一些。

杜甫在写完《立秋后题》之后不久，做了一些行程上的安排和必要的准备，就离开华州一路西行。杜甫下一个目的地是秦州。秦州离华州有上千里路程，即使在车马的帮助下也得走十来天才能到达。《月夜忆舍弟》一诗应该是杜甫刚刚到达秦州时写的，那一天正是白露，也就是乾元二年九月初五，所以才有名句"露从今夜白，月是故乡明"出现。如果从这一天倒推十多天，那么杜甫离开华州的时间当在这年八月中下旬。《归燕》一诗可能作于这次旅途的头几天，亦可间接证明杜甫是在八月离开华州的："不独避霜雪，其如俦侣稀。四时无失序，八月自知归。春色岂相访，众雏还识机。故巢傥未毁，会傍主人飞。"

杜甫为什么会选择继续西行的线路来到千里之外的秦州？

唐朝大军在遭遇相州大败之后，退守河阳一带。郭子仪、李光弼等大将面临重重危机，随着善战的史思明从开封西突，东西二京极有可能第二次陷落，形势相当严峻。唐军两条最重要的物资供给线已被切断：一条是东边的源自开封和江南的供给线，已被史思明死死扼住；另一条供给线源自东南襄阳方向，因襄州偏将康楚元的背叛也被切断。北边的回纥眼下看起来是唐朝的盟友，其实却是十分不可靠的暂时盟友。杜甫的《即事》写于秦州，乾元二年（759）八月，回纥欲以宁国公主殉葬英武可汗，被宁国公主坚决拒绝，以无子而得归唐朝。杜甫闻知此事后在诗中写道："闻道花门破，和亲事却非。人怜汉公主，生得渡河归。秋思抛云髻，腰支胜宝衣。群凶犹索战，回首意多违。""花门"即回纥，杜甫还写有《留花门》一诗，因回纥西南有花门山堡而得名。杜甫一直不信任回纥，事实也证明诗人的直觉是正确的。

摆在唐军面前的困境，也是摆在杜甫面前的困境。

杜甫没有其他方向可以走。东边不行，北边不行，南边也不行，只能往西边走。其实西边也并不安全，吐蕃的阴影随时都笼罩着。往西走并选择秦州作为落脚之地，当然还有一层原因，就是投亲靠友——这也是后来杜甫漂泊西南的重要原因！杜甫是如此信赖与亲友之间的联系，经常把身家性命托付出来。只有在这个层面上，我们才能理解杜甫何以会在诗中一次次讴歌友谊和亲情，一次次深刻怀念他的弟弟妹妹和朋友；这是一种典型的儒家泛血缘情感理念。

杜甫在秦州待的时间并不长，不到两个月。就在这四五十天的时间中，诗人写了四首怀念李白的诗：《梦李白二首》《天末怀李白》《寄李十二白二十韵》。杜甫知道李白因永王的事而被下狱流放，开始以为李白死了，后来才知道其已获赦。杜甫在此时不断给戴罪的李白写诗，除表达怀念之外，更多的是出于一种义无反顾的道义和勇气。杜甫还怀念旧友高适和岑参，写有《寄彭州高三十五使君适虢州岑二十七长史参三十韵》。又写诗给薛璩和毕曜，作《秦州见敕目薛三璩授司议郎毕四曜除监察与二子有故远喜迁官兼述索居凡三十韵》。还写诗给贾至、严武和张彪等人，作《寄岳州贾司马六丈、巴州严八使君两阁老五十韵》及《寄张十二山人彪三十韵》。

杜甫带着家人到秦州来投亲靠友，这个亲与友不是别人，正是前面不止一次提及的远房侄儿杜佐和长安大云寺住持赞公和尚。杜甫在首阳山下土室服丧期间曾去过陆浑山庄，当时杜佐就住在那儿。乾元二年（759）的春天，杜甫又从洛阳短暂去过陆浑山庄一趟。我推测杜甫这次去陆浑山庄的目的，除了去首阳山土室祭拜，就是想和杜佐商量奔赴秦州的事情。杜甫辞官的决定早在出差洛阳时就已打定，杜佐则先期在秦州做了一些准备。很有可能就是在杜佐的劝说之下，杜甫才最终选择了秦州作为停留之所。

杜佐并未住在秦州城中，而是住在秦州的东柯谷。东柯谷在秦州东南方向五十多里处，杜佐在那儿盖了几间草屋，相当于建起一个小小的山庄。杜甫来到秦州，刚刚脱离官场，多少带着一种归隐的意图。在秦州期间，杜甫几次提及"仇池"，还在诗中描绘了那个具有乌托邦色彩的地方："万古仇池穴，潜通小有天。神鱼今不见，福地语真传。近接西南境，长怀十九泉。何时一茅屋，送老白云边。"（《秦州杂诗二十首·其十四》）仇池山很像桃花源，那儿的泉水与遥远的王屋山相通，水中还有神鱼出没，一般人是很难一见的。这片福地就在秦州的西南方向，依据严耕望的考证，自汉至唐宋期间，仇池山均为文人隐士及避乱者喜欢的一处胜地，那儿有天然的堡垒，有上百顷的良田，可以容纳两万人在那儿生活。杜甫说："我真想去那儿活一辈子啊！"当然，这只是杜甫一时的想法，他最终并没有登临仇池山。宋人苏轼有着深厚的仇池情结，估计也受到了杜甫的影响。[1]

从杜甫所作《示侄佐》及《佐还山后寄三首》二诗来看，杜佐这位族侄并没有完全兑现曾经的承诺。也许是战乱年代自顾不暇，大家生活得都很难，所以对此也不能过分苛责。杜甫以诗找杜佐索要了一些食物，包括大米和蔬菜（藠头，即薤），写得十分亲切，带有明显的生活化和口语化气息，被清人蒋弱六称为"只如白话韵言化境"。以诗索物其实是杜甫的一种做派，这里面既有贫苦的原因，还有风雅的因素。就在秦州，杜甫还以诗《秋日阮隐居致薤三十束》向刚刚认识不久的秦州人阮昉要过三十头藠头，诗中虽然

---

[1] 苏轼著有《仇池笔记》，诗中数次写及仇池，《过杞赠马梦得》："万古仇池穴，归心负雪堂。殷勤竹里梦，犹自数山王。"《次韵晁无咎学士相迎》："梦中仇池千仞岩，便欲揽我青霞襜。"苏轼还藏有一块奇石，作诗题曰："仆所藏仇池石，希代之宝也，王晋卿以小诗借观，意在于夺，仆不敢不借，然以此诗先之。"

说的是阮昉主动送的，我看多半也是杜甫委婉提出了要求。①

现实总是没有想象的那么好，包括杜佐表现出来的亲情。杜甫在秦州还有另一位老朋友，即帮助他成功逃出长安的那位大云寺住持赞公。赞公是被贬到秦州来的②，他和杜甫都是玄宗的人，当然会被贬出长安。唐代僧人和宋代以后的僧人不同，他们一直与政治和中央政权保持着相当紧密的关系。赞公贬至秦州后，不能住在正规的寺院，只好在秦州西枝村筑了几间土窑权当修行之所。西枝村在秦州南边六十里处，据说那儿还有个村子名叫子美村，肯定是后来的人们命名的。由于赞公的原因，杜甫一度打算卜居于西枝村。③ 杜甫见到赞公时可能已是九月中旬，还在赞公的土窑中住了一宿，并写下《宿赞公房》。从诗中可知，赞公的土窑旁边还种了些菊花和莲叶，只是时近晚秋，雨中的菊花凋零，池中的莲叶也被霜打倒。"相逢成夜宿，陇月向人圆。"他乡逢故人，陇山之上的月亮快要圆了。杜甫和赞公是患难之交，两人感情很深，回到城中暂住之地④，杜甫又写了一首诗给这位方外友人。在《寄赞上人》诗中，杜甫说感谢赞公拄着锡杖陪自己四处卜居，这时诗人身体状况堪忧，腰病犯了，腿脚也不太利索，估计是患上了风湿性疾病。杜甫一直想找个阳光充足的地方安顿下来（"重冈北面起，竟日阳光留"）。如果真能与赞公为邻，那是多么美好的事："与子成二老，来往亦风流。"但是卜居的事好像并不顺利，杜甫还是只能在城中暂住。从《秦州杂诗二十首》第十七首来看，车马冷落，荒草疯长，杜甫在城中的住处非常简陋："边秋阴易夕，不复辨晨光。檐雨乱淋幔，山云低度墙。鸬鹚窥浅井，蚯蚓上深堂。车马何萧索，门前百草长。"

东柯也好，西枝也罢，对于此时的杜甫，东柯不成，西枝不就。

---

① 古川末喜据杜诗《秋日阮隐居致薤三十束》之"衰年关鬲冷，味暖并无忧"推断，杜甫因横膈膜有疾而导致呼吸与消化功能出现问题，食薤有助于缓解症状。（[日]古川末喜著，董璐译：《杜甫农业诗研究：八世纪中国农事与生活之歌》，西北大学出版社，2018）

② 杜甫《别赞上人》："赞公释门老，放逐来上国。"

③ 杜甫写有《西枝村寻置草堂地夜宿赞公土室二首》。

④ 洪业从《秦州杂诗二十首·其二》推测，杜甫一家可能住在秦州城北公元1世纪西伯隗嚣的宫殿遗址附近。参见《杜甫：中国最伟大的诗人》。

白题与翠袖

秦州一带峰谷众多，宜于杜甫采药。杜甫在秦州一带采药，主要不是用以贴补生活上的短缺，而在于治疗自己的疾病——即使他想卖点药材，估计也没有什么人来购买。杜甫在《秦州杂诗二十首》中说："采药吾将老，儿童未遣闻。"秦州山地天气变化多端，加上杜甫准备的衣裳可能也不充足，他经常穿着反季节的衣服①，很容易生病，身体更加虚弱。

冯至说，秦州就用这座两千多米高的陇山来迎接杜甫，并且让杜甫写出别开生面的《秦州杂诗二十首》。② 这组纪实性很强的秦州札记诗篇，内容比较复杂，大到国事，细到家事和身心，都有涉及。这组诗对后代诗人影响甚广，像苏轼这样的大诗人也会被其深深吸引。清人纪昀指出，苏轼早年所作《荆州十首》系"东坡摹杜之作，纯是《秦州杂诗》"③。

秦州属于陇右道，其地居民成分较特殊，以汉人和羌人居多，又逼近吐蕃，杜甫总觉得缺乏一点安全感。《秦州杂诗二十首》第三首是这样写的：

州图领同谷，驿道出流沙。降虏兼千帐，居人有万家。马骄朱汗

---

① 杜甫《遭遇》："自喜遂生理，花时甘缊袍。"《遣兴五首·其一》："焉知南邻客，九月犹絺绤。"
② 冯至：《杜甫传》，人民文学出版社，2014。
③ 苏轼著，纪昀评：《苏文忠公诗集》卷二，扫叶山房石印本。

落，胡舞白题斜。年少临洮子，西来亦自夸。

胡人的座座帐篷，胡马的红色汗水，这类带有异域风的事物如果在和平时代可能会是很有魅力的风景，但在战乱年代则可能隐含某种不稳定的因素。《南史》记载，宋武帝时，西北远边有滑国遣使入贡，莫知所出。裴子野云：汉颍阴侯斩胡白题将一人。服虔注云：白题，胡名也。又汉定远侯击虏，八滑从之，此其后乎？时人服其博识。仇兆鳌辑注《杜诗详注》引薛梦符的解释说："题者，额也，其俗以白涂垩其额，因得名。舞则首偏，故曰白题斜。白题，如黑齿、雕题之类。"《汉书·西域传》载，白题国王姓支名史稽毅，其先匈奴之别种。宋人张邦基认为白题就是胡人的毡笠，杜甫所谓"胡舞白题斜"，胡人多为旋舞，笠之斜似乎谓此。① 估计这还是安禄山擅长的那种胡旋舞之一种，只不过舞蹈时戴着白色的毡笠，更富有舞台效果。《杜臆》也引《代醉编》以证此说：李叔元在京，戎骑入城，有胡人风吹毡笠堕地。后骑云："落下白题。"乃知是毡笠之名。显然，源自匈奴的白题（额）胡人，爱用白色颜料涂饰其额头（印第安人亦有此类习俗），后来又在此基础上，将白额的面部装饰扩展为白色的服饰（毡笠）。

杜甫所写"白题斜"风情颇受后代诗人喜爱。元人郑元祐在《答谢白马奭公送茶》诗中写道："玉川破屋柴门晚，遣送灵苗似谷芽。秀句惊看红药嫩，狂歌起舞白题斜。篮封外裹藏丹箸，鼎候旁存伏火砂。啜罢乘风欲仙去，更从何处觅三车？"明人郭之奇《胡无人四首·其一》（念汉武雄才及卫霍远略）也说："龙塞迢迢界豕狼，狼居山下尽牛羊。自从鸣镝夸风雨，岂念天兵似日霜。将军始携古贤入，票姚仍选轻骑集。已过祁连蛮畜衰，既取焉支胡妇泣。幕南王庭安在哉，天子北登单于台。单于台，未央阙，不悬胡头蓄胡发。胡歌绿管配，胡舞白题斜。胡无人，汉一家。"估计他们并没有真正见过白题斜，只不过受杜甫影响而引入白题斜的意象，以增强其异域风情而已。

胡人之外还有吐蕃，吐蕃始终是唐朝的困扰。《秦州杂诗二十首·其七》的"无风云出塞，不夜月临关"就暗指了来自陇山另一面的威胁。从作于秦

---

① 张邦基：《墨庄漫录》卷二，中华书局，1985。

州的《东楼》诗中,我们还得知唐朝为了免于腹背受敌,时遣使者路过秦州前往吐蕃谈判议和:"万里流沙道,西行过此门。但添新战骨,不返旧征魂。楼角凌风迥,城阴带水昏。传声看驿使,送节向河源。"

在秦州这段时间,杜甫在创作上出现了一个井喷期,除了被人们经常提及的《秦州杂诗二十首》(这也是杜甫较早的大型组诗)①,还有很多值得注意的作品。秦州风物不同于长安和华州,最重要的是杜甫在秦州获得了一种身心解放的感觉,因而在诗歌写作方面也更加自如和自由。宏大的事情杜甫当然关注,细小的事物也同样受到诗人的青睐。仰望苍穹,那儿有微云遮不住的天河(《天河》),有影子倾斜的初月(《初月》);眺望远方,"远水兼天净,孤城隐雾深"(《野望》);俯下身子,诗人还看见了促织和萤火。由《从人觅小胡孙许寄》诗中可见,杜甫心情好的时候,还想着要给孩子们弄只宠物猴呢。这些仰观俯察的功夫,是大诗人必备的基本功。到了成都,杜甫的此种功夫已到了炉火纯青的地步。

秦州周边古迹众多,杜甫得空也会进行一些考察。

听说太平寺中有一眼很大的泉水,杜甫就去认真观看,并写下《太平寺泉眼》一诗。在泉水中,杜甫看见两条一青一白的小蛇在里面游动。秦州最著名的遗迹当然是麦积山石窟,杜甫是一定会去的。杜甫第一次参观石窟还是青年时期在洛阳,那次看的是龙门奉先寺石窟。从《山寺》一诗来看,杜甫不仅去看了麦积山,而且看得很仔细。当时由于战乱,石窟寺中的僧人大部分已逃走,诗人沿着依山而建的石窟细路向上攀登,不时与贪睡的麇鹿和啄食金桃的鹦鹉相遇。攀上乱石悬崖上的石窟,那些神鬼莫测的雕刻之工令诗人叹为观止:"上方重阁晚,百里见秋毫。"中国雕塑艺术史家王子云于二十世纪五十年代初踏勘麦积山石窟时写道:"在全国各地佛教石窟中,如敦煌、云冈、龙门以至四川各地,绝大多数是就河岸崖壁开凿成并排的洞窟,即有多层重叠者亦仍可就石级攀登。麦积山石窟形势颇为特殊,在一座孤立突起的山壁上,因限于地势,难以横列开窟,只好向崖壁高处发展,以致在高达二三百米的山壁间,开凿出蜂房似的窟龛。由于山崖陡峭,必须修架很

---

① 杜甫的祖父杜审言善作联章组诗,留存下来的作品中便有《和韦承庆过义阳公主山池五首》。

高的栈道才能够登临。估计早在开窟造像时即已如此。而现在的景象，是在开窟以后，不知何时因受地震破坏，使半个崖壁崩塌，以致形成了东西分离的两处窟群，中间塌毁的一段已不可得见。现能见到的东西两处窟龛，总数为一百九十余，有的高层窟室要登上梯空架险的栈道，高悬在二三百米以上，曲折盘旋，恍如长龙，这不能不说是我国佛窟中的奇迹。"① 王子云的亲身所见正可与杜诗相互映照，虽然时代和地貌已经发生了巨变。

在秦州，杜甫还写下了另一首清丽逼人的五古诗作《佳人》：

> 绝代有佳人，幽居在空谷。自云良家子，零落依草木。关中昔丧乱，兄弟遭杀戮。官高何足论，不得收骨肉。世情恶衰歇，万事随转烛。夫婿轻薄儿，新人美如玉。合昏尚知时，鸳鸯不独宿。但见新人笑，那闻旧人哭。在山泉水清，出山泉水浊。侍婢卖珠回，牵萝补茅屋。摘花不插发，采柏动盈掬。天寒翠袖薄，日暮倚修竹。

大部分研究者认为《佳人》中对主人公的塑造是诗人的一种象征手法，用以隐喻一位被朝廷流放的大臣，杜甫在秦州并没有真正见到这样一位佳人。但是也有人（比如清人仇兆鳌和杨伦）认为秦州附近的确曾有这么一位女子，还是杜甫在秦州新结识的朋友。我个人的看法是杜甫确实遇见了这位独居的、具有贵妇人气质的佳人（"良家子"），虽然住在破旧的茅屋中，毕竟还可有供使唤的女仆，还有一些可供变卖的珠玉首饰。她很可能是在叛军占领长安期间逃亡到秦州来的（就像后来杜甫在同谷遇见的那位来自长安的"山中儒生"一样），长安收复后仍然没有返回。为什么没有返回？或许她在那儿的家人（"兄弟"）被叛军杀光了，她的夫婿也许还活着，却早已另有新欢。幽居在空寂的秦州山谷，寂寞却比山谷更为幽深，她已无心用花朵和柏枝来装扮自己。

在杜甫眼中，黄昏山谷中的佳人是那么凄美，那么高冷，那么令人心痛：无助地斜靠在一丛挺拔的修竹身上，单薄的翠绿色衣袖和竹色交织在一起，渐渐没入寒冷的夜色。

这儿有没有象征和寄托呢？当然有，从佳人的境遇和气节中，杜甫看见

---

① 王子云：《从长安到雅典——中外美术考古游记》，岳麓书社，2005。

了很多宝贵的东西，那也是杜甫一生想要坚持的东西。

　　白题与翠袖，成为杜甫在秦州生活中两道醒目的色彩：前者展现着剽悍的异域之风——旋转、变幻、莫测；后者则代表着纯正的汉族之魂——寂静、内敛、坚守。

雪地觅食

兵荒马乱的年代，谁也不可能成为谁的救星，尤其是普通百姓，自己能活着就不错了。因此，族侄杜佐也好，和尚赞公也罢，他们对杜甫的帮助肯定是有限的。就在犯难之际，杜甫突然收到一封热情洋溢的远方来信，他决定带着家人从秦州向西南方前行，去一个叫同谷的地方。

两年前杜甫还在凤翔任左拾遗时，一位韦姓评事被派到同谷做防御判官，杜甫作《送韦十六评事充同谷防御判官》一诗以壮行。诗中的同谷郡充满异域原始的色彩："古色沙土裂，积阴云雪稠。羌父豪猪靴，羌儿青兕裘。吹角向月窟，苍山旌旆愁。鸟惊出死树，龙怒拔老湫。古来无人境，今代横戈矛。"杜甫当时绝不会想到，两年后会和家人一起来到这片"无人境"。"无人"是一种夸张的说法，不是还有穿着豪猪靴和青兕裘的羌族父子吗？想象中的同谷是这种景象，真实的同谷又如何？

《积草岭》写于同谷县界："连峰积长阴，白日递隐见。飕飕林响交，惨惨石壮变。山分积草岭，路异明水县。旅泊吾道穷，衰年岁时倦。卜居尚百里，休驾投诸彦。邑有佳主人，情如已会面。来书语绝妙，远客惊深眷。食蕨不愿余，茅茨眼中见。"那封远方书信就是由这位同谷的"佳主人"所写，他以"绝妙"的语言向我们的诗人发出邀请，让彷徨的杜甫对陌生的同谷充满想象。

乾元二年（759）十一月初，杜甫作《别赞上人》，辞别赞公（为什么没有和族侄杜佐告别呢?),和家人在半夜时分离开秦州。杜甫在冬天远行常常选择在半夜或凌晨出发①,原因在于结冰的硬化道路利于车行马走。从《发秦州》开始,杜甫便开启山水"图经"模式②,每到一处险峻或具有地界标志性意义的地方都会写一首诗,一共写了二十四首,一路走一路写。③

本来应该从秦州东边发轫,但东边道路崎岖不便于行车,因此只能从西边绕道而行。向西南方向赶了七十里地,来到一处名为赤谷的山谷,杜甫一家在那儿住了一晚上,并作《赤谷》诗。次日清早开始赶路,一路经过铁堂峡、盐井、寒峡、法镜寺、青阳峡、龙门镇、石龛、积草岭、泥功山和凤凰台,均有诗作纪实。这种边走边写作的习惯,应该和杜甫早年漫游的经历有关。

盐　井

卤中草木白,青者官盐烟。官作既有程,煮盐烟在川。汲井岁搰搰,出车日连连。自公斗三百,转致斛六千。君子慎止足,小人苦喧阗。我何良叹嗟,物理固自然。

据方志记载,成州长道县有盐官故城。④ 杜甫此诗当成为研究中国盐业史的重要文献,其不仅呈现了唐代秦陇一带井盐采掘的情景(飘荡的青烟和高耸入云的盐车迄今仍在自贡的盐业遗址可见),还准确记载了官商倒卖食盐获取二十倍以上暴利的事实。

---

① 杜甫《发秦州》:"中宵驱车去,饮马寒塘流。"
② 仇兆鳌辑注《杜诗详注》卷七:"刘克庄曰:唐人游边之作,数十篇中间有三数篇,一篇间有一二联可采。若此二十篇,山川城郭之异,土地风气所宜,开卷一览,尽在是矣。网山(林亦之)《送蕲帅》云'杜陵诗卷是图经',信然。"此语最早见载于南宋刘克庄《后村先生大全集》卷一八二《诗话新集》。
③ 朱弁《风月堂诗话》(四库全书本):"东坡云:'老杜自秦州越成都,所历辄作一诗,数千里山川在人目中,古今诗人殆无可拟者。'"
④ 仇兆鳌辑注《杜诗详注》卷七:"鹤注,《唐·食货志》:唐有盐井六百四十,成州、嶲州井各一。钱笺,《元和郡县志》:盐井,在成州长道县东三十里,水与岸齐,盐极甘美,食之破气。盐官故城,在县东三十里,在嶓冢西四十里,相承营煮,味与海盐同。"蒲向明在为温虎林《杜甫陇蜀道诗歌研究》(中国社会科学出版社,2015)作序时指出:杜甫由陇入蜀时的成州,治所在上禄县,不在他的行经路线上,杜甫直接从长道县境沿陇蜀道进入同谷县境。

从秦州向西南方向前行约一百四十里即可到达汉源①，再向南行五十多里即可至成州同谷。杜甫并没有直接进入同谷城中，而是从东边南下栗亭，此处离成州约有五十里地。②

匪夷所思的一件事是，当初热情似火写信相邀的那位同谷"佳主人"（应该就是同谷县宰）从人间蒸发了——我们在杜甫全部同谷诗作中再也没有看见过他的一丝影子。这也太奇怪了，杜甫是那种对别人任何一点恩惠都会报以涌泉的人，怎么会只字不涉？只有两种可能性：佳主人调离了同谷，或者，或者什么呢？清人施鸿保在《读杜诗说》中认为：天真的诗人杜甫被同谷县宰给蒙了。这位"佳主人"就是一时附庸风雅说说而已，没想到杜甫真的拖老带小来了，"佳主人"便玩起失踪的把戏。这个自作聪明的人，如果稍微周到一点，必会因杜甫而名垂青史，可惜他没有这个福气。

有一天，杜甫来到县东南七里处的万丈潭。杜甫很久没有看见那样壮观的景色了：蛟龙在积水中蟠伏，仿佛真有万丈之深。苍石耸峙，绝壁相对，倒影垂澹，清光炯碎。诗人感叹说："造幽无人境，发兴自我辈。"（《万丈潭》）成县地方志记载说，杜甫曾在成县东南七里处的飞龙峡口（万丈潭边）筑草堂而居，但至少从诗中看不出这种卜居的端倪。有学者从《同谷七歌》之六推测杜甫可能曾在这儿附近的"闾里"（凤凰村）居住过。③

栗亭东边八十多里处是两当县，杜甫老友吴郁的家就在这里，杜甫曾专程去访问过，并写下《两当县吴十侍御江上宅》。冬天的两当县，山谷中满眼都是红色的落叶，阴冷的风吹动吴郁筑在江边的房屋。此时吴郁远贬至长沙，估计很久没有回来过。杜甫在诗中还提及一桩与间谍有关的案子，吴郁被贬即与此相关："昔在凤翔都，共通金闺籍。天子犹蒙尘，东郊暗长戟。兵家忌

---

① 杜甫《发秦州》："我衰更懒拙，生事不自谋。无食问乐土，无衣思南州。汉源十月交，天气如凉秋。草木未黄落，况闻山水幽。栗亭名更嘉，下有良田畴。"古川末喜据《旧唐书·地理志》及《文苑英华》所载《汉源县令厅壁记》称："汉源（即上禄）就是同谷郡（即成州）的中心县城。也就是说，可以视同谷即汉源。"（[日]古川末喜著，董璐译：《杜甫农业诗研究：八世纪中国农事与生活之歌》，西北大学出版社，2018）

② 据温虎林《杜甫陇蜀道诗歌研究》载，栗亭在甘肃徽县城西四十里的栗川乡境内。"栗亭的西南面是杜甫入蜀攀越的陇右名山木皮岭，其上除木兰树外，多为栗树、橡树、青冈树，尤以栗树为最，'栗亭'由此而名。"

③ 陈贻焮：《杜甫评传》，北京大学出版社，2003。

间谍,此辈常接迹。台中领举劾,君必慎剖析。不忍杀无辜,所以分白黑。上官权许与,失意见迁斥。朝廷非不知,闭口休叹息。仲尼甘旅人,向子识损益。余时忝诤臣,丹陛实咫尺。相看受狼狈,至死难塞责。行迈心多违,出门无与适。于公负明义,惆怅头更白。"杜甫来看望吴郁的老宅并不是来观光怀旧的,他是专程来向老朋友道歉的。杜甫非常后悔自己当时在凤翔任左拾遗时没能够阻止朝廷对吴郁的错误判决,觉得太对不起这位正直而善良的兄弟。那时候两京沦陷,为了刺探军情,安禄山安插了很多间谍混入长安和凤翔一带。唐朝方面展开一轮又一轮的清查抓捕行动,被捕的人鱼龙混杂,被错抓误抓的大有人在。负责审核的吴郁心怀仁慈,不忍心杀死无辜的人,所以对每一个疑似间谍之人认真核查,分清黑白是非。吴郁希望不放走一个真间谍,也不误杀一个假间谍。吴郁的认真劲得罪了上司:这样认真的做法会大大减少间谍的实际数量从而降低抓捕业绩。杜甫并不是不想为吴郁申辩,只是有心无力,那时他自己才刚从死神手中幸免于难(因疏救房琯而入大狱)。这对诗人杜甫来说是一件令自己深感不安的事,他甚至自责到连头发也更加花白。我们的诗人杜甫能力可能有限,良知却永不会泯灭。

杜甫第一次被人放了鸽子,在同谷举目无亲,连生计都成了问题。

停留同谷期间可能是杜甫一生中最贫穷无助的时期,有时囊中仅剩下一枚铜钱,《空囊》一诗的贡献在于杜甫为汉语提供了一个独具特色的表达惯语——"囊中羞涩",如果没有杜甫,汉语就少了一分表现力。

一家人等着吃饭,还有人病倒。杜甫不得不四处奔走,努力寻找认识的朋友以获得帮助。这时他的那匹马也病倒了,很可能是累倒的:"乘尔亦已久,天寒关塞深。尘中老尽力,岁晚病伤心。毛骨岂殊众,驯良犹至今。物微意不浅,感动一沉吟。"(《病马》)

还好,天无绝人之路,同谷一带的地理条件优于秦州,风土之暖利于无衣,物产之佳利于无食。杜甫在《发秦州》诗中写道:"栗亭名更嘉,下有良田畴。充肠多薯蓣,崖蜜亦易求。密竹复冬笋,清池可方舟。虽伤旅寓远,庶遂平生游。"这儿不仅物产丰富(有薯蓣、崖蜜、冬笋和黄独)[①],还

[①] 杜甫《乾元中寓居同谷县作歌七首·其二》:"黄精无苗山雪盛,短衣数挽不掩胫。"宋人张耒在《明道杂志》中指出:"'黄精无苗山雪盛',后人所改也,其旧乃黄独也。"

有良田美物，这也解释了杜甫为何要在栗亭落脚——这儿比城里更容易获取山野食物。杜甫在同谷期间基本是住在栗亭的，一度还有卜居于此的打算，所以后世才在栗亭修建少陵祠堂，唐代咸通中（860—874）还有刺史赵鸿在此刻造杜诗石刻以纪念诗人。①

纵然没有什么亲人，没有什么朋友，却还有无私的造化和不朽的诗歌——《乾元中寓居同谷县作歌七首》《同谷七歌》）是完全不同于之前秦州那组杂诗的全新写作②。杜甫在最艰难的时刻也从未放弃过诗歌！杜甫的家族传统中有两条血脉，一条是儒家的血脉（"法自儒家有"），一条是诗歌的血脉（"诗是吾家事"）。如果在这两条血脉中只允许选择一条，杜甫选择的一定是诗歌。事实上杜甫自从辞官的那一刻开始，就已经做出了这样的选择。杜甫是儒家的知识分子，更是一个本质的、纯粹的诗人。

正说杜甫在同谷一带没有一个朋友（除了一座人去楼空的吴郁宅），他就见到了一个老朋友，杜甫在《同谷七歌》中称其为"山中儒生"。他与杜甫在长安时就认识，估计也是在安史之乱中逃至同谷山中避难的（如同秦州山谷中那位佳人）。还真是缘分不浅，后来，杜甫流寓湖南潭州时，分别十二年的两人居然又相见了，杜甫为此作《长沙送李十一（衔）》，真是乱世中的一段佳话。我们从诗中才知道这位"山中儒生"名叫李衔：

> 与子避地西康州，洞庭相逢十二秋。远愧尚方曾赐履，竟非吾土倦登楼。久存胶漆应难并，一辱泥涂遂晚收。李杜齐名真忝窃，朔云寒菊倍离忧。

乾元二年（759）对杜甫来说是最为艰难的一年，但也是最为光辉的一

---

① 仇兆鳌辑注《杜诗详注》卷八载，钱谦益曰《寰宇记》载：同谷县有栗亭镇，咸通中，刺史赵鸿刻石同谷曰：工部题栗亭十韵，不复见，鸿诗曰："杜甫栗亭诗，诗人多在口。悠悠二甲子，题记今何有？"

② 简锦松在《杜甫诗与现地学》一书中，从现地研究的角度，认为《同谷七歌》系"伪造"之作："《同谷七歌》的内容，矛盾很多，诗中的杜甫形象，与杜甫其他诗篇所呈现的性情习惯，完全不同；对于杜甫江州妹的居住地，也说成绝不可能的淮河流域；其所形容的同谷县杜甫寓居的地理人文条件，与同谷的实际山川及城邑人文，完全不合。"虽然时有新见，却并不具有太强的说服力。作者过分强调诗歌写作中的地理空间与现实地理空间的高度吻合性，事实上这两者并不常常处于同一个维度上：它们既可能是重叠的，也可能是分离和混淆的。郑振铎《清人杂剧初集》（民国二十年长乐郑氏石印本）收有曹锡黼据《同谷七歌》而编写的杂剧《四色石·同谷歌》。

年。正是这一年的磨炼，才让我们的诗人杜甫成长为中国最伟大的诗人。我们可以称乾元二年（759）这一年为"杜甫年"，在中国诗歌史上，在整个八世纪的人类诗歌史上，杜甫的这一年都是最耀眼的一年。朱东润认为，乾元二年是杜甫的一座大关，到了这一年，杜甫的诗才发展到最高的境界。这之前，杜甫没有超过唐代的其他诗人；这之后，唐代的诗人很少有超过杜甫的。①

从离开华州到当年年底到达成都，不到半年的时间，杜甫一共创作了一百二十首诗篇，占现存杜甫全部作品的近十分之一。杜甫几乎每天都在写作，每时每刻都在写作，似乎只有诗歌才能抵抗所有的痛苦、贫困和恐惧。其中的《同谷七歌》无疑是极其杰出的诗作，也是这一百多首作品中仅有的一组七言古风（其余均为五古、五律或七律）。

《同谷七歌》是七首结构严密的组诗，有总摄，有开合，有收束，波澜起伏而又血气连贯，既有对前代诗歌的继承，更有杜甫独出心裁的创获。宋人朱熹指出，这组诗写得"豪宕奇崛，兼取《九歌》《四愁》《十八拍》诸调而变化出之，遂成创体"。明人陆时雍在《诗镜》中也认为《同谷七歌》"稍近骚意，第出语粗放"②。在句法和气息方面，《同谷七歌》确实更接近汉代张衡的《四愁诗》。《四愁诗》七句一章，四章共二十八句，每句一韵，至第四句转韵。《同谷七歌》每歌八句，每歌二韵，至第七句转韵。每次转韵时也会转调（如一歌即由上声转平声）。《七歌》中的叠字使用极为高明，杜甫无疑是唐代第一叠字大师。③ 一至四歌皆以叠字开篇（"有客有客""长镵长镵""有弟有弟""有妹有妹"）。这样精致的安排，显然是出于音乐与节奏方面的考量。曹慕樊就认为诗人此举是为了展现形体的整齐和音律的和谐（预期的旋律按时出现会产生和谐感）。④ 我始终认为无论是古典诗歌还是现代诗歌，节奏和音乐性都是一首诗至关重要的因素，也是诗歌（尤其是现代白话诗歌）之所以为诗歌，区别于其他文体之本质特征。我们和杜甫一起来吟

---

① 朱东润：《杜甫叙论》，人民文学出版社，1981。
② 郭曾炘：《读杜札记》，上海古籍出版社，1984。
③ 仇兆鳌辑注《杜诗详注》卷一〇：申涵光曰，杜诗善用叠字，如"野日荒荒白""宿鹭娟娟净""江市戎戎暗""山云淰淰寒"之类，皆非意想所及。
④ 曹慕樊：《杜诗杂说续编》，巴蜀书社，1989。

唱《同谷七歌》中的第一首和第二首吧：

> 有客有客字子美，白头乱发垂过耳。岁拾橡栗随狙公，天寒日暮山谷里。中原无书归不得，手脚冻皴皮肉死。呜呼一歌兮歌已哀，悲风为我从天来！

> 长镵长镵白木柄，我生托子以为命！黄独无苗山雪盛，短衣数挽不掩胫。此时与子空归来，男呻女吟四壁静。呜呼二歌兮歌始放，闾里为我色惆怅！

诗人在语言世界中所表现出来的，往往和现实世界有一定的出入。对诗人而言，想象中的痛苦、语言中的痛苦可能才是最大的、最真实的痛苦，比现实中所面临的痛苦更加难以承受。

杜甫在同谷虽然很穷，但离开同谷时还有马可骑。[①] 唐代的驿站相当发达，鼎盛时期全国驿站多达一千六百四十三驿[②]，即使在偏远的秦州也设有驿站，杜甫在《秦州杂诗·其九》中就写道："今日明人眼，临池好驿亭。丛篁低地碧，高柳半天青。稠叠多幽事，喧呼阅使星。老夫如有此，不异在郊坰。"可见秦州山中的驿站环境并不差，里面还有竹林、柳树和池塘。驿站中养有可供官吏骑乘的马匹，杜甫当过右卫率府胄曹参军、左拾遗和华州司功参军，应该是有资格使用驿马的。

杜甫为什么在大雪封山之际还要挖掘黄独（黄精）呢？他在参观秦州太平寺时写下《太平寺泉眼》一诗，诗的结尾部分写道："何当宅下流，余润通药圃。三春湿黄精，一食生毛羽。"原来杜甫一直想着道家神仙的事，认为吃了黄独或黄精，就可以羽化而登仙。杜甫后来到了成都附近的青城丈人山，也没有忘记采食黄独。

[①] 杜甫《白沙渡》："我马向北嘶，山猿饮相唤。"

[②] 《唐六典》卷五："驾部郎中、员外郎掌邦国之舆辇车乘，及天下之传驿厩牧，官私马牛杂畜之簿籍，辨其出入阑逸之政令，司其名数。凡三十里一驿，天下凡一千六百三十有九所。（二百六十所水驿，一千二百九十七所陆驿，八十六所水陆相兼。若地势险阻及须依水草，不必三十里。每驿皆置驿长一人，量驿之闲要以定其马数：都亭七十五匹，诸道第一等减都亭之十五，第二、第三皆以十五为差，第四减十二，第五减六，第六减四，其马官给。）"

同谷的山野物产较为丰富，不过也得分季节，春天、夏天或是秋天可能比较好一些，到了冬天就难说。我们的诗人一家到达同谷时，正值隆冬时节，传说中的那些薯蓣、崖蜜、冬笋和黄独已很难找到。在覆满积雪的山谷间，四处一片白茫茫的景色。一个握着长柄镢子（铲子）、白发掩耳、快要冻僵的老人，弓身驼背寻找着食物，黄独连根苗苗儿都难看到，遑论挖出根茎了。裤脚太短太破，整个小腿都裸露在风雪之中，他的手脚上长满了冻疮，冻坏的伤口难以愈合。

"岁拾橡栗随狙公"用的是《庄子》的典故①，狙即猕猴，狙公则是养猕猴的人。杜甫的本意并不在于"狙公"，而在于"狙"，"公"字被虚化，可以理解为狙子、狙儿之类。杜甫是想说，在茫茫的雪地上，用铲子挖不到黄独，最后只好像猕猴那样，在白色的树林间寻找秋天落下的几粒残存的橡栗。

白雪世界是残酷的，但是也潜藏着勃勃生机。

雪地觅食的诗人杜甫，尽管像一只无助的猕猴，却是一只内心有火焰和春天的猕猴！

你听，他在第六歌中就唱出了高音："我行怪此安敢出，拔剑欲斩且复休。呜呼六歌兮歌思迟，溪壑为我回春姿！"在强烈的对比中，杜甫表现出倔强的理想品性，正如罗大经所说："本是形容凄凉之意，乃翻作壮丽之语。"②

诗人不仅握着一柄挖掘仙药的长铲，也握着一柄诗意的长铲。

在杜甫的放歌中，严寒笼罩的同谷山川，莽苍苍的溪壑突然浮现出春天的姿态。

---

① 《庄子·齐物论》载，狙公赋芧，曰："朝三而暮四。"众狙皆怒，曰："然则朝四而暮三。"众狙皆悦。
② 罗大经著，王瑞来点校：《鹤林玉露》卷一，中华书局，1983。

入蜀记

　　杜甫想象的春天并没有真正回来,山河大地还是一片凛冽的风景。

　　要养活一家人,光靠从雪地上觅来的几颗橡栗或偶尔掘到的几根黄独,是根本不可能的。杜甫一家的活路只有一条:离开同谷。这一次杜甫把全家的希望寄托在他从未到过的——几年前杜甫的"太阳"君王到达过,一度被命名为"南京"的成都。①

　　寒冬中,杜甫做出了一个正确的决定,成都已张开拥抱中国大诗人的怀抱。

　　这个决定是杜甫经过深思熟虑后才做出的,成都是战乱中玄宗逃难的首选之地,虽然道路艰险,却具有其他地方无可比拟的优势:蜀道之难既给行路者带来风险,同时也是一种天然的安全屏障。蜀道是难,但是随着玄宗避难入蜀,蜀道已有相当程度的改观,在当时甚至形成了一种入蜀寻找相对安稳生活的浪潮。史书描述说:"关中比饥,士人流入蜀者道路相系。"② 可以想见,杜甫挈妇将雏奔走于蜀道之上,他们并不是唯一的历险者。天府之国的成都物华天宝,像一座取之不尽用之不竭的巨型太仓。最重要的是,杜甫

---

　　① 《旧唐书》卷一〇《肃宗本纪》载,上元元年(760),"以荆州为南都,州曰江陵府,官吏制置同京兆。其蜀郡先为南京,宜复为蜀郡"。

　　② 欧阳修等:《新唐书》卷一四三《高适传》,中华书局,1975。

觉得秦州、同谷一带已经十分不安全，且危险主要来自吐蕃的侵扰。①

除此之外还有一层原因，就是前面提及的投亲靠友。这一年的年底或次年初，杜甫的老朋友高适就到了成都旁边的彭州任刺史，之后又改任蜀州（今四川崇州）刺史。杜甫的另一位朋友严武则在乾元二年（759）被贬为巴州（今四川巴中）刺史，后入京为太子宾客兼御史中丞，上元二年（761）来到成都任职。巴州太远，远水解不了近渴，比较可靠的可能还是高适。这时成都的第一父母官是裴冕。裴冕和杜甫的关系比较微妙，尽管在快要抵达德阳县县北鹿头关时，杜甫就曾写诗致问这位成都的军政首脑人物②，但是效果并不明显。其深层原因在于成都尹裴冕是拥立肃宗登基的人，在政治营垒上和杜甫难以相融。况且，杜甫到达成都的三个月之后，裴冕就被调回长安以右仆射待制集贤院，接替裴冕工作的是京兆尹李若幽。杜甫的亲戚在成都的并不多，表弟王十五司马算一个，可能还有一位在裴冕幕府中任职的从孙杜济（后为绵州刺史），除此之外好像没有更加亲近的人。

乾元二年十二月初一，杜甫带着一家老小从同谷出发，向着南方，向着成都前进。诗人继续开启"图经"模式，一路行走一路纪行，写下十二首"入蜀记"。

《发同谷县》是入蜀记的开篇：

> 贤有不黔突，圣有不暖席。况我饥愚人，焉能尚安宅。始来兹山中，休驾喜地僻。奈何迫物累，一岁四行役。忡忡去绝境，杳杳更远适。停骖龙潭云，回首虎崖石。临岐别数子，握手泪再滴。交情无旧深，穷老多惨戚。平生懒拙意，偶值栖遁迹。去住与愿违，仰惭林间翮。

诗人自我安慰说，即使像孔子和墨子那样的圣贤也常常过着动荡不安的生活，何况他这样一个又饿又笨的普通人！他是抱着巨大的希望来到同谷的（那个"佳主人"把同谷说得像个世外桃源一样），可是待了不到一个月就待

---

① 参见祁和晖、谭继和《杜甫携家入蜀原因考察》，《草堂》1989 年第 3 期。
② 杜甫《鹿头山》："冀公柱石姿，论道邦国活。斯人亦何幸，公镇逾岁月。"裴冕曾封冀国公。

不下去了，被迫在严冬时节开始这一年的第四次长途跋涉。① 虽然在那里待的时间不长，杜甫还是结识了几位朋友（如李衔），噙泪和他们一一言别。

杜甫一路向南，越木皮岭，经两次渡水（白沙渡和水会渡）之后，在由陇道进入蜀道的陕西略阳东南阁道，写下著名的《飞仙阁》一诗：

> 土门山行窄，微径缘秋毫。栈云阑干峻，梯石结构牢。万壑欹疏林，积阴带奔涛。寒日外澹泊，长风中怒号。歇鞍在地底，始觉所历高。往来杂坐卧，人马同疲劳。浮生有定分，饥饱岂可逃。叹息谓妻子，我何随汝曹。

典籍记载飞仙阁下浸碧潭，悬栈而行，若飞仙然。蜀道最艰险的就是凌空飞架的栈道，写栈道之险峻的唐代诗人不少（包括李白的《蜀道难》），但和杜甫笔下的栈道相比，都显得隔了一层。很多诗人是在想象中写出来的，他们并没有亲历过那绝壁上真真实实的危险。杜甫不同，他是带着家人一步一步走过来的（栈道上很多地方不能骑马，只好让仆人牵着马走），所以杜甫的感受完全不同。那悬在半空中的道路，远远望去竟然细若秋毫，尤其当你走上去偶尔俯视时，下面是万壑，是奔涛，是怒号的长风。走下栈道后回首仰望，不禁吓出一身冷汗来。从略阳继续南行约一百里地，便到了五盘岭（一作七盘岭），这儿距绵谷（今四川广元）还有一百七十里地。离成都越来越近，杜甫在《五盘》诗中说："成都万事好，岂若归吾庐。"诗人的情绪总是这样，千辛万苦地走，还未走到目的地，心里又有些动摇，又想回到首阳山去。当然这只是一闪而过的念头而已，休息一下还得赶路。抬头看见龙门山（绵谷东北八十里），再往前走就是龙门阁，杜甫遂写下《龙门阁》一诗。清人顾祖禹说，龙门阁在县北十里，嘉陵东岸。其地有千佛崖。先是悬崖架木，作栈而行，石岩蜿蜒，其形若门，后凿石为佛像，渐成通衢。《栈道记》载：自城北至大安军界营桥阁共万五千三百六十一间，唯石阑、龙门称绝险。石阑桥，盖在龙门之北。郡志上说：石柜阁在县北二十五里。② 大约这年冬至刚过，杜甫一家就来到绵谷县城北边石柜阁：

---

① 乾元二年（759），杜甫从洛阳到华州，从华州到秦州，从秦州到同谷，又从同谷到成都。

② 顾祖禹：《读史方舆纪要》卷六八，中华书局，2005。

石柜阁

　　季冬日已长,山晚半天赤。蜀道多早花,江间饶奇石。石柜曾波上,临虚荡高壁。清晖回群鸥,暝色带远客。羁栖负幽意,感叹向绝迹。信甘屏僮婴,不独冻馁迫。优游谢康乐,放浪陶彭泽。吾衰未自由,谢尔性所适。

蜀道风景不仅奇险,还有令人意想不到的惊喜:冬至才过,性急的野花就开始绽放,这在秦陇之地是绝对看不见的。《石柜阁》诗中,显现出一种前所未有的闲适气质:清晖之中群鸥在盘旋飞翔,从四面八方围合而来的暝色,似乎在欢迎远方来的诗人一家。杜甫置身"绝迹",想到了生活之苦,也想到了优游不迫的前朝诗人谢灵运和放浪形骸的陶渊明,真希望有一天自己也能像他们那样"自由"一番。再往前走就来到桔柏渡。桔柏渡在利州昭化县境内,因桔柏江而得名。走着走着,一片黛色的阴影掠了过来,杜甫知道,一夫当关、万夫莫开的剑门关到了。

剑　门

　　惟天有设险,剑门天下壮。连山抱西南,石角皆北向。两崖崇墉倚,刻画城郭状。一夫怒临关,百万未可傍。珠玉走中原,岷峨气凄怆。三皇五帝前,鸡犬各相放。后王尚柔远,职贡道已丧。至今英雄人,高视见霸王。并吞与割据,极力不相让。吾将罪真宰,意欲铲叠嶂!恐此复偶然,临风默惆怅。

这当然是一首非常好的风景诗,将雄关剑门的险峻和瑰玮写到了极致,同时又是一首具有预言或谶语性质的政治诗,来自诗人的直觉,没有理由。事实证明诗人的担心绝非多余,我们不久就会看到蜀中"并吞与割据"的局面,杜甫会在蜀中的乱局中再一次成为逃难者。那"北向"(长安)的"石角"在杜甫眼中,显得实在是太锋利了些。过了剑门关往南边走,来到德阳北边的鹿头关。到了这儿,崇峦叠嶂不见了,放眼南望,一马平川,景色迥异于秦陇山川。一家子终于可以缓一口气:"及兹险阻尽,始喜原野阔。"成都指日可达,这个陌生的"殊方"曾经让天下三分,并不缺少王霸之气。自古以来皆如此,富饶之地也是豪侠必争之地。那儿还是文章辞采动人的扬雄和司马相如曾经生活的地方,现在又有冀国公裴冕大人这样的国之柱石治理，杜甫说："成都，我肯定是来对了！"

乾元二年（759）十二月中下旬①，杜甫一家长途驱走，终于在一个洒满余晖的黄昏中抵达成都。《成都府》是诗人杜甫到成都后写作的第一首诗，也是"入蜀记"的尾声：

> 翳翳桑榆日，照我征衣裳。我行山川异，忽在天一方。但逢新人民，未卜见故乡。大江东流去，游子日月长。曾城填华屋，季冬树木苍。喧然名都会，吹箫间笙簧。信美无与适，侧身望川梁。鸟雀夜各归，中原杳茫茫。初月出不高，众星尚争光。自古有羁旅，我何苦哀伤。

朱鹤龄说此诗语意多本阮籍的《咏怀》："翳翳桑榆日，照我征衣裳"即阮之"灼灼西颓日，余光照我衣"；"侧身望川梁"即阮之"登高望九州"；"鸟雀夜各归，中原杳茫茫"即阮之"飞鸟相随翔，旷野莽茫茫"；"自古有羁旅，我何苦哀伤"又翻阮之"羁旅无俦匹，俯仰怀哀伤"以自广。"初月出不高，众星尚争光"，则本曹植《赠徐幹》诗"圆景光未满，众星粲以繁"。②杜甫下字很讲究，独出心思又大有来历，这是其用语的一大特征，不凭空臆造又绝不墨守陈词。值得注意的是杜甫在诗中表露的情绪：好奇、欣喜而又惆怅。还没有到达成都时，杜甫就知道"成都万事好"，但是——世间只要出现"但是"，事情就会变得复杂起来——初到成都的杜甫，患着深深的怀乡病，身在成都，却有一种梦游的感觉："翳翳桑榆日，照我征衣裳。我行山川异，忽在天一方。"

新月刚刚升起来，它的光辉清澈但还不够亮眼，以至于快要被繁星遮掩，这似乎是对诗人的一种提醒。

---

① 简锦松在《杜甫诗与现地学》中，从月相角度推算杜甫到达成都北城门的准确时间应为乾元二年十二月十六日晚上六七点左右："此时月出已经40分钟左右，月亮仰角（AlT）才在7.6度的低位，这便是初月出不高的真实相。此际夜幕已暗，众星与低月争辉，诗意与天文现象的时程相符。"

② 仇兆鳌辑注：《杜诗详注》卷九，中华书局，1979。

就在这儿待到老

初到"天一方"成都的杜甫一家,被一个他称为"故人"的朋友安排暂住于成都西郊浣花草堂寺里①。那是一座迹近荒废的寺院,里面只有一个名叫复空的僧人。这个"故人"有人认为就是裴冕,也有人认为是高适或别的什么人,我认为既不是裴冕本人,也不是高适本人。有人说杜诗中的"故人"多指当地父母官,这倒未必(比如那位热情的彭衙孙宰也是"故人"),杜甫诗中使用"故人"一语者多达四十余次,大部分说的就是老朋友、老相识,指称父母官时,杜甫常常使用的是另一个词——"主人"(比如那位同谷县宰就叫"佳主人")。

杜甫一家暂时就在这座古寺中住下。那位故人很可能是高适的一位成都友人,受高适之托才把杜甫安排在这儿临时居住,然后再做打算。杜甫刚一安顿下来,就收到高适的诗歌问候和送来的粮食:"传道招提客,诗书自讨论。佛香时入院,僧饭屡过门。听法还应难,寻经剩欲翻。草玄今已毕,此

---

① 据曾亚兰《成都草堂寺与杜甫草堂》(《草堂》1988年第1期)考证,杜甫所居古寺即始建于南朝宋孝武帝时之草堂寺,寺院规模宏大,故有空房可容杜甫一家人。但从杜甫诗中可以看出,其寺已经十分空寂。

后更何言。"(《赠杜二拾遗》)杜甫即刻回以《酬高使君相赠》:"古寺僧牢落,空房客寓居。故人供禄米,邻舍与园蔬。双树容听法,三车肯载书。草玄吾岂敢,赋或似相如。"诗中的"古寺"就是浣花的草堂寺。杜甫一方面表达了对高适的感谢,另一方面也委婉传达出了不如意:我现在的状况并不像你诗中所说的那样优哉游哉,住的地方条件很差,生活物资尤其是吃的东西不足,还得靠新认识的邻居送些蔬菜来果腹。不过住在寺里也有个好处,可以听点佛法。杜甫谦逊又自信地说:"我可能写不出像扬雄那样深奥的玄学文章,但是诗赋方面还是可以和汉代最牛的司马相如比一比的。"杜甫经常将扬雄和司马相如并提,实际上在二人之间有所轩轾,可以明显看出杜甫抑扬而扬司马的立场。①

高适对杜甫的关照,总的来说还是很好的。杜甫与年长自己三岁的高适之间的友情更多的是来自诗歌交流,在现实生活方面,高适对杜甫的关爱比起严武来还是有些差别的,究其原因可能还是玄、肃二帝之间的矛盾在他们三人之间产生的影响。在"永王之乱"中,高适曾被肃宗任命为淮南节度使,成为讨伐永王的前锋。那时大诗人李白正在永王幕中,政治的洪流直接将两个诗歌兄弟冲刷至敌对营垒之中。我认为这件事对后来的高、杜交往多少投下了一点儿阴影——在杜甫的心中李白是无罪、无瑕的。这样也就可以解释杜甫为什么会在诗中对高守蜀的政绩略有微词。②

杜甫到达成都时已是乾元二年(759)晚冬十二月中下旬,转眼就到了次年春天。

上元元年(760)的春天来得很早,与杜甫的心情相吻合。

据一些研究人类行为的学者所说,每一个人在一座城市或地方的活动范围与轨迹看起来零乱无序,但实际上是相当有规律的,用现代大数据的方法完全可以准确勾画出一个人的活动场域。古代的人由于交通工具的限制,活动范围要小得多。杜甫对成都最熟悉的始终是西郊,这里是他最初入住的地

---

① 杜甫多次表达过自己的写作水平超过扬雄,早在《奉赠韦左丞丈二十二韵》中就说"赋料扬雄敌,诗看子建亲"。又在《进雕赋表》中说:"臣之述作,虽不能鼓吹六经,先鸣数子;至于沉郁顿挫,随时敏捷,扬雄、枚皋之徒,庶可企及也。"

② 杜甫《警急》(原注:高公适领西川节度):"才名旧楚将,妙略拥兵机。玉垒虽传檄,松州会解围。和亲知计拙,公主漫无归。青海今谁得,西戎实饱飞。"

方，先入为主的现象自古而然。

带着一大家子人，总不能长期住在古寺中吧，所以得尽快寻找一处新的、可以安居的地方。杜甫已开始喜欢上这座陌生的城市，决定在此长住。诗人杜甫可能是成都移民史上第一个明确表达"来了就不想走"的人——"锦里烟尘外，江村八九家。圆荷浮小叶，细麦落轻花。卜宅从兹老，为农去国赊。远惭勾漏令，不得问丹砂。"(《为农》)尤其是他暂住的西郊，隐在喧嚣的都市之外，又不至于偏僻而没有一点人气。以前很少见到的清幽景象俯拾即是：浑圆的初荷浮映于水面，轻盈的花朵落在刚刚吐芽的麦苗上。于是，我们的诗人打算在此做一辈子的农夫，就在这儿待到老。

卜　居

浣花溪水水西头，主人为卜林塘幽。已知出郭少尘事，更有澄江销客愁。无数蜻蜓齐上下，一双𪉈鹅对沉浮。东行万里堪乘兴，须向山阴入小舟。

带着杜甫在浣花水西头卜居的"主人"，应该还是之前安排杜甫暂住古寺的那个人。那时裴冕还没有离任——也可能是在高适的请求下，裴冕让手下出的面。杜甫还没有到成都就写诗向裴冕示好，他们也是旧相识，早在凤翔时就打过照面。当时裴冕是宰相，杜甫是左拾遗，纵然官阶悬殊，好歹也算是一起共过事的人。在"主人"的帮助下，杜甫于成都西边七里浣花溪畔找到一块无人使用的荒地，最初面积只有一亩左右。其准确地址已经无法知道①，大约在浣花溪西岸江流拐弯处。这儿背向成都，离少城碧鸡坊石笋街也不是太远，在方位上颇有讲究：百花潭之北，万里桥之西（距万里桥七八里路）。坐西朝东，锦江从眼前流过，驰目西北方向可以清楚望见西岭的终年积雪。

卜居（相宅）是一种古老的择地仪式，早在殷商卜辞中就有关于卜居的

---

① 杜甫成都草堂的准确位置，至唐末已模糊，晚唐韦庄就曾寻找过草堂，在《浣花集序》中称杜甫草堂"芜没已久，而柱砥犹存，因命芟夷，结茅为一室"。宋人吕大防还在百花潭北梵安寺相接处"建草堂绘少陵像"，至明代尚存。徽宗时双流人宋京也曾寻找过草堂，结果发现找到的草堂根本不是杜甫的草堂："野僧作屋号草堂，不是柴门旧时处。"(《草堂》)

记载。① 屈原作有著名的《卜居》,并将选择居址的含义延伸为人生理想的抉择。② 根据吴玉贵的研究,隋唐五代时期的人们极其重视相宅,相宅书籍也广为流行,仅官方著录的相宅著述就有《宅吉凶论》《相宅图》《五经宅经》等。敦煌唐写本中还保留着《宅经》残卷(伯3865)。相宅过程主要强调阴阳协调,包含着朴素的环境科学思想。③ 唐代著名道家人物司马承祯说得在理:"何谓安处?曰:非华堂邃宇、重裀广榻之谓也。在乎南向而坐,东首而寝,阴阳适中,明暗相半。屋无高,高则阳盛而明多;屋无卑,卑则阴盛而暗多。故明多则伤魄,暗多则伤魂。人之魂阳而魄阴,苟伤明暗,则疾病生焉。此所谓居处之室,尚使之然。况天地之气,有亢阳之攻肌,淫阴之侵体,岂不防慎哉!修养之渐,倘不法此,非安处之道。术曰吾所居室,四边皆窗户,遇风即阖,风息即开;吾所居座,前帘后屏,太明则下帘以和其内映,太暗则卷帘以通其外曜。内以安心,外以安目,心目皆安矣。"④

杜甫的卜居既是真正的卜居,实际又是一次重大的人生决定。卜居于此的原因有三:一是此地林塘清幽,没有城中的繁华扰人;二是风光美好,蜻蜓上下,鸂鶒沉浮;三是这儿还有一株相传已有两百年树龄的古楠,杜甫的草堂主体建筑即修建于这株大树的旁边。后来,这株楠树被风雨刮倒了,杜甫为此伤了很久的心。⑤

成都已是驰名于世、和扬州等地齐名的"名都会"。天宝元年(742)之前,成都是益州的首府。天宝元年,改益州为蜀郡。至德二载(757),因为玄宗来避过难,改蜀郡为成都府,称南京;上元元年(760)罢京,复为蜀郡。杜甫时代的成都,城市规模用今天的眼光来看其实并不太大,整个也就五六平方千米,但在当时来看城市体量已经很大。现在仍奔流于城内的两条

---

① 殷墟卜辞:己卯卜,争贞:王乍(作)邑,帝若(诺),我从之唐。
② 王逸《卜居序》:"心迷意惑,不知所为。乃往至太卜之家,稽问神明,决之蓍龟,卜己居世,何所宜行,冀闻异策,以定嫌疑。"
③ 吴玉贵:《中国风俗通史·隋唐五代卷》,上海文艺出版社,2001。
④ 司马承祯:《天隐子》,明正统道藏本。
⑤ 杜甫《楠树为风雨所拔叹》:"倚江楠树草堂前,古老相传二百年。诛茅卜居总为此,五月仿佛闻寒蝉。东南飘风动地至,江翻石走流云气。干排雷雨犹力争,根断泉源岂天意。沧波老树性所爱,浦上童童一青盖。野客频留惧雪霜,行人不过听竽籁。虎倒龙颠委榛棘,泪痕血点垂胸臆。我有新诗何处吟,草堂自此无颜色。"

河流（府河和南河），那时还在城市之外。靠近南墙根的南河又称锦江（西段则有浣花溪和百花潭），府河与南河在南边合流。

卜居很顺利，地点就在杜甫最先熟悉的那一带，离浣花古草堂寺也不远，完全不用为重新认识周边环境而操心。在"主人"的关照下，买地的钱可以省了，但修房子置家具的钱还要不少。杜甫虽当过右卫率府胄曹参军和左拾遗，在东西两京还有些田产，但经过秦陇之行的折腾，肯定也所剩不多——这可以从杜甫找那个答应资助又迟迟不兑现的王录事催款的行为中看出来。① 再加上战乱致使通货严重膨胀，钱已经不值钱了。好在成都还有一位当司马的王十五表弟（杜甫的父亲杜闲就曾当过兖州司马），在他的慷慨资助下，草堂的修建才有了着落。② 经过一个春天的忙碌，草堂基本上可以入住了。

在这之后，草堂的修建、改建和扩建工作仍在断断续续地进行，一直到宝应元年（762）春夏之际才告一段落，前后历时近三年。这段漫长的草堂营建小史，在杜甫后来作于梓州的《寄题江外草堂》中有清晰的表述：

> 我生性放诞，雅欲逃自然。嗜酒爱风竹，卜居必林泉。遭乱到蜀江，卧疴遣所便。诛茅初一亩，广地方连延。经营上元始，断手宝应年。敢谋土木丽，自觉面势坚。亭台随高下，敞豁当清川。惟有会心侣，数能同钓船。干戈未偃息，安得酣歌眠。蛟龙无定窟，黄鹄摩苍天。古来贤达士，宁受外物牵。顾惟鲁钝姿，岂识悔吝先。偶携老妻去，惨澹凌风烟。事迹无固必，幽贞贵双全。尚念四小松，蔓草易拘缠。霜骨不堪长，永为邻里怜。

诗中明白无误地指出，草堂修建从上元元年（760）春天开始，直至宝

---

① 杜甫《王录事许修草堂赀不到聊小诘》："为瞋王录事，不寄草堂赀。昨属愁春雨，能忘欲漏时。"

② 杜甫《王十五司马弟出郭相访遗营草堂赀》："忧我营茅栋，携钱过野桥。他乡唯表弟，还往莫辞劳。"杜甫成都诗中多次写及桥，除万里桥之外，还常写及"野桥""浣花桥"之类，据古川末喜推断，这些桥写的都是草堂附近一座小桥："浣花溪大部分河段都是宽仅三四十公分的浅滩，能徒手在清澈的河底捡拾白色的石子，即便是车马，也能渡过。在这样的河面上，架起了一座桥梁。此桥具体叫什么不得而知，但是杜甫曾在诗作中称之为'浣花桥'。"（[日]古川末喜著，董璐译：《杜甫农业诗研究：八世纪中国农事与生活之歌》，西北大学出版社，2018）

应元年（762）才结束。杜甫另一首作于宝应元年春天的《畏人》亦可资旁证："早花随处发，春鸟异方啼。万里清江上，三年落日低。畏人成小筑，褊性合幽栖。门径从榛草，无心待马蹄。"同时杜甫也陈述了草堂营建过程的主要事项：一是草堂及院坝的扩建，由原来的一亩地逐渐拓展，与周围的平旷之地连接起来；二是将土基院坝筑得更坚实，屋后开沟，既可排水又可为界，说不上壮丽，但一定要牢固以便长久居住；三是继续改造环境，修建一些具有游赏功能的设施（如亭台、江槛、药栏和泊船之所等）。① 杜甫还特意提及我们后面还会说到的那四棵心爱的小松树——可能是老楠树倒了，他便把对楠木的爱转移到了松树身上。杜甫对这些长龄树种，其实是有所企图的。

杜甫住进草堂，注定是一个标志性的历史文化事件。

宋人陆游记载，每年四月十九日，成都就会举行被称为"浣花遨头"的纪念活动，大宴于杜子美草堂沧浪亭，"倾城皆出，锦绣夹道。自开岁宴游，至是而止，故最盛于他时。予客蜀数年，屡赴此集，未尝不晴。蜀人云：虽戴白之老，未尝见浣花日雨也"②。诗人的魅力太大，就连老天也会特别关照。

成都遇见杜甫是成都的幸运，杜甫遇见成都也是杜甫的幸运。

没有杜甫的成都可能是不完美的；没有成都的杜甫，我们亦将见不到如此丰富、如此温暖而磅礴的诗人。

---

① 杜甫宝应二年（763）所作《将赴成都草堂途中有作先寄严郑公五首·其四》："常苦沙崩损药栏，也从江槛落风湍。"
② 陆游：《老学庵笔记》卷八，中华书局，1979。

诗歌园艺学家

是什么东西彻底改变了杜甫对成都的看法，并且从生命本质层面上拨动了杜甫那股敏感的诗歌神经呢？草堂！是的，杜甫的草堂。有了草堂之后，杜甫才真正爱上了这座城，这片土地，这方人民。有了草堂之后，杜甫真的不想走了。

浣花溪畔的草堂岁月，是杜甫一生中最悠游不迫的岁月。史书上说："甫于成都浣花里种竹植树，结庐枕江，纵酒啸咏，与田畯野老相狎荡，无拘检。"① 三个月的时间确实太短，还不足以精心营造一个令人满意的家。杜甫在很多地方都曾产生过安居的幻想，但都没有实际行动过，在秦州和同谷都曾有过卜居的想法，最终还是不了了之。杜甫知道那不过是些风雨飘摇的临时住所，自己只是一个过客。对于成都的草堂，杜甫的认识和行为迥然不同：这儿将是他的家，永远的家。杜甫的草堂绝不是一个随意的暂避风雨的简陋之所，而是一处颇具匠心的诗意苑囿。

毫无疑问，草堂倾注了杜甫在建筑与园艺方面的全部热情和才华。

手头虽然紧张，但并没有影响杜甫构筑草堂的兴致。不仅没有影响，由

---

① 刘昫等：《旧唐书》卷一九〇下《杜甫传》，中华书局，1975。

于是平生第一次真正下功夫建筑自己的家园，杜甫反而从中体味到了别样的艰辛与成就感。

到了成都，杜甫变身为一个颇具规划师风范的诗歌园艺学家。

杜甫对于居住环境和各种植物的热爱与讲究，在历史上除苏东坡之外，再难找到第二个人与之媲美。为了给草堂营造一种优雅朴素的氛围，杜甫用诗歌不断向身边的朋友们发出强烈的关于植物的请求：他喜欢松树，就向涪城县尉韦班要松苗。松树是缓生树，且不容易栽活，从杜甫的记载可知，他在草堂一共只栽活了四棵松树。杜甫对于松树这样的长龄树情有独钟，除了喜欢它的霜雪之姿，还有另外的意图。他在《凭韦少府班觅松树子栽》中说："落落出群非榉柳，青青不朽岂杨梅。欲存老盖千年意，为觅霜根数寸栽。"杜甫找韦班要来松树苗，看中的是松树具有"榉柳"或"杨梅"所不具有的"千年意"。杜甫的心思有时也比较深，估计是受到他的远祖杜预刻碑（立于山峰沉于潭底）的暗示，希望千年之后人们到了这儿，即使看不见草堂的建筑，还能看见他亲手种植的几棵松树。杜甫深信，他的名字一定会不朽于世间。① 诗人可能没有意识到，比起易朽的茅屋和相对活得久一点的松树来说，他的文字、他的诗歌才是永恒之物，正如同他当年送孔巢父归江东时所说："诗卷长留天地间。"

有人说杜甫不喜欢竹子，理由是他曾写过"新松恨不高千尺，恶竹应须斩万竿"这样的句子。这其实是断章取义，忽略了上下文。杜甫只是说竹子长得太快，完全夺走了松树的生长空间。杜甫曾向绵竹县令韦续索要竹苗种于草堂周围，《从韦二明府续处觅绵竹》中写道："华轩蔼蔼他年到，绵竹亭亭出县高。江上舍前无此物，幸分苍翠拂波涛。"杜甫是喜欢竹子的，他曾将竹子的种植面积扩大到一百亩，竹林周边还有很多高大的乔木。② 有时候，杜甫待在竹林中都不想出来。在高适和严武的支持下，鼎盛时期的草堂有点接近庄园或农庄。杜甫之所以要种面积如此广阔的竹子，并不仅仅出于造景的需要。竹子在古代是一种重要的、不可或缺的生产资料，具有极高的

---

① 杜甫《春日江村五首·其五》："宅入先贤传，才高处士名。"
② 杜甫《杜鹃》："我昔游锦城，结庐锦水边。有竹一顷余，乔木上参天。"

经济价值，是要上税的（杜甫不用纳税）。① 杜甫在《客堂》诗中说："居然绾章绂，受性本幽独。平生憩息地，必种数竿竹。"杜甫种竹子的原因，除满足其"幽独"习性之外，还有经济上的考量。

诗人从竹子那儿获得过不少收益，比如：春夏之际有大量竹笋可供食用。杜甫早年在长安时就和郑虔一起在何将军山林中见识过（也可能食用过）竹笋②，现在草堂种了这么多竹子，竹笋随处可采："无数春笋满林生，柴门密掩断人行。会须上番看成竹，客至从嗔不出迎。"（《三绝句·其三》）笋子生得太多太快，把草堂西边的门都堵上了，因此只好另开一道出入的门："堂西长笋别开门，堑北行椒却背村。梅熟许同朱老吃，松高拟对阮生论。"（《绝句四首·其一》）竹笋之外，草堂的很多建筑及修缮材料都来自杜甫亲手种植的竹子。

种竹之外，杜甫后来还在草堂中专门开辟了药圃，这是他另一个重要的经济来源。杜甫的药材"经营"史（采药、种药及卖药），从长安时代开始就断断续续地书写着：在秦州和同谷期间，杜甫都采过药；到了成都后，由于成都的气候宜于种植药材，加上又有自己的园子，杜甫的药材营生做得有声有色。成都时代的杜甫除诗人和农夫身份之外，还多了一重身份：种药人或卖药人。草堂药圃位于棕亭和草亭之间的一些空隙处（离那棵倒下的老楠树不远）。③ 由于患有过敏性哮喘，杜甫在药圃里面种了些麻黄属植物。有一阵子，杜甫在成都卖药已经小有名气，从《魏十四侍御就敝庐相别》一诗中可知，还有朋友从很远的地方专程跑来买他的药材。杜甫经常背着药囊进城卖药，很晚才回到草堂。《西郊》诗中写道："时出碧鸡坊，西郊向草堂。市桥官柳细，江路野梅香。傍架齐书帙，看题检药囊。无人觉来往，疏懒意何长。"

草堂虽然地处偏僻的城外，但前来访问的人还不少。

---

① 《新唐书》卷五四《食货志四》："初，德宗纳户部侍郎赵赞议，税天下茶、漆、竹、木，十取一，以为常平本钱。"
② 杜甫《陪郑广文游何将军山林十首·其五》："绿垂风折笋，红绽雨肥梅。"
③ 杜甫《绝句四首·其四》："药条药甲润青青，色过棕亭入草亭。苗满空山惭取誉，根居隙地怯成形。"

宾 至

幽栖地僻经过少，老病人扶再拜难。岂有文章惊海内，漫劳车马驻江干。竟日淹留佳客坐，百年粗粝腐儒餐。不嫌野外无供给，乘兴还来看药栏。

杜甫虽常常生病，但内心充满自信。他说他的诗文还没有写到名满天下、惊动海内外的地步，怎么敢劳阁下大驾光临简陋的江边小筑呢？实际上，杜甫对自己的文章早就心里有数，他并不觉得对不起这些来到"江干"看望自己的"车马"。杜甫和客人们"淹留"一整天，除了待客热情，也有点小心思。兴致高昂时，杜甫会邀请客人一起去观看他的"药栏"，显然带有一种现场营销的意味。杜甫的现实主义显得相当直接和坦率，他毫不隐讳地表示，眼前的这些药用植物是他生活的重要"供给"来源。

和缓生的松树相比，另一种蜀中特有的速生树桤木也深得杜甫的认可。他不掩饰自己对于桤木的偏爱，伸手向绵谷县尉何邕索取桤木苗，有诗《凭何十一少府邕觅桤木栽》曰："草堂堑西无树林，非子谁复见幽心。饱闻桤木三年大，与致溪边十亩阴。"说到桤木树，便又牵涉杜甫另一首著名的诗——《堂成》。这首诗题的意思很明白，就是草堂的修建已经落成完工，里面写到了桤木树：

背郭堂成荫白茅，缘江路熟俯青郊。桤林碍日吟风叶，笼竹和烟滴露梢。暂止飞乌将数子，频来语燕定新巢。旁人错比扬雄宅，懒惰无心作解嘲。

这首诗通常系年于上元元年（760）春天，杜甫经过三个月的努力终于修建了一处可以居住的地方。这看起来没毛病，但是稍微细心的人就会发现一个问题：杜甫卜居时的这片土地完全是一片荒地，除遍地的茅草和一棵古楠树之外什么也没有，更没有桤木树和竹子，所以杜甫才写诗寻求朋友们帮助。问题来了：怎么才短短三个月时间，这些从朋友那儿弄来的苗苗儿就形成可以遮蔽太阳的浓荫，在云雾中滴落露水的枝叶还成为乌鸦与燕子们的乐园？这完全违背了植物生长的基本规律。郭知达在《九家集注》中引赵次公的话想为此寻找一个解释："桤林笼竹正川中之物，二物必于公卜居处先有之矣。"刚才说过，至少在杜甫卜居的这一小片土地上（最初只有一亩地）

是没有上述二物的，否则为何还找朋友索取呢？虽说《卜居》诗中有"主人为卜林塘幽"的说法，但那指的是一个大环境，就算是小环境，也可能主要指的是杜甫相中的那棵参天古楠树。因此，我同意清人浦起龙的看法：旧编上元元年（760）初置草堂时，诗云"桤林碍日""笼竹和烟"，则是竹木成林矣。初筑时各处乞苗栽种，未必速成如此。其《寄题江外草堂》诗曰"经营上元始，断手宝应年"，写作时间当为宝应元年（762）春夏之间。草堂从初置至全部建成已近三年，和杜甫听到的"桤木三年大"的传闻基本吻合。

松竹桤木之外，杜甫对桃树也甚为迷恋，其甜美的果实不仅可供食用，其美丽的花朵更是养眼的风物。于是，杜甫向县令萧实又要了一百根桃苗，要的数量不算少，作《萧八明府实处觅桃栽》："奉乞桃栽一百根，春前为送浣花村。河阳县里虽无数，濯锦江边未满园。"

杜甫还曾向一个姓徐的权贵索要过珍贵的果木："草堂少花今欲栽，不问绿李与黄梅。石笋街中却归去，果园坊里为求来。"（《诣徐卿觅果栽》）这个住在石笋街果园坊里的徐卿是谁呢？我认为很可能就是宝应元年七月发动叛乱的剑南兵马节度使徐知道。但杜甫索要果木时，徐知道还没露出反相，也没有出知节度使，只是成都府的一个副职。

杜甫有首名叫《徐九少尹见过》的诗："晚景孤村僻，行军数骑来。交新徒有喜，礼厚愧无才。赏静怜云竹，忘归步月台。何当看花蕊，欲发照江梅。"所谓"少尹"就是行军长史，这位徐少尹和徐卿或许就是同一个人，即徐知道。

大部分人认为杜甫以诗四处向人索要植物或器物，主要是贫穷所致，我并不太认同这种看法。其中固然有贫穷的因素，但贫穷不是唯一，也不是最重要的因素。前面已经谈及过此事，以诗索物（杜甫甚至还以诗索过饭，索过酒）是杜甫喜欢的一种优雅的社交方式，也是一种联络情感的特殊方式。真的穷得没有办法时，杜甫也会"厚颜"直说的（比如他在彭衙遇见故人孙宰之前就这么"厚颜"过）。一个基本的事实是，杜甫以诗索物的对象全是当地有一定影响力的人物，显然是希望以此迅速建立起一个比较有实力的朋友圈。

有一个小小的疑问：杜甫来到成都才几个月，他是从什么渠道或在什么场合认识了这么多有一定实力的朋友的呢？想来想去只有一种可能，那就是通过高适或裴冕等人的引荐。杜甫的社交经验相当丰富，早在洛阳的少年时代就可以自由出入"翰墨场"。从杜甫的诗作《寄杨五桂州谭》的自注"因州参军段子之任"可知，他确实时常出入于城中的交际场所。

转眼就到了初夏的四月，杜甫住进草堂后，遇见了成都第一场大雨。

已经四十八岁的杜甫当然见过很多场雨，之前也写过很多首和雨相关的诗篇。但是他还是为眼前所见的雨惊讶不已，原因之一是他从未见过因大雨而猛涨起来的江水离自己的居室如此之近！杜甫对这种景象既有好奇与欣喜，又有一丝隐隐的恐惧。杜甫在《梅雨》中写道："南京犀浦道，四月熟黄梅。湛湛长江去，冥冥细雨来。茅茨疏易湿，云雾密难开。竟日蛟龙喜，盘涡与岸回。"前面说过，成都曾在至德二载（757）被短暂命名为南京，南方梅子熟了，雨季亦随之而来。江水湛碧，细雨迷蒙，景色好看是好看，但杜甫担心编织得不太密实的茅屋会不会漏雨，尤其是面前的江水不断上涨，混浊的漩涡盘桓咆哮，仿佛里面潜藏着蛟龙，如果冲垮了堤岸可就麻烦了。

杜甫返身回到屋中，没过多久，细雨就变成了大雨。

江　涨

江涨柴门外，儿童报急流。下床高数尺，倚杖没中洲。细动迎风燕，轻摇逐浪鸥。渔人萦小楫，容易拔船头。

杜甫的两个儿子，老大杜宗文快十岁，老二杜宗武也有六七岁，他们看见江水暴涨，慌里慌张地跑到杜甫面前报告水情。杜甫起身拄着手杖再次出门观望，河面眨眼就高了几尺，已逼近草堂的柴门，刚才还能看见的水中小洲已经淹没不存。江面上鸥燕乱飞，打鱼的人倒是很镇定，掉转小船驶向安全的地方。

杜甫有点轻微的恐水症，只要是下起大雨或者遇上深一些的水域，他就会怀疑里面有蛟龙（鱼龙）之类的异类存在（当年和岑参一起游渼陂时即是如此）。他的担心也不是没有一点道理，从后来所作《将赴成都草堂途中有作先寄严郑公五首·其四》一诗可知，他营建的药圃围栏就被水流冲毁过几次："常苦沙崩损药栏，也从江槛落风湍。"杜甫不得不经常让人做一些帖石护岸的防洪工作。①

　　经过我们的诗歌园艺学家一番苦心经营，草堂终于初具规模，可以安心住下来了。成都给了杜甫这样一片小小的天地，虽然也有秋风肆虐，使茅屋破败，中间还夹杂着战乱，但更多的时候是安静、安适、安稳的。再加上还有老友、一方军政要人高适（任彭州刺史、蜀州刺史和成都尹）或严武（任绵州刺史、成都尹兼御史大夫和东西川节度使）的不时照顾，总的来说，杜甫在成都所度过的近四年生活，是其一生中最值得留恋的岁月。

　　成都就像是一位慈爱的母亲，给杜甫这样饱经忧患、一身是伤的异乡游子带来无尽的身心抚慰。成都又像是一位秘密的情人，唤醒了杜甫沉睡的抒情的审美意识，让杜甫的人生在悲苦之中多了几分明亮之色，多了几分生动之气。

---

　　① 杜甫《早起》："春来常早起，幽事颇相关。帖石防隤岸，开林出远山。"

为成都代言

杜甫的家安在了成都的草堂，这儿风俗淳朴，景色宜人。在写下《江村》一诗的次年（上元二年，即761年），亦即入蜀的第三个年头，杜甫之前想拥有一只船的梦想①终于得以实现，他为此写下《进艇》一诗以作纪念。诗人再一次为我们描绘了锦江天伦图，可视为《江村》诗的姐妹篇。他已经习惯了成都的安逸生活，这儿有园林可供自己打理，有新增加的水槛和江亭可供凭眺，有小艇可供家人一起乘兴出游，有清澈的江水可供淘气的孩子游泳嬉戏，有仆人可供驱使②，有看家护院的狗出入迎接③，有成群结队的鹅鸭撒欢嬉戏④，有田园可供耕种⑤，有百亩万竿翠竹可以散步其间（有

---

① 杜甫在《春水生二绝·其二》中说："南市津头有船卖，无钱即买系篱旁。"
② 杜甫《早起》："童仆来城市，瓶中得酒还。"
③ 杜甫《草堂》："旧犬喜我归，低徊入衣裾。"
④ 杜甫《舍弟占归草堂检校聊示此诗》："鹅鸭宜长数，柴荆莫浪开。"
⑤ 杜甫《建都十二韵》："穷冬客江剑，随事有田园。风断青蒲节，霜埋翠竹根。"古川末喜从杜甫《大雨》一诗之"四邻未耗出，何必吾家操"推测："成都时期的杜甫，很可能是以托管的方式拥有农田，并且这些田地还附带了农夫。也就是说，农田并非杜甫所有，但是杜甫拥有田地的收获和收益。"（[日]古川末喜著，董璐译：《杜甫农业诗研究：八世纪中国农事与生活之歌》，西北大学出版社，2018）

一次杜甫嫌竹林太茂盛遮挡了阳光，竟然一次就砍掉了一千根)①，有无数的竹笋可以食用，有药材可以换钱……天空中还有翻飞追逐的蛱蝶，溪水中有并蒂的芙蓉。这还不够，还有可口的甘蔗汁当茶饮，有绿瓷玉缸中散发着芬芳的醪酒。

这样的安闲和幸福，之前的杜甫从未体会过。仇兆鳌《杜诗详注》引葛常之的话说："《北征》诗云：'经年至茅屋，妻子衣百结。恸哭松声回，悲泉共幽咽。'是时方脱身于万死一生，以得见妻儿为幸。至秦州，则有'晒药能无妇，应门亦有儿'之句，已非北征时矣。及成都卜居后，《江村》诗云：'老妻画纸为棋局，稚子敲针作钓钩。'《进艇》诗云：'昼引老妻乘小艇，晴看稚子浴清江。'其优游愉悦之情，见于嬉戏之际，则又异于客秦时矣。"

从杜甫对儿女们的爱之中，我们可以真切感受到诗人内心中最柔软的那一部分。这种爱，和杜甫在成都茅屋中所生发出来的"安得广厦千万间"的爱是一脉相承的。成都不仅接纳了诗人杜甫，也接纳了他的家人。不仅杜甫和妻子在成都的锦江边找到了乱世中的快乐，他的儿女们在成都的锦江边也找到了属于自己的美好时光。

当杜甫爱上成都时，命中注定他就是成都的代言人。

成都毫无保留地接受了杜甫，杜甫也毫不吝啬地赞美着成都，歌唱着成都——如同翠柳上的黄鹂，青天中的白鹭。② 因此，凭借杜甫的史诗之笔，我们看见了永不熄灭的"蜀人灯盏"西岭雪山③；看见了在"城中十万户""此地两三家"的对照中，鱼儿在细雨里出没，燕子在微风中快乐翻飞④；看见了一场好雨，看见了野径上的黑云，看见了江船上的渔火，还看见了黎

---

① 杜甫《草堂》："入门四松在，步屧万竹疏。"《营屋》："我有阴江竹，能令朱夏寒。阴通积水内，高入浮云端。甚疑鬼物凭，不顾剪伐残。东偏若面势，户牖永可安。爱惜已六载，兹晨去千竿。萧萧见白日，汹汹开奔湍。"
② 杜甫《绝句四首·其三》："两个黄鹂鸣翠柳，一行白鹭上青天。窗含西岭千秋雪，门泊东吴万里船。"
③ 向以鲜《观察西岭雪山的十三种方式》，见《我的聂家岩》，华东师范大学出版社，2018。
④ 杜甫《水槛遣心二首·其一》："去郭轩楹敞，无村眺望赊。澄江平少岸，幽树晚多花。细雨鱼儿出，微风燕子斜。城中十万户，此地两三家。"《春归》："远鸥浮水静，轻燕受风斜。"

明中沾满雨露的花朵①；看见早春时节红色的桃花、吐青的柳叶②；看见二三月间的桃花水③；看见成都涨水居然涨出了大海的感觉④；看见落日中的细草、江色映照的帘子⑤；看见唐代成都幕府中的梧桐、蜡炬、月色⑥；看见来自天地之间的锦江春色，看见变幻古今的玉垒浮云⑦。杜甫的诗史之笔，大如垂天之云，细如毫芒，透过杜甫的笔触，我们甚至能看见在成都平日很难看见的微型风景。诗人有时像拿着一把美的放大镜，在自己看见的同时，也让千载之后的世人看见：燕子小嘴巴衔回的泥土，蜜蜂触须上的花粉或落絮，甚至还有枯梨上的一只蚂蚁以及院子里细小的飞虫——"芹泥随燕觜，蕊粉上蜂须。"（《徐步》）"仰蜂粘落絮，行蚁上枯梨。"（《独酌》）"啅雀争枝坠，飞虫满院游。"（《落日》）当然，成都也不是世外桃源，我们从杜甫诗中，听见了萧瑟的秋风，看见了破败，看见了人间的悲伤⑧，甚至还看见背叛者血肉模糊的髑髅头。⑨

　　在成都，杜甫有了之前从未有过的心境来体察万物，用他的话说就是"细推物理"，诗人和成都的一山一水、一树一石、一鸟一虫之间达成了丰子恺所标举的"同情"境界。丰子恺在《美与同情》中告诉我们："世间的物有各种方面，各人所见的方面不同。譬如一株树，在博物家，在园丁，在木

---

① 杜甫《春夜喜雨》："好雨知时节，当春乃发生。随风潜入夜，润物细无声。野径云俱黑，江船火独明。晓看红湿处，花重锦官城。"
② 杜甫《奉酬李都督表丈早春作》："力疾坐清晓，来诗悲早春。转添愁伴客，更觉老随人。红入桃花嫩，青归柳叶新。望乡应未已，四海尚风尘。"
③ 杜甫《春水生二绝·其一》："二月六夜春水生，门前小滩浑欲平。鸬鹚鸂鶒莫漫喜，吾与汝曹俱眼明。"
④ 杜甫：《江上值水如海势聊短述》。
⑤ 杜甫《晚晴》："村晚惊风度，庭幽过雨沾。夕阳薰细草，江色映疏帘。"
⑥ 杜甫《宿府》："清秋幕府井梧寒，独宿江城蜡炬残。永夜角声悲自语，中天月色好谁看。风尘荏苒音书绝，关塞萧条行路难。已忍伶俜十年事，强移栖息一枝安。"
⑦ 杜甫《登楼》："花近高楼伤客心，万方多难此登临。锦江春色来天地，玉垒浮云变古今。北极朝廷终不改，西山寇盗莫相侵。可怜后主还祠庙，日暮聊为梁父吟。"朱自清《〈唐诗三百首〉指导大概》（辽宁人民出版社，2000）："本篇组织用赋体，以四方为骨干。锦江在东，玉垒山在西，先主庙在成都城南。'可怜'二句正是南瞻所感。"
⑧ 杜甫在成都写有好几首枯病植物诗：《病柏》《枯楠》《病橘》《枯棕》等。
⑨ 杜甫《戏作花卿歌》："子璋髑髅血模糊，手提掷还崔大夫。"据宋人葛立方《韵语阳秋》等典籍记载，杜甫曾向人们开出治疗疟疾的处方，最猛的一剂就是让人诵读这两句诗。

匠，在画家，所见各人不同。博物家见其性状，园丁见其生息，木匠见其材料，画家见其姿态。但画家所见的，与前三者又根本不同。前三者都有目的，都想起树的因果关系，画家只是欣赏目前的树本身的姿态，而别无目的。所以画家所见的方面，是形式的方面，不是实用的方面。换言之，是美的世界，不是真善的世界。美的世界中的价值标准，与真善的世界中全然不同，我们仅就事物的形状、色彩、姿态而欣赏，更不顾问其实用方面的价值了。所以，一枝枯木、一块怪石，在实用上全无价值，而在中国画家是很好的题材。无名的野花，在诗人的眼中异常美丽。故艺术家所见的世界，可说是一视同仁的世界，平等的世界。艺术家的心，对于世间一切事物都给以热诚的同情。"①

为了做一个称职的成都代言人，杜甫还成为一位业余的，但是很有专业精神的访古和考古学者。上元元年（760）暮春时节，杜甫携家人刚搬进新居，心情颇好，总算有了落脚之处。于是，他趁着晴好的天气，匆匆来到锦官城外碧草如茵、黄鹂轻啼的武侯祠访古，拜谒心中的英雄，并写下著名的《蜀相》。这首诗也是杜甫入蜀后所写的第一首"沉郁顿挫"之诗：

丞相祠堂何处寻，锦官城外柏森森。映阶碧草自春色，隔叶黄鹂空好音。三顾频烦天下计，两朝开济老臣心。出师未捷身先死，长使英雄泪满襟。

在杜甫心中，诸葛亮堪称第一位悲剧英雄。诸葛亮从里到外都是一个完美的人，符合杜甫对儒家人格的最高要求：睿智、忠诚、从容不迫。《唐诗品汇》引刘辰翁的话说：全首如此，一字一泪。杜甫从诸葛亮失败的政治生涯中得到了很多安慰和启示——"连蜀相这样的人物也有如此多的人生遗恨，我杜甫又有什么好遗憾的呢？"但是，从"三顾频烦"和"两朝开济"的君臣遇合之中，我们读到了杜甫此刻的心冷：他也正在经历玄、肃两朝，他这个"老臣"可就没有那么幸运了。杜甫在晚年所作的《咏怀古迹五首·其五》中再次歌咏了"名垂宇宙"的诸葛亮。在历史的长河中，英雄都是孤独的，如同"万古云霄一羽毛"。

---

① 丰子恺著：《丰子恺散文精选》，长江文艺出版社，2013。

作为成都业余考古学者，杜甫肯定知道成都自古以来存在着一种大石崇拜。上元二年（761）冬天，通过实地考察，杜甫用诗歌的方式写下了两篇著名考古随笔：《石笋行》和《石犀行》，生动呈现了蜀文化中古老的大石崇拜及镇水兽风俗（"厌胜"）。据冯汉骥的研究①，成都平原存有大量的大石文化遗迹：成都平原之大石遗迹在地方志及繁多著作中屡见记载。大石遗迹之起源虽久已被人们遗忘，却成为无知者迷信崇拜之对象，故得以保存至今，否则不少大石想必已被毁或被移作他用。成都为冲积平原，无可供开采之石层。而今所见之大石乃古代蜀人千辛万苦，在几十以至几百公里外之山麓开采，而后移运至竖立之处者。再则，在漫长的历史中被毁的大石必定不少。平原地区石块乃稀罕之物，被移作其他建筑之用的事时有发生。今仅存之大石之所以得以保留，多因迷信而禁毁、禁移之故。大石遗迹之支机石在成都西城城墙内侧，面对支机石街西端。石呈灰色，乃粗沙岩石，高约两米，围于一小庙院内。支机石之来源及名称，民间传说颇多，所有传说均涉及西汉探险家张骞及神秘星相家严君平。严氏乃四川人，常在成都为他人占卜。某次张骞乘木筏探索黄河源头竟至银河（因当时人们相信此两者是相连的），回来时他带了一块大石并询严君平此石之由来。严告诉他，此乃织女星织机下垫石也。骞乃告严，他如何航至银河遇织女，织女送他一石，并嘱他回来时可向严君平询问其端详。杜甫诗中之石笋，亦为上述大石遗迹之证明。

在《石笋行》中，为了研究成都百姓传得神乎其神的，用来镇填海眼的西门那对石笋，杜甫亲自剥开其上的苔藓认真辨识，并从对称的"高蹲"形制推测所谓的"石笋"就是"昔时卿相墓"，其功能在于"立石为表"。② 我们不能不佩服诗人的眼力，他的判断完全正确，所谓石笋，实际上就是汉阙石表一类的纪念性石刻建筑（雕塑）。

---

① 冯汉骥：《成都平原之大石文化遗迹》，《华西边疆研究学会杂志》1946 年第 16 卷。
② 常璩《华阳国志》卷三："每王薨，辄立大石，长三丈，重千钧，为墓志，今石笋是也，号曰笋里。"

石犀行

　　君不见秦时蜀太守，刻石立作五犀牛。自古虽有厌胜法，天生江水向东流。蜀人矜夸一千载，泛溢不近张仪楼。今日灌口损户口，此事或恐为神羞。修筑堤防出众力，高拥木石当清秋。先王作法皆正道，诡怪何得参人谋。嗟尔五犀不经济，缺讹只与长川逝。但见元气常调和，自免洪涛恣凋瘵。安得壮士提天纲，再平水土犀奔茫。

　　从考古成果来看，战国时代的秦人曾采用石雕作为建筑的装饰物，比如，我们在陕西凤翔秦雍都的宫室陵园遗址之中，就曾发现过两件小型石俑。根据成书于初唐的《三辅旧事》记载，战国时代秦昭王在兴建咸阳横桥时，曾下令让工匠雕刻石牛和石人以镇水祈福。战国时代，人们为了免遭水患，从皇室到地方政府，均十分重视兴修水利，并且流行用石兽镇水。2013年1月，成都天府广场工地曾出土一件砂岩质地的长达三米多的大型石犀，这个石犀被考古专家初步断定与李冰治水相关，并断代为汉代作品。根据我的观察，这件石犀应该是战国中晚期作品，那硕大的略显粗笨的体型，身上镌刻着的卷云纹，以及威武中不失憨厚的表情，都体现了早期大型石雕所具有的特征。如果这个推断成立的话，那这个红色石犀应该是迄今为止所发现的中国石刻艺术史上最早的大型圆雕艺术作品。不知道杜甫见到的那件石犀，会不会就是这一件红色的石犀？杜甫在诗中明确表示，这种石犀镇水的"厌胜法"对于防洪工程毫无意义，防水防洪得靠"众力"，而非"诡怪"！

　　杜甫还察访过司马相如与卓文君生活过的地方，写下《琴台》一诗。他也对古蜀遗迹武担山蜀王妃墓地进行过考察。《石镜》中写道："蜀王将此镜，送死置空山。冥寞怜香骨，提携近玉颜。众妃无复叹，千骑亦虚还。独有伤心石，埋轮月宇间。"这首诗牵涉成都一个古老、怪异而凄美的传说，据晋人常璩在《华阳国志》中记载："武都有一丈夫化为女子，美而艳，盖山精也，蜀王纳为妃。不习水土，欲去。王必留之，乃为《东平之歌》以乐之。无几，物故。蜀王哀念之，乃遣五丁之武都担土为妃作冢，盖地数亩，高七丈，上有石镜，今成都北角武担是也。后王悲悼，作《臾邪歌》《龙归之曲》。"男变女或女变男的变性人传说，在中国正史或野史中都可以找到很多例证。这儿的"武都"，据成都作家蒋蓝考证，当指四川绵竹北三十华里的武都山（现在又叫绵竹山或紫岩山），"屹立龙门山脉山踝，西北面高山天作,群峰叠翠,那里的山石、泥土与成都平原有明显区别。抵达蜀王床榻的武都美女,就是来自武都山的绮色佳丽。看来,出类拔萃、身负异能的人,只能以'山精'来命名"①。

  我们的诗人就是这样一个认真的独具判断力的人,他希望自己代言的成都不仅是一座美丽的城市,还是一座经得起检验的、真实的历史悠久的城市。在杜甫待过、走过、住过、爱过、恨过的众多地方中,为何只有成都如此重要,不可或缺?那么多地方中,为什么只有成都显得格外不同寻常?在用数据说话的时代,我们也可以试着用几个数据来回答一下这个古老问题:其一,在杜甫现存的一千四百多首诗作中,写于成都及梓、阆间的诗作达四百多首,差不多占杜甫全部作品的三分之一,其中写于成都的诗作就有两百多首。其二,杜甫现存一千四百多首诗作,有一千首多一点都是在杜甫到达成都之后的十年内写出来的,这实在是一个惊人的现象!我们有足够的理由相信,是成都打开了杜甫的诗歌闸门,并且一发而不可收。其三,杜甫到了四川境内,尤其是到成都之后,在诗歌写作形式方面发生了一个重要变化:在踏入蜀地之前,杜甫主要采用的诗歌形式是古风歌行或律诗,极少采用绝句这一重要形式。在杜甫入蜀前,大概只有一首七绝诗,名叫《赠李白》。杜甫众多精彩的、脍炙人口的绝句,基本上都是在成都写出来的(陆侃如、冯沅君就曾指出这一点)。② 这个现象颇值得玩味,是什么东西触动了杜甫诗思之中那份宜于以二十个字或二十八个字来表达的灵动和跳跃的呢?以上三个与数据相关的事实,虽然不能完全回答我们的问题,但已经可以部分说明,成都对于杜甫来说,确实非同寻常:成都是诗人杜甫的福地。

  所以,我必须再强调一次,如果杜甫不到成都,我们还能看到如此瑰奇多姿、汪洋恣肆的杜甫?

  清初四川学者李长祥说得好:"少陵诗,得蜀山水吐气;蜀山水,得少陵诗吐气。"③ 清代眉山丹棱的彭端淑亦在其《题杜工部草堂》中表达了相同的认识:"公倘不来蜀,胸襟何由阔。蜀中得公诗,山川为增色。"杜甫与

---

① 蒋蓝:《蜀地笔记》,四川人民出版社,2017。
② 陆侃如、冯沅君:《中国诗史》,百花文艺出版社,1999。
③ 仇兆鳌辑注:《杜诗详注》卷九,中华书局,1979。

蜀中山水，与成都气息相互涵养，彼此增辉。

离开成都之后的杜甫，再也没有找到一处像成都这样让他心安的地方——直到他死去，也没有找到。杜甫虽然终究还是离开了成都，但成都人民一刻也没有忘记这位杰出的诗人。在四川人尤其是成都人的心目中，杜甫就是他们的亲人，杜甫就是四川人，就是成都人，是成都史上最具光辉形象的代言人。

双骏双松图

杜甫一直没有停止过对草堂的完缮。

他经常拿着斧头或锄头，在草堂内外转悠，对于看不惯的杂树或者不喜欢的草木（如皂荚树和荨麻），会毫不留情地砍掉或铲除。① 春天时节，杜甫还会用竹筒水车引来江水灌溉草堂里的作物，真的把草堂变成了农庄。

春 水

三月桃花浪，江流复旧痕。朝来没沙尾，碧色动柴门。接缕垂芳饵，连筒灌小园。已添无数鸟，争浴故相喧。

在杜甫的经营之下，草堂一片勃勃生机。东边的竹子长得不好可能是土质的原因，杜甫还专门吩咐一同入蜀的小弟杜占一定要补种。② 后来，杜甫进入严武幕府做了几个月的参谋，有了俸禄，手头变得比较宽裕，还对草堂

---

① 杜甫《恶树》："独绕虚斋径，常持小斧柯。幽阴成颇杂，恶木剪还多。枸杞因吾有，鸡栖奈汝何。方知不材者，生长漫婆娑。"《除草》："草有害于人，曾何生阻修。其毒甚蜂虿，其多弥道周。清晨步前林，江色未散忧。芒刺在我眼，焉能待高秋。霜露一沾凝，蕙叶亦难留。荷锄先童稚，日入仍讨求。转致水中央，岂无双钓舟。顽根易滋蔓，敢使依旧丘。自兹藩篱旷，更觉松竹幽。芟夷不可阙，疾恶信如雠。"

② 杜甫《舍弟占归草堂检校聊示此诗》："东林竹影薄，腊月更须栽。"

的建筑与环境进行过一次较大的修缮与扩建。①

光有各种植物的装点还不够，在条件许可的前提下，杜甫对于居处的品质是有相当要求的，这和他出生世家紧密相关。他的血管里流着唐王朝正宗的皇家血液，虽然时代远了点，但血液和基因不会被时间完全稀释掉。

在成都，杜甫遇见了两位著名画师，一个叫韦偃，一个叫王宰。唐人朱景玄在《唐朝名画录》中记载："韦偃，京兆人。寓居于蜀，以善画山水、竹树、人物等，思高格逸。居闲尝以越笔点簇鞍马人物，山水云烟，千变万态。或腾或倚，或龁或饮，或惊或止，或走或起，或翘或跂，其小者或头一点，或尾一抹，山以墨斡，水以手擦，曲尽其妙，宛然如真。亦有图骐骥之良，画衔勒之饰，巧妙精奇，韩幹之匹也。画高僧、松石、鞍马、人物，可居妙上品，山水人物等居能品。"韦偃的绘画才能比较全面，山水、人物、鞍马、骐骥都画得很好，可以与另一位唐代大画家韩幹（杜甫也写过他的画马）相比肩。韦偃是长安人，估计是安史之乱期间避乱而入蜀。杜甫与韦偃在长安时就相识，这次又在成都相遇，双方喜出望外。

题壁上韦偃画马歌

韦侯别我有所适，知我怜渠画无敌。戏拈秃笔扫骅骝，欻见骐骥出东壁。一匹龁草一匹嘶，坐看千里当霜蹄。时危安得真致此，与人同生亦同死。

这首诗作于上元元年（760）春夏或夏秋之际移居草堂不久，杜甫正愁堂内四壁空荡荡的，便遇见了善画马与骐骥的韦大画家。杜甫天性喜欢神骏，便邀请韦偃到他的草堂来做客，目的是让韦偃在草堂厅内东壁上画两匹骏马（双骏图）。韦偃所绘双骏图系以秃笔干墨画就：一匹神态安闲低头吃草，一匹昂首嘶鸣情绪激烈。双马都有着四只强劲的霜蹄，是可以托付生命的灵物。杜甫想起年轻时在齐鲁所见的那匹房兵曹胡马，不禁感慨万千。可惜岁月变迁，万物易朽，要是草堂双骏图尚在，不知会是怎样一种绝代风华啊！

---

① 杜甫《营屋》："我有阴江竹，能令朱夏寒。阴通积水内，高入浮云端。甚疑鬼物凭，不顾剪伐残。东偏若面势，户牖永可安。爱惜已六载，兹晨去千竿。萧萧见白日，洶洶开奔湍。度堂匪华丽，养拙异考槃。草茅虽薙葺，衰疾方少宽。洗然顺所适，此足代加餐。寂无斤斧响，庶遂憩息欢。"

光有双骏图还不过瘾,过了几天,杜甫又请韦偃来到草堂。韦偃当然明白杜甫的心思。杜甫有点不好意思直说。人家才画了双骏图,该如何再开口呢?于是杜甫写了一首诗来索画《双松图》,为了万一被拒而不至于尴尬,杜甫特别加了一个"戏"字。幽默感在任何时代都是一种很有价值的品质:

戏为韦偃双松图歌

天下几人画古松,毕宏已老韦偃少。绝笔长风起纤末,满堂动色嗟神妙。两株惨裂苔藓皮,屈铁交错回高枝。白摧朽骨龙虎死,黑入太阴雷雨垂。松根胡僧憩寂寞,庞眉皓首无住著。偏袒右肩露双脚,叶里松子僧前落。韦侯韦侯数相见,我有一匹好东绢,重之不减锦绣段。已令拂拭光凌乱,请公放笔为直干。

现在,普天之下只有两个人才画得好真正的古松,一个是天宝年间就官拜御史的毕宏①,可是毕大人太老已经动不了笔,天下实际上也就只剩下一个能画松的人,那就是你这个韦大师啊!写这首诗时,韦偃还没有在草堂开始作画呢,杜甫便在诗中结合他之前对韦偃所画古松的印象,再加上自己对于古松图的理解与想象,率先为韦偃构想和勾勒出一幅双松图:它们的树皮必须是皴裂的,上面布满了深青色的苔藓;它们的枝干必须是枯瘦有力、回旋错折的,像金铁,又像龙虎的枯骨,斑驳陆离,黑白相间。对了,松树的根部必须出现人物,有人才有灵气,最好能画一个带有西域风格的僧人,他的眉毛和头发要足够苍白足够长,他的姿态要足够随性,右肩偏袒着,双脚也要赤裸着(穿上鞋子就没有感觉了),他的胸前或怀中还要画上一两粒从空中针叶之间坠落的松果。韦大师啊韦大师,我们都是老朋友了,这次如果要画就不直接上墙了,我这儿正好有一匹上等的盐亭鹅溪绢("东绢")②,

---

① 张彦远《历代名画记》卷一〇载,张璪,字文通,吴郡人。"尤工树石山水,自撰《绘境》一篇,言画之要诀,词多不载。初毕庶子宏擅名于代,一见惊叹之,异其唯用秃毫,或以手摸绢素,因问璪所受。璪曰:外师造化,中得心源。毕宏于是阁笔"。

② 欧阳修等《新唐书》卷四二《地理志六》:"陵州仁寿郡,本隆山郡,天宝元年更名。土贡:麸金、鹅溪绢、细葛、续髓、苦药。"顾祖禹《读史方舆纪要》卷七一"鹅溪"条载:"县西北八十里。自绵州界流入,地产绢,所谓鹅溪绢也。"陈善《扪虱新话》卷下:"文与可尝有诗与东坡曰:拟将一段鹅溪绢,扫取寒梢万丈长。坡戏谓与可曰:竹长万丈,当用绢一百五十匹,知公倦于笔砚,愿得此绢而已。与可无以答,则曰:吾言妄矣,世岂有万丈竹哉。坡从而实之,遂答其诗曰:世间亦有千寻竹,月落庭空影许长。"

这可是比成都的锦绣还要名贵的东西。你看，这匹已经打开的丝绸正从各个角度散发着迷人的光线，你就放笔一试，先从挺直的树干开始画吧！杜甫这架势，连夸带哄，基本让韦偃没有一丝拒绝的机会。

一不做二不休，得了韦偃的双骏图和双松图，杜甫又找到了成都本土画家王宰。杜甫发现"戏"字很好用（他在诗中曾无数次使用这个字），而且很管用。这一次杜甫并没有直接说请王宰来草堂作画，而是先到王宰家，在高堂素壁之上观瞻王宰所画《昆仑方壶图》。王宰画画很有个性：一是画得很慢，十日画一水，五日画一石；二是不能催逼他画画，那样的话他干脆就不画。这儿存在着一个艺术家与出资方的微妙关系，一种常常互相冲突的关系。出资方希望快出作品少花钱（尤其是计时付酬制），艺术家则希望给他更多的自由空间可以腾挪。

戏题王宰画山水图歌

十日画一水，五日画一石。能事不受相促迫，王宰始肯留真迹。壮哉昆仑方壶图，挂君高堂之素壁。巴陵洞庭日本东，赤岸水与银河通，中有云气随飞龙。舟人渔子入浦溆，山木尽亚洪涛风。尤工远势古莫比，咫尺应须论万里。焉得并州快剪刀，剪取吴松半江水。

金圣叹《杜诗解》认为此诗不唯写妙画，兼写出王宰妙士来。"中有云气随飞龙"七字，道明王宰此图满幅纯画大水，却于中间连水亦不复画，只用烘染法，留取一片空白绢素。此是王宰以异样心力画出来的，是先生以异样心力看出来的。"随飞龙"三字妙，写此一片空白云气，是活云不是死云。《杜臆》也说：王之画只"咫尺""万里"尽之。题云"山水图"，而诗换以"昆仑方壶图"，中举"巴陵洞庭"，而东极于日本之东，西极于赤水之西，而直与银河通，广远如此，正根"昆仑方壶"来；而后面收之以咫尺万里，尽之矣。中间"云""龙""风""木""舟人""渔子""浦溆""洪涛"，又变出许多花草来，笔端之画妙已入神。收语斩截，妙极。杜甫确实是鉴赏书画的一流行家，好的鉴赏实际上是一种再创造。明代文学家袁宏评得也妙："江山辽落，居然有万里之势。"

有学者认为杜甫此诗对后来李贺所作的《罗浮山父与葛篇》颇有影响："依依宜织江雨空，雨中六月兰台风。博罗老仙时出洞，千岁石床啼鬼工。

蛇毒浓凝洞堂湿,江鱼不食衔沙立。欲剪箱中一尺天,吴娥莫道吴刀涩。"二诗之间确有不少共通之处,虽然李贺的诗更为怪谲瑰丽,但是杜甫的并州剪刀似乎还是要比李贺的吴刀锋利一些。李贺在杜甫辞世二十年后才出生,相当于隔了一代人,但是二人之间多少有点渊源。杜甫晚年在公安县见过李贺的父亲李晋肃,并给李晋肃写过一首诗——《公安送李二十九弟晋肃入蜀余下沔鄂》:"正解柴桑缆,仍看蜀道行。樯乌相背发,塞雁一行鸣。南纪连铜柱,西江接锦城。凭将百钱卜,漂泊问君平。"杜甫为什么称李晋肃为弟弟呢?《旧唐书》上记载,李贺是宗室郑王(李渊从父大郑王李亮)之后[①],而杜甫外祖母的父亲义阳王李琮为唐太宗李世民的孙子(太宗第十子纪王李慎次子),杜甫外祖父的母亲又是李渊第十八子舒王李元名的女儿,所以杜甫和李晋肃是平辈远亲兄弟。李贺后来考进士而被人举报,说他父亲"李晋肃"这个名字犯了"进士"谐音的讳,韩愈还为此写有一篇名为《讳辩》的文章专门予以批驳。

不知道这位蜀人王宰为杜甫的草堂留过什么墨宝没有(我的判断是王宰可能最终没为杜甫画画,如果画了,杜甫一定会写诗致谢),王宰最应该感谢的不是别人,而是想请他在草堂中画幅山水图的诗人杜甫:正是因为杜甫的诗篇,我们才知道唐代的蜀中还有这样一位个性鲜明的山水画家。这也是杜甫"诗史"的一大贡献,中国艺术史中应该有杜甫浓墨重彩的一笔。

杜甫对绘画有一种发自骨子里的喜欢,自古诗画相通,他总能从各种艺术中汲取精华和力量。几年后的代宗广德二年(764),杜甫在成都遇见了著名大画家——曹操的后人曹霸,并写下两首名作:《丹青引(赠曹将军霸)》《韦讽录事宅观曹将军画马图歌》。

杜甫的草堂真不是我们想象的那样寒酸,有了大画家韦偃的双骏、双松图(如果再加上王宰的山水图),就已经和普通的院子迥然不同。

[①] 刘昫等:《旧唐书》卷一三七《李贺传》,中华书局,1975。

乌皮几之恋

草堂内外的环境已略具规模，在家具和日常用品方面，杜甫也有其独特的审美趣味与诉求。

杜甫晚年所作《园官送菜》诗说："一经器物内，永挂粗刺痕。"意思是说器物如果太粗糙的话，会给食物之类带来深深的伤害。日常使用的器物（尤其是与饮食相关的器物）通常要光滑晶莹才可爱，也才方便使用。杜甫住进草堂后不久，就有一个朴素的朋友给他送了一笼子樱桃来，杜甫为作《野人送朱樱》一诗：

> 西蜀樱桃也自红，野人相赠满筠笼。数回细写愁仍破，万颗匀圆讶许同。忆昨赐沾门下省，退朝擎出大明宫。① 金盘玉箸无消息，此日尝新任转蓬。

宋人宋范温在《潜溪诗眼》中说：老杜《樱桃诗》上四句如禅家所谓信手拈来，头头是道者。直书目前所见，平易委曲，得人心所同然，但他人艰难，不能发耳。这话说得很有道理，里面确实也藏着一点禅机。杜甫一方面为"野人"的馈赠而感动，一方面又为"野人"用以盛装樱桃的竹笼（"筠

---

① 杜甫《收京三首·其三》："汗马收宫阙，春城铲贼壕。赏应歌杕杜，归及荐樱桃。"

笼")而觉得实在对不住"万颗匀圆"的樱桃,粗糙的竹笼子已经把其中的好些个樱桃给划破了,划得杜甫的心都隐隐疼痛起来。诗人只好十分小心地把樱桃从竹笼子中一颗一颗取出放到另外的器物中,"细写"二字道尽了杜甫的疼惜。

杜甫对于器物的要求近于严苛,他是精致生活的推崇者。

大历二年(767)立春日,杜甫在夔州作《立春》诗,诗人回忆了当年在长安食用春盘的美好场景:"春日春盘细生菜,忽忆两京全盛时。盘出高门行白玉,菜传纤手送青丝。巫峡寒江那对眼,杜陵远客不胜悲。此身未知归定处,呼儿觅纸一题诗。"仇兆鳌注引《四时宝镜》:"唐立春日食春饼、生菜,号春盘。"① 据黄生注,这儿的生菜就是韭菜。此种立春食春盘的风俗,苏轼在《送范德孺》诗中也曾写及:"渐觉东风料峭寒,青蒿黄韭试春盘。"在韭菜之处加上了青蒿。杜甫对春盘颇为讲究,装盘的器具要足够精美,白玉的盘子才能与韭菜的春色相映衬;传送春盘的手要足够美丽,才能与春盘的青翠相匹配。

这就是杜甫,一个把诗歌写到极致的人,一定是一个讲究生活细节之美的人。

只有在此背景之下,我们才能理解杜甫为什么会为一只瓷碗而激动不已。

又于韦处乞大邑瓷碗

大邑烧瓷轻且坚,扣如哀玉锦城传。君家白碗胜霜雪,急送茅斋也可怜。

从诗题来看,显然杜甫已不止一次找这位韦姓朋友索要过东西。这个韦兄弟是谁?杜甫曾向做涪城县尉的韦班要过松树苗,找做绵竹县令的韦续要过竹子,因此这个再次赠给杜甫白瓷碗的韦姓友人,很可能就是二韦中的一人,韦续的可能性更大,毕竟县令比县尉的资源更多。

这首诗在中国陶瓷史上很知名,它填补了一段唐代陶瓷史的空白。清人朱琰说大邑在唐代属邛州②,是不是可以说,杜诗所述这种胎薄质坚、音脆

---

① 仇兆鳌辑注:《杜诗详注》卷一八,中华书局,1979。
② 朱琰:《陶说》卷二,天津市古籍书店,1988。

釉白的大邑白瓷就是邛窑呢？但是现在所见邛窑并不以白瓷见长，而是以彩瓷称善。离大邑不远的彭县（今四川彭州）磁峰窑倒是出产白瓷，杜甫说的大邑白瓷碗有可能出自磁峰。人们称杜诗为诗史，其史诗性并不仅仅表现于杜甫对唐代政治现实的真实记录上，也表现于杜甫对唐代生活的珍贵描述上。如果没有杜诗的记载，我们就永远不会知道世上还有这样一只白色的、既轻薄又坚实且能发出音韵的大邑瓷碗。我们完全能够想象当年杜甫得到这只名碗时的心情，一团来自高温火焰的"霜雪"，在略显灰暗的草堂黄昏中发出迷人的光亮，杜甫忍不住屈起拇指和食指，轻轻弹击了一下瓷碗的边缘，随即听到"哀玉"一样清脆悠长的声音。"哀玉"一词并非杜甫发明，众多注家均指出它来自南朝诗人徐陵的一篇赋文"哀玉发于新声"一句，哀玉不是悲哀的玉，强调的不是玉质而是玉的声音，一种清丽得令人伤心的玉声。这是汉语的奇妙之处，有时候会反义为训。宋人朱松在《菖蒲》中形容泉水的清冷："流泉撞哀玉，清冽生菖蒲。"《聊斋志异》中有则名叫《罗刹海市》的故事："宫中有玉树一株，围可合抱，本莹澈，如白琉璃，中有心淡黄色，稍细于臂。叶类碧玉，厚一钱许，细碎有浓阴。常与女啸咏其下，花开满树，状类薝葡。每一瓣落，锵然作响。拾视之，如赤瑙雕镂，光明可爱。时有异鸟来鸣，毛金碧色，尾长于身，声等哀玉，恻人肺腑。生每闻辄念乡土。"① 如此看来，"哀玉"之音简直就是一种美妙得难以言说的声音。

我要特别提及杜甫在成都得到的一件乌黑色的小家具：乌皮几。

几就是隐几或凭几，主要用以居家靠身休息，可置于腹前或后背，亦可置于侧面作为依靠的支撑。《说文》释"几"就是人所凭坐的"踞几"。几是一种原生的中国家具，早在《诗经》中就已出现。② 《庄子》和《孟子》中都有关于隐几的传神写照。③ 《周礼·春官》中以其工艺和材质之不同而分为五几：玉几、雕几、彤几、漆几、素几。这些不同的几之间有着严格的等

---

① 蒲松龄：《聊斋志异》卷四，齐鲁书社，1981。
② 《诗经·大雅·行苇》："或肆之筵，或授之几。"
③ 《庄子·齐物论》："南郭子綦隐几而坐，仰天而嘘，荅焉似丧其耦。颜成子游立侍乎前，曰：何居乎？形固可使如槁木，而心固可使如死灰乎？今之隐几者，非昔之隐几者也。子綦曰：偃，不亦善乎，而问之也。今者吾丧我，汝知之乎？女闻人籁而未闻地籁，女闻地籁而未闻天籁夫。"《孟子·公孙丑下》："孟子去齐，宿于昼。有欲为王留行者，坐而言。不应，隐几而卧。"

级划分。据晋人葛洪记载，汉代时皇帝才能用玉几，玉质寒，到了冬天还得在几面铺上厚缎子（"绨锦"）一类的饰物。公侯贵族只能使用竹木一类的几，冬天则可以在几面铺上一条小小的毛毯（"细罽为橐"）。①

汉以后的几逐渐市井化，也没有那么多讲究。唐宋以降的几更是成了一种日常用品。由于高脚家具的普及（尤其是椅子），几的凭靠功能被弱化，成为一种陈设雅具，多置放于书斋雅舍之处②，也有被直接用来摆放笔墨的③。隐几在中国古代具有特殊的意义，秦汉以前以两足或栅足直面几为主，南北朝尤其是隋唐以降，两足直几之外，人们似乎更喜欢三足曲几。两种形式的隐几均为低矮家具转向高脚家具提供了一种极其自然的过渡。三足曲几由于造型更为优雅，靠姿舒适（上肢及后背可以凭靠），深受道士及隐士们喜爱。根据出土图像文献资料，唐人直面凭几的坐姿以置于身前为主，两膝则位于凭几两足之间，便于身体移动伸展，故又称"夹膝"。④ 日本正仓院迄今仍保存着三件唐代两足直面凭几的实物，著录名称为"挟轼"。

广德二年（764）早春二月，杜甫由阆州返回成都，途中写了五首诗给严武，诗中首次出现乌皮几的名字。《将赴成都草堂途中有作先寄严郑公》之五："锦官城西生事微，乌皮几在还思归。"仇兆鳌注引皇甫谧《高士传》记载，隐士孙登曾送给另一高士一件乌羔皮裹几。仇氏的意思是，杜甫的乌皮几就是一件用乌黑羔羊皮包裹制作的隐几。南朝诗人谢朓有首《同咏坐上玩器得乌皮隐几》，咏的是一件利用木材的天然形态而做成的三足隐几："蟠木生附枝，刻削岂无施。取则龙文鼎，三趾献光仪。勿言素韦洁，白沙尚推移。曲躬奉微用，聊承终宴疲。"从诗中所写来看，这件乌皮隐几一定不是用乌羔皮包裹的，这件类似现代根雕作品的家具，由于木材的变化曲折太多，乌羔

---

① 葛洪《西京杂记》卷一："汉制天子玉几，冬则加绨锦其上，谓之绨几。以象牙为火笼，笼上皆散华文，后宫则五色绫文。以酒为书滴，取其不冰；以玉为砚，亦取其不冰。夏设羽扇，冬设缯扇，公侯皆以竹木为几，冬则以细罽为橐以凭之，不得加绨锦。"

② 沈起凤《谐铎》卷五："（名妓祝庆娘）粉墙朱户，不似北地之茅篱蜗壁者。即有一苍髯奴邀坐献茶。茶毕，又一老妪出，略话温凉，便导入内室。四壁粘名人题赠，中悬《二乔观兵书图》，旁设乌皮几，香鼎笔床具备。瓶插红梅一枝，含蕊未吐。"

③ 陈朗《雪月梅》第三十五回："岑生道：老师请尊便。当时将所有黄公出身、历宦、德政、升迁，以及相交寅好节略看了一遍，见乌皮几上笔精墨良，即取过一枝犀管、一幅花笺，略一构思，落笔如扫。"

④ 刘显波等：《唐代家具研究》，人民出版社，2017。

皮完全无法充分包裹紧贴。之所以呈现为"乌皮",只有两种可能性:要么是树木本身的乌黑颜色随着岁月抚摸而益增其深沉,要么就是表面进行了涂饰处理(漆几)。后一种可能性更大,乌皮几的乌皮大多数时候并不是用乌皮(乌羔皮或鹿皮)包裹的,而是运用一种髹漆工艺制作而成。明人管讷在《髹几》一诗中就明确说乌皮几就是髹漆隐几。成都自汉代开始即以漆艺精绝而独步天下,长沙汉代马王堆出土的很多漆器即来自成都漆匠之手。①

杜甫对漆艺并不陌生,他在秦州时,曾打算在西枝的西谷一带卜居,原因之一就在于那儿生长着很多漆树。漆树是一种具有高附加值的经济植物:"近闻西枝西,有谷杉漆稠。"(《寄赞上人》)杜甫的这件乌皮几就是一件髹漆三足曲面隐几。②杜甫为什么会在写给重守成都的严武诗中提到这么一件小家具呢?除了隐几本身所具有的隐士暗喻之外,可能还有一层更重要的意义。

一个比较合理的解释是,这件做工考究的乌皮几,正是宝应元年(762)严武第一次守成都时送给杜甫的一件小礼物。杜甫在成都期间第一次写到隐几是在一首名为《大雨》的诗中:"荒庭步鹳鹤,隐几望波涛。"靠在几上观望锦江波涛,那是多么惬意的事啊!这儿的几应该就是这张乌皮几。谢思炜校注杜诗引黄鹤注:"公宝应元年《说旱》云:'蜀自十月不雨,抵建卯非雩之时,奈久旱何。'意此诗是宝应元年在浣花作。"③

杜甫躲避战乱而逃至梓、阆一带,差不多待了两年之后,在得知严武再次镇蜀时,立即放弃顺江东下的念头返回成都。杜甫在诗中说:没有你严武的成都生活太没有生趣了,唯一舍不得的是你送给我的那只小小的乌皮几啊!

从此,杜甫一直将这件小家具带在身边,走到哪儿都带着。离开成都时,绝大部分家具都放弃了,只有这件小小的乌皮几没有扔掉,一路上行船走马带着它靠着它,一刻也没有舍弃。金人元好问在《发济源》诗中所写的

---

① 傅举有等《马王堆汉墓文物》:马王堆汉墓出土漆器,有烙印戳记者计一百多件,中有"成市草""成市饱""中御饱""南郷国"等字样。这些戳记标明了产地和生产作坊。"草"即"造","成市"即指成都,说明马王堆汉墓出土的漆器不少来自成都官府作坊。
② 浦起龙《读杜心解》:"乌皮几即今髹漆器,非言皮裹也。"
③ 谢思炜:《杜甫集校注》,上海古籍出版社,2016。

就不是真爱:"弃掷乌皮几,裴回白版扉。"到了夔州,杜甫把心爱的乌皮几放在瀼西甘林里的屋子里,经常拂拭上面的灰尘。《阻雨不得归瀼西甘林》:"拂拭乌皮几,喜闻樵牧音。令儿快搔背,脱我头上簪。"只要一靠到乌皮几上,杜甫就有一种安全感,身心就会得到放松。靠着乌皮几,诗人的听觉都会变得敏锐一些,可以听见更多更远的声音,比如樵夫伐薪的声音,牧人放牧牛羊的声音。乌皮几于杜甫而言,有时也是触发灵感的媒介,他在夔州所作的著名的《同元使君舂陵行》,就是靠在这张乌皮几上写出来的:"呼儿具纸笔,隐几临轩楹。"心情不好时,靠在乌皮几上,看看青山也好:"卷帘唯白水,隐几亦青山。"(《闷》)

由于长年依靠,再坚固的乌皮几也会慢慢破损,局部的破损可以进行修补。晚唐释贯休就在《和韦相公见示闲卧》诗中写道:"修补乌皮几,深藏子敬毡。"杜甫也遇到了这样的情形,什么东西用久了都会坏掉。杜甫晚年在写给刘永济(与杜甫祖父杜审言同朝)孙子刘伯华的《寄刘峡州伯华使君四十韵》诗中写道:"凭久乌皮拆,簪稀白帽棱。"看来,杜甫的乌皮几因"凭久"而早已损坏。杜甫实在是太喜爱这件小东西,破了又修,修了又破。但是,最终的破败,最终的不可收拾必然会到来。这是万物的法则,杜甫也是知道的。

大历五年(770)冬天,杜甫漂泊在苍茫的湘江船上。

垂暮的诗人回头看着那件跟随他快十年的乌皮几,身上绑满了纵横交错的绳子①,已经破败得不能再使用了,即便轻轻地倚着,它也无力承受,轻轻一碰就会垮掉。杜甫将目光收回,低头看了一眼自己的身子,那已经是一副比乌皮几更加不堪的枯架子,更经不起刺骨疾风的吹拂。杜甫知道,他的乌皮几之恋即将结束,和这件乌黑闪亮的、相依为命的小东西,彼此分别的时候已经到来。

---

① 杜甫《风疾舟中伏枕书怀三十六韵奉呈湖南亲友》:"乌几重重缚,鹑衣寸寸针。"

懒即真

杜甫在蜀中生活的时间前后不到六年,大致可以划分为三个时间段:乾元二年(759)十二月至宝应元年(762)六月主要生活在成都,共两年零六个月,是杜甫在蜀中生活的第一个时期。宝应元年(762)六月至广德二年(764)二月,共一年零八个月,是杜甫在蜀中生活的第二个时期,因严武去蜀而避难于梓州一带。广德二年(764)二月至永泰元年(765)五月,严武再镇成都,杜甫又在成都生活了一年零三个月,这是杜甫在蜀中生活的第三个时期,也是最后一个时期。满打满算,杜甫在蜀中生活了五年半,除去在梓州生活的那一段时间,在成都待的时间实际上不到四年。杜甫离开成都时,写有《去蜀》一诗,诗中说"五载客蜀郡,一年居梓州",所谓五载,是把一头一尾都算上。

值得注意的是,杜甫一住进成都草堂后,很快就进入一种被诗人称为"疏懒"的生活状态。在别的地方却从未找到过,只有到了成都后,诗人"疏懒"的神经才被唤醒。① 这种现象一定和成都平原及周围山川的道家气息紧密相关。

---

① 尽管杜甫在《秦州杂诗》其十五中就说:"东柯遂疏懒,休镊鬓毛斑。"古川末喜的说法很有道理:秦州和同谷时期的生活,可以视为杜甫成都生活的一种先期"试验"。〔日〕古川末喜著,董璐译:《杜甫农业诗研究:八世纪中国农事与生活之歌》,西北大学出版社,2018)

杜甫所喜欢的种药与卖药的生活自由而逍遥，部分滋长了他的"疏懒"。晚年到了湖湘一带，他仍然没有放弃这种既可解决一定温饱，又可治疗疾病，还蕴含着几分隐逸气质的行为。汉朝那位身世显贵的韩康就爱到山中采药，再弄到长安来卖，一卖就卖了三十年，而且从不讲二价。① 我们当然记得贾岛那首《寻隐者不遇》："松下问童子，言师采药去。只在此山中，云深不知处。"卖药的营生除了比较有仙道之气，获利也较为丰厚。民间一直有"当强盗的不如卖药的"一类说法，说明卖药利润很高。唐代药业十分发达，名医辈出。吐鲁番出土的文书中保留了一部分唐代药业文献，如阿斯塔那五号墓出土之《唐蒋玄其等领钱练抄》。据记载，蒋玄其一次就从官方领取药值大练二百三十五匹二文四尺。唐代的丝绸绢帛具有货币价值，可以和铜钱一起使用。② 日本学者池田温，利用龙谷大学所藏敦煌、吐鲁番文书，尤其是《唐天宝二年交河郡市估案》，撰写出《中国古代物价初探》一文。③ 里面有关于唐代药价的详细说明，每种药材分为上中下三个等级，彼此之间的价差并不太大，从而制止了药商以次充好牟取暴利的行为。总的来说，药价比一般生活用品要贵得多，所以杜甫走到哪儿都不想放弃他的药材生意。即使在秦州的几个月里，他也有"采药吾将老"的想法。开元天宝年间最富庶的时候，米价十分便宜，一服配好的生药价格，可以买到好几斗大米。所以别小看了杜甫的卖药行为，因为它确实是可以养家糊口的，加上又是杜甫自己种植的，利润就更可观。

　　杜甫在作于上元二年（761）仲春的《漫成二首·其二》中写道："江皋已仲春，花下复清晨。仰面贪看鸟，回头错应人。读书难字过，对酒满壶频。近识峨眉老，知余懒是真。"疏懒实际上是一种近乎隐居的状态，一种有所选择的放弃和沉迷。在这种接近陶渊明隐居的状态中，杜甫很容易和峨眉老（东山隐者）这样的人达成共识。唐代的峨眉山佛道共存，这个峨眉老就是一位来自峨眉山的道士。

---

　　① 范晔：《后汉书》卷八三《韩康传》，中华书局，2007。
　　② 王溥《唐会要》卷八八："（开元）二十年九月二十九日敕：绫、罗、绢、布、杂货等交易，皆合通用，如闻市肆必须见钱，深非通理。自今后，与钱货兼用，违者准法罪之。"
　　③ ［日］池田温著，孙晓林等译：《唐研究论文选集》，中国社会科学出版社，1999。

懒是一种表象，真（天真与真实）才是本相所在。

懒是表达的方式，真才是筌蹄之下的鱼兔。

正如杜甫在后来所作之《暇日小园散病将种秋菜督勒耕牛兼书触目》中所说："不爱入州府，畏人嫌我真。"如果直接袒露真相，不仅不能保护好自己，还可能招致别人的非议。那样一来，"真"就会受到损伤，只有让"真"穿上"疏懒"的外衣才能更好地葆真，懒即真。杜甫的"懒"与"真"和他经常在诗中提到的"愚"与"拙"同一机杼①，都是在真诚、真实的人生态度中再现出来的一种本来之美。

杜甫的"疏懒"并不同于懒惰，他要于"懒"中存真与求真，这个"真"更接近道家所讲究的自然的天性或生命的天真，亦即宋人冯椅所说的那种孩子般的"天真未散之象"。② 老子说："众人熙熙，如享太牢，如登春台。我独泊兮其未兆，如婴儿之未孩，儽儽兮若无所归。"的确，成都时期的杜甫，放松下来的闲适的杜甫，与长安时代汲汲于仕途的儒家诗人相比，更像一个半隐逸的道家诗人。连他本人也没有想到，早年追随李白大哥而向道的青年梦想，竟然在成都得到部分实现。这也是杜甫要游历道教圣地青城山的一个重要内因。③ 杜甫沿着青城山的丹梯登上山峰时，仍然忘不了采掘可以吃出"冰雪容"的道教仙人食物"黄精"。直到今天，青城山赵公山的沿途，仍有不少山民在贩卖黄精。

疏懒之中，诗人似乎完全沉浸于自然的美梦中，完全遗忘尘世的烦恼。

仰面贪心又贪婪地观看飞鸟的颜色与姿态，看得如此投入和忘我，以致神情恍惚、张冠李戴地回应着别人的招呼。杜甫可能是诗人中较早的观鸟一族，这个爱好也是在成都才培养起来的。有趣的是，后来杜甫放船离开成都时，坐在船中还是改不了观鸟的习惯。但是鸟儿们有时并不喜欢人类过多的观看（观看就是打扰）："荒林无径入，独鸟怪人看。"（《放船》）你不让我

---

① 杜甫《自京赴奉先县咏怀五百字》："杜陵有布衣，老大意转拙。许身一何愚，窃比稷与契。"《徐步》："敢论才见忌，实有醉如愚。"《暮春题瀼西新赁草屋五首·其二》："养拙干戈际，全生麋鹿群。"《复愁十二首·其十二》："病减诗仍拙，吟多意有余。"

② 冯椅：《厚斋易学》卷一，四库全书本。

③ 上元二年（761）秋天杜甫访青城，作《赴青城县出成都寄陶王二少尹》《野望因过常少仙》《丈人山》。

看,我偏要看!杜甫在《遣意二首·其一》中写道:"啭枝黄鸟近,泛渚白鸥轻。一径野花落,孤村春水生。衰年催酿黍,细雨更移橙。渐喜交游绝,幽居不用名。"疏懒的诗人,有时连一些基本的应酬也不想参加,甚至希望自己的名字不被人记住。

诗人杜甫到底有多疏懒呢?最夸张的时候,杜甫可以一个月不梳头,似乎在刻意模仿韩康那样的隐士形迹。① 这种疏懒也必定和成都舒适的文化与生活气氛紧密相关,就像他在《田舍》一诗中所写的那样:"田舍清江曲,柴门古道旁。草深迷市井,地僻懒衣裳。榉柳枝枝弱,枇杷树树香。鸬鹚西日照,晒翅满鱼梁。"成都的夏日风光芳草乱长,榉柳的枝叶柔软,枇杷树上挂着累累果实。杜甫疏懒得真是可以,反正这儿人少,衣裳也懒得穿了。杜甫还给自己找了一个天真得可爱的借口:那些鱼梁上的鸬鹚不是也很慵懒吗?② 你看,它们舒展开宽大的翅膀(仿佛脱掉了衣裳),让落日的光芒把每一根羽毛晒得又暖又亮。这理由,这参照物,只有我们的诗人杜甫才想得出来。不仅仅是想得出来,杜甫还真像鸬鹚那样做了。

江 亭

坦腹江亭暖,长吟野望时。水流心不竞,云在意俱迟。寂寂春将晚,欣欣物自私。故林归未得,排闷强裁诗。

诗人待在江亭之中,打开衣裳(也可能脱掉衣裳),让温暖的阳光照耀他裸露的肚子,轻歌小唱,什么也不用管,不用想,让心和意随着流水与流云而漂荡。

懒与真的生活态度,也带来了杜甫诗学观念的转变。在《江上值水如海势聊短述》中,诗人提出了看似矛盾实则互为表里的写作状态:"为人性僻耽佳句,语不惊人死不休。老去诗篇浑漫与,春来花鸟莫深愁。"杜甫一方面袖手于锦江旁边,想写出惊世骇俗的佳句,而且这已经成了诗人的一种癖好,无佳句不作诗;另一方面,诗人又强调写作的随意性、随机性甚至偶然

---

① 杜甫《屏迹三首·其三》:"百年浑得醉,一月不梳头。"
② 杜甫《绝句四首·其二》:"欲作鱼梁云覆湍,因惊四月雨声寒。青溪先有蛟龙窟,竹石如山不敢安。"元代佚名《金璧故事》:"(鱼梁)言劈竹积石以为聚鱼之区,而下有蛟龙,能兴云致雨,虽鱼梁之利,而公不敢犯之,趋利异乎人之径行,直前以谋利矣。"

性，不刻意去追求什么深意或言外之意。"浑漫与"正是"懒"的表征，"耽佳句"正是"真"的落地表达。清人仇兆鳌在《杜诗详注》中指出：杜公尝言"老去诗篇浑漫与"，又言"晚节渐于诗律细"，律细，言用心精密。漫与，言出手纯熟。熟从精处得来，两意未尝不合。"耽佳句"和"诗律细"亦即求诗"真"之具体行为，"诗律细"仅是"佳句"的一个重要特质。

有时候，杜甫的这种懒中带真的道家行为，还会投映于家人身上，比如《江村》一诗就呈现了这样的夏日场景：

清江一曲抱村流，长夏江村事事幽。自去自来梁上燕，相亲相近水中鸥。老妻画纸为棋局，稚子敲针作钓钩。但有故人供禄米，微躯此外更何求。

注意杜甫用词的准确性，这个"抱"字不是随意下的。我们知道草堂坐西朝东，处于浣花溪西岸的一个回水湾旁边，给人一种环抱的感觉。①漫长的夏天无所事事，正是疏懒的季节，一切都显得那么幽深自在，梁上的燕子，水中的沙鸥，自由、相亲相爱、无拘无束！岁月和沧桑虽然刻满妻子的面容，但她仍有一颗青春的心！杨氏因地制宜，没有棋盘就画纸为局（没有纸还可画地为局），在想象的对弈中，体味来之不易的幸福。可爱的孩子们，也加入了这种顺应造化的活动，随物赋形，把缝纫衣被的铁针敲成弯曲的鱼钩（没有针，还可以以身边任何一件可以弯曲之物为钩），他们要从成都的江水中，钓出银色的欢乐。

凑巧的是，杜甫的邻居也是这样一些近乎疏懒的人。

草堂西边是大片楷木树林，东边、北面和南面都面临江水。草堂的厨房就设置在东边，宜于直接排放生活污水。②因此杜甫的邻居在两个方向出现，一个是北邻（左邻），一个是南邻（右邻），是真正的左邻右舍的格局。草堂的南北方向距江水较东边略远，所以杜甫在《绝句六首·其一》中说："日出篱东水，云生舍北泥。"《北邻》："明府岂辞满，藏身方告劳。青钱买

---

① 古川末喜《杜甫农业诗研究：八世纪中国农事与生活之歌》："自西向东蜿蜒流淌的锦江在途中形成一个'⊐'字形的弯曲部分，杜甫草堂应该就位于这个弯曲部的内侧（西岸）。"

② 杜甫《百忧集行》："痴儿不知父子礼，叫怒索饭啼门东。"庖厨之门在东边。

野竹,白帻岸江皋。爱酒晋山简,能诗何水曹。时来访老疾,步屦到蓬蒿。"看来,杜甫这位气度不凡、爱戴白头巾的北邻还是一位既善写诗又会饮酒的隐士,而且和杜甫一样是个辞过官(县令)的人。他和杜甫之间会不会因为竹子方面的交易而成了好友呢?如果真的是"野竹",不需用"青钱"去买,直接砍来用了便是。总之两人气味相投,很快就成了好邻居。

草堂的南邻(右邻)又是什么样的人物呢?从《过南邻朱山人水亭》一诗中,我们得知杜甫的南邻也大有来头,一位朱姓的隐士(山人),一看就是具有道气的高人。朱山人离杜甫的草堂似乎更近一些,之间也就隔了几丛竹子的距离,朱山人的竹林很茂盛(北邻的野竹也可能是向南邻购买的),行走其间外人根本无法看见。朱山人的住地中修建着好看的水亭,幽花满树,细水通池,园子里面种有芋栗之类的食用植物,杜甫偶尔也会和朱山人一起喝两杯。这一南一北两位邻居很有意思,都是隐逸之人,但是两人的风格大不相同:北邻身材挺拔,衣着讲究,干净洁白;南邻似乎没有从仕经历,爱戴条乌黑的角巾。《南邻》:"锦里先生乌角巾,园收芋栗不全贫。惯看宾客儿童喜,得食阶除鸟雀驯。秋水才深四五尺,野航恰受两三人。白沙翠竹江村暮,相送柴门月色新。"杜甫的南邻除了朱山人,还有一位名叫斛斯融的人,这个人不是隐士,而是一位疏懒的"老儒"。斛斯融死后才被追授为校书,生前靠卖文(写碑)为生,经常被人拖欠稿费,住的地方(荆扉土锉)比杜甫及另外两位邻居差很多。即使要回来一些钱,还不够他一个人沽酒痛饮呢,饮尽后还要在屋子里继续翻箱倒柜找酒喝。杜甫为他写过好几首诗:《闻斛斯六官未归》及《过故斛斯校书庄二首》。《江畔独步寻花七绝句·其一》写的也是这位仁兄:"江上被花恼不彻,无处告诉只颠狂。走觅南邻爱酒伴,经旬出饮独空床。"杜甫自注说:"斛斯融,吾酒徒。"杜甫常去找斛斯先生喝酒,可这位老先生更厉害,出门找别人喝酒去了,一喝便十天半月不回来。

就在写斛斯融的这组七绝中,还有一首经常被人提及的诗,即《江畔独步寻花七绝句·其六》:"黄四娘家花满蹊,千朵万朵压枝低。留连戏蝶时时舞,自在娇莺恰恰啼。"苏轼一方面好像不太喜欢这首诗,另一方面又忍不住要"喜书之"。他在《东坡题跋》中批评说:"此诗虽不甚佳,可以见子美清狂野逸之态,故仆喜书之。"接着还感叹道:"昔者齐鲁有大臣,史失其名,黄四娘独何人哉,而托此诗以不朽,可以使览者一笑。"诗歌确实让很多名不见经传的人长存于世,比历史本身活得更久。苏轼所说的"清狂野逸",用语也太重了点,实际上这只是杜甫懒与真的另一种表现方式。懒即真,在懒与真之中,偶尔到一个美丽的邻居家欣赏一下春天的花朵、蝴蝶或黄莺有什么不好呢?总不能老是和几个老头子混在一起吧?懒与真、真与美从来都是相伴相生的。

这就是成都,疏懒,自在,本真,从不缺少鲜艳的生命本色。

撒娇派

懒与真的极致就是无所忌惮地撒娇（亦即杜甫的"狂"）。撒娇是一件包裹各种情绪（孤独、愤怒、无可奈何）的衣裳，也是一种缓和坚硬碰撞的润滑剂，让呆板而苦楚的生活变得更富有生命力，更有回环的空间。说得再直接一点，撒娇就是一种对抗严酷时代的生存智慧。

杜甫的撒娇有多种表达方式，比如"小摘"式的撒娇。

成都时期的杜甫虽然时常拮据，但总的来说还是生活得比较闲适的。成都的土地和人民对杜甫很厚道，随便种点什么（植物或友谊）都会有意想不到的收获。当时杜甫的草堂地处城外，人烟稀少，但总还是有八九户江村人家。成都人天生好客，杜甫很快就融入成都的脉脉温情之中。有时他会让邻居们来园子采一些需要的药物，这是杜甫的善意。① 杜甫已经习惯了成都的这种疏懒的生活。去邻居家串门是一种典型的成都坝子的生活方式。坝子地势平坦，邻里相望，方便相互往来。杜甫的身体时好时坏，成都的春天花粉比较多，搬进新居不久，杜甫过敏性哮喘的老毛病又犯了。

有　客

患气经时久，临江卜宅新。喧卑方避俗，疏快颇宜人。有客过茅宇，呼儿正葛巾。自锄稀菜甲，小摘为情亲。

---

① 杜甫《正月三日归溪上有作简院内诸公》："药许邻人劚，书从稚子擎。"

草堂才修建不久，里面已经种上了蔬菜。有客人来访，杜甫才让儿子赶紧帮忙把头巾戴端正，强打起精神亲自到菜地里采摘几把刚刚长出不久的嫩菜来招待客人："自锄稀菜甲，小摘为情亲。"为什么只是"小摘"，难道是舍不得多摘？《说文》解释说，草木初生曰甲。杜甫这儿所说的"小摘"其实有两层含义：一是蔬菜种下不久还没有长大，还处于萌芽状态；二是出于爱惜之情，小心翼翼地采摘，害怕弄伤了根茎。当然还有一层意思，就是采摘得不多，盈盈一掬吧。最早使用"小摘"一词的可能是刘宋时期的诗人谢灵运，他在《永嘉记》中说："百卉正发时，聊以小摘供日。"杜甫之后的李商隐也使用过："浮杯小摘开云母，带露全移缀水精。"（《和马郎中移白菊见示》）

诗人是多么喜欢那片刚刚长出点模样的菜地，甚至不忍心动手去采摘，再细小的采摘都是对蔬菜的一种损伤，但他还是动手采摘了一些回来。宋人苏轼也很喜欢"小摘"，在《雨后行菜圃》中就说："小摘饭山僧，清安寄真赏。"苏轼认为不仅采菜要"小摘"，烹调也要以"小灶"来完成："谁能视火候，小灶当自养。"陈师道在《隐者郊居》中几乎照搬了杜甫的诗句："小摘自锄稀菜甲，旁观虚作不堪忧。"韩驹在《顺老寄菜花乾戏作长句》中也袭用杜甫诗意："道人禅余自锄菜，小摘黄花日中晒。"

为情亲而小摘，恰恰是撒娇派诗人杜甫的温暖所在。①

当然，撒泼甚至撒野也是一种撒娇。

杜甫搬进草堂不久，裴冕就离开了成都，代替裴冕为成都尹的是李若幽（李国贞）。李若幽和杜甫不相识，显然不太可能有什么关照（由此亦可证明，裴冕在成都时至少看在高适的面上，对杜甫多少是有所照顾的）。高适还在彭州任上，远在东川的严武可能偶尔会给杜甫提供一些帮助，但毕竟太远了些。那位给杜甫修建草堂、送来第一笔钱的司马王表弟，在杜甫别的诗作中再也看不见他的一点消息，很可能是调离了成都。这样一来，杜甫在成都完全没有了依靠，心中开始充满焦虑感。

狂　夫

万里桥西一草堂，百花潭水即沧浪。风含翠筿娟娟净，雨裛红蕖冉

---

① 二十世纪八十年代中期，上海诗人默默、京不特等人曾发起创立撒娇诗派，并参加徐敬亚主持的《诗歌报》《深圳青年报》"崛起的诗群"诗歌大展。

冉香。厚禄故人书断绝,恒饥稚子色凄凉。欲填沟壑惟疏放,自笑狂夫老更狂。

"厚禄故人"一定指的是高适。高适忙于公干,又觉得杜甫已经搬进了新居,过问得就少了些。上元元年(760)秋天,一个姓崔的侍御要到彭州去办事,杜甫便致诗高适,在《因崔五侍御寄高彭州一绝》中,也不讲那么多客气,直接发话:"百年已过半,秋至转饥寒。为问彭州牧,何时救急难?"诗人太可爱了:我这个半百的老头(其实还差一年才半百),到了丰收的秋天反而益加饥寒交迫(成都的秋天根本不会太冷),你这么大的一方官员,彭州的军政一把手,到底还管不管我的死活!语气中略略带着一丝狡黠和威胁。高适读了杜甫的诗后一定会哭笑不得:怎么摊上你这么一个朋友?有什么办法呢,还得认,朋友就是拿来撒娇和出气的!

不知道高适是如何回复唐代的撒娇派诗人"狂夫"杜甫的,就在这年秋天,高适已由彭州刺史转为蜀州(崇州)刺史。从《奉简高三十五使君》诗中可知,杜甫于晚秋时节去了趟蜀州:"当代论才子,如公复几人。骅骝开道路,鹰隼出风尘。行色秋将晚,交情老更亲。天涯喜相见,披豁对吾真。"这才是真正的诗歌兄弟,政治见解可能有分歧,暮年兄弟的友谊却像秋色一样越晚越深。在蜀州时,杜甫还与时任幕僚的诗人裴迪一起游览过蜀州城东南方向七十里处的新津县城,并写有《和裴迪登新津寺寄王侍郎》一诗,王侍郎就是王维的弟弟王缙。杜甫与王维之间的关联甚为微妙,二人一起困守过长安,一起同过朝,却并没有成为真正交心的朋友。杜甫心中的王维就是一个宜于远观的"高人"。① 杜甫对新津印象不错,第二年春天还进行了重游。他很喜欢新津城东的修觉寺,游了一次不够,还要再游,先后写有《游修觉寺》及《后游》二诗。到了新津后,县令看在高适的面子上在北桥楼宴

---

① 杜甫《解闷十二首·其八》:"不见高人王右丞,蓝田丘壑蔓寒藤。最传秀句寰区满,未绝风流相国能(原注:右丞弟,今相国缙)。"钱锺书在《谈艺录》(中华书局,1984)中说:"余作《中国诗与中国画》(《七缀集》)一文,说吾国诗画标准相反;画推摩诘,而诗尊子美,子美之于诗,则吴道子之于画而已。"又在《中国诗与中国画》中认为,中国绘画的正宗、正统南宗画的创始人是大诗人王维,他"在旧画传统里坐着第一把交椅。然而旧诗传统里排起座位来,首席是轮不到王维的。中唐以后,众望所归的最大诗人一直是杜甫。借用克罗齐的名词,王维和杜甫相比,只能算'小的大诗人',而他的并肩者韦应物可以说是'大的小诗人'"。

请了杜甫,席上分题赋诗,杜甫得"郊"字,作《题新津北桥楼》。

黄昏中,杜甫登上新津境内神秀禅师建造的四(一作"西")安寺钟楼,远远看见西岭雪山在落日返照中散发着光辉,一个沉默的和尚独自敲打着铜钟,他没有必要说什么话,钟声就是要说的一切。杜甫想念朋友裴迪了,朋友总是各忙各的,不能从容相聚,令人神伤。杜甫在《暮登四安寺钟楼寄裴十迪》结尾时说:"知君苦思缘诗瘦,太向交游万事慵。"我疑心被认为是李白讥讽杜甫写诗而致身体太瘦的那首诗,就来源于这儿。① 虽然郭沫若力证其诗是李白所写,我则认为为李白所写的可能性极小(语气、风格及时空都与李白对不上号)。不过诗中那位在正午阳光下戴着斗笠吟诗的清瘦诗人,那份固执的撒娇派神情,和杜甫的某一面还真有点相像。

杜甫撒娇撒得最厉害的一次与一段传说有关,发生于严武再次镇蜀,杜甫被举荐进入成都幕府的那段时间,亦即广德二年(764)夏秋之际,这时杜甫入蜀已有五个年头。传说见载于数种史籍中,相互矛盾的地方较多,因此通常被研究杜甫的学者否定。《旧唐书》载:"(严)武与(杜)甫世旧,待遇甚隆。甫性褊躁,无器度,恃恩放恣。尝凭醉登武之床,瞪视武曰:'严挺之乃有此儿!'武虽急暴,不以为忤。"② 这是说杜甫性格急躁,有次喝醉了酒(醉酒是撒娇最好的借口),诗人居然跳到严武休息的床榻上指着严武的鼻子怒骂:没想到名相严挺之竟然生下你这样一个儿子!其实严武的性格比杜甫更为火爆,但他太喜欢杜甫了,所以一笑置之,一点也没有怪罪的意思。到了《新唐书》中,故事发生了戏剧性变化:"(严)武再帅剑南,表为参谋,检校工部员外郎。武以世旧,待甫甚善,亲入其家。甫见之,或时不巾,而性褊躁傲诞,尝醉登武床,瞪视曰:'严挺之乃有此儿!'武亦暴猛,外若不为忤,中衔之。一日欲杀甫及梓州刺史章彝,集吏于门。武将出,冠钩于帘三,左右白其母,奔救得止,独杀彝。"③ 事态有点吓人了,杜甫因为自己酒后撒娇,差点让严武杀掉,幸好被严武的母亲发现才救回一

---

① 刘昫等《旧唐书》卷一九〇下《杜甫传》:"(杜)甫与李白齐名,而白自负文格放达,讥甫龌龊,而有饭颗山之嘲诮。"唐人孟棨《本事诗》载李白《戏赠杜甫》:"饭颗山头逢杜甫,头戴笠子日卓午。借问别来太瘦生,总为从前作诗苦。"

② 刘昫等:《旧唐书》卷一九〇下《杜甫传》,中华书局,1975。

③ 欧阳修等:《新唐书》卷二〇一《杜甫传》,中华书局,1975。

命。这事之所以显得扑朔迷离，原因还在于严武确实杀掉了他的属下梓州刺史章彝。严武合并剑南东西两川，作为东川节度留后的章彝势必成为合并的阻碍。章彝对流浪于梓州时的杜甫又关照有加，似乎更加重了严武的杀心。不过，从后来严杜二人的交往，尤其是严武死后杜甫的悲伤深情来看，严武再不高兴也是不会杀杜甫的。我个人认为这个故事的前半段很有可能是真的，杜甫在诗中也确实委婉批评过严武，《三韵三篇》就曲折表达了对严武的不满情绪。相对来说，《旧唐书》的记载更接近于真实。莫砺锋引杜甫《八哀诗》写严武"开口取将相，小心事友生"诗句，同意王嗣奭"知武无欲杀公事"的判断，同时认为"严挺之乃有此儿"是一句赞叹之辞，其失礼之处在于犯了对方的父讳，且以长辈自居。杜甫虽然比严武年长十四岁，但他入蜀后屡得严武之照顾，且曾入其幕为僚佐，于礼是不该以长辈自居的。①

杜甫与严氏一家是世交，非常钦佩严武的父亲严挺之。李林甫为相后，张九龄、严挺之均被排挤出了长安，杜甫为此很痛心。杜甫年长于严武，以年龄可视为叔侄两辈人。杜甫任左拾遗期间，常与京兆少尹兼御史中丞严武等一同出入禁掖，虽然官阶高低不同，但两人关系一直处得很好。所以到了成都幕府中，两人纵然直接成了上下级关系，疏懒的诗人在醉酒之中完全可能做出一些出格的行为，既是上司又是晚辈的严武，还真拿这个既是下属又是长辈的撒娇派诗人没有多少办法——只好"不以为忤"。

撒娇总有一点装的成分，但是杜甫不装，酒后的撒娇更不装。

想撒娇的或者接受撒娇的人，他们之间连接的纽带是热爱和宽容。

---

① 莫砺锋：《杜甫评传》，南京大学出版社，2019。

杜甫的舌尖

到了成都后，杜甫美食的味蕾完全绽放开来。

"奉儒守官"的杜甫，官没有守两年，儒却一直信奉着，尽管很多时候诗人渴望活得像个道士或隐士一样。对隐逸生活的认识，儒道并不矛盾，儒家推崇的远古高士（如巢父和许由）和后来的道家高人（如山中宰相陶弘景）极其相似。儒道两家对于中国人的影响之深，几同于阳光、空气和水，涉及中国人的全部身心。儒道均讲究食物的鲜美与精美，孔子的态度是"食不厌精，脍不厌细"，并常常告诫我们"鱼馁而肉败不食"；老子亦深知"五味令人口爽"，认为最高的美食境界是"味无味"。在此种文化基因的传递中，杜甫的舌头亦是一种活色生香的绝妙物证。

杜甫的出身及其青壮年所处的时代，具备一个美食家的基本背景条件。他在长安期间，可能并未真正见识过玄宗和贵妃们吃的宫廷菜，从"紫驼之峰出翠釜，水精之盘行素鳞"（《丽人行》），"劝客驼蹄羹，霜橙压香橘"（《自京赴奉先县咏怀五百字》）等充满批判精神的诗句来看，杜甫喜欢美食，但是反对穷奢极欲，这和老子提出的"为腹不为目"的观念相一致。

杜甫和司马相如一样患有糖尿病（消渴）。① 我怀疑这与杜甫好吃甜性食物有关，比如杜甫就特别爱吃蜂蜜。杜甫当年从秦州前往同谷的一个重要原因，就是他轻信了同谷县令在书信中所说的话，同谷"佳主人"向杜甫吹嘘说，同谷遍地是薯蓣和鲜笋，最重要的是，山崖上到处是随手可采的蜂蜜。杜甫一听就信了，他太喜欢蜂蜜，尤其是野生的崖蜜，不仅好吃，还可以治疗风湿病。杜甫诗中多次写到对于各种蜂蜜的喜好："树蜜早蜂乱，江泥轻燕斜。"（《入乔口》）② "风落收松子，天寒割蜜房。"（《秋野五首·其三》）"崖蜜松花熟，山杯竹叶新。"（《送惠二归故居》）"柱穿蜂溜蜜，栈缺燕添巢。"（《陪诸公上白帝城头宴越公堂之作》）

杜甫在《进艇》诗中，提到一种他十分喜欢饮用的甘蔗汁，这种汁要用十分精致而清凉的瓷器盛装，吸食起来才有夏天的感觉，这也是一种高含糖量的饮料。杜甫比较喜欢吃瓜，到夔州后，都督柏茂琳经常关心杜甫，夏天还让管理果园的官员送些好吃的甜瓜给他。③ 在《园人送瓜》诗中，杜甫说他喜欢看起来"颜色好"的甜瓜，而且吃之前要用"竹竿"（筒）从"鸟道"引来山泉水浸泡得冰凉，然后才用快刀剖开食用："浮沉乱水玉，爱惜如芝草。落刃嚼冰霜，开怀慰枯槁。"年轻时在长安的夏天，杜甫还爱吃一种冷品——冰水浸藕丝："公子调冰水，佳人雪藕丝。"（《陪诸贵公子丈八沟携妓纳凉晚际遇雨二首·其一》），这也是一种淀粉丰富的食物。

成都并不盛产崖蜜或树蜜，这儿的酒却很甜，喝成都的酒如同啜饮蜂蜜一样："舍西柔桑叶可拈，江畔细麦复纤纤。人生几何春已夏，不放香醪如蜜甜。"（《绝句漫兴九首·其八》）杜甫还提到成都的一种形制十分特别的酒：郫筒酒。《将赴成都草堂途中有作先寄严郑公五首·其一》："得归茅屋

---

① 杜甫诗中多次写及"消渴"病，如《十二月一日三首·其二》："新亭举目风景切，茂陵著书消渴长。"《熟食日示宗文宗武》："消渴游江汉，羁栖尚甲兵。"《别蔡十四著作》："我虽消渴甚，敢忘帝力勤。"
② 晋崔豹《古今注》卷下认为树蜜即枳椇子："枳椇子，一名树蜜，一名木饧，实形卷曲，核在实外，味甘美如饧蜜。一名白石，一名木实，一名枳椇。棘实曰枣，梓实曰豫樟，桑实曰葚，柘实曰佳。"清钮琇《觚賸》卷六认为树蜜即拐枣："按枳椇子秦中呼为拐枣，其实拳曲如老人杖。"其实此处之树蜜直接理解为树上之蜜更为妥帖，诚如钮琇所言："正写水国春华之景。"
③ 唐人所吃的瓜多为甜瓜，西瓜尚未普及。王维《老将行》："路傍时卖故侯瓜，门前学种先生柳。"说的即是甜瓜。

赴成都，直为文翁再剖符。但使闾阎还揖让，敢论松竹久荒芜。鱼知丙穴由来美，酒忆郫筒不用酤。五马旧曾谙小径，几回书札待潜夫。"所谓郫筒酒，简单地说就是出产于成都西边郫都的一种以竹筒贮藏发酵的酒。仇兆鳌《杜诗详注》引《华阳风俗录》载："郫县有郫筒池，池旁有大竹，郫人刳其节，倾春酿于筒，苞以藕丝，蔽以蕉叶，信宿香达于林外，然后断之以献，俗号郫筒酒。"《一统志》："相传山涛治郫，用筼管酿酴醿作酒，兼旬方开，香闻百步，今其法不传。"原来郫筒酒的创始人还是"竹林七贤"之一的山涛（巨源）呢，来头真不小。郫筒酒清代时还能喝到，袁枚的《随园食单》中就有记载："郫筒酒清洌彻底，饮之如梨汁蔗浆，不知其为酒也。但从四川万里而来，鲜有不味变者。余七饮郫筒，惟杨笠湖刺史木簰上所带为佳。"可惜这种有着悠久文化历史、独具风味的成都美酒，到现在已经失传。杜甫还提到一种来自道教圣地的青城乳酒，是严武亲自送给他的，显然也是一种甚为珍贵的酒。今天青城山有一种类似的乳酒，用猕猴桃酿造，和杜甫所喝到的乳酒应该不是一回事。

杜甫在夔州期间，还吃过一种风味小吃。《槐叶冷淘》[①]诗中说，这种小吃类似于添加槐叶汁的凉面：

青青高槐叶，采掇付中厨。新面来近市，汁滓宛相俱。入鼎资过熟，加餐愁欲无。碧鲜俱照箸，香饭兼苞芦。经齿冷于雪，劝人投比珠。

先取槐叶汁和于面粉中，于鼎中蒸熟然后冷却食用。可能里面会有一种槐树叶的特别色调和清香味儿，以至于杜甫想把这碗翠绿的凉面献给君王尝尝："君王纳凉晚，此味亦时须。"在瀼西草堂，由于买下了四十亩果园，柑橘之类的果实丰富，杜甫还发明了一种吃法："加点瓜薤间，依稀橘奴迹。"（《驱竖子摘苍耳》）就是将瓜菜、薤菜（薹头）和苍耳子拌和在一起，再浇上一点橘子汁或直接放入新鲜橘皮，会形成一种略带酸甜口感的滋味。

[①] 魏晋以来即有食槐风俗，清人吴其濬《植物名实图考长编》卷一九载："《救荒本草》：槐树芽，采嫩芽炸熟，换水浸淘，洗去苦味，油盐调食。或采槐花，炒熟食之。徐元扈曰：晋人多食槐叶，即槐叶枯落者，亦拾取和米煮饭食之。尝见曹都谏真予述其乡先生某云：世间真味，独有二种，谓槐叶煮饭，蔓菁煮饭也。又食槐芽法，炸熟置新砖瓦上，阴干，更炸，如是三过，绝不苦。凡食树芽叶，并宜用此法，去其苦味。"

在所有的食物中，鱼才是杜甫的最爱。杜甫诗中最早写及食鱼的诗篇是天宝十二载（753）夏天所作《陪郑广文游何将军山林十首》，我们在前文中提及过，长安的何将军山林离丈八沟不远（韦曲西塔陂），是当年杜甫和郑虔很爱去的一个地方。在这组游览纪事诗的第二首中，杜甫写到了长安贵族家中的一道美食："百顷风潭上，千章夏木清。卑枝低结子，接叶暗巢莺。鲜鲫银丝鲙，香芹碧涧羹。翻疑舵楼底，晚饭越中行。"实际上就是鲜鱼鲙，具体的做法是将鲜鲫鱼快刀切成细长的银丝，再以文火煲熟，起锅时撒上新鲜采摘的香芹，色香味俱佳，想起来就令人口舌生津。杜甫二十多岁漫游吴越时，就曾吃过这样的生鱼鲙晚餐，没想到多年后还能在长安吃到："翻疑舵楼底，晚饭越中行。"这说明唐代饮食已经出现南北风味趋于融合的史实。

杜甫爱吃鱼，尤其爱吃锦江鱼。《江村》诗中，孩子们敲针作钓钩的行为显然是对成人的一种模仿。杜甫之所以要重修一座水槛，除观赏风景之外，主要还是在于垂钓："新添水槛供垂钓，故著浮槎替入舟。"（《江上值水如海势聊短述》）杜甫确实是钓过锦江鱼的人："奉引滥骑沙苑马，幽栖真钓锦江鱼。"（《奉酬严公寄题野亭之作》）有一次，杜甫坐在船上钓锦江鱼，大风差点把船都给吹翻了："漫道春来好，狂风太放颠。吹花随水去，翻却钓鱼船。"（《绝句三首·其三》）

杜甫对生鱼鲙情有独钟。一年冬天，河南阌乡县（今河南灵宝）姜县尉从冰封的黄河中弄出一条鱼来，厨师还表演了切鲙技艺："饔人受鱼鲛人手，洗鱼磨刀鱼眼红。无声细下飞碎雪，有骨已剁觜春葱。"（《阌乡姜七少府设鲙戏赠长歌》）唐代的生鱼片多为片薄丝细者。据唐人段成式记载，一位名南孝廉的人身怀"善斫鲙"的绝技，完全是唐代的庖丁，常常当着客人的面表演刀法，所切鱼鲙"縠薄丝缕，轻可吹起，操刀响捷，若合节奏"[①]。黄河的鲜鱼鲙虽然好吃，但黄河的鱼总的来说没有长江的鱼好吃，这是水土所致。到了成都后，杜甫吃上了最好吃的鱼（"江鱼美可求"）。

在成都北边的绵州，杜甫吃到了一种他之前从未吃过的生鱼片，即生魴鱼片。

---

① 段成式：《酉阳杂俎》前集卷四，中华书局，1981。

观打鱼歌

绵州江水之东津，鲂鱼鲅鲅色胜银。渔人漾舟沉大网，截江一拥数百鳞。众鱼常才尽却弃，赤鲤腾出如有神。潜龙无声老蛟怒，回风飒飒吹沙尘。饔子左右挥霜刀，鲙飞金盘白雪高。徐州秃尾不足忆，汉阴槎头远遁逃。鲂鱼肥美知第一，既饱欢娱亦萧瑟。君不见朝来割素鬐，咫尺波涛永相失。

绵州人用拖网的方式，一次性就能在东津旁边的涪江中捞出几百条银色鲂鱼，中间还混杂着几尾红色的鲤鱼。绵州烹鱼的厨子手艺好得不行，双手挥刀令人眼花缭乱（快刀可以最大限度地保存鱼的新鲜），眨眼间就切出一盘白若霜雪的生鱼片——这才是天下最美味的鱼啊！那些什么徐州的短尾鲢啊，汉阴的槎头鳊啊，简直不值一提。我都能想象得出来杜甫两眼放光的样子，他就是一个十足的吃货。到了夔州，那儿的鱼更多，杜甫几乎天天都有鱼吃："家家养乌鬼，顿顿食黄鱼。"（《戏作俳谐体遣闷二首·其一》）诗人想去江陵，原因之一便是那儿鱼儿又白又嫩："白鱼如切玉，朱橘不论钱。"（《峡隘》）

舌尖上的味觉，一种具有强烈情感的感知世界的能力，同样的食物在不同的情景中出现，味觉会做出完全不同的反应。大历四年（769）春夏之交，杜甫在从衡阳至长沙途中，写有《江阁卧病走笔寄呈崔卢两侍御》一诗，诗中提到一种比较滑润可口的雕菰饭（菰米熬制）和锦带汤羹，这时杜甫已经五十八岁，牙口完全不行了，只能吃些软滑之物。到了第二年夏天，杜甫在耒阳江边因阻水而困守船上，耒阳聂县令闻讯后赶紧送来白酒和牛肉。这些寻常食物，在平日可能算不上什么美味，但在此刻，可能是世上最好吃的食物。

杜甫的舌尖敏感、准确而多情，品过世间的美味，也尝过人间的酸辛。

口语大师

杜甫真正开启以口语入诗,从民间语言中汲取力量的写作模式,是从成都开始的。

"口语"一词出现较晚,大约在汉代才开始被人使用。东汉郑玄在笺注《诗经·大雅·抑》"诲尔谆谆,听我藐藐"时说:"我教告王,口语谆谆,然王听聆之藐藐然。"这儿的"口语"有苦口婆心之意,和今天所说的"口语"大致相同。口语的概念虽然随着时代变迁而有所变化,但万变不离其"口"。唐人直接使用"口语"一词的频率还比较少,新乐府运动中提倡口语写作的白居易可能是唐代诗人中最早使用"口语"一词的。白居易在《哭崔常侍晦叔》诗中说:"垂老忽相失,悲哉口语心。"诗人为友人的离去而悲恸,不仅口头上的语言伤悲,心中更加悲伤。这儿的"口语心"既可读为"口语"与"心",亦可读为"口""语"和"心"。到了宋代,"口语"已成为一个固定的词,一种有别于书面语(文书)的语言表达方式①,和今天所说的意思完全一致:"老慵愁应接,儿女较口语。"(张耒《喜吉老甥见过》)"一眼异青白,口语来啾喧。"(晁补之《饮酒二十首同苏翰林先生次韵追和

---

① 郑刚中《潘叔愚诗有归家更读万卷书之语义荣司谏为其未切于道也则作诗以警之而其序乃有终日谈禅之语郑子闻而笑之且书既不必读则禅亦何必谈乎复作一诗呈司谏公用前韵也》:"冥冥道妙不容声,口语文书俱未了。"

陶渊明·其五》)其中有几个例子直接涉及对口语的态度和评价:"新诗来相攻,口语颇籍籍。"(李新《次韵答西城王尉二十韵》)"家传元祐学,口语自妩媚。"(李石《次范宰韵》)其中赵蕃的见解最值得注意,他在《将谒延庐州行至板桥忽病而止复还建康以五诗寄之·其三》中说:"以口语心千万种,可能一一见书题。"这几乎可以视为晚清诗人黄遵宪所倡导的"我手写我口,古岂能拘牵"之原始出处。口语诗的本质,在于不断向丰富苦难的生活汲取原生的力量,在于永远扎根于大地的深处获取鲜活的养分,在于始终秉持一种既解放又独立的民间写作立场。

从人类发出第一个语音那一天开始,口语就出现了,广义的口语诗亦随之诞生。书面语的历史要晚得多,书面语出现的前提是必须有相对完整的文字符号记录系统——目前所知人类最早的文字——古巴比伦的楔形文字和埃及的象形文字,距今也才五千多年,不足六千年。汉字史满打满算也就四千年。在文字没有出现之前的人类之间交流与情感表达,主要依靠的就是口语(当然,还有今天仍然不能舍弃的身体语言和手势)。

百余年前,也就是民国二年(1913),蜀学巨擘谢无量写出惊世骇俗的《蜀学原始论》①,他在该文导言中断言"蜀有学先于中国",并从儒学、道学、佛学、文艺等诸方面力证其是。言及文学时,谢无量指出:"文章惟蜀士独盛。有四始:一、南音(涂山氏创离骚所出),二、赋(或曰赋,始荀卿,然汉志录赋实首屈原,原所生即今巫山地),三、古文(陈子昂复兴),四、词曲(李白创)。"用今天的眼光来看,谢无量的说法或有可商榷之处,但从将蜀学提高至中华文明源头的高度来认识,确有其相当的合理性。只有在此一高度的认识下,我们才能理解,为什么华夏文明始祖黄帝的妻子会是四川盐亭人嫘祖;他们生下的两个儿子玄嚣(青阳)和昌意的主要活动区域,为什么是在四川境内的江水(岷江)和若水(雅砻江)一带;为什么昌意娶蜀山氏女昌仆,生下五帝之一的高阳(颛顼);也才能理解,为何大禹的故乡不在别处,而在四川的汶川或北川。

谢无量所说的"涂山氏创离骚所出"之"南音",是什么意思?从字面上理解,南音即南方的声音或音乐(包括南方的气息和温度,南方的节奏和

---

① 原载于《四川国学杂志》第六号,后入选中央文史研究馆馆员文选《崇文集》。

韵律,南方的风土和腔调,南方的忧郁和抒情本质),这声音或音乐是南方诗歌早期代表《离骚》的源头。谢无量的说法,当出自南朝梁代文艺批评家刘勰《文心雕龙·乐府》的论说:"乐府者,声依永,律和声也。钧天九奏,既其上帝;葛天八阕,爰乃皇时。自咸英以降,亦无得而论矣。至于涂山歌于候人,始为南音;有娀谣乎飞燕,始为北声;夏甲叹于东阳,东音以发;殷整思于西河,西音以兴;音声推移,亦不一概矣。匹夫庶妇,讴吟土风,诗官采言,乐盲被律,志感丝篁,气变金石。是以师旷觇风于盛衰,季札鉴微于兴废,精之至也。夫乐本心术,故响浃肌髓,先王慎焉,务塞淫滥。敷训胄子,必歌九德,故能情感七始,化动八风。"这段话提及好几段重要的远古诗歌:葛天氏的牛尾八阕歌、黄帝的咸池歌、帝喾的六英歌、涂山氏的候人歌、夏王孔的破斧歌等。这些远古诗歌大部分没有能够流传下来——那时还没有文字记载呢,只能口耳相传。唯一流传下来的是"南音"——最早见载于战国秦吕不韦《吕氏春秋·季夏纪第六》:"禹行功,见涂山之女。禹未之遇而巡省南土。涂山氏之女乃令其妾候禹于涂山之阳(今重庆南岸还有涂山寺)。女乃作歌,歌曰'候人兮猗',实始作为南音。周公及召公取风焉,以为《周南》《召南》。"它不仅是中国南方诗歌的初啼,是《离骚》的源头,还是《诗经》的源头,是目前所知的中国第一首被记录下来的口语诗。

这首中国最早的口语诗"南音"正好来自巴蜀大地,而且是由一位巴蜀大地的深情女子涂山氏所唱出来的:"候人兮猗!"用今天的话说就是:等我的人啊,唉!这是真正的口语诗,带着原生的、永不向命运和时空屈服的勇气!多么简单的诗歌,又是多么美丽、迷人的诗歌!

中国诗歌史,从"南音"到《诗经》(尤其是"风"诗)、《楚辞》,再到汉乐府、唐诗宋词及元曲,口语的血脉从未中断过。西南联大时的吴宓先生认为所谓白话诗(口语诗)也算不了什么新发明,李白的"床前明月光"、金昌绪的"打起黄莺儿"等都是白话诗。李白不仅以大量口语入诗写诗,甚至还把孩提时代的语言写进诗中。那首著名的《古朗月行》就是这样开头的:"小时不识月,呼作白玉盘。又疑瑶台镜,飞在青云端。仙人垂两足,桂树何团团。白兔捣药成,问言与谁餐?"多么可爱的诗,多么明亮又忧伤的诗!

杜甫在诗史上以善于用典而闻名，宋人黄庭坚崇拜杜甫的一大理由正是杜甫作诗"无一字无来处"①，俨然把杜甫塑造成一个最整饬的书面语（雅语）诗人。然而，在我看来，杜甫才是唐代的口语大师，他是唐代以口语方言写作的积极倡导者和践行者。杜甫是一定知道这首"南音"的，大禹在杜甫心中占有极为重要的地位，他在诗中多次写到这位远古的无私英雄。从戎州（今四川宜宾）来到忠州（今重庆忠县），杜甫曾专程拜访那儿的大禹庙，并写下被人传诵的《禹庙》一诗："禹庙空山里，秋风落日斜。荒庭垂橘柚，古屋画龙蛇。云气嘘青壁，江声走白沙。早知乘四载，疏凿控三巴。"诗中的颔联是杜诗名句，"古屋画龙蛇"既典雅又口语化，透露出禹庙的荒凉与掩不住的生机。其实，只要我们仔细想一想，一个如此关心苍生疾苦的诗人，怎么可能不关心和使用人民的语言（口语）？

　　诗史上第一个真正认识到杜甫价值的诗人元稹目光如炬，早就看到了这一点："杜甫天才颇绝伦，每寻诗卷似情亲。怜渠直道当时语，不著心源傍古人。"元稹所谓杜甫爱用的"当时语"是什么语？毫无疑问，就是盛唐至中唐时期的民间口语，包括各地（杜甫足迹所至的洛阳、长安、秦州、成都、夔州等地）的方言俚语。杜甫甚至还将少数民族的语汇纳入诗中。② 宋人孙奕在《履斋示儿编》中就说："子美善以方言里谚点化入诗句中，词人墨客，口不绝谈。"③ 宋人黄彻举例说："数物以'个'，谓食为'吃'，甚近鄙俗，独杜屡用：'峡口惊猿闻一个'，'两个黄鹂鸣翠柳'，'却绕井栏添个个'，《送李校书》云'临岐意颇切，对酒不能吃'，'楼头吃酒楼下卧'，'但使残年饱吃饭'，'梅熟许同朱老吃'。盖篇中大概奇特，可以映带者也。"④ 杜诗中这样的例子很多，比如杜甫在成都草堂所写的《绝句漫兴九首》，其中一首是这样写的："熟知茅斋绝低小，江上燕子故来频。衔泥点污琴书内，更接飞虫打着人。"结句的"打着人"显然是成都口语，迄今成都人在什么

---

① 黄庭坚《答洪驹父书》，见《豫章黄先生文集》卷一九（四部丛刊初编本），又见宋俞琰《书斋夜话》卷四（四库全书本）。
② 杜甫在夔州所作《解闷十二首》之十二："侧生野岸及江蒲，不熟丹宫满玉壶。云壑布衣鲐背死，劳人害马翠眉须。"这个"蒲"就是当地的戎獠语，意即田亩。
③ 孙奕：《履斋示儿编》卷一〇，中华书局，2014。
④ 黄彻：《䂮溪诗话》卷七，人民文学出版社，1986。

东西碰着什么的时候仍然这样说。我经常举的另一个例子是杜甫在巫峡时所写的《戏作俳谐体遣闷二首·其一》："家家养乌鬼，顿顿食黄鱼。""乌鬼"是什么东西，后来的杜甫研究者为此聚讼纷纭。其实乌鬼不是别的，就是善于捕鱼的鱼鹰而已。杜甫使用当时的民间口语入诗，简单十个字就勾勒出一幅朴素的峡江风情图。

　　正是成都这座充满市井味和人情味的城市，才真正打开了杜甫的口语窗口。较早为杜诗作注的宋代蜀人赵次公认为杜甫"用方言"用得十分"稳熟"。①这个说法颇有见地，杜甫在成都不仅发现了方言口语的诗歌价值，还将其运用得毫无生涩之感。还记得杜甫现存作品中可能是最早的那首诗歌吗？对，就是那首或作于开元二十三年（735）暮春的《夜宴左氏庄》，诗中提到了杜甫在吴越时听到的"吴咏"——吴越地区的方音（口语及歌咏），显然杜甫从青年时代就对地域性语言文化拥有敏感的直觉。直到晚年，杜甫还偶尔会在诗中使用年轻时听过的"吴咏"口语。比如杜甫在夔州所作《解闷十二首》之七中说："陶冶性灵存底物，新诗改罢自长吟。"据清代学者赵翼考证，"底物"为江南口语："江南俗语问何物曰底物，何事曰底事。"②

　　杜甫爱用方言口语，以致被宋初提倡隐晦写作的杨亿骂为"村夫子"，他显然是没有真正理解杜甫的用心。杜甫不是不能雅，而是一切以诗歌的自由表达为最高原则，当雅则雅（"无一字无来处"），当俗则俗。张戒说得比较中肯："世徒见子美诗多粗俗，不知粗俗语在诗句中最难，非粗俗，乃高古之极也。"③

　　杜甫对方言口语印象最深刻者无出成都之右。成都人民一向具有语言天赋，创造了大量生动活泼的口语，这些口语成为杜甫取之不竭的语言宝藏。很多口语的源头来自书面典籍，经过人们的口口相传和淘汰，往往具有一种难以言说的表现力和刺激性，很容易唤起人们的共鸣。比如说河水中的"漩涡"，当时的成都人说成"盘涡"，杜甫觉得这个说法很具象，比说漩涡更好，便直接在《梅雨》一诗中借用了："竟日蛟龙喜，盘涡与岸回。"我们还

---

① 赵次公注，林继中辑校：《杜诗赵次公先后解辑校》，上海古籍出版社，1994。
② 赵翼：《陔余丛考》卷四三，中华书局，1963。
③ 张戒著，陈应鸾笺注：《岁寒堂诗话笺注》卷上，四川大学出版社，1990。

从杜诗中知道，唐代的蜀人或四川人口语中就爱说"不肯"一词，今天的四川人还在说（这个词似乎也存在于关中一带的口语中），"不肯"的表面意思是"不愿意""不同意""不赞成"或"不顺从"之类，但这些词都没有完全表达"不肯"的本意，此中的微妙只有四川人才能体会得出来。比如杜甫在避难梓州（今四川三台）时曾作有《客夜》一诗：

> 客睡何曾著，秋天不肯明。入帘残月影，高枕远江声。计拙无衣食，途穷仗友生。老妻书数纸，应悉未归情。

四川或成都话中"不肯"的主语通常说的是人类，很少用于非人类的物体。杜甫不仅把它用在了非人类的事物上，而且用在了浩瀚的秋天这种季候上，这就显得有些异乎寻常了。杜甫的意思是说，在异地作客（杜甫已经视成都为家乡），秋天的夜晚太漫长，好像一直不情愿天亮一样！如果换成另一种说法可不可以？比如说"秋天不想明""秋天不愿明"或"秋天不欲明"之类，当然可以，但就完全失去了"不肯"的表现力，并且抹杀了诗人强烈的空虚与孤独色彩。

杜甫从阆州（今四川阆中）返回绵州（今四川绵阳）后，中间到过一次汉州（今四川广汉），主要是想去看望时任汉州刺史的老友房琯。没想到等杜甫到达后，房琯接到朝廷命令回京，已在前往阆州的途中。杜甫很失望，看不见人，便想去看看房琯修的水利工程。来到汉州西北角的房公湖，还好，如前所述，他在这看见了房琯豢养的鹅。

舟前小鹅儿

> 鹅儿黄似酒，对酒爱新鹅。引颈嗔船逼，无行乱眼多。翅开遭宿雨，力小困沧波。客散层城暮，狐狸奈若何。

这是一首地道的口语诗，没有任何阅读障碍。"鹅儿"就是小鹅、雏鹅，它们的羽毛色泽还没有变白，呈现出一种明亮又柔和的嫩黄色，即所谓的鹅黄色，与鸭绿形成鲜明对比。[1] 唐代诗人寒山写道："董郎年少时，出入帝京里。衫作嫩鹅黄，容仪画相似。常骑踏雪马，拂拂红尘起。观者满路傍，

---

[1] 孙承泽《天府广记》卷三五："由真觉寺缘湖堤，堤柳婀娜妥水，色油油然，而其下则菱芽蒲戟，虚着柳丝，鸭绿正与鹅黄相贴。"

个是谁家子。"在大部分诗人那儿，鹅黄是一种喻体，到底有多美并没有说清楚。杜甫与众不同，杜甫此诗中鹅黄成了被比喻的对象：鹅儿的黄就像一杯色泽闪亮、醇净芬芳的美酒一样。这样一来，不仅表现了鹅黄的颜色，还产生了一种奇妙的嗅觉及味觉影像。看见老朋友的鹅儿们，杜甫的爱心顿时泛滥了，担心它们太美丽太柔弱，经不了风雨和波浪，更经不了黑夜和狐狸。

杜甫在宝应元年（762）春天的成都还写过一首著名的口语诗：《遭田父泥饮美严中丞》。连一向对杜甫颇有微词的郭沫若也承认："诗里把老农写得很朴实，说话也很直率，在旧时代可以算得是一篇好作品。"[①] 郭沫若的封山之作《李白与杜甫》，如果剔除其特殊时代赋予的狭隘的阶级意识，无疑是一部极有见地和功力的著作。

我们还注意到一个事实，杜甫使用蜀中口语方言入诗大多出现于绝句，尤其是七绝的写作中，而且都是心情比较好的时候。经常被人提到的作于上元二年（761）春天的那两组七绝诗：《江畔独步寻花七绝句》和《绝句漫兴九首》就是如此。这两组诗中出现了大量的成都口语，如"江上被花恼不彻，无处告诉只颠狂""留连戏蝶时时舞，自在娇莺恰恰啼"或"眼见客愁愁不醒，无赖春色到江亭"。这些诗句对于今天的读者来说仍然十分亲切，毫无违和感。为什么口语多出现于七绝而不是五绝或别的诗歌形式？这可能与七绝的源头有关。七绝的出现即带有强烈的民间性，七绝的历史至少可以追溯至西晋民谣，南北朝时期的乐府歌行都对七绝产生过影响。从现存资料来看，唐人绝句大多可歌，五绝当然也可歌，但以七绝为主体。在唐人薛用弱《集异记》记载的那则著名的旗亭画壁故事中，歌姬吟唱的绝句也以七绝为主角。为了宜于吟唱传诵，诗人会尽量以人们熟悉的口语来进行写作。大众传播学告诉我们，越是耳熟能详、似曾相识的，就越利于传播。杜甫到了夔州后，创作了大量口语风格的绝句，很可能来自诗人对当地民歌（巴渝曲）的学习[②]，其情形和之后的刘禹锡受巴渝民歌影响而作《竹枝词》相类似。黄庭坚认为："刘梦得《竹枝》九章，词意高妙，元和间诚可以独步。

---

① 郭沫若：《李白与杜甫》，中国长安出版社，2010。
② 杜甫《暮春题瀼西新赁草屋五首·其二》："万里巴渝曲，三年实饱闻。"

道风俗而不俚,追古昔而不愧,比之杜子美《夔州歌》,所谓同工而异曲也。"①

  我个人始终认为,一首诗的品质或者一个诗人的内核,与他是使用口语写作还是书面语写作没有任何必然关联。起决定性作用的永远是诗人的识见、情怀、天赋和风骨。杜甫在《醉歌行》中赞美别人"词源倒流三峡水,笔阵独扫千人军",这话可谓夫子自道。杜甫以其万千的变化和开放的、达于自由之境的写作实践,无可辩驳地证明了无论是用典雅的书面语,还是直白生动的口语,他都能写出名垂诗史的诗篇。

---

① 黄庭坚:《豫章黄先生文集》卷二六,四部丛刊初编本。

蜀北萍踪

转眼之间，杜甫到达成都已是第三个年头。

上元二年（761）十二月，严武由剑南东川节度使任成都尹，兼摄东川。

宝应元年（762）四月，玄宗和肃宗二帝相继驾崩。肃宗太子李豫即位，开启代宗时代。夏六月，代宗召严武还京。杜甫一路相送到绵州，在城北三十里处的奉济驿才分手。

回到绵州小住几日，杜甫便准备返回成都。没想到严武前脚才走，成都立马就陷入乱局，剑南兵马节度使徐知道突然反了。这一反，成都暂时回不去。杜甫的家人都在成都，一时也想不出什么好办法，只有把希望寄托在运气上。如果杜诗中出现过好几次的那位徐少尹就是徐知道，念在旧情的份儿上，他总不会太为难草堂里的妻子和儿女吧？杜甫先在绵州东津旁边的公馆中住下（杜甫侄孙杜济时任绵州刺史），写下了两首极具地方风味的《观打鱼歌》和《又观打鱼》。诗人注意到绵州街头种有一种来自西域的植物，《海棕行》中的海棕树其实就是现在的伊拉克枣树。杜甫还登上了李白曾经登过的越王楼①，写下《越王楼歌》。怀念李白的《不见》一诗很可能作于此次登楼前后：

---

① 据李德书考证，李白《夜宿山寺》实为其登绵州越王楼所作《上楼诗》："危楼高百尺，手可摘星辰。不敢高声语，恐惊天上人。"

> 不见李生久，佯狂真可哀。世人皆欲杀，吾意独怜才。敏捷诗千首，飘零酒一杯。匡山读书处，头白好归来。

这首诗可以视为杜甫写给李白的一首挽歌，不久后李白即辞世。在绵州，他还意外见到一幅韦坚岳父姜皎（楚公）的角鹰绘画作品，为作《姜楚公画角鹰歌》，杜甫已经很久没有见过这么"杀气森森"的猛禽了。

就在杜甫进退失据的时候，有个姓李的使君要前往梓州办事，杜甫作《送梓州李使君之任》，诗中嘱咐李使君帮他祭奠出生于射洪的大诗人陈子昂。后又送友人韦讽到阆州摄录事，作《东津送韦讽摄阆州录事》。还遇见正要前往长安的旧友何邕，草创草堂时，杜甫曾找时任县尉的何邕索要过桤木树。他在《赠别何邕》中说："生死论交地，何由见一人。"的确，他们之后再未相见。可能是那位李使君提醒了诗人，梓州是眼下最好的去处，还有一个重要原因：十分欣赏杜甫才华的汉中王李瑀正在梓州。杜甫和任绵州刺史的侄孙杜济的关系可能处得并不是很好，他没有把希望寄托在杜济的身上。回过头再去读杜甫之前《示从孙济》一诗中所述景象，别有一种世态炎凉的伤悲感："萱草秋已死，竹枝霜不蕃。淘米少汲水，汲多井水浑。刈葵莫放手，放手伤葵根。阿翁懒惰久，觉儿行步奔。所来为宗族，亦不为盘飧。小人利口实，薄俗难具论。勿受外嫌猜，同姓古所敦。"其实，很多时候血缘是靠不住的，隔得太远的"同姓"血缘更靠不住。

杜甫决定到梓州去，那时的梓州在政治上的重要性胜过绵州，是东川节度使首府所在地。路上，杜甫先给汉中王李瑀写诗问候。在《戏题寄上汉中王三首》诗中，杜甫再次表现出他率真的撒娇风格，说他们已经有五六年没有见过面，这次相见，得准备些好酒好鱼才行："蜀酒浓无敌，江鱼美可求。"只是杜甫到了梓州不久，汉中王李瑀就离开梓州回到任所蓬州（今四川仪陇），杜甫又为之作《玩月呈汉中王》。

梓州在绵州的东南方向一百三十多里处，骑马的话也就一两天的路程。黄昏时分，杜甫行至梓州铜山县光禄坂①，回首望去，落日照耀着千仞绝壁，归鸟乱叫，诗人却有家不能回。

---

① 据刘泰焰《"光禄坂"在盐亭县》（《草堂》1987年第2期）考证，光禄坂在四川盐亭县境内。

光禄坂行

　　山行落日下绝壁，南望千山万山赤。树枝有鸟乱鸣时，暝色无人独归客。马惊不忧深谷坠，草动只怕长弓射。安得更似开元中，道路即今多拥隔。

　　杜甫眼前又浮现出"开元全盛日"的繁华景象，"九州道路无豺虎"的太平盛世再也不可复睹矣！眼下的情形，马儿也担惊受怕，一失足就可能坠下深谷，行人就更害怕了，一点风吹草动都可能隐藏着危险，没准就会有一支暗箭从草丛中射出来。如果说《忆昔》是杜甫在成都写给大唐的最后悲歌，里面多少还呈现着盛世的往日荣光，《光禄坂行》则彻底袒露了辉煌之下的黑暗与惊恐——盛世侧影中的阴影。安史之乱已经结束，人民的美好日子却一去不复返。

　　到了梓州不久即进入秋天，杜甫作《悲秋》诗。杜甫已托人将书信带往成都草堂，准备在合适的时候把家人接到梓州，然后沿着涪江顺流东下。① 入夜的时光更难打理，作《客夜》，看着残月的影子，听着江水的声音，诗人根本无法入眠。杜甫一夜未合眼，于黎明时分写下《客亭》一诗："秋窗犹曙色，落木更高风。日出寒山外，江流宿雾中。圣朝无弃物，衰病已成翁。多少残生事，飘零任转蓬。"圣朝早就忘记这个老头子，哪还会管他是不是一枝"转蓬"？记得杜甫当年遇见李白的时候就写到过"飘蓬"，只不过那时的李白和杜甫还是两位"飞扬跋扈"的青年才俊，而此时，同样是飘转的蓬，情形已有天壤之别。

　　闻一多推测，杜甫在得知徐知道叛乱被平定后就把妻子儿女一同接到了梓州。为什么杜甫没有直接回成都与妻子团聚呢？这可能与杜甫三峡之思相关。② 这个判断是正确的，严武被召回长安，杜甫并不知道他还会再镇成都，便打算和家人直接从梓阆一带离蜀。滞留梓州期间，妻子杨氏在成都收

---

① 杜甫在蜀中多次表达顺江东下的念头。《一室》："巴蜀来多病，荆蛮去几年。应同王粲宅，留井岘山前。"《春日梓州登楼二首·其二》："厌蜀交游冷，思吴胜事繁。应须理舟楫，长啸下荆门。"《游子》："巴蜀愁谁语，吴门兴杳然。九江春草外，三峡暮帆前。"

② 闻一多：《少陵先生年谱会笺》，《国立武汉大学文哲季刊》1930年第1卷第4期。

到杜甫书信后知道了他的下落，随即让小叔子杜占前往梓州报平安并欲接回杜甫。但是这时杜甫已经打算自梓州东下，便和杜占一同返回成都，将家人接至梓州。离开成都时，杜甫觉得就这样把辛苦经营几年的草堂基业丢了太可惜，便将小弟杜占一家留在成都继续打理草堂，并反复叮咛杜占："鹅鸭宜长数，柴荆莫浪开。"我推断杜甫后来出蜀时，杜占一家便留在了成都。宋人陆游曾在其《野饭》诗中自注说："杜氏自谱，以为子美下硖，留一子守浣花旧业，其后避成都乱，徙眉州大垭，或徙大蓬云。"这个说法受到闻一多等人的质疑，他们认为留子不见于诗，不足信。

《从事行赠严二别驾》一诗很可能作于杜甫从成都接家人返回梓州之后。做过别驾（刺史副手）的严二是梓州一带著名的"豪俊"，极有可能来自阆州一带。阆中多巴人（板楯蛮），自古出"杀虎"勇士[①]，两人虽然相识不久，严二对杜甫却待之如上宾：

> 我行入东川，十步一回首。成都乱罢气萧索，浣花草堂亦何有。梓中豪俊大者谁，本州从事知名久。把臂开樽饮我酒，酒酣击剑蛟龙吼。乌帽拂尘青骡粟，紫衣将炙绯衣走。铜盘烧蜡光吐日，夜如何其初促膝。黄昏始扣主人门，谁谓俄顷胶在漆。万事尽付形骸外，百年未见欢娱毕。神倾意豁真佳士，久客多忧今愈疾。高视乾坤又可愁，一体交态同悠悠。垂老遇君未恨晚，似君须向古人求。

杜甫和家人才从成都来到梓州，其时已决定不再回成都，因此才有十步一回首的依依不舍。彼时的成都刚刚经历战乱，草堂劫后幸存。严别驾生性豪侠，颇有蜀北好汉之风，一双大手捉住杜甫的手臂举杯畅饮，酒酣之际拔剑而起舞，不时发出阵阵蛟龙般的怒吼。两人一直喝到晚上，简直成了十分要好的兄弟。

杜甫在梓州一带待的时间不算短，从宝应元年（762）六月至广德二年（764）二月，有一年零八个月。在此期间，长安再度经历生死劫。广德元年（763）九月，吐蕃大将高重英率领二十万大军发动攻势，十月初攻下泾州（今甘肃平凉）、奉天（今陕西乾县）和武功（今陕西咸阳），剑指长安。此

---

① 范晔：《后汉书》卷八六《板楯蛮夷传》，中华书局，2007。

时朝廷宦官程元振取代李辅国成为新的专权者。随即吐蕃攻入长安，并占领长安达十五天之久，众人扶持已故章怀太子李贤重孙李承宏为傀儡皇帝，代宗和程元振等人仓皇逃往陕州。郭子仪再度出山，挽救唐朝于垒卵，将吐蕃赶出长安城，于广德二年（764）初迎代宗回到长安宫中。安史之乱才结束不久，长安即遭遇第二次沦陷，唐朝已经一天不如一天。

杜甫虽然对长安已经不抱太多希望，但仍然时刻关心其安危："巴山遇中使①，云自陕城来。盗贼还奔突，乘舆恐未回。天寒邵伯树，地阔望仙台。狼狈风尘里，群臣安在哉。"（《巴山》）在《伤春五首》中，我们仍可看见杜甫的家国忧思和难以愈合的伤口。

宝应元年（762）冬天，杜甫从梓州南行，先后来到离梓州不远的射洪和通泉两地寻幽访胜，向诗歌先贤陈子昂、游侠郭元振和艺术家薛稷致敬。杜甫登上金华山，作《冬到金华山观因得故拾遗陈公学堂遗迹》；随后谒陈子昂故居，作《陈拾遗故宅》。杜甫对陈子昂在文学史上的地位给予极高的评价："有才继骚雅，哲匠不比肩。公生扬马后，名与日月悬。"并特别推崇陈子昂的《感遇》组诗："终古立忠义，感遇有遗篇。"陈子昂是初唐时代的先锋诗人，梁宗岱曾充满激情地赞叹《登幽州台歌》："是不是一首很小的自由诗？你们曾否在暮色苍茫中登高？曾否从天风里下望莽莽的平芜？曾否在那刹那间起浩荡而苍凉的感慨？古今中外底诗里有几首能令我们这么真切地感到宇宙底精神？有几首这么活跃地表现那对于永恒的迫切呼唤？我们从这寥寥廿二个字里是否便可以预感一个中国，不，世界诗史上空前绝后的光荣时代之将临，正如数里外的涛声预告一个烟波浩渺的奇观？你们底大诗里能否找出一两行具有这种大刀阔斧的开国气象？"②毫无疑问，陈子昂诗歌中的先锋精神对杜甫产生过重大影响。

从射洪到通泉时，杜甫写有《早发射洪县南途中作》及《通泉驿南去通

---

① 杜甫诗中的巴山与今天所说的巴山在地理上并不完全相同，此处的巴山主要指梓州、阆州一带。孙玑在《说阆中之巴》（《考古》1994年第9期）一文中指出：巴子之国最初位于鄂西，战国时为楚所迫，向四川转移。其治所起初设在川东沿长江一带，后迁至嘉陵江上的阆中。《华阳国志·巴志》："巴子时虽都江州（巴县），或治垫江（合川），或治平都（丰都），后治阆中。"

② 梁宗岱：《梁宗岱文集·评论卷》，中央编译出版社，2003。

泉县十五里山水作》。在通泉县城，杜甫观瞻了郭元振故宅，作《过郭代公故宅》。在通泉观，杜甫幸运地观摩了著名画家薛稷的书画墨宝，为作《观薛稷少保书画壁》，从诗中可知，此处存有薛稷亲书的三字金匾（"郁郁三大字，蛟龙岌相缠"）和一幅壁画墨稿（"又挥西方变，发地扶屋椽。惨澹壁飞动，到今色未填"）。在通泉县署壁上，杜甫还见到一幅薛稷画的仙鹤，为作《通泉县署壁后薛少保画鹤》。这些诗作，可弥补中国艺术史的阙如。

在梓州期间，诗人曾得到严武属下章彝的多方照顾。章彝时任梓州刺史兼东川留后。广德元年（763）冬天，章彝举行冬猎，场面十分壮观，杜甫为作《冬狩行》，并对章彝过分夸张的狩猎行为进行了讽谏。章彝知道杜甫的诗人习气，也知道他是为自己好。杜甫向章彝表明沿江东下的意图，后者知道后，愿意给予其经济方面的支持，并送给杜甫两根神奇的桃竹杖。①

值得注意的是，杜甫在成都的身心状态，更接近于道家的疏懒；到了梓州，似乎对佛教的兴趣更为浓厚。杜甫先后游历了梓州佛教名迹牛头寺、兜率寺、惠义寺。还专程拜访了梓州名僧文公并写下《谒文公上方》一诗，隐隐表露出皈依之心。当然，这只是一时情景所致，并未付诸行动。

广德元年（763）春天和夏天，杜甫一度离开梓州到阆州、盐亭、绵州、汉州、涪城一带游历，访友和访古。到了阆州，王刺史接待过杜甫，可能还陪同其参观了阆州城北名迹玉台观，杜甫作《玉台观二首》诗，观内有滕王李元婴亭子，作《滕王亭子二首》。阆州城东南八里有南池，那儿还保留着一种古老的民间歌舞艺术，杜甫作《南池》："南有汉王祠，终朝走巫祝。歌舞散灵衣，荒哉旧风俗。"② 杜诗中著名的山水诗篇《阆山歌》和《阆水歌》即写于此际。杜甫还从阆州送客到西边的苍溪县，去时有马骑，返回有船坐，显然是受王刺史的照顾，回程途中作《放船》诗。诗人还到访过阆州东边百里之外的严氏溪，并作《严氏溪放歌》。杜甫的七古通常来说没有李白写得好，这首却写得十分粗放有味，"肥肉大酒"的用语，颇有几分李白气象。

---

① 杜甫：《桃竹杖引赠章留后》。
② 阆中巴人称板楯蛮，《后汉书·板楯蛮传》："阆中有渝水，其人（板楯蛮）多居水左右，天性劲勇，初为汉前锋，数陷陈。俗喜歌舞，高祖观之，曰：此武王伐纣之歌也。乃命乐人习之，所谓巴渝舞也。"

不久，杜甫从阆州返回绵州前往汉州，游房公（琯）西湖。房公未见到，倒是见到了房公之前养的一群云朵一样好看的鹅。①

广德二年（764）春天，杜甫和家人没有直接从梓州离蜀，而是再次来到阆州。其中一个重要原因是杜甫要来这儿向故友房琯告别。房琯被肃宗贬出长安后，先后任邠州刺史、晋州刺史和汉州刺史。代宗即位后，玄宗旧臣获得机会，房琯与严武陆续被召回长安。广德元年（763）春天，房琯特进刑部侍郎。可惜房琯最终没能回到长安，于是年初秋客死阆州。拜别房琯墓，杜甫本打算就从阆水进入西汉水（嘉陵江），再至渝州（今重庆）东下三峡，又突然想念成都草堂。于是写下《寄题江外草堂》一诗。这实际上是一首草堂营造小史，也是杜甫入蜀几年来的一段心史。

在不到两年的时间内，杜甫在蜀北多地（绵州、梓州和阆州等地）留下漂泊萍踪。

杜甫在其晚年所作《衡州送李大夫七丈赴广州》诗中写道："日月笼中鸟，乾坤水上萍。"正是这样一些细小的浮萍般的踪影，才让这个世界变得无比梦幻和令人迷恋。

诗人本来以为不会再在成都生活，可没有想到，惺惺相惜的严武再次镇守成都。

杜甫实在是割舍不下成都。

---

① 杜甫《得房公池鹅》："房相西池鹅一群，眠沙泛浦白于云。凤凰池上应回首，为报笼随王右军。"

友谊编年史

杜甫虽然说过"渐喜交游绝，幽居不用名"这样的话，但实际上草堂从来不缺少客人。来访者众，有野人，有田父，有邻居，有艺术家，有达官贵人。有的是路过顺便来看望一下杜甫，有的则是专程赶过来的。从作于上元二年（761）春天的《客至》一诗原注可知，当年在白水县当县令并帮助杜甫一家渡过难关的远房崔舅舅还来过成都，这让杜甫特别感动：

> 舍南舍北皆春水，但见群鸥日日来。花径不曾缘客扫，蓬门今始为君开。盘飧市远无兼味，樽酒家贫只旧醅。肯与邻翁相对饮，隔篱呼取尽余杯。

这首诗在成都广为人知，原因之一在于成都有一处著名的餐饮老店的名字就取自诗中的颈联："盘飧市。"春天来了，成都的雨水充足，草堂的南北两面都可以见到明净的春水，交错的小径布满落花，即使迎来了舅舅这样的珍贵客人，诗人也没有舍得把花瓣扫除。既是舅舅，那就不是外人，诗人说：亲爱的舅舅，请你不要嫌弃外甥一家没有什么好酒来招待你！为了让舅舅喝个高兴，杜甫还叫来邻居（比如朱山人或斛斯融）一起畅饮。

广德二年（764）秋天，杜甫的大弟弟杜颖从山东来看望杜甫。杜甫很喜欢这位弟弟，兄弟俩早年在山东见过面（杜颖时任临邑主簿），安史乱中杜颖逃至平阴后写信给杜甫，杜甫作《得舍弟消息二首》。乾元元年（758）岁末，杜甫回洛阳时又收到杜颖来信，杜甫作《得舍弟消息》。这次杜颖远道来到成都，兄弟三人（加上杜占）盘桓数日，杜甫再作《送舍弟颖赴齐州三首》。

还有一位访客也值得一说：吴郁。《范二员外邈吴十侍御郁特枉驾阙展待聊寄此作》："暂往比邻去，空闻二妙归。幽栖诚简略，衰白已光辉。野外贫家远，村中好客稀。论文或不愧，重肯款柴扉。"这个就是那位因凤翔（今陕西宝鸡）间谍案而被贬到长沙的吴郁，杜甫在秦州时曾专程至两当县吴郁故宅拜访。当年没有能为吴郁尽到一个言官的申辩职责，杜甫为此一直很愧悔。这次两个老友异乡相见，相互论文之外不知又有多少慨叹！

诗人高适是肯定到过草堂的，杜甫最终能在这儿落脚，高适功不可没。上元二年（761）冬天，蜀州刺史高适摄成都尹，在成都待了好几个月，其间去草堂肯定不止一次。这一年正月初七人日，高适曾写诗《人日寄杜二拾遗》致问杜甫。差不多十年之后的大历五年（770）正月初七，杜甫翻检旧箧，看见十年前高适寄给自己的诗作，其时高适早已不存人世（高适卒于765年），抚今追昔物是人非，诗人不禁老泪纵横，怆然写下《追酬故高蜀州人日见寄》。

所有的草堂来客中，没有人能够取代严武的地位。杜甫一生和严武的交集太多太深，寻绎严杜二人的友谊编年史，无一不折射出时代之光影。我一向认为个人史即社会史，且是其中最具生命力之一部分。

至德二载（757）秋天，严武在凤翔行在做给事中，杜甫致诗严武，作《奉赠严八阁老》，这首诗是现存诗集中杜甫写给严武的第一首诗作。当时严武三十出头（杜甫四十六岁），杜甫以一个长辈的口吻赞赏着这位前途无量的"妙年"。严武入仕很早，二十岁后即被哥舒翰奏充判官、迁侍御史。杜甫被墨制放往鄜州省亲时，严武、贾至和岑参等朋友为杜甫饯别拈韵吟诗，杜甫分得一个"云"字，作《留别贾严二阁老两院补阙》。

乾元元年（758）夏天，房琯贬邠州司马，严武贬巴州刺史，杜甫出华州司功参军。次年秋天，贾至再贬岳州司马，杜甫作《寄贾严两阁老》。肃宗着手打击以房琯为首的玄宗旧臣势力，四人几乎同时被贬出长安。

上元二年三月，梓州刺史段子璋反，成都尹崔光远率西川牙将花敬定予以迅速平定。花敬定恃功而骄，功高压主，这年初冬，崔光远忧郁而终。杜甫作《戏作花卿歌》及《赠花卿》二诗以劝讽花将军。

　　名作《茅屋为秋风所破歌》当作于上元二年（761）八月，这是一首人道主义诗歌杰作，闪烁着动人的人性之美。有人认为诗人杜甫一方面很小气，南村儿童（可能是南邻的孩子）捡拾几根被风吹走的茅草他都要跟着追回来。其实，这儿完全是杜甫的一种冷幽默，这些儿童的父母都是杜甫的好朋友，拿几根或几丛茅草去竹林中戏玩有什么好生气的呢？再说真要追回来的话，杜甫完全可以让他的两个儿子去追，儿童追儿童岂不是更好的选择？诗人在夔州作《暂往白帝复还东屯》："复作归田去，犹残穫稻功。筑场怜穴蚁，拾穗许村童。"杜甫是一个深具民胞物与情怀的诗人，他怎么可能真的去和孩子们计较呢？也不排除其中带有一点"撒娇"的因素。此时严武还没有来成都，杜甫的生活可能有点小问题，床上的被衾冰冷似铁，早被几个孩子东蹬西踩给弄坏了，床头遇到大雨天气还会漏雨，家人一夜难以入睡——杜甫也说了，这种失眠除了漏雨的原因，主要还是国家的"丧乱"所致！因此杜甫猛然从一己之悲中醒悟："安得广厦千万间，大庇天下寒士俱欢颜！风雨不动安如山。呜呼！何时眼前突兀见此屋，吾庐独破受冻死亦足！"

　　上元二年秋冬之际，杜甫在成都遇唐兴县（今四川蓬溪）刘姓主簿，作《逢唐兴刘主簿弟》一诗。又应唐兴县令王潜的请求①，作《唐兴县客馆记》。此际严武尚未至成都，杜甫生计时有艰难，先后写下《敬简王明府》及《重简王明府》，希望获得王潜的帮助。②

　　上元二年十二月，严武由剑南东川节度使任成都尹，兼摄东川。严武稍事安顿后，即于宝应元年（762）开春时分致诗杜甫，请他去成都府里做客：

---

　　① 宋开玉《杜诗释地》（上海古籍出版社，2004）：唐高宗永淳元年（682）分遂州方义县置唐兴县。武则天长寿二年（693）改为武丰县，中宗神龙初复称唐兴，辖今四川蓬溪、大英二县地，治今四川大英县蓬莱镇。玄宗天宝元年（742）改唐兴为蓬溪县，因境内有蓬莱山、蓬溪水而得名。

　　② 宋人黄鹤及今人萧涤非、陈贻焮等人均认为杜甫亲身到过遂州唐兴县，清人杨伦等则认为杜甫未曾亲往。唐兴县距成都三百余里，以杜甫当时的境况，到唐兴的可能性并不大。稚夫在其所著《诗歌踪迹续编》中论此甚详，并认为"逢""简"是题眼：逢即遇到、碰上，显然在"唐兴"县外之域；简即书信，以诗代简，且两次，应该是并未面晤（《敬简王明府》有"鹰秋怕苦笼"句，当在秋天；《重简王明府》有"冬来只薄寒"句，当为冬天）。

"漫向江头把钓竿，懒眠沙草爱风湍。莫倚善题鹦鹉赋，何须不著鵕鸃冠。腹中书籍幽时晒，肘后医方静处看。兴发会能驰骏马，终当直到使君滩。"（《寄题杜二锦江野亭》）严武在诗中委婉地表达了希望杜甫能够重出江湖，不要整天躲在草堂的江边钓鱼或者睡懒觉的想法。如此看来，严武早就想让杜甫出山做点事情。

杜甫收到严武的诗作后很快回诗一首，《奉酬严公寄题野亭之作》："拾遗曾奏数行书，懒性从来水竹居。奉引滥骑沙苑马，幽栖真钓锦江鱼。谢安不倦登临费，阮籍焉知礼法疏。枉沐旌麾出城府，草茅无径欲教锄。"杜甫说：老朋友啊，我的那点事情（左拾遗的事）你又不是不知道。我现在很适应成都这种疏懒的生活，对于官场礼法之类的事情早已没有什么兴趣。你要是真想念我，还是请你来我这个偏僻的草堂吧。瞧瞧，诗人这德行，还是一副傲娇的老辈子模样。

严武太了解他这个长辈诗人，几天后，就携带着属下人马亲自来到草堂。杜甫写了一首谢诗——《严中丞枉驾见过》：

元戎小队出郊垌，问柳寻花到野亭。川合东西瞻使节，地分南北任流萍。扁舟不独如张翰，皂帽还应似管宁。寂寞江天云雾里，何人道有少微星。

诗题下有条原注："严自东川除西川，敕令两川都节制。"诗中提及一个重要的史实："川合东西瞻使节。"安史之乱祸起于边镇节度使力量过分强大（兼支度、营田、招讨、经略等使，掌握财政、赋税和兵权），有了前车之鉴，肃宗决定大幅缩削节度使的权力，对节度使的势力范围重新进行分割。东西两川原来属于同一个节度使（剑南节度使），被强行划分成东西两个独立的军政区域。这样一来对朝廷好像有一定的益处，但其弊端亦显而易见，被分割甚至瓦解后的节度使完全无法对付强大的敌人。仅以西川节度使的力量，根本抗不住强敌吐蕃的入侵。

宝应元年（762）春天，杜甫被一位热情的农夫拉去家里饮酒，从日出喝到月升，杜甫为此写下颇具口语诗色彩的《遭田父泥饮美严中丞》一诗，那个农夫把任成都尹同时兼任御史中丞的严武狠狠地表扬了一番："酒酣夸新尹，畜眼未见有！"像严中丞这样好的父母官，我这双狗眼可能见识少，这之前还真没有见过呢!

宝应元年（762）五月，严武自备丰盛酒肴玉盘，第二次来到草堂看望杜甫。两人坐在竹林中饮酒赋诗，杜甫作《严公仲夏枉驾草堂兼携酒馔》："竹里行厨洗玉盘，花边立马簇金鞍。非关使者征求急，自识将军礼数宽。百年地僻柴门迥，五月江深草阁寒。看弄渔舟移白日，老农何有罄交欢。"一方军政首脑降贵纡尊几次三番跑到草堂来看望杜甫，还经常给杜甫送来酒和吃的东西①，这种殊荣与敬重，恐怕是今天的绝大部分诗人想都不敢想的吧。

人家都下访草堂两三次，如果再不回访一下，有些说不过去吧。从《严公厅宴同咏蜀道画图》一诗来看，杜甫就在这年五月间回访了严府。严武设宴招待甚隆，席间赋诗，并一同观看了具有军事地图功能的大型壁画《蜀道图》。

宝应元年四月初五（甲寅），唐玄宗卒于长安神龙殿，享年七十八岁。十三天后的丁卯，他的儿子肃宗亦随之而去，享年五十二岁。这对恩怨颇深的父子，终于可以在另一个世界相安无事。肃宗太子李豫即位，是为代宗。这年六月，代宗召严武还京（入为太子宾客，迁京兆尹兼御史大夫），由高适摄成都尹、西川节度使。杜甫一路相送并作《奉送严公入朝十韵》，鼓励严武为国分忧："公若登台辅，临危莫爱身。"杜甫表示自己最终还是要回到故乡长安的："此生那老蜀，不死会归秦。"严武亦有《酬别杜二》诗作以答谢杜甫。杜甫一直把严武送到绵州，绵州刺史侄孙杜济在江楼上招待严、杜两人，杜甫为作《送严侍郎到绵州同登杜使君江楼宴》，两人在城北三十里处的奉济驿分手，杜甫又作《奉济驿重送严公四韵》。

宝应元年七月，剑南兵马节度使徐知道（很可能就是杜甫找他要过果树的那位徐少尹）反，严武回京道路受阻而滞留巴岭。杜甫也回不了成都，只得到梓州一带避难。八月，徐知道为其部将李忠厚所杀。杜甫作《草堂》一诗，对徐知道叛乱中的乱象以及给成都人带来的伤害有着血淋淋的描绘："眼前列杻械，背后吹笙竽。谈笑行杀戮，溅血满长衢。到今用钺地，风雨闻号呼。鬼妾与鬼马，色悲充尔娱。"死了丈夫的女人（"鬼妾"）还得满足

---

① 杜甫：《谢严中丞送青城山道士乳酒一瓶》。

叛乱者的欲望，死了旧主人的马匹（"鬼马"）还得被叛乱者驱使。严、杜二人虽因战乱而各阻一方，不能相见，仍有诗书往来。重阳节至，杜甫写有《九日奉寄严大夫》，严武亦写有《巴岭答杜二见忆》。

杜甫的老友高适代领西川节度时，东西两川尚未合并，西川兵力完全对付不了吐蕃。高适曾与吐蕃交过手：吐蕃进攻长安时，曾率兵攻掠吐蕃南部地区。总的来说，高适的军事能力远逊于严武。广德元年（763）十二月，吐蕃即陷松、维、保三州（今四川阿坝），随即西山城亦失守，成都没有了保护屏障。其时杜甫的家人还在成都，杜甫真是忧心如焚，接连在梓州写出《警急》《王命》《征夫》和《西山三首》，诗中表达了对高适应对吐蕃失策的不满，希望严武能有机会再次镇蜀。

《大麦行》一诗当作于宝应元年（762）夏秋之际："大麦干枯小麦黄，妇女行泣夫走藏。东至集壁西梁洋，问谁腰镰胡与羌。岂无蜀兵三千人，簿领辛苦江山长。安得如鸟有羽翅，托身白云归故乡。"显然是写吐蕃盗抢麦粮之事，风格上明显受到汉乐府的影响。《乐府诗集》中载有汉桓帝时童谣："小麦青青大麦枯，谁当获者妇与姑。丈夫何在西击胡。吏买马，君具车，请为诸君鼓咙胡。"

《说旱》一文是杜甫写给严武的，作于宝应元年。成都自上元二年（761）底以来一直没有下雨，出现少见的旱情，杜甫建议严武施行仁政，释放犯人。《喜雨》和《绝句四首》当作于终于等来大雨的时候，杜甫实际上是在委婉地提出批评，认为吏治太严苛并不利于社会的稳定与发展。

著名的以诗论诗的组诗《戏为六绝句》当作于宝应元年[①]，杜甫的诗歌在今天看来，实在是充满了先锋精神和创新意识，但是杜甫本人的诗学主张却一直在强调传统的重要性。这恰恰是杜甫的过人之处，他从不轻易放弃同代诗人，更不轻易放弃前辈诗人，真正做到了"不薄今人爱古人"，远绍汉魏，近承六朝，以成就杜诗的万千气象。

广德二年（764）初，杜甫还在梓州，作《奉寄别马巴州》，诗题下原注："时甫除京兆功曹，在东川。"此时杜甫被朝廷召补为京兆府功曹，一定是得到了在长安当过京兆尹的严武推荐。杜甫之所以没能赴任，主要缘于吐

[①] 郭绍虞：《杜甫戏为六绝句集解》，人民文学出版社，1978。

蕃的阻隔。从官阶来看，京兆功曹参军属于正七品下，比之前所任命的河西尉（从九品下）、右卫率府胄曹参军（从八品下）和左拾遗（实阶从七品下）都要高，如果能够顺利赴任，杜甫没有理由拒绝。

广德二年（764）正月，朝廷正式允许合并剑南东、西川为一道，任命黄门侍郎严武为剑南东西川节度使，再次镇蜀。严武写信给梓州的杜甫，请他赶紧回成都。① 杜甫收信后放弃坐船东下的打算："殊方又喜故人来，重镇还须济世才。常怪偏裨终日待，不知旌节隔年回。欲辞巴徼啼莺合，远下荆门去鹢催。身老时危思会面，一生襟抱向谁开。"（《奉待严大夫》）杜甫从梓州专程赶赴阆州拜谒房琯墓后，又返回成都。阆州到成都的路程近五百里，杜甫于途中写作《自阆州领妻子却赴蜀山行三首》。将至成都时，杜甫心情越来越兴奋，本以为已告别了成都，可没想到又回来了，一口气写下五首《将赴成都草堂途中有作先寄严郑公》。知道杜甫要回成都，严武也很高兴，派出属下去城北迎接杜甫一家人的归来。② 回到草堂后，杜甫才发现离开两年后，草堂确实破败了不少，水槛腐烂了③，岸边的船也破旧不堪④，好在四棵松树在⑤，五棵桃树也还在。严武再镇成都，还是让杜甫重新看到了希望，曾经遍布鬼妾与鬼马的成都再次焕发出春天的美丽："迟日江山丽，春风花草香。泥融飞燕子，沙暖睡鸳鸯。"⑥（《绝句二首·其一》）

广德二年六月，在严武的劝说下，杜甫进入严武幕府当参谋。作为一方节度使，用人的决定权虽在其手中，但仍需奏请朝廷，朝廷同意后会赐予一

---

① 杜甫《将赴成都草堂途中有作先寄严郑公五首·其一》："五马旧曾谙小径，几回书札待潜夫。"
② 杜甫《草堂》："旧犬喜我归，低徊入衣裾。邻里喜我归，沽酒携胡芦。大官喜我来，遣骑问所须。城郭喜我来，宾客隘村墟。"
③ 杜甫《水槛》："苍江多风飙，云雨昼夜飞。茅轩驾巨浪，焉得不低垂。游子久在外，门户无人持。高岸尚为谷，何伤浮柱欹。扶颠有劝诫，恐贻识者嗤。既殊大厦倾，可以一木支。临川视万里，何必栏槛为。人生感故物，慷慨有余悲。"
④ 杜甫《破船》："船舷不重扣，埋没已经秋。"
⑤ 杜甫《草堂》："入门四松在。"
⑥ 罗大经《鹤林玉露》卷二："或谓此与儿童之属对何以异。余曰不然。上二句见两间莫非生意，下二句见万物莫不适性。于此而涵咏之，体认之，岂不足以感发吾心之真乐乎？大抵古人好诗，在人如何看，在人把做甚么用。如'水流心不竞，云在意俱迟'，'野色更无山隔断，天光直与水相通'，'乐意相关禽对语，生香不断树交花'等句，只把做景物看亦可，把做道理看，其中亦尽有可玩索处。大抵看诗，要胸次玲珑活络。"

个比较荣耀的官阶。我怀疑杜甫的这个检校工部员外郎（从六品上）赐绯鱼袋的事①，严武还在长安时就已经奏请好了（之前还为杜甫奏请过京兆府功曹）。杜甫后来在夔州所作《客堂》一诗中，还回忆了这段授郎的过程："台郎选才俊，自顾亦已极。前辈声名人，埋没何所得。居然绾章绂，受性本幽独。平生憩息地，必种数竿竹。事业只浊醪，营茸但草屋。上公有记者，累奏资薄禄。主忧岂济时，身远弥旷职。修文庙算正，献可天衢直。尚想趋朝廷，毫发裨社稷。形骸今若是，进退委行色。"诗中的"上公"当然就是严武。

一年以前，广德元年（763）正月，安史之乱以史朝义自缢而宣告结束。春天，杜甫写下他"生平第一首快诗"（浦起龙语）《闻官军收河南河北》："剑外忽传收蓟北，初闻涕泪满衣裳。却看妻子愁何在，漫卷诗书喜欲狂。白日放歌须纵酒，青春作伴好还乡。即从巴峡穿巫峡，便下襄阳向洛阳。"杜甫特别善于将标示地理空间的名词，不着痕迹地嵌入写作中。在这首仅仅只有五十六个字的七律中，联珠般地出现了"剑外""蓟北""巴峡""巫峡""襄阳"和"洛阳"等六个地理名词，共十二个字，占用全诗总字数的五分之一还多。师力斌认为这是杜甫将从祖父杜审言那儿得到的"祖传秘方"，不断加以完善和提纯，从而形成杜甫诗歌的"钢结构"：地理名词"既是诗歌的空间坐标，也是诗歌的骨骼肌理"。②

---

① 按唐制，从六品上只能着青色官袍，杜甫获得从五品下至正四品上官员才能享有着绯色官袍佩银色袋多权利，肯定是在严武的请求下而得到的一种特别关照。杜甫的这个"检校"官衔到底是虚设的还是有实际意义呢？按照严武与杜甫的关系，应该是有实际意义的。据张东光《唐代的检校官》（《晋阳学刊》2006年第2期）考证，唐代包括员外官、检校官在内的非正员官与正员官财政来源不同，在正员编制之内的官，俸料钱划拨于本司，"专以税钱给之"。而员外、检校等官料钱，以公廨利钱和正官减俸钱给之。地方员外官或以"郡县缺职钱"给之。按唐开元二十四年（736）以前，正员官俸禄大体包括月俸、食料、防阁（六品以下曰庶仆）、杂用四大类。这四类都是以货币的形式支付的，开元二十四年以后，悉并为月俸一项。另外，还有职田，是以地租的形式支付的。乾元（758—760）以后兵兴，职田废置无常。按照占缺原则，如正员官缺额或有故停替，检校官可占正员之缺，因占缺者享受统一的供给政策和供给标准，所以报酬与正员官相同，甚至包括杂用和职田。如未占缺，则待遇与正员官有一定差别。即俸禄、食料与正员同，杂用不给，防阁（庶仆）五分减一，职田不给，但可获得一定的粮米补偿。

② 师力斌：《杜甫与新诗》，团结出版社，2019。

广德二年（764）七月，代宗下令给百官加薪。① 严武对杜甫实在太好，他让杜甫入幕是想让杜甫生活得更好一些。杜甫入幕见到的第一幅场景，就是严武为重整军威，准备收复松、维、保三地而举行的盛大扬旗（簸旗）仪式，杜甫为作《扬旗》一诗。诗中所写的"扬旗"仪式就是杜甫在《将适吴楚留别章使君留后兼幕府诸公》中所写的"簸旗"仪式："健儿簸红旗，此乐几难朽。"六个战士骑于马背之上，手中挥舞着旌旗，在空旷的庭院中快速来回奔跑，将刺激的马术与旗语巧妙配合，时而俯身掠过地面，时而跳跃而起，还要随着红旗的舒卷做出各种惊险的厮杀动作。唐宋诗作中屡见簸旗场景②，却没有一人写得像杜甫这么生动。

入严武幕中，杜甫作《东西两川说》，阐述了自己富有卓见的政治军事策略，可与其在阆州所作之《为阆州王使君进论巴蜀安危表》相互参看。

秋天的七月，严武亲自率领东西两川精锐部队西征吐蕃。出发前，严武举行简短的阅兵式，并写下七绝《军城早秋》以壮行色，作为幕府参谋的杜甫当然要作和诗。

军城早秋（严武）

昨夜秋风入汉关，朔云边雪满西山。更催飞将追骄虏，莫遣沙场匹马还。

奉和严郑公军城早秋（杜甫）

秋风袅袅动高旌，玉帐分弓射虏营。已收滴博云间戍，欲夺蓬婆雪外城。

严武的诗笔堪称老道，即使在和杜甫这样的超一流诗人相较时也毫无怯色，由此亦可理解严武为何如此喜欢和迁就杜甫。严武此行是要亲自冲锋陷阵的，那种热血和锐气为杜甫所不具备。严武果然不负众望，于当年九月大破吐蕃七万将士，拔当狗城（今四川理县东南），收复盐川城（今甘肃漳县西北），又命汉州刺史崔旰（崔宁）在西山城击败吐蕃，扩地数百里。严武

---

① 顾炎武《日知录》卷一〇：代宗广德二年七月庚子，税天下地亩青苗钱，以给百官俸。所谓青苗钱者，以国用急，不及待秋，方苗青而征之，故号青苗钱。
② 项安世《三月一日入襄州界先寄吴待制二首·其一》："天上仙人持紫囊，边头武吏簸红旗。"魏了翁《和李校书（埴）沐川三绝·其三》："玉节行边春正浓，边头壮士簸旗红。"郭钰《寄吴琳子茂镇抚二首·其二》："簸旗风高卷飞雨，舞剑日落摇晴虹。"

对吐蕃形成强有力的牵制，有效阻止了吐蕃入侵长安的步伐。杜甫在后来所作《八哀诗》其三中向严武致敬："公来雪山重，公去雪山轻。"

此间，有一个姓张的舍人从西北方向来到成都，送给杜甫一条名贵的来自异域（很可能来自波斯）的丝织毯子。客人的心意杜甫领了，但东西并没有收下。他认为这样华美之物不是他所能承受的。很多注家认为这首《太子张舍人遗织成褥段》诗，是杜甫对严武骄奢生活方式的一种侧面提醒。

杜甫进入严武幕府不久，就有些厌倦了。按照唐代制度，藩镇之属，晨入暮归，亦自少暇。① 这年秋天，杜甫在幕府中写有《立秋雨院中有作》《军中醉歌寄沈八刘叟》《院中晚晴怀西郭茅舍》《宿府》《独坐》和《倦夜》等诗作，流露出悲观的情绪。日本学者吉川幸次郎特别喜欢五律《倦夜》的前半段："竹凉侵卧内，野月满庭隅。重露成涓滴，稀星乍有无。"吉川幸次郎认为杜甫在成都所作部分诗作体现了一种本居宣长所称的"文弱的价值"：竹子散发的凉气，侵入了寝室中，荒野中的月亮照在了家中庭院的各个角落。"重露成涓滴"五个字，"从表面上看，一般人都认为是'重重的露珠，形成了大的水滴'，如果要深究一下的话，就会发现另外的意思，进入寝室中的枝枝竹叶，其表面上的重重露珠，随着时间的推移，逐渐凝聚在一起，在竹叶的末端形成了水珠。水珠落到地上，仿佛吸住了朦胧的月光，形成了一道细微的景致。下句的'稀星乍有无'，是指在月色之下，稀疏的星星似有似无，好像英语中的 suddenly，或 disappear，是针对细腻的风景而言的，它与上句的'重露成涓滴'，描写的景色都极为细致"。②

有一天，杜甫突然想念家人，便称病请假回到草堂。还穿着一身红色官服的诗人回到草堂后③，发现草堂的日子才是他想要的，作《到村》一诗以述志："碧涧虽多雨，秋沙先少泥。蛟龙引子过，荷芰逐花低。老去参戎幕，归来散马蹄。稻粱须就列，榛草即相迷。蓄积思江汉，疏顽惑町畦。暂酬知己分，还入故林栖。"诗人说他之所以答应入幕府，只是想报答严武的知遇

---

① 仇兆鳌《杜诗详注》卷一四引周必大《益公诗话》：韩退之上张仆射书云"使院故事，晨入夜归，非有疾病事故，辄不许出，抑而行之，必发狂疾。"乃知唐藩镇之属，皆晨人昏归，亦自少暇。如牛僧孺待杜牧，固不以常礼也。
② ［日］吉川幸次郎著，李寅生译：《读杜札记》，凤凰出版社，2011。
③ 杜甫《春日江村五首·其四》："扶病垂朱绂，归休步紫苔。"

之恩，报答得差不多了，还是想回到草堂。

返回幕府后已是深秋时节，杜甫陪着严武一同游赏了成都的摩诃池等名胜，并一起欣赏幕府中的壁画《岷山沱江图》。①

杜甫的名篇《忆昔二首》当作于入严武幕后。杜甫本来已经变得略显迟钝的政治神经，被重返的官场生活再一次激活。前文已不止一次提及，《忆昔二首》是杜甫在成都唱出的一曲盛世哀歌，是向诗人心中熄灭的太阳说出的最后一声再见。

永泰元年（765）正月初三，杜甫辞职回到草堂，写下《正月三日归溪上有作简院内诸公》。杜甫辞幕的原因后世有各种推测，有说与严武不合者（比如前面提及的那个关于严武欲杀杜甫的传说）②，有说与同僚有隙者③，有说被年轻人轻慢者④，还有人具体指出，看不惯杜甫的人就是杜甫的那位名叫杜济的从孙⑤。这些因素可能多少都有一点，甚至包括杜甫此时的身体很不好（肺病加上风湿性疾病等），妻子杨氏很担心，认为他不宜于长久的伏案工作，等等。⑥ 但最重要的，还是杜甫已经不习惯官府的生活。他在诗中向院内诸公解释说：我这儿有竹可倚，有酒可饮，虽然还是正月间，但是在鸥鹭的鸣叫中已经可以听到春天的声音；我的药圃中长满了各种药材，邻居可以任意采摘；我的孩子们渐渐长大，已经懂得读诗书。我现在老了，"白头趋幕府，深觉负平生"。比较令人费解的带有几分寓言味的《赤霄行》，可能就是在上述诸种因素的煎熬中写成的："孔雀未知牛有角，渴饮寒泉逢抵触。赤霄玄圃须往来，翠尾金花不辞辱。江中淘河（鹈鹕）吓飞燕，衔泥却落羞华屋。皇孙犹曾莲勺困，卫庄见贬伤其足。老翁慎莫怪少年，葛亮贵和书有篇。丈夫垂名动万年，记忆细故非高贤。"

《天边行》当作于辞去幕府参谋一职后不久，诗人是一个极其复杂的矛

---

① 杜甫：《陪郑公秋晚北池临眺》《晚秋陪严郑公摩诃池泛舟》《奉观严郑公厅事岷山沱江画图十韵》。
② 杜甫《百忧集行》："强将笑语供主人，悲见生涯百忧集。"
③ 杜甫《遣闷奉呈严公二十韵》："平地专敧倒，分曹失异同。"
④ 杜甫《莫相疑行》："晚将末契托年少，当面输心背面笑。寄谢悠悠世上儿，不争好恶莫相疑。"
⑤ 万曼：《万曼文集》，河南大学出版社，2007。
⑥ 杜甫《遣闷奉呈严公二十韵》："老妻忧坐痹，幼女问头风。"

盾综合体,在官想隐居,真隐居了又有太多放不下,放不下家人(洛阳骨肉),放不下家国(陇右胡骑):"天边老人归未得,日暮东临大江哭。陇右河源不种田,胡骑羌兵入巴蜀。洪涛滔天风拔木,前飞秃鹙后鸿鹄。九度附书向洛阳,十年骨肉无消息。"此诗写得极其苍凉悲壮。

不久,诗人高适辞世,杜甫写下悲伤的《闻高常侍亡》。更令杜甫没有想到的是,在他离开幕府三个多月后,爱杜甫如同爱父亲的严武也突然重病不起。永泰元年(765)四月初,剑南节度使严武病卒于成都,可惜天不与年,死时还不足四十岁。

严武一走,杜甫随即携家坐船离开成都,作《去蜀》诗:"五载客蜀郡,一年居梓州。如何关塞阻,转作潇湘游。万事已黄发,残生随白鸥。安危大臣在,不必泪长流。"①杜甫终于告别了他想"就在这儿待到老"的成都。严武的突然去世对杜甫来说是一个巨大的打击,离开成都完全是不得已的选择。他知道成都这块风水宝地如果没有一个强有力的人物来管辖,一定会出大事。事实上正是如此,杜甫离开不久成都就陷入混乱之中。尚书右仆射郭英乂接任成都尹、剑南节度使。这个任命让西山都知兵马使崔旰表请以大将王崇俊为节度使的想法落空。崔旰起兵反击,于雪山大败郭英乂。郭返回成都以邛州牙将柏茂琳为前军,胞弟郭英干为左军,郭嘉琳为右军,再败逃入简州(今四川简阳),又被普州(今四川安岳)刺史韩澄杀死。这种混乱的局势从成都一直向东边扩展,以致渝州、开州(今重庆)一带出现了年年都有刺史被杀的血腥画面。②

滔滔的岷江水,以天才的鱼嘴及宝瓶口水利工程而分为内外两江,内江绕流成都至江口镇复与外江汇合后,流入乐山与大渡河交汇,再于宜宾涌进长江主流。杜甫一家老小从万里桥上船顺流而下,经嘉州(今四川乐山)、戎州、渝州、忠州,直至八月才到达夔州以西的云安县(今重庆云阳)。在

---

① 陈尚君在《杜甫为郎离蜀考》〔《复旦学报》(社会科学版)1984年第1期〕中提出新说:杜甫永泰元年离开成都携家东下系在四月末严武去世以前。前一年杜甫入严武幕府任参谋时,并不带郎职。杜甫离幕后,严武奏请朝廷任命他为检校工部员外郎,并召赴京,杜甫因而改变了归隐终老于草堂的初衷,于春夏间买舟东下。

② 杜甫《三绝句·其一》:"前年渝州杀刺史,今年开州杀刺史。群盗相随剧虎狼,食人更肯留妻子。"

忠州时，杜甫遇见运往长安的严武棺椁，不禁悲从中来，写下《哭严仆射归榇》一诗。这是两人最后一次相见，已是阴阳两隔。

一路东行，杜甫在船上写下名作《旅夜书怀》：

> 细草微风岸，危樯独夜舟。星垂平野阔，月涌大江流。名岂文章著，官应老病休。飘飘何所似，天地一沙鸥。

诗中所呈现出来的那种彻底的孤独感，一定与失去故友严武有关。在星月辉映的江河之上，杜甫突然没有了方向感，就像法国诗人兰波（Arthur Rimbaud）在其天才之作《醉舟》中所说："当我顺着无情河水只有流淌，我感到纤夫已不再控制我的航向。"在辽阔的天地之间和无边的黑夜里，杜甫和家人待在一起，像极了一只无依无靠、随风飘荡的沙鸥。在杜甫之前，很少有人将汉语的孤寂和壮阔之境写到如此极端的地步。直到一千多年后的民国八年（1919），我们才在蜀人周太玄（焯）的《过印度洋》中[①]，再一次体味到了汉语的孤寂之美。我想，周太玄一定是熟知杜甫诗歌的，他在苍茫而陌生的印度洋上写作诗歌时，看见的虽然是印度洋上的"海鸥"，但思绪中一定闪现过来自"故乡"杜甫的这只"沙鸥"。

---

① 周太玄（1895—1968）赴法留学途经印度洋作《过印度洋》，发表于民国八年（1919）《少年中国》："圆天盖着大海，/黑水托着孤舟。/远看不见山，/那天边只有云头。/也看不见树，/那水上只有海鸥。/哪里是非洲？/哪里是欧洲？/我美丽亲爱的故乡，/却在脑后！怕回头，怕回头，/一阵大风，/雪浪上船头。/飕飕，/吹散一天云雾一天愁。"

云安难安

永泰元年（765）夏天的五月，杜甫一家离开成都顺江东下，六月到达戎州，中间经历了一个多月的时间。成都距戎州八百多里水程，花了这么久的时间才到达，估计是沿途均有不少耽搁。比如在嘉州遇见堂兄，杜甫作《狂歌行赠四兄》；在犍为夜宿青溪驿，与张员外往来，作《宿青溪驿奉怀张员外十五兄之绪》。杜甫曾与严六侍御相约在渝州相聚一起东下[1]，结果这位严兄因故爽了约（杜甫第二次被人放鸽子），杜甫只好携家向戎州进发。到了戎州短暂停留后继续船行至忠州，在忠州龙兴寺小住两月。杜甫的一位远房族侄任忠州刺史，还在家中宴请过杜甫。但从《宴忠州使君侄宅》一诗来看，这位族侄对杜甫的态度并不太热情。

这一年的重阳节前后，杜甫一家抵达夔州（今重庆奉节）西边的云安。杜甫最初并没有打算在云安住下来，他的目的地是夔州。数月的水上生活致使风痹等旧病复发[2]，杜甫不得已只好暂住于"人虎相伴居"的云安。在云安县令严氏的安排下，一家人住进江边的一处水阁。从作于永泰二年（766）春天的《水阁朝霁奉简云安严明府》诗中可知，杜甫一家所住水阁环境尚

---

[1] 杜甫：《渝州候严六侍御不到先下峡》。

[2] 杜甫《别常征君》："儿扶犹杖策，卧病一秋强。白发少新洗，寒衣宽总长。故人忧见及，此别泪相忘。各逐萍流转，来书细作行。"在后来所作《寄薛三郎中璩》一诗中再次提及所生之疾："峡中一卧病，疟疠终冬春。春复加肺气，此病盖有因。"

佳,位于云安城东的江边高岸之上,有可供凭眺的走廊或护栏,阁前邻江石,还有侍酒的仆婢:"东城抱春岑,江阁邻石面。崔嵬晨云白,朝旭射芳甸。雨槛卧花丛,风床展书卷。钩帘宿鹭起,丸药流莺啭。呼婢取酒壶,续儿诵文选。晚交严明府,矧此数相见。"宋人蔡天启说王安石十分欣赏"钩帘宿鹭起,丸药流莺啭"一句,以为用意高峭,为五字之模楷。他日王安石作诗得"青山扪虱坐,黄鸟挟书眠",自谓不减杜诗,以为得意,然不能举全篇。①

在云安一住就是好几个月,从永泰元年(765)的秋天一直住到次年的春天。好在云安的米酒味道不错②,云安还有些亲朋如郑十七和郑十八(贲)③,另有常征君等人的陪伴,减少了杜甫身处异乡的孤寂。此时杜甫心中的故乡又多了一重含义,除了长安或洛阳,成都也成了杜甫怀乡病的一部分。病卧云安的诗人开始怀念草堂。

怀锦水居止二首·其二

> 万里桥西宅,百花潭北庄。层轩皆面水,老树饱经霜。雪岭界天白,锦城曛日黄。惜哉形胜地,回首一茫茫。

那座杜甫亲手营造起来,位于万里桥西边、百花潭北面的草堂,一竹一木、一草一石历历如在目前,临水一面还筑有两层高的亭台,凭栏还可以眺望西岭的皑皑白雪。可惜如此美丽雄奇的地方,此生再也回不去了。

杜甫一家离开成都的五月,尚书右仆射郭英乂接任成都尹、剑南节度使,随即导致西山都知兵马使崔旰的反叛(反叛理由为郭英乂把玄宗幸蜀的行宫作为住宅并移除玄宗雕像),邛州牙将柏茂琳等人成为平叛前锋。郭英乂被普州刺史韩澄杀死,接替前者任成都尹兼剑南节度使的人,说起来还是杜甫的族父,那个老谋深算又胆怯的宰相杜鸿渐。④ 杜鸿渐到达成都后,叛

---

① 胡仔:《苕溪渔隐丛话后集》卷三三,人民文学出版社,1962。
② 杜甫《拨闷》:"闻道云安曲米春,才倾一盏即醺人。乘舟取醉非难事,下峡销愁定几巡。"
③ 杜甫:《答郑十七郎一绝》《云安九日郑十八携酒陪诸公宴》。
④ 杜甫后来在夔州曾致诗杜鸿渐,在《送殿中杨监赴蜀见相公》(杜鸿渐镇蜀辟杨炎为判官)诗中写道:"相公镇梁益,军事无孑遗。解榻再见今,用才复择谁。况子已高位,为郡得固辞。难拒供给费,慎哀渔夺私。"似乎显示杜鸿渐还对杜甫提供过一些帮助。

乱的事态已经得到控制，发起叛乱的崔旰并未受到惩罚，而是获得了重新任命（此类现象自安史之乱后时有发生，朝廷常常对叛乱者进行安抚或调离）。柏茂琳则被委任为邛南防御使，领夔、峡、忠、归、万五州，防御使所在地在夔州。①

这一年秋天的九月，长安再度处于危机之中。铁勒族仆骨部人仆固怀恩引吐蕃、回纥、吐谷浑、党项、奴剌等数十万人进犯长安，幸好郭子仪冒死请求回纥出手，长安才幸免于难。唐代多亏有个郭子仪，他才是唐祚不灭的无冕之王。杜甫在云安所作《青丝》与《遣愤》诗作均与仆固怀恩和回纥相关。他远离了朝廷，却从未忘记家国之忧。

永泰元年（765）岁暮，受肺病和消渴折磨的诗人杜甫在云安长江边写作《十二月一日》三首，诗中呈现出美丽的长江风俗画："一声何处送书雁，百丈谁家上濑船。""负盐出井此溪女，打鼓发船何郡郎。""即看燕子入山扉，岂有黄鹂历翠微。"

不久，云安下起了雪。作为北方出生的诗人，杜甫于雪并不陌生，他在同谷的雪地上还像猴子一样觅过食呢。但是长江边的雪，南国的雪，他却是第一次看到。

又　雪

南雪不到地，青崖沾未消。微微向日薄，脉脉去人遥。冬热鸳鸯病，峡深豺虎骄。愁边有江水，焉得北之朝。

杜甫体察入微又放笔直写，一起手就将南方的雪和北方的雪区别开来。南方的雪，尤其是长江边的雪，看起来一直在空中飘洒，又好像一直没有落在地面上，即使落到地面上，眨眼之间就融化了。只有在那些高耸的山崖之上，还能看到一点没来得及消失的雪影。他在纷纷扬扬的雪花中，还隐隐感觉到一丝太阳的光线。因此，南方的雪虽然在降落，却始终离人们很远，没有落下来，远得像从来没有真正下过雪一样。

上元二年（761）夏天，到成都的第三个年头，杜甫听见了蜀国一种神

---

① 司马光《资治通鉴》卷二二四："（杜鸿渐）进至成都，见旰，但接以温恭，无一言责其干纪，州府事悉以委旰。又数荐之于朝，因请以节制让旰，以柏茂琳、杨子琳、李昌夔各为本州刺史。上不得已从之。壬寅，以旰为成都尹、西川节度行军司马。"

秘的鸟啼。这种来自古代失势蜀王（杜宇）化身的鸟儿所发出的啼鸣，一声长一声短，其声悲凄。带血的啼鸣，总让人生出无限的哀愁，总令杜甫想起心中那位早已不再明亮的太阳皇帝。于是杜甫先后写下两首《杜鹃行》，内容极为凄惨：它们窜伏于树林之间，悲鸣之中，口吻流淌着鲜血；它们的羽毛乌黑，为了找到一只果腹的虫子，皮肉被刺破了，嘴壳也磨秃了。杜甫笔锋再转：君臣的旧礼早已荡然无存，骨肉分离，满眼孤独，从前的幸福一去不复返（"岂思昔日居深宫，嫔嫱左右如花红"），世间的事变化太快，诗人只能发出一连串的感叹："万事反覆何所无，万事反覆何所无，岂忆当殿群臣趋。"不言而喻，诗中这位蜀天子化作的鸟儿，就是让杜甫牵挂又心疼的唐玄宗。玄宗已于去年被强行移居西内，唯一可信的身边旧人高力士也被流放巫州（今重庆巫县）。玄宗不怿，因不茹荤，辟谷，浸以成疾。

永泰二年（766）春天，杜甫在云安又一次听见了杜鹃的声音，感时伤世，悲从中来。诗人第三次写到这种传说中与帝王、阴谋和悲剧紧密相关的鸟儿。

杜　鹃

　　西川有杜鹃，东川无杜鹃。涪万无杜鹃，云安有杜鹃。我昔游锦城，结庐锦水边。有竹一顷余，乔木上参天。杜鹃暮春至，哀哀叫其间。我见常再拜，重是古帝魂。生子百鸟巢，百鸟不敢嗔。仍为喂其子，礼若奉至尊。鸿雁及羔羊，有礼太古前。行飞与跪乳，识序如知恩。圣贤古法则，付与后世传。君看禽鸟情，犹解事杜鹃。今忽暮春间，值我病经年。身病不能拜，泪下如迸泉。

西川当然指的是成都，东川则指梓州一带。诗篇开首四句的"有"与"无"实际上可以读作互文。王嗣奭在《杜臆》中的理解亦可成立：起用四杜鹃，或有或无，皆就身之所历，而自纪所闻。鹃鸣有时，西川云安，当其鸣，则闻之而谓之有。东川、涪万，当其不鸣，则不闻而谓之无。诗人的游思由杜鹃而念及成都锦水边的草堂——我们的流浪诗人又开始向往他的蜀国故乡了，那一百亩茂盛的竹林和参天的乔木，既是诗人的乐园，又是杜鹃的天堂。诗人太可爱，他见到林木中的杜鹃，仿佛见到古蜀的君王，会虔诚地向悲鸣的鸟儿们行礼参拜。禽鸟也是有情之物，即使不是自己亲生的，也会认真地喂养奉若至尊。现在到了云安,正值暮春时节,诗人又听见了杜鹃的啼鸣。他很想再一次向鸟儿行大礼,可惜病得太久的身体虚弱不堪:"身病不能拜,泪下如迸泉。"

同样是一种鸟儿,换一种叫法便情形迥异,叫杜鹃总让人想起那位被鳖灵赶出皇宫的杜宇,如果唤成子规,心情顿时好了许多。《子规》:"峡里云安县,江楼翼瓦齐。两边山木合,终日子规啼。眇眇春风见,萧萧夜色凄。客愁那听此,故作傍人低。"清人杨伦在《杜诗镜铨》中推崇此诗,认为其俊爽似太白语。颔联尤其写得俊逸疏朗,明人徐弘祖在游记中写道:"由蒲满哨西下一里,抵所望尖峰,即蹑级数转而上。两旁削崖夹起,中坠成路,路由夹崖中曲折上升,两岸高木蟠空,根纠垂崖外,其上竹树茸密,覆阴排幕,从其上行,不复知在万山之顶,但如唐人所咏'两边山木合,终日子规啼',情与境合也。"①

一天,杜甫在云安遇到一个姓蔡的著作佐郎,此人要到长安去,杜甫为作《别蔡十四著作》。诗人在诗中简述自己的政治与人生际遇:"献书谒皇帝,志已清风尘。流涕洒丹极,万乘为酸辛。天地则疮痍,朝廷多正臣。异才复间出,周道日惟新。使蜀见知己,别颜始一伸。主人薨城府(谓严武),扶榇归咸秦。巴道此相逢,会我病江滨。忆念凤翔都,聚散俄十春。我衰不足道,但愿子意陈。稍令社稷安,自契鱼水亲。"杜甫回到当下,一个患有糖尿病的老人,纵使想为国家和君王效点力,也早已力不从心。亦即诗人在《赠郑十八贲》诗中所说:"心虽在朝谒,力与愿矛盾。抱病排金门,衰容岂为敏。"

身体虽为疾病所缠绕,心灵却是自由的。诗人在云安浮想联翩,甚至幻想着如果以浮龙从长江三峡架一座长桥直通北辰长安,那该有多好。

云安虽好,终究难安。

---

① 徐弘祖:《徐霞客游记·滇游日记九》,上海古籍出版社,1982。

钟声

永泰二年（766）暮春，杜甫身体状况略有好转。

云安虽有各种好，终究难安。诗人决定继续东下夔州——邛南防御使府所在地。离开云安那天，杜甫和家人清早就上了船，可是人不留客天留客，突然下起了大雨。雨中行船不安全，上船也不太方便，只好等雨停再出发，一直等到次日早晨，雨才止住。杜甫一家人在船中住了一夜，他写诗向朋友王十二判官告别，作《船下夔州郭宿雨湿不得上岸别王十二判官》：

> 依沙宿舸船，石濑月娟娟。风起春灯乱，江鸣夜雨悬。晨钟云外湿，胜地石堂烟。柔橹轻鸥外，含凄觉汝贤。

诗人离开云安前听到的最后一种动人的声音，是钟声。颈联上句"晨钟云外湿"广为人知。清代诗论家叶燮在《原诗·内篇》中指称其用语之妙：以"晨钟"为物而"湿"乎？"云外"之物何啻以万万计，且钟必于寺观，即寺观中，钟之外物亦无算，何独湿钟乎？然为此语者，因闻钟声有触而云然也。声无形，安能湿？钟声入耳而有闻，闻在耳，止能辨其声，安能辨其湿？曰"云外"，是又以目始见云，不见钟，故云"云外"。然此诗为雨湿而作，有云然后有雨，钟为雨湿，则钟在云内，不应云"外"也。斯语也，吾不知其为耳闻邪？为目见邪？为意揣邪？俗儒于此，必曰："晨钟云外度。"又必曰："晨钟云外发。"决无下"湿"字者。不知其于隔云见钟，声中闻湿，妙悟天开，从至理实事中领悟，乃得此境界也。叶氏所谓"妙悟天开"，实际上就是诗人彻底打开、打通了各种官能感知（视觉、听觉、嗅觉、味觉和触觉），形成一种钱锺书所说的"通感"状态。① 我曾在《唐诗弥撒曲》之《钟声》中这样写道："最初的钟声/在云外就被晨光打湿了/我们听到的声音/已和当年大不相同。"②

唐代的诗人们，对钟声特别偏爱。有人对《全唐诗》中具有钟声意义的语词进行过统计，共出现了一千两百多次。这些纷繁的钟声，有的来自王宫禁苑，也有的来自名山古刹，还有的来自寻常市井间。最迷人的，当然还是尘外的钟声。诗人綦毋潜在《过融上人兰若》中说："山头禅室挂僧衣，窗外无人溪鸟飞。黄昏半在下山路，却听钟声连翠微。"将钟声与苍翠山色连缀在一起，将听觉与视觉巧妙地弥漫无间，真的是好趣致啊。中国人常能从钟声中倾听到禅意："东林精舍近，日暮但闻钟。"（孟浩然《晚泊浔阳望庐山》）"孤村树色昏残雨，远寺钟声带夕阳。"（卢纶《与从弟瑾同下第后出关言别》）人们还能从钟声中听出伦理道德的意味，唐人李程在《鼓钟于宫赋》中就说"君子之听钟，非其锵锵而已"，"征鼓钟于前闻，诚修身之善喻"。

钟声是人类制造出来的声音，最初可能来自对大自然某种声响（比如雷鸣或兽吼）的模仿。美国学者苏珊·朗格（Susanne Langer）在《情感与形式》中对钟声进行了思辨性阐发："钟——一个从形而上学角度看十分令人迷惑的仪器——对时间经验作了一个特殊的抽象，即时间是纯粹的连续，它被一系列与自身无关的观念事实所象征，但却按唯一的连续关系，排在一个无限'稠密'的序列中。按照这种方式想象，时间是一维的连续统一体，时间的某一片断可以取自任何一个无外延的'瞬间'到其后续的任何一个'瞬间'。"钟声能够以听觉可感知的方式，将连续的时间处理成片断性的瞬间，因此人们会如此钟爱钟声。

钟声对一个人有时会产生深远的影响，德国哲学家尼采（Nietzsche）五岁于复活节时听到的钟声，竟然回荡在他一生的旅程中："悠扬的晚祷钟声，在田野上空回荡。/它想要向我表明，在这个世界之上，/终究没有人找到家乡和天伦之乐；/我们从未摆脱大地，终究回到它的怀抱。/当钟声悠悠

---

① 钱锺书：《通感》，《文学评论》1962 年第 1 期。
② 向以鲜：《唐诗弥撒曲》，东方出版中心，2014。

回响,我不禁悄悄思忖:/我们全体都滚滚奔向永恒的家乡。/谁人在每时每刻,挣脱大地的羁勒,/唱一支家乡牧歌,赞颂天国的极乐!"另一个天才,德语诗人特拉克尔(Trakl)在名诗《冬夜》中也如此写过钟声:"雪花在窗外轻轻拂扬,晚祷的钟声悠悠鸣响。屋子已准备完好,餐桌上为众人摆下了盛筵。/只有少量漫游者,从幽暗路径走向大门。金光闪烁的恩惠之树,吮吸着大地中的寒露。/漫游者静静地跨进,痛苦已把门槛化成石头。/在清澄光华的照映中,是桌上的面包和美酒。"对特拉克尔推崇备至的海德格尔(Martin Heidegger)在《诗·语言·思》中分析说:"落雪将人带入夜的黑暗的天空之下,晚祷钟声的长鸣,将作为短暂者的他们带到神圣者面前。屋子和桌子使短暂者和大地结合,那被命名因此被呼唤之物,自身聚集为天空、大地、短暂者和神圣者。"

云安离夔州只有两百多里水程,两三天即可到达。杜甫在夜行船上作《漫成一绝》:"江月去人只数尺,风灯照夜欲三更。沙头宿鹭联拳静,船尾跳鱼拨剌鸣。"杜甫的心情甚好,一首活泼泼的诗歌,显示出口语的魅力,"联拳"与"拨剌"均为长江一带人民的口语,杜甫直接用入诗中,不仅让我们听见了水的响动,还让我们闻到了生鲜的鱼腥味。

夔州属山南东道荆南节度使治下八个州县之一(其余尚有荆州、澧州、朗州、峡州、万州、归州等),荆南节度使的治所设于江陵(今湖北荆州)。夔州设有都督府,境内有两条并不算大的溪流,竟因杜甫的到达而闻名于世。两条溪流一东一西,呈南北流向(由北流入南边的长江),彼此相距不到十里路程。东边的溪流就是东瀼水,即今白帝城东的草堂河。西边的溪流称西瀼水或瀼水,就是现在奉节县东门外的梅溪河。杜甫诗中的瀼水指西瀼水,瀼西即西瀼水之西。"瀼"应该是奉节一带的方言,就是可以直接流入长江的山间溪流。两条瀼水之间,散落着大大小小的村庄。杜甫在《夔州歌十绝句·其五》中描绘道:"瀼东瀼西一万家,江北江南春冬花。背飞鹤子遗琼蕊,相趁凫雏入蒋牙。"

后汉白帝公孙述在此开创峡江中的帝王之业,所建造的白帝城大约位于长江北岸西瀼水东边一带,令行船人谈之色变的滟滪堆就位于白帝城南面的大江之中,白帝城南门扼守着瞿塘关口。公孙述曾利用东瀼水浇灌城东南方向附近上百顷良田，亦即杜甫诗中所说的东屯稻田。① 在西瀼水的西边，尚有一座比白帝城更古老的鱼复城（因长江黄鱼回流而得名）②，也有人认为白帝城就是在鱼复城的基础上修建起来的③。长江的南岸，则是杜甫多次写及的白盐山。④ 唐代夔州城的主体范围当是在鱼复城之上，不断向西北方向扩展而成。杜甫也是这么认为的，所以才在诗中说："白帝夔州各异城，蜀江楚峡混殊名。"（《夔州歌十绝句·其二》）实际上，到了杜甫的时代，鱼复古城已不复存在，作为历史的遗迹，仅剩下一些残砖断碑可供辨识。白帝城和夔州城亦高度重叠，在杜甫诗中所指称的地理空间可以视为同地而异名的一种表达方式。我们今天见到的夔州城和杜甫诗中的夔州城却并不是同一个地方，原因在于宋朝曾将夔州府治迁至更西边的地方（今奉节县城），与唐代的夔州城相距不算太遥远。洪业描绘过此地区的全景图：一条褐色、闪着波光的奔腾大江，被两座山峰截断，八阵图在瀼口附近的西边，滟滪堆在东边，夔州城在南边。大江北边的地区被两条溪谷分开，一条是瀼水，另一条则是现在所称的东瀼水。由西向东，依次是瀼西、瀼东和东屯。⑤

杜甫后来住进夔州西阁，在《西阁三度期大昌严明府同宿不到》一诗中再次写到钟声："金吼霜钟彻，花催蜡炬销。"清人周亮工引李子田语："金吼即霜钟，花即蜡炬花也。杜喜倒字，无他意也。"刘须溪（辰翁）乃云其

---

① 杜甫《行官张望补稻畦水归》。
② 杜甫《黄鱼》："日见巴东峡，黄鱼出浪新。脂膏兼饲犬，长大不容身。筒桶相沿久，风雷肯为伸。泥沙卷涎沫，回首怪龙鳞。"
③ 顾祖禹《读史方舆纪要》卷六九《奉节县·鱼复城》："《志》云：旧治在赤甲山上，春秋时庸国之鱼邑也。《左传》文十六年：'楚侵庸，七遇皆北，惟裨、鯈、鱼人实逐之。'裨、鯈二邑，与鱼近也。《水经注》：江水东经鱼复县故城南，城故鱼国。秦置鱼复县，汉因之。公孙述移于城之东南白帝山上，在今县城东五里。《元和志》：白帝山，州城所据，与赤甲山接。初，公孙述据蜀，殿前井有白龙出，自称白帝，因更鱼复城为白帝城。先主征吴，败还至白帝，改为永安，今卧龙山下有永安故宫。白帝城周回七里，西南二面因江为池，东临瀼溪即以为隍，惟北一面山差透迤，羊肠数转，然后得上。"
④ 简锦松在《杜甫夔州诗现地研究》（台湾学生书局，1999）中指出：至南宋范成大、陆游之后，赤甲与白盐山的称谓发生了改变。原来在唐代称为赤甲的山，后来改称为子阳山（紫阳山）；原来在唐代称作白盐的山，后来改称为赤甲山；原来在唐代名称不详的瞿塘峡南岸高山，后来被改称为白盐山，亦即杜甫本人所认知的赤甲山，指的是现在称为子阳山的位置；杜甫本人所认知的白盐山，指的是现今称为赤甲山的位置。
⑤ ［美］洪业著，曾祥波译：《杜甫：中国最伟大的诗人》，上海古籍出版社，2014。

人能琴，金吼霜钟兴其音者。① 虽然杜甫此处的"金吼"是一个主谓词（金铜吼叫），但可能受到铜钟上面瑞兽（比如金毛吼）纹饰的启发而有此诗思。瑞兽纹除了做装饰之用，主要在于增强铜钟声音宏大的符号性暗示。宋人成大亨在《游石桥》诗中直接沿用了杜诗："龙盘修榜千峰霁，金吼霜钟半夜风。"明代蜀人杨慎亦在《送福上人还青城》诗中写道："花飘香界诸天雨，金吼霜林半夜钟。"

　　杜甫离开云安时听到的声音是春天的钟声，早晨的钟声，雨中的钟声；在夔州西阁听到的钟声是秋天的钟声，晚上的钟声，霜里的钟声。

---

① 周亮工：《因树屋书影》卷二，凤凰出版社，1980。

夔州风土记

《移居夔州作》一诗，应是杜甫到达夔州所作的第一首诗：

> 伏枕云安县，迁居白帝城。春知催柳别，江与放船清。农事闻人说，山光见鸟情。禹功饶断石，且就土微平。

这个时候，杜甫和柏茂琳还没有什么交往，因此只能先在城中找个旅舍之类的地方住下再说。据张晓庆的考证，柏茂琳进入夔州的时间当在永泰二年（766）二月，至八月始升级为邛南节度使。[①] 杜甫与柏茂琳的频繁交往始于这年的秋天八月份，促成两人相交的一个直接原因是柏茂琳乃一介武夫，由邛南防御使晋升为邛南节度使之后，要写一篇谢表，他自己大字不识几个，只得托人代写。但是夔州一带有学问和才华的人太少，估计是经人引荐找到了杜甫，直至亲眼见到，他才知道眼前这个一脸病容的白发老人，原来是当年以文采动人主的大诗人杜甫。杜甫为作《为夔府柏都督谢上表》，深得柏茂琳赞赏，从此两人开始来往。柏茂琳虽然文化不高，但对知识分子甚为敬重，在接下来的日子里，他对杜甫给予了多方照顾，可以说是继严武之后在生活上对杜甫帮助最多、最实在的人。今天有很多研究杜甫的学者一

---

① 张晓庆：《杜甫与柏茂琳交游考论——兼释证〈览镜呈柏中丞〉等诗题旨》，《南华大学学报》（社会科学版）2010年第5期。

提及柏茂琳，就以一种不屑的口吻斥之为地方"小军阀"①，实在是有点忘恩之嫌。

杜甫在夔州住了近两年之久（一年零九个月），从永泰二年（766）暮春到大历三年（768）孟春时节，亦即杜甫五十五岁至五十七岁的时候。两年间杜甫共写作了四百余首诗，和他在成都及梓、阆一带滞留五六年所写诗作数目相当。在现存一千四百多首杜甫诗作中，写作于定居西川（成都）到居于东川（夔州）不到八年时间（一头一尾算上，举其虚数可称十年）内的有近千首，占去全部作品的三分之二。如果没有杜甫入蜀的这八年，我们将听不到《春夜喜雨》，看不到"西岭雪山"，也读不到古今七律第一的《登高》或交响诗般的《秋兴八首》，那样一来，杜甫还会是今人所熟识的大诗人吗？当然他可能会去别的地方，仍会写出很多诗篇，但一定是另一副模样。

闻一多考证杜甫一家在夔州一共换了四个地方，依次为西阁、赤甲、瀼西和东屯。②如果加上刚来夔州移居的山中客堂③，实际共有五处。顾宸在《辟疆园杜诗注解》中认为杜甫到夔州后，先寓居于西阁至岁终，次年春天始移居赤甲。简锦松则认为杜甫到达夔州的当年春天即入住赤甲宅（诗中的山中客堂实即赤甲宅），具体位于子阳山南麓。宅后有古代荒废的旧石城，饮水则取自城后方赤甲山深处的水源，以竹筒接取。赤甲宅是杜甫每日起居的住宅，西阁则是偶尔借宿的官方建筑。④杜甫很早就相中了瀼西，有人认为《瀼西寒望》一诗是杜甫住在西阁时所写，我认为作于赤甲的可能性更大："水色含群动，朝光切太虚。年侵频怅望，兴远一萧疏。猿挂时相学，鸥行炯自如。瞿唐春欲至，定卜瀼西居。"⑤大历二年（767）三月，杜甫在

---

① 朱东润：《杜甫叙论》，人民文学出版社，1981。
② 闻一多：《少陵先生年谱会笺》，《国立武汉大学文哲季刊》1930年第1卷第4期。
③ 闻一多《少陵先生年谱会笺》称杜甫初寓山中客堂："《客堂》：'舍舟复深山，窅窕一林麓。'《催宗文树鸡栅》：'喧呼山腰宅。'知堂在山中。《贻华阳柳少府》：'俱客古信州（按即夔州），结庐依毁垣。相去四五里，径微山叶繁。'又尝于墙东树鸡栅，堂下种莴苣，想其制必甚陋。"
④ 简锦松：《杜甫诗与现地学》，（高雄）中山大学出版社，2018；简锦松：《杜甫夔州诗现地研究》，台湾学生书局，1999。
⑤ 古川末喜转述严耕望之说："赤甲城与白帝城南北相连，位于白帝城之北，比白帝城要大。唐代的夔州城居民很多，闾阎蜿蜒延伸到山顶之上。"（［日］古川末喜著，董璐译：《杜甫农业诗研究：八世纪中国农事与生活之歌》，西北大学出版社，2018）

瀼西买了四十亩果园,又以先租后买的方式置业瀼西草堂。① 洪业推断西阁可能主要是杜甫独居的时候较多。大部分人认为杜甫来到夔州后不久就寄居在西阁中,并作《客堂》一诗②,回忆离开成都来到楚国境内舍舟登山的经历。

在云安就发作的糖尿病是已困扰杜甫二十年的旧疾,他知道自己最终或将死于此疾,"死为殊方鬼,头白免短促。"令杜甫没有想到的是,在瀼西,居然住着一个亲戚,即族孙杜崇简,杜甫作《寄从孙崇简》一诗。大历二年立秋那一天,杜甫是在奉节县令家水楼度过的,作《七月一日题终明府水楼二首》。

《入宅三首》显示了赤甲居住的大致环境:赤甲山就在房屋的背后("奔峭背赤甲,断崖当白盐"),房屋前面还种有竹子和开花的植物("花亚欲移竹,鸟窥新卷帘"),离鱼复浦和麝香山也不远("水生鱼复浦,云暖麝香山")。从瞿塘峡口吹来的急风扑面而来,在江中卷起阵阵湍流("峡口风常急,江流气不平")。夔州峡谷地貌,几乎没有合适的井水可汲取。离江水近一点的可以直接汲江饮用,离得远一点的就只能从山谷高峻之处以竹筒引来溪水。

引 水

月峡瞿唐云作顶,乱石峥嵘俗无井。云安沽水奴仆悲,鱼复移居心力省。白帝城西万竹蟠,接筒引水喉不干。人生流滞生理难,斗水何直百忧宽。

这种取水方式饶富地域风土特性,但使用起来并不方便,用于接引的竹筒容易被牛羊、野兽或风暴损坏,不得不经常派人进山修补。杜甫到了夔州

---

① 杜甫先作《暮春题瀼西新赁草屋五首》,说明瀼西草堂先是租赁下来的,之后在《简吴郎司法》中又说"古堂本买藉疏豁,借汝迁居停宴游",显然已经买下来了。赵云旗在《唐代土地买卖研究》(中国财政经济出版社,2002)中说,唐人购置物业时经常使用的词语包括"买""置""得""营"等。据简锦松《杜甫夔州诗现地研究》勘查推断:瀼西(东瀼水西岸)草堂位于东屯之南,比较接近白帝城。具体位于唐赤甲山(今称子阳山)主体向东南延伸的土地岭上,土地岭为西北—东南走向的条状岭脊,地貌特征相当明显,杜甫瀼西草堂应位于其西南坡、今已拆迁的奉节页岩砖厂遗址范围内,至于四十亩果园,也可确定是在瀼西草堂所属范围内。

② 陈贻焮:《杜甫评传》,北京大学出版社,2003。

之后，在都督柏茂琳的关照下，接受几个当地仆人的服务，他们熟悉本地地形和水势，出入山谷轻车熟路，阿段就是其中之一。入山修竹充满危险，不仅随时可能摔死，还可能遇到凶猛的虎豹。因此，诗人反复叮嘱阿段一定要小心，千万别出什么意外。

示獠奴阿段

山木苍苍落日曛，竹竿袅袅细泉分。郡人入夜争余沥，竖子寻源独不闻。病渴三更回白首，传声一注湿青云。曾惊陶侃胡奴异，怪尔常穿虎豹群。

到达夔州不久，杜甫就很想到长江对岸盛产食盐的白盐山（今称赤甲山）去看看①，作《晓望白帝城盐山》。到了秋天，他真的去了一趟，并写下《白盐山》一诗，极状"卓立群峰外"的白盐山："词人取佳句，刻画竟谁传。"

夔州是刘备和诸葛亮施展才华的故地，先主庙就在奉节县东。永泰二年（766）秋天，杜甫到先主庙礼拜，作《谒先主庙》。又数次造访诸葛亮遗迹，先后写下《武侯庙》《八阵图》和《古柏行》。公孙述的白帝城当然是杜甫必访之地，他曾在诗中写及各种情形的白帝城：黄昏中的白帝城（《上白帝城》），即将下雨的白帝城（《上白帝城二首》），与朋友一起登临的白帝城（《陪诸公上白帝城头宴越公堂之作》）。写得最有气象的是《白帝城最高楼》：

城尖径仄旌旆愁，独立缥缈之飞楼。峡坼云霾龙虎卧，江清日抱鼋鼍游。扶桑西枝对断石，弱水东影随长流。杖藜叹世者谁子，泣血迸空回白头。

这年秋天，殿中丞杨监路过夔州，自书箧中出示两件墨宝，一件是张旭的草书，一件是画鹰十二扇。杜甫完全没有想到在这儿还能见到这样的神品，作《殿中杨监见示张旭草书图》《杨监又出画鹰十二扇》。这之前，汉中王李瑀走水路还朝，在归州（今湖北秭归）小住时写信给杜甫。两人未能见上一面，杜甫回诗相谢，作《奉汉中王手札》。此时的杜甫，虽有柏茂琳的关照，生活上并没有问题，身体却一天不及一天。从《存殁口号二首》中，

---

① 胡渭《禹贡锥指》卷一四下："白盐山在奉节县东，隔江十里。"

可以清楚地发现杜甫的死亡意识越来越强烈。

在《峡中览物》中，诗人表达过他不太喜欢夔州一带的风土人情："形胜有余风土恶，几时回首一高歌。"所说的"风土恶"主要是指当地一些风俗以及居住环境的险恶，以及当地人的某些性格（比如"器量窄"），并不是说风景或风物。① 在写给亲戚李文嶷（李孟）的《赠李十五丈别》诗中，诗人说这儿的人民像"鸟兽"一样居住在山谷之间，房屋大多修建在山巅，向下一望便是深不可测的江水。闻一多推测杜甫最初移居的山中客堂（或即赤甲宅）是一处比较简陋的山地木构建筑："《雨二首》云'殊俗状巢居'，《赠李十五丈别》云'峡人鸟兽居，其室附层巅'；元稹《通州》诗云'平地才应一顷余，阁拦都大似巢居'，自注：'巴人都在山陂架木为居，自号阁拦头。'公今所居，即此类欤？"② 实际上就是一种巴人常住的干栏建筑。

最让杜甫不能接受的，还是当地特殊环境下形成的男女风俗。

负薪行

夔州处女发半华，四十五十无夫家。更遭丧乱嫁不售，一生抱恨长咨嗟。土风坐男使女立，男当门户女出入。十有八九负薪归，卖薪得钱应供给。至老双鬟只垂颈，野花山叶银钗并。筋力登危集市门，死生射利兼盐井。面妆首饰杂啼痕，地褊衣寒困石根。若道巫山女粗丑，何得北有昭君村。

最能行

峡中丈夫绝轻死，少在公门多在水。富豪有钱驾大舸，贫穷取给行艓子。小儿学问止《论语》，大儿结束随商旅。欹帆侧舵入波涛，撇漩捎濆无险阻。朝发白帝暮江陵，顷来目击信有征。瞿唐漫天虎须怒，归州长年行最能。此乡之人器量窄，误竞南风疏北客。若道士无英俊才，何得山有屈原宅。

应该感谢诗圣杜甫无所不备的诗史之笔，为我们保存了如此鲜活又痛楚的风土记忆。这些夔州的女人实在太可怜、太令人同情：地处峡谷再加上丧乱，她们四五十岁还没有出嫁，从来没有品尝过爱情的滋味。不仅如此，她

---

① 杜甫《续得观书迎就当阳居止正月中旬定出三峡》："俗薄江山好，时危草木苏。"
② 闻一多：《少陵先生年谱会笺》，《国立武汉大学文哲季刊》1930年第1卷第4期。

们还得承担一个家庭或家族的大部分体力劳动，包括上山打柴、下山负薪这样繁重的农活——在别的地方通常是由家中的男人来完成的，在这儿却还得让这些孤独的女人来做，将沉重的柴薪背到集市去贩卖，换来几个血汗铜板养家糊口。即使是这样，这些女人也没有放弃对美的追求，再苦再累也要美，死了也要美，也得采一束野花插在银钗旁边。她们的脸上和首饰上，随时都有偷偷哭泣的泪痕。那一刻，诗人觉得她们才是世上最美丽的女人，就像王昭君一样美丽。在此种情形下，他由同情而生爱怜。杜甫如果想帮她们一把，纳妾是比较实际且可行的方法。当然，这仅仅是对杜甫"暖老思燕玉"的一种背景现实的推测。

　　《负薪行》写的是女子，《最能行》写的是男子，两篇可以连读，彼此有着内在的逻辑联系。夔州女子之所以活得那么艰辛、老大难嫁，实与夔州男人多以行船为生相关：他们水里来浪里去，生死只是一瞬间的事。有钱的人驾着大船，生命还比较有保障；穷人就只有驶着小船，哪里经得起什么颠簸。孩子们上学更是一个问题，没有足够的教育资源，大多数读到《论语》就结束了，长大成人没有别的出路，只有在江上做点生意。江上的生意可不是那么好做的："欹帆侧舵入波涛，撇漩捎濆无险阻。"瞿塘波浪漫天，仿佛怒张的虎须，听到声音都令人胆寒。只有那些一生行走于水上的归州"长年三老"（船公）最能行①，好像一点也不害怕。不要以为夔州一带不出人才，要知道这儿离英俊的屈原的出生地并不太远。男人都在水上漂，有一天没一天的，结婚对他们来说也是一件奢侈的事情，就算是结了婚也无法陪伴家人，还不如不结婚来得痛快。水上的日子不好过，有时只得以赌博来虚度时光。这样一来，岸上女人们的日子就更加孤苦。

　　从《火》诗中，我们得知三峡夔州一带还流行着一种区别于其他地方的祈雨仪式，即焚山祈雨："旧俗烧蛟龙，惊惶致雷雨。"大火把青翠的山林烧成了灰烬，夜晚如同白昼："风吹巨焰作，河汉腾烟柱。势欲焚昆仑，光弥焮洲渚。腥至焦长蛇，声吼缠猛虎。神物已高飞，不见石与土。尔宁要谤

---

① 杜甫《拨闷》："长年三老遥怜汝，捩舵开头捷有神。"《夔州歌十绝句·其七》："长年三老长歌里，白昼摊钱高浪中。"陆游《入蜀记》卷五："是日，早见舟人焚香祈神，云：告红头，须小使头，长年三老，莫令错呼错唤。问：何谓长年三老？云：梢工是也。长，读如长幼之长，乃知老杜'长年三老长歌里，白昼摊钱高浪中'之语，盖如此。"

謔,凭此近荧侮。"大火烧死了植物,也烧死了山中的各种动物,不仅没能招来大雨,还可能波及人类的安危:"薄关长吏忧,甚昧至精主。远迁谁扑灭,将恐及环堵。"如果没有杜甫诗歌,我们亦将无缘复睹这片峡江中祈雨的烈焰。

我们亦可从《解闷十二首》这组七绝诗中窥见峡江风情画,那些星散的"草阁柴扉",带着孩子们飞翔哺食红果的"山禽",用刚刚钓起来的白鱼换钱的"溪女",还有穿梭于长江的西域"商胡"……杜甫关于夔州的风土记,始终充溢着人性的关怀、怜悯、赞美和思考。

乌鸡果园

杜甫在夔州的生活来源，主要有以下几个可能的渠道：一是以自己丰富的种植业和养殖业经验，过着一种类似于自给自足的农庄生活①；二是出租瀼西草堂给来自忠州的朋友（吴郎），收取部分租金（也可能最终没有收取任何租金）②；三是充当都督柏茂琳的非正式秘书，为其撰写各类公文，这会取得比较丰厚的稿费；四是柏茂琳从自己的俸禄中直接分出一部分给杜甫（如同高适、严武所做的那样）③；五是在柏茂琳的安排下代管百顷公田，所

---

① 杜甫《园》："仲夏流多水，清晨向小园。碧溪摇艇阔，朱果烂枝繁。始为江山静，终防市井喧。畦蔬绕茅屋，自足媚盘飧。"

② 杜甫《简吴郎司法》："有客乘舸自忠州，遣骑安置瀼西头。古堂本买藉疏豁，借汝迁居停宴游。"在《又呈吴郎》一诗中，杜甫希望吴郎不要阻止一个无依无靠的寡妇偶尔来庭前打几颗枣子吃："堂前扑枣任西邻，无食无儿一妇人。不为困穷宁有此，只缘恐惧转须亲。即防远客虽多事，便插疏篱却任真。已诉征求贫到骨，正思戎马泪盈巾。"

③ 杜甫《峡口二首·其二》："疲苶烦亲故，诸侯数赐金。"原注："主人柏中丞，频分月俸。"

得的报酬不薄（很可能是部分现金加上实物分配）。① 由于有上述几种收入来源（也许还有些俸禄收入）②，生活相对来说比较富裕，杜甫在夔州期间基本上放弃了之前的种药卖药行为③。

　　杜甫对于饲养家畜家禽一直怀有浓厚兴趣，尤其对养鸡一事情有独钟。早在天宝十一载（752）写给韦济的《奉寄河南韦尹丈人》诗中，杜甫就表达了自己的生活理想（当然也是无奈的理想）："尸乡余土室，谁话祝鸡翁？"诗人说，他想回到偃师首阳山下尸乡亭附近的土室中去隐居起来，像洛阳人祝鸡翁那样当个养鸡专业户，买一百只鸡来养，一年左右就可以变成上千只。给每一只鸡取个好听的名字，喊到哪只鸡的名字哪只鸡就走过来和主人一起玩。没钱的时候，就把它们卖了，可以得钱千余万。杜甫还真不是说说而已，他后来几乎走到哪儿就把鸡养到哪儿，即使是在战乱中的羌村，家里也养了一大群鸡。后来到了成都，他在草堂不仅养了鹅、鸭和狗，也养了很多鸡。④

　　不过，真正像祝鸡翁那样养一大群鸡，杜甫到了夔州之后才得以实现。依闻一多的考证，永泰二年（766）春天，杜甫一家从夔州城中移居山中客堂，一直住到这年夏末秋初，入秋即从山中客堂移居西阁。次年（767）春，

---

　　①　柏茂琳还给杜甫配备了专门管理种植的官员助手（行官张望），杜甫作有《秋行官张望督促东渚耗稻向毕清晨遣女奴阿稽竖子阿段往问》等诗。在《行官张望补稻畦水归》诗中暗示了杜甫劳动所得报酬："秋菰成黑米，精凿传白粲。玉粒足晨炊，红鲜任霞散。终然添旅食，作苦期壮观。遗穗及众多，我仓戒滋漫。"杜甫在《锦树行》中写道："飞书白帝营斗粟，琴瑟几杖柴门幽。"又在《写怀二首·其二》中说："吾亦驱其儿，营营为私实。"杜甫的两个儿子已经可以帮助父亲处理一些家务和商业活动，比如将多出来的稻谷、果实或乌鸡等拿到集市去贩卖，甚至直接卖给从西域到淮南做生意的胡商。

　　②　杜甫的《写怀二首·其一》中有"朝班及暮齿，日给还脱粟"句，可能意味着杜甫在夔州期间还有一定的俸禄收入，每天还有糙米可领。简锦松在《杜甫诗与现地学》中就说："杜甫这个检校工部员外郎职衔，从他在诗中的自述看来，是有禄俸的。而且，郎官也给杜甫较好的应酬身份，让他能够自在地与官员往来。"但是杜甫在《寄薛三郎中璩》里也说过："虽为尚书郎，不及村野人。"此处的"朝班"同《秋兴八首》之"一卧沧江惊岁晚，几回青琐点朝班"中"朝班"同义，是当年风光（朝班）和当下晚景（"暮齿"）的对比；所得到的"脱粟"亦非朝廷所赐俸禄，而是管理东屯稻田所得。

　　③　杜甫在写于大历二年（767）底的《写怀二首·其一》中说："编蓬石城东，采药山北谷。"杜甫在夔州采药主要是为了治疗自己的疾病，而非卖药谋生。

　　④　杜甫《寒食》："寒食江村路，风花高下飞。汀烟轻冉冉，竹日净晖晖。田父要皆去，邻家问不违。地偏相识尽，鸡犬亦忘归。"

又从西阁移居赤甲，没住上两个月，晚春三月又从赤甲搬到了瀼西草堂。先是以租赁的方式居住，后来在柏茂琳的帮助下，又将瀼西草堂买了下来。从作于瀼西的《秋野五首》《十七夜对月》《晚晴吴郎见过北舍》等作品可知，这儿有枣树，有北舍和南堂，当然还有一片后面要谈及的果园。

杜甫在山中客堂（或赤甲宅）住下后便开始养鸡（以乌鸡为主），一方面供自己食疗之用，一方面也可以拿到集市上去卖钱。入秋，杜甫还尝试着种植莴苣，可惜失败了。在《种莴苣》一诗的序言中，杜甫写道："既雨已秋，堂下理小畦，隔种一两席许莴苣，向二旬矣，而苣不甲拆，独野苋青青。伤时君子，或晚得微禄，辘轳不进，因作此诗。"诗人就是这样，种菜也可以种出各种感慨来。莴苣如果种成了，不仅人可食用，乌鸡也可食用。看来养鸡的活儿相对要容易一些，很快就见出成效。杜甫在《缚鸡行》中写道："小奴缚鸡向市卖，鸡被缚急相喧争。家中厌鸡食虫蚁，不知鸡卖还遭烹。虫鸡于人何厚薄，吾叱奴人解其缚。鸡虫得失无了时，注目寒江倚山阁。"诗人的天真相又显露出来，在虫蚁、鸡和人类的食物链中，诗人感到了矛盾和冲突：既同情虫蚁被鸡吃掉，又同情鸡被绑到集市上去卖后遭别人烹宰。怎么办？这是杜甫的问题，也是人类的问题："鸡虫得失无了时，注目寒江倚山阁。"

催宗文树鸡栅

吾衰怯行迈，旅次展崩迫。愈风传乌鸡，秋卵方漫吃。自春生成者，随母向百翻。驱趁制不禁，喧呼山腰宅。踏藉盘案翻，终日憎赤帻。课奴杀青竹，塞蹊使之隔。墙东有隙地，可以树高栅。织笼曹其内，令入不得掷。稀间苦突过，觜距还污席。避热时来归，问儿所为迹。我宽蝼蚁遭，彼免狐貉厄。应宜各长幼，自此均勍敌。笼栅念有修，近身见损益。明明领处分，一一当剖析。不昧风雨晨，乱离减忧戚。其流则凡鸟，其气心匪石。倚赖穷岁晏，拨烦及冰释。未似尸乡翁，拘留盖阡陌。

我们的大诗人现在真成了"祝鸡翁"，一门心思扑在这些乌鸡身上。杜甫说,他养这些乌鸡,主要是为了治疗自己的风痹和糖尿病①,而且秋天的鸡蛋很有营养,可以慢慢享用。刚养育时才十来只,很快就变成了一百只。鸡的繁殖能力我们都是知道的,一孵就是一窝。上百只鸡一折腾起来就热闹了,完全管不住,不住地"喧呼"吵闹,不停地"踏翻"桌案,还不断地从栅栏东边空隙处往外面钻。于是杜甫便喊来家中的一位仆人修理鸡栅,又叫来大儿子杜宗文(此时已十六七岁)帮助仆人一起干活儿。修好鸡栅还不放心,又将鸡分别赶进笼子里,双重保险,这样乌鸡就不会乱跑乱飞,也可以适当保护蝼蚁们少遭点殃——诗人想得太多,为这些鸡和虫子操碎了心。

不仅要修鸡圈,有时也得整理环境、修缮房屋,把篱笆和院墙修牢固些,以防虎患。② 在夔州不像在成都有那么多竹子可用,只能让仆人们入山伐木。在《课伐木》的诗序中,杜甫将那几个当地仆人的名字一一写下来,也算是对他们劳动的一种回报。如果没有杜甫的诗歌,世人哪会知道在唐代的夔州,生活着伯夷、辛秀、信行这样几位最底层的青年人呢?

迁入瀼西之后,杜甫的生活水准渐渐有了较大改善,他不仅把那儿的房屋购置下来,还把屋前屋后四十亩果园也一并买下,真的过起了农庄生活。通过《暮春题瀼西新赁草屋五首》及相关诗作可以推知瀼西草堂的一些情形:草堂位于长江北岸、东瀼水西边("畏人江北草,旅食瀼西云");果园中长有很多橘树("此邦千树橘")和甘(柑)树,也有不少别的好看的树("锦树晓来青"),还有好几亩菜园子(小园)③;居住的房屋主体至少有两层楼("高斋依药饵"),一共有八九间茅屋④,尚有用于观赏的亭子("乾坤一草亭");劳动之余偶尔可以听到江边传来的猿吟("细雨荷锄立,江猿吟

---

① 李时珍《本草纲目》卷四八:"(乌鸡)补虚劳羸弱,治消渴中恶,鬼击心腹痛,益产妇,治女人崩中带下,一切虚损诸病,大人小儿下痢禁口。"
② 据杜甫《课小竖锄斫舍北果林枝蔓荒秽净讫移床三首》。陈贻焮认为,杜甫《又上后园山脚》之"忧来杖匣剑,更上林北冈",及《课伐木》之"舍西崖峤壮,雷雨蔚含蓄",均暗示夔州一带有虎患,故登后园山脚时才会手持武器。《杜甫评传》,北京大学出版社,2003)
③ 杜甫《暇日小园散病将种秋菜督勒耕牛兼书触目》:"深耕种数亩,未甚后四邻。嘉蔬既不一,名数颇具陈。"
④ 杜甫《秋日夔府咏怀奉寄郑监李宾客一百韵》:"甘子阴凉叶,茅斋八九椽。"

翠屏");此地风景常带悲壮之色("落日悲江汉")。

《园》《小园》二诗都是诗人夏秋之际在瀼西菜园中所作。

小 园

由来巫峡水,本是楚人家。客病留因药,春深买为花。秋庭风落果,瀼岸雨颓沙。问俗营寒事,将诗待物华。

终于有了自己的偌大一个果园,又是果实成熟丰收时节,诗人心情大好,一大早就起来巡视。果园不远处就是瀼水,碧绿水面上的小船摇曳隐约可见。枝头上的果实熟了,闪耀着红色的光泽。屋前屋后种植的各种蔬菜长势很好,完全可以满足一家人的口腹之需。秋天来了,一部分来不及采摘的果实被风吹落到地面上。比起夏天来,现在的瀼水要小得多,裸露出岸边的沙痕。大自然永远照着自己的节奏运作,诗人亦有其与造化相处的法则。

四十亩果园中以橘树为主,另有一片以柑树为主的柑园。此外,还有栗树、枣树、松树,可以收获杜甫爱吃的蜂蜜和果实。① 清人仇兆鳌认为果园和柑园是两个地方,这是不正确的,四十亩果园包括了这个柑园,柑园就是果园中的一个相对独立的区域而已。《甘园》一诗作于柑园:"春日清江岸,千甘二顷园。青云羞叶密,白雪避花繁。结子随边使,开笼近至尊。后于桃李熟,终得献金门。"② "千甘二顷园"显然是一种夸张的说法,如同后面所说的"青云""白雪"一样。

夏末秋初,估计是进城办事或者参加什么饭局后,突然下起大雨来。杜甫一时回不了瀼西草堂,想坐船沿瀼水返回,不巧船主人的木船坏了。杜甫心中又很挂念,为作《阻雨不得归瀼西甘林》一诗。诗人只好站在城东的角落怅望着高飞的鸟儿。在诗人的想象中,仅仅是离开了一天半天,果园就已

---

① 闻一多《少陵先生年谱会笺》:"又按《夔府咏怀》:'紫收岷岭芋,白种陆池莲。'《秋野五首》:'枣熟从人打,葵荒欲自锄。''风落收松子,天寒割蜜房。'——总此所纪,并柑橘梨栗,蔬圃所产,及东屯之稻,则公生计之裕,盖无逾于此际矣。"

② 仇兆鳌辑注《杜诗详注》卷一二:"甘,古通作柑。黄鹤编在广德元年春作。盖梓州旧有甘园,非瀼西甘园也。朱注:《益州方物赞》:柑,生果、渠、嘉等州,结实垮于江南,味差薄。李实曰:柑园在梓州城南十里,今犹名柑子铺,柑废。《唐书》:剑南眉、简、资等州,岁贡柑。"

经变了样：

> 园甘长成时，三寸如黄金。诸侯旧上计，厥贡倾千林。邦人不足重，所迫豪吏侵。客居暂封殖，日夜偶瑶琴。虚徐五株态，侧塞烦胸襟。安得辍雨足，杖藜出嵌崟。条流数翠实，偃息归碧浔。拂拭乌皮几，喜闻樵牧音。令儿快搔背，脱我头上簪。

对于曾经作为贡品的柑橘，夔州本地人好像并不太喜欢，却成了杜甫的宝贝。

果园简直成了诗人闪耀着黄金光芒的乐园，可以在这里弹琴，可以靠着那只心爱的乌皮几发呆。在果园中，诗人又找到了几丝在成都才会出现的那种懒与真：让小儿子给搔搔背，解开束发的簪子。所以杜甫在《暇日小园散病将种秋菜督勒耕牛兼书触目》中说："不爱入州府，畏人嫌我真。及乎归茅宇，旁舍未曾嗔。"园子（果园和菜园）很大，光靠人力不行，还得有畜力（耕牛）才行。

还有一次，杜甫进城参加朋友（应该是柏茂琳）举行的盛大宴会，借着酒劲聊发少年狂，向朋友夸耀自己年轻时在齐赵一带裘马轻狂的情形。说到兴致高昂的时刻纵身跃马，活脱脱的鲜衣怒马。马儿受到热烈情绪的刺激，四蹄腾空，仿佛要把瞿塘的山石给敲落下来。诗人伏身于马背，一手握着鞭子，一手控着紫色缰绳，从白帝城门之外向下急驰，像一道嘶鸣的瀑布，周围的城墙、紫陌和江村野堂快速闪过。那场景引得观者和路人发出阵阵喝彩："向来皓首惊万人，自倚红颜能骑射。安知决臆追风足，朱汗骖騑犹喷玉。"可是乐极而生悲："不虞一蹶终损伤，人生快意多所辱。"得意万分的诗人突然从马背上坠落下来，摔得还不轻，最后躺在了床上——他不得不承认自己老了。宴会主人亦心有不安，带着酒食前来问候，这让杜甫又高兴又羞愧，英雄真的已迟暮。为了纪念这次奇特的经历，杜甫写下《醉为马坠诸公携酒相看》一诗。

杜甫对这四十亩果园倾注了不少心血，即使在寒冷的时节也会早早地起来打理和察看。

在《寒雨朝行视园树》中，诗人说，瀼西草堂的柴门前面长了很多杂树（估计就是前面提及的"锦树"），幸好那片果园长得不错："丹橘黄甘此地无。"红色的橘子、金色的柑子交错辉映，在寒雨初歇的早晨，透过篱笆望过去，简直像一幅幅秀色曲折动人的画屏。白色的栀子花、红色的花椒树开得煞是好看。冬天就要到来，锁石的藤梢自行掉落，倚天的松骨有的渐渐干枯。只有果园的果实发出醉人的香气，但不久也会消失殆尽。在《十七夜对月》一诗中，杜甫写到了一种别致的橘子景象，古川末喜称之为月亮与夜露中的橘子①。

后来，杜甫为了更好地打理柏茂琳交给他代管的那一百顷公田，从瀼西移居东屯②，便将瀼西草堂的一部分（南堂）租给了吴郎。杜甫时常往返于瀼西（北舍并未出租）与东屯之间，既放心不下稻田，又放心不下那片果园。③ 有一次从城中返回时，杜甫还到驿站去借了一匹马，骑着马先去瀼西草堂转悠了一圈，然后才回到东屯，为此还专门写了两首《从驿次草堂复至东屯茅屋》。

可是，就是这样一片令杜甫割舍不下的果园，大历三年（768）正月中旬杜甫决定离开夔州时，竟然将之赠给了一位其称之为"南卿兄"的朋友。有人说这位神秘的"南卿兄"就是那位从忠州过来的吴郎。虽说杜甫在夔州过的日子比较滋润，但也不至于如此大方，几十亩真金白银买来的，并且花费了诗人很多心血的果园，就这么白白赠送给了一个名字都没有留下的人，于情于理都有点说不过去。我推测，是杜甫将买下的瀼西草堂卖给了这位仁兄，作为附加条件，又将果园送给了南卿兄。④

---

① ［日］古川末喜著，董璐译：《杜甫农业诗研究：八世纪中国农事与生活之歌》，西北大学出版社，2018年。
② 简锦松《杜甫夔州诗现地研究》推断：东屯茅屋位于东瀼水水滨（今称草堂河），那儿必须是不会在汛期被淹没的种稻区域，且能同时看见赤甲山（今称子阳山）与白盐山（今称赤甲山），较夔州城而言较偏远的地方。具体当位于东瀼水与石马河汇流处，即石马河北岸、东瀼水东岸的今白帝城八阵村二组南向山坡下。这是个北有山崦，南对白盐，西濒瀼水，平田如云的所在。
③ 杜甫《自瀼西荆扉且移居东屯茅屋四首·其二》："东屯复瀼西，一种住清溪。来往皆茅屋，淹留与稻畦。市喧宜近利，林僻此无蹊。若访衰翁语，须令胜客迷。"
④ 杜甫《将别巫峡赠南卿只瀼西果园四十亩》："苔竹素所好，萍蓬无定居。远游长儿子，几地别林庐。杂蕊红相对，他时锦不如。具舟将出峡，巡圃念携锄。正月喧莺未，兹辰放鹞初。雪篱梅可折，风榭柳微舒。托赠卿家有，因歌野兴疏。残生逗江汉，何处狎樵渔。"诗中表达了自己对果园的热爱不舍之情，"托赠"二字值得玩味，王嗣奭在《杜臆》中认为："赠而曰托，犹有不忍割之意。"

杜甫为什么要离开夔州走出三峡呢？原因比较复杂，其中有几点比较重要：一是杜甫一直没有放弃走水路回到长安的打算。当年安史之乱结束时，杜甫在其生平第一首快诗中就表达了这种强烈愿望："即从巴峡穿巫峡，便下襄阳向洛阳。"二是此间杜甫与柏茂琳的关系渐渐疏远，他内心对像柏茂琳这种纯粹行伍出身的人并不信服。在《戏作俳谐体遣闷二首·其一》中已可见柏、杜二人关系已出现裂痕："旧识能为态，新知已暗疏。治生且耕凿，只有不关渠。"这儿的"新知"一定包括柏茂琳。陆游在《东屯高斋记》中感叹道："（杜甫）比至夔，客于柏中丞、严明府之间，如九尺丈夫俯首居小屋下，思一吐气而不可得。予读其诗，至'小臣议论绝，老病客殊方'之句，未尝不流涕也。嗟夫，辞之悲乃至是乎！荆卿之歌，阮嗣宗之哭，不加于此矣。"① 在此种情形下，杜甫认为江陵是一个更好的去处，我们从《送田四弟将军将夔州柏中丞命起居江陵节度使阳城郡王卫公幕》一诗中可以窥见部分端倪，那儿有刚刚封阳城郡王的卫伯玉。江陵尹兼御史大夫充荆南节度使的卫伯玉与杜甫早就认识，族弟杜位在严武去蜀后即入卫伯玉幕做行军司马。加上二弟杜观已移居当阳县，从《续得观书迎就当阳居止正月中旬定出三峡》等诗作可知，杜观不断写信邀请杜甫迁居江陵（当阳离江陵很近），与兄弟同住，这对于极重家庭感情的杜甫具有巨大的吸引力。杜甫到夔州的次年（767），其堂舅崔卿暂代夔州刺史，杜甫曾请求堂舅出面修缮武侯庙遗像（无首）。② 这项工作还没有开始，崔卿就被调回了江陵。③ 这样一来，江陵又多了一个有点本事的亲戚。但是，杜甫到了江陵过后，诗中并没有再出现这位堂舅，估计已被调任他方。

还有一个原因，杜甫的偶像庾信曾经在江陵居住过。

杜甫的身体越来越差，峡中气候多雨潮湿，杜甫觉得，离开的时节到了。

在西阁所作《览镜呈柏中丞》一诗中，诗人说："起晚堪从事，行迟

---

① 陆游：《渭南文集》卷一七，四部丛刊初编本。
② 杜甫《上卿翁请修武侯庙遗像缺落时崔卿权夔州》："大贤为政即多闻，刺史真符不必分。尚有西郊诸葛庙，卧龙无首对江濆。"
③ 杜甫《奉送卿二翁统节度镇军还江陵》："火旗还锦缆，白马出江城。嘹唳吟笳发，萧条别浦清。寒空巫峡曙，落日渭阳情。留滞嗟衰疾，何时见息兵。"

更学仙。镜中衰谢色，万一故人怜。"看见镜中日渐衰颓的模样，诗人真有万念俱灰之感。故人的可怜又能如何，命是自己的命，神仙亦渺不可及。

　　看来，乌鸡并不是灵丹，果园也不是妙药啊！

诗人和艳情

杜甫在夔州期间写过一首小诗,牵涉杜甫研究中一个比较敏感的问题。

中国的古典文学研究(可能并不限于古典文学),常常爱给研究对象贴上一个比较明确的标签,比如李白是浪漫主义诗人,是诗仙,生性浪漫,在生活中可以为所欲为,无所顾忌;杜甫是现实主义诗人,是诗圣,在生活中一定是严谨的,甚至是刻板的,永远板着一副悲苦的面孔。前面提及过,郭沫若曾以批判的口吻说,杜甫并不总是道貌岸然。好像杜甫就只能一直道貌岸然着,偶尔不那么道貌岸然了,就会招来非议和置疑。

一个明摆着的事实,几乎所有研究李白的学者都可以大谈李白的爱情,大谈李白与各种女性(比如胡姬)的复杂关系,却极少有人认真谈及杜甫与家庭之外的女性的关系,如果牵涉歌姬或妓女,更是讳莫如深。这就奇怪了,为什么李白可以谈,杜甫不可以谈?以李、杜二人的出身背景、生活阅历而论,杜甫接触歌姬或妓女的机会应该也不会少。李白经常"美酒尊中置千斛,载妓随波任去留"(《江上吟》),李白可以很风流,可以写艳情诗①,可以"携妓东山去,春光半道催。遥看若桃李,双入镜中开"(《送侄良携二妓赴会稽戏有此赠》),还可以"出舞两美人,飘飘若云仙。留欢不知疲,清晓方来旋"(《秋猎孟诸夜归置酒单父东楼观妓》),我们的诗人杜甫呢,他可以纵情吗?

说得武断一点吧,在唐代诗人中,几乎很难找到一个没有和艺伎或妓女打过交道的,他们多多少少都会与这些江湖女儿有点瓜葛,即使不是直接的瓜葛也会有间接的瓜葛。比如和朋友一同出游,尤其是与一些比较有身份和地位的朋友出游,自己可以不带歌姬或家妓,但总不能阻止朋友带吧?再比如应邀出席朋友或官场的宴会,也会遇到同样的情形。

妓女现象是人类文明中的一道暗伤。这些沉沦的或沦落的女性,始终是中国古典时代文学艺术中一道独特的风景。事实上,在魏晋及唐代,"携妓"出行或宴饮是一种社会常态,人们并不会以此来做出道德上的判断。

"伎"与"技"相通,伎女就是具有一技之长的女性。本来,卖艺的艺伎与卖身的妓女是完全不同的两种人,但是在现实生活中,这两者的角色是难以截然区分开来的。大部分妓女都会拥有一两项艺术表演才能,会一点琴棋诗书画。即使是出身皇家的艺伎,也会因生活所迫而流落风尘。比如白居易《琵琶行》中那个"老大嫁作商人妇"的女子就是如此,她原来本是皇宫中的一名艺伎——"名属教坊第一部"。

古代的妓女,包括唐代的妓女主要分为五种类型:宫妓,为皇家提供性服务;官妓,为地方官员提供性服务;营妓,为军队提供性服务;家妓(私妓),为主人一家提供性服务;民妓,为民间百姓提供性服务。② 唐人携妓出行时的妓女,多为家妓,偶尔也会有民妓中比较出色的加入。

---

① 艳情诗或艳体诗,通常指带有一定色情倾向的诗歌,以南朝徐陵"选录艳歌"而成的《玉台新咏》为代表。清代吴趼人《二十年目睹之怪现状》第八回:"这词章之中,艳体诗又占了一大半……再看那词章,却又没有甚么惊人之句。而且艳体诗当中,还有许多轻薄句子……"康正果在《风骚与艳情》(上海文艺出版社,2001)中指出:"艳也指女人的美色和文辞的华丽,前者正好为艳曲的歌词集中描写的内容,后者则是它语言上的特征。这样一来,音乐上的艳曲与诗歌上的艳词便在'艳'的多重含义上取得了同一;同时,艺术与色情,诗歌中的女性美与公众对歌妓的玩狎态度也被暧昧地联系在一起了。"
② [日]斋藤茂著,申荷丽译:《妓女与文人》,商务印书馆,2011。

家妓和妾不同，妾是通过一定仪式正式娶回来的女性，通常不能转卖或赠予，家妓可以自由购买、转卖、交换及赠予。① 家妓具有较大的流动性，妾则比较固定。主人出行时，一般只带家妓，很少带妾出门，家妓具有较强的社交功能。就身份地位而言，妾的地位高于家妓，是家庭中的一员。也有深得主人喜欢的家妓，武则天时代的左司郎中乔知之的家中就有一位名叫窈娘的家妓，色艺冠绝一时，能歌舞有文章，"知之宠待，为之不婚"②，不久被梁王武延嗣强行夺走。妾与家妓最大的区别在于，前者负有生育子嗣的责任，后者则主要以色艺娱乐主人。家妓中也有才艺胆识过人者，最著名的当数隋末唐初杨素家妓中的那一位，就是和李靖一起私奔的红拂女。③

唐代一度对官员蓄养家妓做出过限制性规定，但并未发挥实际作用。当官的可以蓄养家妓，有钱的一样也可以蓄养。据说一个叫邹凤炽的商人就养了很多家妓，"尤艳丽者至数百人"④。众所周知，中唐白居易即以蓄养家妓而闻名，拥有樱桃小口的樊素和有着小蛮腰的小蛮都是诗人家妓中的名角，此外还有小草、菱角、谷儿、红绡、紫绡等人。白居易的朋友周皓，据白居易《题周皓大夫新亭子二十二韵》一诗自注可知，养有家妓多达数十人。

比较之下，杜甫可能是唐代诗人中最干净的一位。从目前所见杜甫作品或别的文献中，还没有发现一处杜甫蓄养家妓的迹象。后来到了夔州，柏茂琳给杜甫安排过几名仆人：阿段、伯夷、辛秀、阿稽等，其中的阿稽是一名女仆。⑤ 仆人和家妓有着严格区分，仆人是纯粹的劳动力，家妓是不承担任何体力劳动的。

杜甫有没有纳过妾呢？这个问题一提出来（历史学家范文澜在《中国通史简编》中怀疑杜甫纳过妾），好像捅了马蜂窝一样：无数人愤怒了！我们的诗圣，人民的诗人，怎么可能会纳妾呢？其实，我们在评价古人的时候，常常会有意无意地用今天的道德标准去绑架古人。今天的法律不允许男人纳

---

① 刘禹锡曾以诗向李绅索要歌妓，唐人孟棨《本事诗》："李司空罢镇在京，慕刘名，尝邀至第中，厚设饮馔，酒酣，命妙妓歌以送之。刘于席上赋诗曰：'鬟鬓梳头宫样妆，春风一曲杜韦娘。司空见惯浑闲事，断尽江南刺史肠。'李因以妓赠之。"
② 李昉等：《太平广记》卷二七四，中华书局，1961。
③ 刘昫等：《旧唐书》卷六七《李靖传》，中华书局，1975。
④ 李昉等：《太平广记》卷四九五，中华书局，1961。
⑤ 杜甫：《秋行官张望督促东渚耗稻向毕清晨遣女奴阿稽竖子阿段往问》。

妾，如果纳了妾，不仅犯法，还违背公序良俗。古人不同，古代的法律允许男人纳妾，纳妾是一件十分稀松平常的事。我们并不能以是否纳妾（甚至养家妓）为价值评判标准，否则白居易、苏东坡，包括纸币之父张咏等人都成了有问题的男人。杜甫本人对待纳妾并不持反对意见，他的大弟弟杜颖就纳过妾。诗人在《得舍弟消息》中写道："汝书犹在壁，汝妾已辞房。"战乱之中，杜颖的小妾自谋生路去了。那么杜甫到底有没有纳过妾呢？从现存杜甫作品中，确实找不到明确的证据。只是其中一首诗，为人们提供了想象空间。

独坐二首·其一

竟日雨冥冥，双崖洗更青。水花寒落岸，山鸟暮过庭。暖老思燕玉，充饥忆楚萍。胡笳在楼上，哀怨不堪听。

《独坐》两首五律均作于杜甫移居夔州的冬天。引人遐想的是第一首的颈联："暖老思燕玉，充饥忆楚萍。"下句好理解，说的是饮食方面的事，"楚萍"（一作"楚苹"）用的是一则来自《孔子家语》的典故：楚王曾得到一种斗大的苹实，就让人向博学的孔子请教是什么东西，孔子也没有说出个所以然，只是说这是"王霸"的吉兆。上句"暖老思燕玉"就有点复杂了，照字面上的理解，很容易让人想到杜甫可能有纳妾的想法：大部分注家都认为"燕玉"指的就是燕赵佳人，亦即下面谈及的"燕姬"。"暖老"即让老人的身体变得暖和起来，老人的血气低落，血液循环不畅。怎样才能让冬天的老人身体温暖呢？多穿衣服、多盖被子当然是一种方法。古人认为最好的方法是给老人注入年轻的血气，因此提出一种在今天看来当然很不妥的方法，就是用年轻女性的身体去暖和老人，所谓"八十非人不暖"[①]。

夔州时的杜甫虽然身体不太好，但生活过得还算富裕。仅从经济条件方面来看，完全有能力纳妾。"思燕玉"——也仅仅是孤独的暮年诗人一时之间的想法而已！退一万步说，如果是在杜甫《负薪行》中所陈述的那种夔州女子老大难嫁的情况下，出于同情和救济的目的而纳妾，又有什么值得大惊

---

① 《礼记·王制第五》："五十始衰，六十非肉不饱，七十非帛不暖，八十非人不暖，九十虽得人不暖矣。"

小怪的呢？我们的诗人可能最终并没有付诸行动——他实在是太爱他的妻子了①，以至于在心中容不下任何别的女人！法律并没有约束诗人，道德也没有约束诗人，是我们的诗人心甘情愿地被爱情约束了。

有的学者连杜甫有纳妾的想法都不允许，这就有点道学气了！为了阻止杜甫的想法，也为堵住世人的嘴，便说这儿的"思燕玉"就是杜甫想服食道家的玉屑（如同杜甫想食"青精饭"一样）②，因为玉屑也可以让人全身发热③。这样似乎也讲得通，但是如果联系上下文来看，就显得十分牵强。由于律诗的对仗关系及字数的限制，诗人会尽量在十分有限的字句之内表达更多更丰富的内容。通常而言，是不会在上下对偶句中只说一件事物的（流水对除外）。杜甫这儿的下句说的是食物，上句不太可能再说食物，这也不是杜甫诗歌顿挫变化的风格。因此，我认为此处的"燕玉"说的一定不是玉屑，而是与"燕姬"相似的人物，是从触觉出发的，下一句则是从味觉入手。

杜甫一生可能确实没有养过家妓或纳过小妾，偶尔会有婢女出现，也多半是朋友派送的。比如暂住云安时，严县令就给住在水阁中的杜甫安排有取酒的婢女；到了夔州后，柏茂琳也给杜甫安排有婢女。《奉送魏六丈佑少府之交广》中还有过这样的诗句，从中可窥杜甫对婢女的一些看法："侍婢艳倾城，绡绮轻雾霏。"

尽管杜甫家中没有家妓（也应该没有小妾），但杜甫的生活仍然时常与妓女有所交集，亦不排除有让诗人一时动心的人。杜甫漫游吴越和齐赵时，一定接触过艺伎或妓女。从前面论及杜甫在越中鉴湖之中遇见那些白若霜雪的越女的情形来看，颇有几分纨绔子弟风范的青年杜甫，对于流行于朝野的携妓之俗一定不会陌生。否则，杜甫所说的"放荡"与"清狂"就很难理解。

后来到了盛唐之都长安，那儿是世界繁华的中心，王公贵族、才子佳人

---

① 杜甫有时会产生出家的冲动，但一想到妻子和儿女，便立即回到了现世之爱中。《别李秘书始兴寺所居》："重闻西方止观经，老身古寺风泠泠。妻儿待米且归去，他日杖藜来细听。"

② 曹慕樊：《杜诗杂说》，四川人民出版社，1981。

③ 葛洪《抱朴子·内篇》卷一一："（玉屑）令人数数发热。"

比比皆是。杜甫亦有平交王侯的资本与气质，于是我们看见了最早出现于杜甫诗中的妓女形象。《陪诸贵公子丈八沟携妓纳凉晚际遇雨》为两首五律，我们在谈论杜甫的长安生活时提及过。诗中调制夏日饮品的"佳人"，即"公子"们携带的家妓。诗人特别写到了"越女"和前面提及的"燕玉"（燕姬）——"越女红裙湿，燕姬翠黛愁"——当然可以理解为实写，亦即这些家妓可能来自江南或燕赵之地，更大的可能性则是比喻。从这样的比喻中，亦隐约可窥诗人漫游生活之一斑。我们是不是可以这样理解：眼前这些佳人让诗人突然想起曾经相遇的"红裙"与"翠黛"。杜甫和岑参兄弟的那次渼陂之行，船上也载有艺伎，她们吹奏着"嘲啾"的"丝管"，像"湘妃汉女"一样表演着各种歌舞。

"锦城丝管日纷纷"的唐代成都，佳人如云，有人认为杜甫的邻居之一黄四娘就是当时的名妓①，所以才会有那么一座好看的花园。杜甫不时亦会出席成都的官筵，这些场合均有官妓或家妓出现。《即事》诗显然是一首赠妓之作："百宝装腰带，真珠络臂鞲。笑时花近眼，舞罢锦缠头。"宝带饰身，真珠络臂，笑眼如花，舞姿动人，赢得满堂彩头阵阵。在《江畔独步寻花七绝句·其四》中诗人写道："东望少城花满烟，百花高楼更可怜。谁能载酒开金盏，唤取佳人舞绣筵。"杜甫已经习惯成都的生活，饮酒须有佳人的舞影相随。

在蜀中梓州避难期间，杜甫经常出席一些社会活动，他在《数陪李梓州泛江有女乐在诸舫戏为艳曲二首赠李·其一》中写道："上客回空骑，佳人满近船。江清歌扇底，野旷舞衣前。玉袖凌风并，金壶隐浪偏。竞将明媚色，偷眼艳阳天。"船上坐满了能歌善舞的女乐（官妓），清歌来于扇底，玉袖舞于风中。她们的颜色是那么明媚动人，只需随便瞥上一眼，就足以让无边的艳阳天失去光泽。

梓州的一个春天，通泉县令（郝使君）专程从百里之外携妓赶来与杜甫一起游宴。为此，杜甫写过一首十分艳情的诗：《春日戏题恼郝使君兄》。

---

① 明佚名《刘生觅莲记》卷上："时有友李见阳拉生郊游，生与偕行。适数妓斗草于得春亭下。询之，皆乐平巷中名妓，一曰李月英，一曰高巧云，一曰包伊玉，一曰许文仙。生亦喜花柳趣，心甚留爱，乃曰：今日之行，触眼见琳琅珠玉，皆子美诗中黄四娘也。同兴谈笑移时。"

> 使君意气凌青霄，忆昨欢娱常见招。细马时鸣金騕褭，佳人屡出董娇饶。东流江水西飞燕，可惜春光不相见。愿携王赵两红颜，再骋肌肤如素练。通泉百里近梓州，请公一来开我愁。舞处重看花满面，樽前还有锦缠头。

这位姓郝的通泉县令热情周到，一身"意气"，接待诗人杜甫的场面也很阔气，细马佳人（像汉代宋子侯笔下的董娇饶一样美丽），春光无限。筵会上有两名艺妓（可能是通泉官妓，也可能是郝使君的家妓）给诗人留下的印象颇深，一个姓王一个姓赵①，她们的皮肤白皙如同透明的素练，令诗人想起鉴湖上那些雪白的越女。那一刻，杜甫真的想带她们回家共度余生——杜甫在成都北边的梓州，第一次明确表达了携妓回家的愿望——当然也仅仅是一时的愿望而已。值得玩味的是诗题中的"戏"与"恼"，杜甫以"戏"入诗题者甚多，如《戏作俳谐体遣闷》等，多达三十余处。但是，以"恼"入题者仅此一例。在诗篇中用"恼"字者倒是不少，著名者如《江畔独步寻花七绝句·其一》之"江上被花恼不彻，无处告诉只颠狂"。杜甫的"恼"带有撒娇任性的含义，比恼怒要亲切，比恼羞要洒脱，比恼火要可爱。杜甫为什么会在这首诗中既"戏"又"恼"？他为谁、为何而"戏"而"恼"？看起来都是冲着这位郝使君来的，其实未必。

杜甫离开成都顺江东下，路过戎州时，戎州杨使君在东楼宴请杜甫，杜甫为作《宴戎州杨使君东楼》一诗："胜绝惊身老，情忘发兴奇。座从歌妓密，乐任主人为。重碧拈春酒，轻红擘荔枝。楼高欲愁思，横笛未休吹。"显然筵席上有不少歌姬出现，而且与诗人坐得十分紧密。有碧绿的春酒痛饮，有鲜红的荔枝海吃，杜甫顿时觉得自己年轻了不少，青春的血液似乎重返衰老的身体。

杜甫对待艺伎或妓女除欣赏和热爱之外，更多的时候则是与之同悲，同悲于不幸的身世与时世，从欢乐和笑颜的背后看到了彼此的悲伤、衰老和寂寞。作于大历元年（766）秋天夔州城中的《听杨氏歌》和作于次年（767）冬天的《观公孙大娘弟子舞剑器行》可以视为姊妹篇，杨氏以歌声见长，公

---

① 萧涤非等：《杜甫全集校注》，人民文学出版社，2014。

孙大娘弟子李十二娘则以舞蹈著称。诗中的杨氏身份不明,很可能是一名浪游江湖的歌伎(李十二娘就是一名舞伎):

> 佳人绝代歌,独立发皓齿。满堂惨不乐,响下清虚里。江城带素月,况乃清夜起。老夫悲暮年,壮士泪如水。玉杯久寂寞,金管迷宫徵。勿云听者疲,愚智心尽死。古来杰出士,岂特一知己。吾闻昔秦青,倾侧天下耳。

佳人杨氏拥有绝代之美,一口雪白的牙齿,一副好嗓子,她的歌声却充满悲惨的情调,令听歌的人心生忧戚,尤其是在秋夜月色的映照之下,让一个暮年的诗人神伤不已。诗人与佳人同是沦落天涯之人,他理解杨氏的一切快乐与不幸,壮士的泪水和佳人的歌声交融在一起。诗人说,不是因为她唱得太悲哀,也不是因为听歌的人听得疲倦,而是人们的心已经死了。

秋兴的引诱

从永泰二年（766）的暮春三月到大历三年（768）的孟春正月，这一年零九个多月的时间，杜甫基本上待在夔州的地盘上。哪儿也没有去，哪儿也去不了。这儿的地理环境不像别的地方（比如长安、洛阳或成都），打马就可以走到周边或较远的地方去观光访友。夔州的大江和深谷形成了一个相对封闭和独立的世界，对于诗人来说，这既是一件好事，又是一件不好的事。

很多时候，这种与外界半隔绝的状态对于写作者来说是有利的。处于此种环境之下的诗人有更多的时间来思考与写作，可以在较少受到干扰的情形下写出更精纯的作品。毫无疑问，杜甫在夔州迎来了他个人写作史上第三次高峰。前两次高峰发生于安史之乱爆发后、入蜀之前（"忆在潼关诗兴多"），以及入蜀之后出蜀之前（"语不惊人死不休"）。在夔州的近两年时间内，杜甫一共创作了差不多四百七十首作品，占其现存全部作品的百分之三十二以上，其中还包括大量的组诗或长诗。杜甫一生只活了五十九岁（这个岁数在唐代属于正常范围），真正的黄金写作时期只有十二三年。

对于在夔州的诗歌创作，人们历来褒贬不一。宋人胡铨在《僧祖信诗序》中高度评价杜甫的夔州诗作："少陵杜甫耽作诗，不事他业，讽刺、讥议、诋诃、箴规、姗骂、比兴、赋颂、感慨、忿懑、恐惧、好乐、忧患、怨怼、凌遽、悲歌、喜怒、哀乐、怡愉、闲适，凡感于中，一于诗发之。仰观天宇之大，俯察品汇之盛，见日星霜露，丰隆列缺，屏翳沉潏，烟云之变灭，云岩邃谷，悲泉哀壑，深山大泽，龙蛇之所宫，茂林修竹，翠筱碧梧，鸾鹄之所家，天地之间，诙诡谲怪，苟可以动物悟人者，举萃于诗。故甫之诗，短章大篇，纡余妍而卓荦杰，笔端若有鬼神，不可致诘。后之议者，至谓书至于颜（真卿），画至于吴（道子），诗至于甫极矣。"① 的确，杜甫很像个专业诗人，只为诗而生，诗是他的安身立命之本。

最早提出批评的是宋人朱熹，他认为："杜甫夔州以前诗佳，夔州以后自出规模，不可学。""杜诗初年甚精细，晚年横逆不可当，只意到处便押一个韵，如自秦州入蜀诸诗，分明如画，乃其少作也。"② 朱熹的意思其实是互相矛盾的，一方面认为杜甫到夔州以后的写作"自出规模"，后人难以模仿（对于一个诗人来说应该是天大的好事），另一方面又说夔州诗作"横逆不可当"，为了押韵而押韵，这实在是对"晚节渐于诗律细"的杜甫一个天大的曲解。明人王世贞说得好："子美晚年诗，信口冲出，啼笑雅俗，皆中音律，更不宜以清空流丽风韵姿态求之。但后人效颦，便学为一种生涩险拗之体，所谓不画人物而画鬼魅者矣。"③

现代学者冯文炳等人也不太喜欢杜甫的夔州诗作，甚至认为《秋兴八首》有点像文字禅。我个人非常喜欢杜甫的夔州诗篇，夔州代表着杜甫作为八世纪最伟大诗人最后的辉煌。之后的两年湖湘时光，尽管有《登岳阳楼》《江南逢李龟年》这样的名篇作为支撑，仍然只能视为杜甫的余晖或返照。在夔州，从形式到内容，杜甫完成了一个超一流大诗人的全部工作。他在夔州的写作达到了随心所欲而不逾矩的境界，一切形式的束缚对他来讲都已经不存在——他为什么要细致地讲究诗律，因为已有的格律对他来说太宽松太松散，他想给自己带上闻一多所说的更加沉重的镣铐跳舞。④ 他可以用最严格的律诗来写生活日记⑤，可写明人钟惺所谓的"奴婢事帐簿语"，写具有

---

① 曾枣庄、刘琳主编：《全宋文》第 195 册，上海辞书出版社、安徽教育出版社，2006。
② 黎靖德编：《朱子语类》卷一四〇，中华书局，1986。
③ 仇兆鳌辑注：《杜诗详注·附编》，中华书局，1979。
④ 闻一多：《诗的格律》，《晨报副刊·诗镌》1926 年 5 月 13 日。
⑤ 杜甫在夔州所作《熟食日示宗文宗武》《九日五首》《茅堂检校收稻二首》《刈稻了咏怀》《十月一日》等均可以视作诗歌日记。

寓言性质的诗作①，可以用精巧的绝句来写随笔札记，可以用五古或七古写任何想写的东西，写关于自己或别人的长篇诗歌传记②，可以用自创一格的即事名篇写作乐府歌行，可以用拗体律诗写心中的孤独或大自然的险境③，可以一组一组地怀古伤今④，还可以用千言长篇排律来言志抒情⑤。

《秋兴八首》在整个中国古典诗歌史上都是不朽的名篇，它将七律这种最具汉语之美的诗歌形式推向一个前所未有的善与美的高度。没有《秋兴八首》的中国古典诗歌将会失去最富有表现力和华彩的一笔，如同四季失去了秋色。这组由八首七律构成的组诗当作于永泰二年（766）的秋天。简锦松通过实地考察得出结论：从现地条件比对杜诗，可以确信西阁是在白帝山城区，它应该是一座环境优美的公共建筑："西阁的窗处所面对的，是西方的落月和江中的沙洲，尤其是月圆之夕，落月从西方江面笼照沙洲，涵漾飞动，清虚可爱。现在我们看到的西阁诗，几乎都与月亮有关，便是这个缘故。"⑥

喜欢《秋兴八首》的人太多，谈论《秋兴八首》的人也太多，叶嘉莹为此著有《杜甫秋兴八首集说》。⑦ 当然，这组诗无论怎样去赞美或解读都是常新的。八首诗作无论是时间和空间的绵密安排（从"落日"到月移再到"朝晖"，从"沧江"到"长安"，从"孤城"再到"青琐"）⑧，还是音韵节

---

① 杜甫：《见王监兵马使说近山有白黑二鹰罗者久取竟未能得王以为毛骨有异他鹰恐腊后春生骞飞避暖劲翮思秋之甚眇不可见请余赋诗二首》《鹦鹉》。
② 杜甫在夔州期间写了几篇对于今天研究杜甫生平来说至关重要的自传体长诗：《壮游》《昔游》《遣怀》和《夔府书怀四十韵》；同时还为同时代值得人们记住的八位杰出人物（王思礼、李光弼、严武、李琎、李邕、苏源明、郑虔、张九龄）写作诗传《八哀诗》。
③ 杜甫此时期所作之《滟滪》是拗体七律的代表作。
④ 杜甫在夔州期间所作《诸将五首》和《咏怀古迹五首》是这方面的代表作。
⑤ 大历二年（767）秋天，杜甫在瀼西草堂写作长诗《秋日夔府咏怀奉寄郑监李宾客一百韵》。
⑥ 简锦松：《杜甫诗与现地学》，（高雄）中山大学出版社，2018。
⑦ 叶嘉莹：《杜甫秋兴八首集说》，北京大学出版社，2008。
⑧ 金圣叹《杜诗解》："此诗八首凡十六解。才真是才，法真是法，哭真是哭，笑真是笑。道他是连，却每首断；道他是断，却每每连。倒置一首不得，增减一首不得。""分明八首诗，直可作一首诗读。盖其前一首结句，与后一首起句相通。后来董解元《西厢》，善用此法。""题是'秋兴'，诗却是无兴。作诗者满肚皮无兴，而又偏要作《秋兴》，故不特诗是的的妙诗，而题亦是的的妙题；不特题是的的妙题，而先生的妙人也。""试看此诗，第一首纯是写秋，第八首纯是写兴，便知其八首是一首也。"

奏的繁响与疏朗布置①，抑或是令人神魂颠倒的句式②，或者浓墨重彩与工笔写意的巧思穿织，以及令人猝不及防突然降临的强烈对比（"弈棋"般的变化与"鱼龙寂寞"的对比，"坠粉红"与"沉云黑"的对比，"彩笔气象"与"白头吟哦"的对比，"关塞鸟道"与"江湖满地"的对比），都令后来者无处措手、望尘莫及。从这个意义上来说，朱熹那句话也是对的：杜诗"夔州以后自出规模，不可学"。

清人张谦宜在《茧斋诗谈》中指出，杜甫这组宏丽博大的七律诗作，虽然千变万化，极尽沉郁顿挫，却始终有一条草蛇灰线，伏脉于千里万里："秋兴"二字或在首尾，或藏腰脊，钩连甚密。毛稚黄（先舒）嫌其若无题者，何也？其一秋起秋结，"丛菊"二句，兴也；其二兴起秋结；其三秋起兴结；其四兴起秋结；其五兴起秋结；其六秋起兴结；其七兴起兴结，中四句带入"秋"字；其八兴起兴结，"红豆"二句，暗藏"秋"字。其四上二句冒下六句格；其六后二句擎上六句格；其七起结各二句格，中四句妙在壮丽语写荒凉景。③

《秋兴八首》太完美了，理论上来说，它是不可迻译的，任何的增和减，都是一种冒犯——我还是经不住宇文所安所说的"诗的引诱"，秋兴的引诱，手心痒痒的。

秋兴引诱了杜甫，杜甫的秋兴引诱了我。

我决定用我的方式，传达出我所理解的杜甫和秋兴：

---

① 高友工、梅祖麟《唐诗的魅力》："杜甫驾驭音型的能力是非常杰出的，他能通过改变音型密度以加快或放慢语言的节奏。在有限的范围内，音型的密集或不同音型之间的强烈对比，会使诗的内部出现分化。造成这种效果的根源在于：语音相似的音节互相吸引，特别是一行诗中出现几个相同音节时，它们便会形成一个向心力场；同时，如果一行诗中重复了前面出现过的音型，前后的相同音型也会遥相呼应。这两股力量无论是单独或共同发挥作用，都会为它们影响所及的诗行提供聚合力，并使这些诗行有别于其他诗行。相反，某些音型的缺乏，也会产生引人注目的效果。至于不同音型的并存，则会使人强烈地感受到它们之间的对比。"（上海古籍出版社，1989）

② 范梈《诗学禁脔》："错综句法，不错综则不成文章。平直叙之，则曰'鹦鹉啄余红稻粒，凤凰栖老碧梧枝'。而用'红稻''碧梧'于上者，错综之也。"

③ 张谦宜：《茧斋诗谈》卷四，清乾隆二十三年（1758）法辉祖刻家学堂遗书二种本。

其 一

火红的枫树林,在白玉的露水中开始凋零;

巫山的神女峰,巫峡的大峡谷,气象变得萧瑟而阴冷。

俯瞰长江,波浪吞噬着波浪,波浪诞生着波浪,涌向苍穹的尽头;

仰望塞上,风云吹散着风云,风云卷来了风云,连接着大地的阴影。

离开成都已经两个秋天,菊花开了又谢、谢了又开,像我拭不尽的旧泪;

唯有这叶孤舟,这叶难系的孤舟,系在不可抵达的故园之心。

冬天就要来了,思念的刀尺,怎么也裁剪不出游子们抵挡苦寒的衣裳;

白色君王的城池再高,也高不过夜色中急促的、一声高过一声的捣衣声。

其 二

夔州府的孤城啊,落日又向西天倾斜;

回不去的长安,只能凭借着时隐时现的北斗七星来确认方向。

都说三峡的猿声是最伤心的声音,叫不了三两声就会令人想哭;

很想问一问成都的严君平先生,几时也能像神仙一样坐着八月的木筏去天河看看。

这个卧病在夔州的人,也曾风光过,在画满壁画的门下省当过几天左拾遗;

现在只能在小山城的暮色中,听那从粉墙黛瓦断断续续传过来的胡笳声。

你看,时间过得多么迅捷,刚才照在山上藤萝的月光,

眨眼就移向江边芦荻中的花朵。

其 三

鸟巢一样布满山峰的千百户人家,在旭日的光辉中显得格外安静;

天天独坐在江边的西阁上,苍颜映衬着朱栏,朱栏映衬着翠微山色。

我注意到船上打鱼的人们,一连几天都在同一个地方荡来荡去;

清秋的燕子们，在江边，在渔人的船头有意无意地飞来飞去。

还能有所作为吗！汉代的匡衡那样上疏抗颜直谏，也立不下什么功名；

立不了功就立言吧，博学的刘向那样传经授道，最终还是辜负一生。

想一想自己也真是失败，从前的同学少年，个个身份高贵；

此刻，他们可能正在长安城郊鲜衣怒马呢！

其 四

不断有消息传来，长安的变化就好比一盘前途莫测的棋局；

百来年间的世事沧桑，让人猝不及防，悲不自胜。

王公贵族们的朱门大宅，接二连三地更换着新的主人；

朝廷里的文武大臣们，他们的衣着风格、他们的面目早已全非。

正北面的回纥虎视眈眈，关山万重，战争的鼓声震天；

西边吐蕃更加危险，车马不息，加急的羽书一封快过一封。

鱼龙深藏于寒秋江水，去熬它们难熬的寂寞；

我的长安，我的长相思，我一定要平静地活下去。

其 五

壮丽的蓬莱宫（大明宫），南面就是积雪的终南山；

承接天露的汉代仙人铜柱和铜盘，一直耸立于云霄。

向西望去，华清的瑶池中，王母下凡一样的贵妇人正在沐浴；

向东望去，骑着青牛的道家经过函谷，带来漫天的紫气。

用彩色野雉尾做成的宫扇，云彩般缓缓移动、打开；

太阳的光芒照耀着龙的鳞甲，那是帝王的容颜。

旧日景象幻影般掠过，我卧病江边，韶华已逝；

只能在梦里重见皇宫的青琐，好几次听到朝圣时呼唤自己的名字。

其 六

从深居的南方瞿塘峡口，联想到北方的曲江江头；

相隔千里万里，无边的烽烟和素秋将彼此紧密联系。

繁华一闪而逝，花萼楼的夹城，玄宗皇帝的御驾来来往往；

现实如此残酷，芙蓉园物是人非，长安笼罩在边愁之中。

珠帘啊，绣柱啊，还有无数的回环飞翔的黄鹄；
锦缆啊，船桅啊，还有无数惊起的白鸥。
回想起来，歌舞之地是欢乐之地，也是痛心之地；
自古以来的帝王之州，巍峨的秦中，已经让人不敢相认。

其 七

昆明池的池水一直没有枯竭，那是汉代人开凿的水利事业；
汉武帝的旌旗一直在猎猎飞舞，仿佛又一次亲眼所见。
织女的机杼丝，在月色下散发出似真似幻的光线；
石雕鲸鱼的鳞甲突然摆动起来，浩荡秋风为之生动。
水波中游动的菰米，载沉载浮，乌云一样浓厚；
露珠中冷凝的莲房，一片一片落下了粉红的花瓣。
峡谷的关塞高峻如天，只有飞鸟出入的道路；
辽阔的江湖之上，就只剩下个打鱼的老头。

其 八

蓝田昆吾的御宿川弯弯曲曲，我路过；
终南山的紫阁峰倒映在渼陂池，我们的船舷划过。
那儿盛产可口的香稻米，鹦鹉喜欢啄食的香稻米；
还有碧绿的梧桐枝，凤凰常来栖息的梧桐枝。
美丽的人们在春天互相问好，到湖畔捡拾翠鸟留下的羽毛；
我和岑兄弟像神仙俦侣同舟欢渡，待到夜晚还不忍离去。
我也有一枝气象万千的彩笔，也曾引起人间的关注；
到而今，我独自苦吟秋兴诗篇，低垂下雪白的头颅。

序曲或余音

　　堪称秋兴交响诗的《秋兴八首》，看似一气呵成，其实是经过杜甫较长时间的酝酿、较长时间的情绪与写作准备才最终得以形成的。在秋兴之外，我们看到了诗人为此次诗歌的登顶之举进行了各种预演——罗马不是一天就能建成的——即使是像杜甫这样的大师依然不敢贸然下笔。我甚至觉得杜甫之所以要独居西阁，就是为了这组七律大诗。他可能倾听到了某种神秘声音的召唤！杜甫是相信冥冥之中有神灵存在的，所谓"下笔如有神"的说法，对于诗人来说是一种真实存在。我一直认为，永恒诗篇早就存在于虚空之中，就看谁能听见它、看见它或发现它而已。

　　悲秋是中国古典文学中一个古老的母题，早在《诗经·卫风·氓》中，我们就看到了秋天的坠落："桑之落矣，其黄而陨。"秋色在南方更丰富，更容易触动人们的心灵。在《九歌·湘夫人》中，我们第一次感受到秋天的壮丽与悲凉："帝子降兮北渚，目眇眇兮愁予。袅袅兮秋风，洞庭波兮木叶下。"这浩渺的湖水，这悠长的秋风，这无声的落叶，一直落到一千多年后的杜甫笔尖："无边落木萧萧下，不尽长江滚滚来。"（《登高》）屈原对于凋零之物似乎特别钟爱，甚至愿意天天以之为食——"朝饮木兰之坠露兮，夕餐秋菊之落英。"（《离骚》）有学者认为这儿的"落英"当释为初英，虽然从训诂学的角度来看是说得过去的，但如从屈子之个性审美而言，我觉得还是解释成落花更为确切。为何落叶多见于南方诗歌？这可能恰恰暗示出南音（以《楚辞》为代表）与北调（以《诗经》为代表）在气质上的微妙差异。楚国宋玉是悲秋的代表性人物，他在《九辩》开篇就发出一声影响深远的悲叹："悲哉秋之为气也！萧瑟兮，草木摇落而变衰。憭栗兮，若在远行，登山临水兮，送将归。"宋玉对于秋天的悲剧性意识如同一种血液注入杜甫的身体中，因此诗人才会在《咏怀古迹五首·其二》中这样表达："摇落深知宋玉悲，风流儒雅亦吾师。怅望千秋一洒泪，萧条异代不同时。江山故宅空文藻，云雨荒台岂梦思。最是楚宫俱泯灭，舟人指点到今疑。"这位宋玉未曾谋面的学生在继承其悲秋血统的同时，却以超拔的才华和更为博大的胸襟，将悲壮的母题拓展到一个前所未有的开阔境界。

西阁当是一处官方水驿，唐代水驿设置已相当完善，全国共有两百多座水驿。西阁水驿就筑在白帝城的西南面临长江的巨石之上，可供东来西往的官员或要人们居住。西阁主体是一座双层木构建筑，上层设有走廊和红色围栏，可以凭眺大江和山色。① 大部分学者认为杜甫一家都在西阁中住过，实际情形可能是在柏茂琳的安排下，杜甫一人不时来西阁中发呆或写作。有一个事实可以侧面证明杜甫独居西阁的可能性是存在的，即杜甫写于西阁中的诗大多充满无法排解的彻底的孤独感（当然这种孤独感即便在有家人陪伴时也会有），孤独到杜甫竟然要一而再、再而三地约那个反复爽约的朋友来西阁共对长夜。② 此种情形如果不是独处的话，实在令人有些难以理解。《第五弟丰独在江左近三四载寂无消息觅使寄此二首》可能作于西阁寂寞时，杜甫想念远在江左的弟弟杜丰。好在大历二年（767）春天，二弟杜观到了江陵，并且要来夔州看望杜甫。不久，他果然来了，暂可稍慰杜甫的一颗寂寞心。③

《宿江边阁》一诗应该是杜甫入住西阁后不久所写，有人认为是杜甫

---

① 杜甫《西阁雨望》："楼雨沾云幔，山寒著水城。径添沙面出，湍减石棱生。菊蕊凄疏放，松林驻远情。滂沱朱槛湿，万虑倚檐楹。"
② 杜甫：《西阁三度期大昌严明府同宿不到》。
③ 杜甫：《得舍弟观书自中都已达江陵今兹暮春月末行李合到夔州悲喜相兼团圆可待赋诗即事情见乎词》《喜观即到复题短篇二首》《舍弟观归蓝田迎新妇送示二首》。

"未移寓前先住"时所作。① 这首诗虽然是一首五律，但可视为《秋兴八首》的序曲。我们从中能感受到诗人蓄积着的某种力量，仿佛一团风暴或火焰正在以不可思议的方式潜滋暗长："暝色延山径，高斋次水门。薄云岩际宿，孤月浪中翻。鹳鹤追飞静，豺狼得食喧。不眠忧战伐，无力正乾坤。"西阁地势高峻，临水而背山石，可以俯瞰江月和鹳鹤。这儿的"暝色"最终会与"玉露凋伤"的"枫树林"融合在一起；那轮在波浪中翻卷的"孤月"和"石上藤萝月"本来就是同一轮月亮；浮荡于悬崖绝壁间的"薄云"，亦将被"翠微"中的"朝晖"驱散。"豺狼"的横行不断导致人间剧变（"王侯第宅皆新主，文武衣冠异昔时"）。诗人刚刚入住西阁就失眠了，他不是为自己而失眠——如同他在《秋兴八首》中所说："鱼龙寂寞秋江冷，故国平居有所思。"他是为天下而失眠。"不眠忧战伐，无力正乾坤"是诗人广为传诵的名句，也是杜甫之所以为杜甫的一种标志性状态，他的心中始终装着巨大的乾坤。

独处有独处的打发时光的方式，比如在墙脚下晒一晒初冬的太阳，就是一件十分惬意的事，还可以让病脚的疼痛有所缓解。② 到了夜晚，可能就不像白天那么好打发。

阁　夜

岁暮阴阳催短景，天涯霜雪霁寒宵。五更鼓角声悲壮，三峡星河影动摇。③ 野哭千家闻战伐，夷歌几处起渔樵。卧龙跃马终黄土，人事音书漫寂寥。

从时间顺序上来说，此诗略晚于《秋兴八首》。写作《阁夜》时，已由秋入冬。这首诗可以视为《秋兴八首》的总结或回响。法国象征主义诗人瓦雷里（Paul Valery）讲过这样一个诗歌故事：如果有人说"我向你借一个

---

① 萧涤非等：《杜甫全集校注》，人民文学出版社，2014。
② 杜甫《西阁曝日》："毛发具自和，肌肤潜沃若。太阳信深仁，衰气欻有托。毂倾烦注眼，容易收病脚。"
③ 蔡绦《西清诗话》："杜少陵云作诗用事，要如释氏语，水中着盐，饮水乃知盐味。此说，诗家密藏也。如'五更鼓角声悲壮，三峡星河影动摇'，人徒见凌轹造化之气，不知乃用事也。《祢衡传》：挝渔阳掺，声悲壮。《汉武故事》：星辰影动摇，东方朔谓民劳之应。则善用故事者，如系风捕影，岂有迹耶？"

火"或"你给我一个火",这意思是很明白的,这句话对普通人而言只是一句交流用语。你向我借一个火的时候,你说那几个不重要的词语时是用我们所理解的某一种语调、某一个声音、某一种曲折变化和某一种倦怠或活泼的神情。我明白你说的话,因此,我甚至想都不想,就递给你所要的东西——一个火。但是此时倘若事情并未到此结束,我一直想起你这句短小的句子的声音和它的特征,它在我心中发出回音,仿佛它很愿意待在那里,我也很愿意听我自己重复讲这句话。这句话已经失去它的意义,已经不再有用处,然而却可以继续存在下去,显然它此刻已经获得另外一种生命,它创造了被再倾听的需要。瓦雷里认为,在这里,在此刻,我们跨进了诗境的门槛。从日常语言(交流用语)到诗歌语言,它们之间既可能隔着一道鸿沟,也可能相濡以沫。创造了被再倾听需要的回音,让人想起古印度诗学的"余音",日常语言只是敲响了钟声,而当我们从中听到了充满暗示性的余音,那就是诗歌。印度九世纪诗人欢增(Ānandavardhana)说:"暗示义逐步展示,犹如余音。"

　　杜甫在写完《秋兴八首》之后,头脑中不断回响着那种妙不可言的节奏或声音,这种节奏或声音具有了"另外一种生命"形态。他不断被一种"被再倾听的需要"召唤,《阁夜》正是在此种召唤之下吟诵出来的"余音"。余音不一定是残余的声音,结束的声音也可能是惊雷!因此,苏轼才会将《阁夜》推为"七言之伟丽者"。《唐诗品汇》引用刘辰翁诗评:第三、第四句对看,自是无穷俯仰之悲。杜甫善以壮丽之景抒写内心之悲凉,正是清人王夫之所谓"乐景写哀"或"哀景写乐"的极致体现。① 清人浦起龙在《读杜心解》中说得好,从中我们可以倾听到瓦雷里所说的在诗人心中,亦在我们心中发出的那种回音或余音:"'天涯''短景',直呼动结联。而流对作起,则以阴晴不定,托出'寒宵'忽'霁'。三、四,从'霁寒宵'生出;'鼓角'不值'五更',则'声'不透;'五更',最凄切时也,再着'悲壮'字,直刺睡醒耳根也。'星河'不映'三峡',则'影'不烁;'三峡',最湍激处也,再着'动摇'字,直闪蒙眬眼光也。……彼定乱之'卧龙',起乱之'跃马',总归'黄土',则'野哭''夷歌',行且霎时变灭,顾犹以耳'悲'

---

① 王夫之著,戴鸿森笺注:《姜斋诗话笺注》卷上,人民文学出版社,1981。

目'动',寄虚愿于纷纷漠漠之世情,天涯短景,其与几何?曰'漫寂寥',任运之旨也。噫!其词似宽,其情弥结矣。"

西阁的诗歌使命似乎到了大历元年(766)的冬末就已完成。

在《不离西阁二首·其一》中诗人说:"江柳非时发,江花冷色频。地偏应有瘴,腊近已含春。失学从愚子,无家任老身。不知西阁意,肯别定留人。"显然,杜甫打算离开西阁,他已相中一个更适宜居住的地方,就是我们前面所说的那座瀼西草堂。

杜甫离开了西阁,离开了夔州,秋兴的声音仍然不绝,顽强地表现出"再倾听"的诱惑力。这种力量如此绵延而强大,以至于千载之下,无数人仍然经不起引诱。

我们的诗篇,能成为序曲的序曲,或余音的余音就很幸运了。

从元结到庾信

永泰二年（766）夏秋之间，杜甫在夔州遇见一个远房外甥，即书法家李潮，作《李潮八分小篆歌》。诗中表达了杜甫的书法审美意识，"书贵瘦硬方通神"。诗人喜欢"瘦硬"而不喜"肥"而"失真"的书风，这和喜欢马的"瘦骨"是一脉相承的。此间所作之《荆南兵马使太常卿赵公大食刀歌》，正是一派"瘦硬"的写法，从中可隐约感觉到韩愈及李贺受此影响的痕迹。也就是在这个时候，杜甫读到了好友元结的两篇诗作：一首《舂陵行》，一首《贼退示官吏》。尤其是前一首，给杜甫带来很大的震动。

我们知道元结与杜甫早在天宝六载（747）那场由玄宗皇帝提议，最终被李林甫控制的"野无遗贤"大考中，都成为受害者，名落孙山。后来，他们因生活的轨迹不同而交集较少，但仍有书信来往，仍然时刻关注着彼此的写作。杜甫与元结好友孟云卿多有往来，见面时一定会谈及共同的朋友元结。

元结广德元年（763）任道州（今湖南道县）刺史，于次年即广德二年（764）五月始至道州任所。道州（舂陵）在安史之乱以前人丁兴旺，多达四万余户，现在剩下的人口已不到原来的十分之一，损失远超全国的平均水平。即使在这种民生凋敝的情形下，官府并未停止横征暴敛。作为地方父母官的元结，到任后就立即上书，希望道州的人民获得朝廷的怜惜，免除沉重徭役。元结在《舂陵行》诗序中说："癸卯岁（763），漫叟（元结）授道州刺史。道州旧四万余户，经贼已来，不满四千，大半不胜赋税。到官未五十日，承诸使征求符牒二百余封，皆曰：'失其限者，罪至贬削。'於戏！若悉应其命，则州县破乱，刺史欲焉逃罪；若不应命，又即获罪戾，必不免也。吾将守官，静以安人，待罪而已。此州是舂陵故地，故作《舂陵行》，以达下情。"

元结的《舂陵行》及《贼退示官吏》一经问世即受到人民的喜欢，并迅速传播开来，即使身处偏远且封闭的三峡夔州的杜甫也能读到。天宝六载（747）一别，杜甫与元结已有近二十年未曾见过面，真是见诗如见面，诗歌的见面比生活中见面来得更直接，这是灵魂的见面。元结诗中所表达出来的悲悯情怀，让杜甫读后深受感染，并用"两章对秋月，一字偕华星"来表达自己对元结的赞誉。杜甫立即做出回应，写下《同元使君舂陵行》一诗并序：

> 览道州元使君结《舂陵行》兼《贼退后示官吏作》二首。志之曰：当天子分忧之地，效汉官良吏之目。今盗贼未息，知民疾苦，得结辈十数公，落落然参错天下为邦伯，万物吐气，天下小安可待矣。不意复见比兴体制，微婉顿挫之词，感而有诗，增诸卷轴，简知我者，不必寄元。

> 遭乱发尽白，转衰病相婴。沉绵盗贼际，狼狈江汉行。叹时药力薄，为客羸瘵成。吾人诗家秀，博采世上名。粲粲元道州，前圣畏后生。观乎舂陵作，欻见俊哲情。复览贼退篇，结也实国桢。贾谊昔流恸，匡衡尝引经。道州忧黎庶，词气浩纵横。两章对秋月，一字偕华星。致君唐虞际，淳朴忆大庭。何时降玺书，用尔为丹青。狱讼永衰息，岂惟偃甲兵。凄恻念诛求，薄敛近休明。乃知正人意，不苟飞长缨。凉飙振南岳，之子宠若惊。色沮金印大，兴含沧浪清。我多长卿病，日夕思朝廷。肺枯渴太甚，漂泊公孙城。呼儿具纸笔，隐几临轩楹。作诗呻吟内，墨淡字敧倾。感彼危苦词，庶几知者听。

诗序及诗作内容很丰富，有几点值得重视：一是诗歌传统与美学标准

（"比兴体制，微婉顿挫"），二是诗歌写作的触发点（"感而有诗"），三是诗歌的传播与"危苦词"的写作，四是官吏与君王及国家的关系（"当天子分忧之地，效汉官良吏之目"），五是官与民的问题（"知民疾苦"），六是杜甫当下力有不逮的艰难处境（"我多长卿病，日夕思朝廷"）。请注意，那只从成都带来的乌皮几又出现了。元结的诗学追求和杜甫形成了强烈共鸣，元结再一次点燃杜甫"忧黎元"的心火（"道州忧黎庶，词气浩纵横"）。元结的吏治行为重新焕发杜甫想象中的壮志，"致君唐虞际，淳朴忆大庭"则是"致君尧舜上，再使风俗淳"的重申。杜甫的信念是如此顽强，死了也不罢休："死为星辰终不灭，致君尧舜焉肯朽。"（《可叹》）

但是，"漂泊公孙城"的诗人杜甫，"肺枯渴太甚"，他知道留给自己的时日不会太多。

去与留始终是一个问题，返回长安的渴望压倒一切。

杜甫最终还是在大历三年（768）的孟春时节离开了这片峡江风云。

在《白帝城楼》中诗人写道："江度寒山阁，城高绝塞楼。翠屏宜晚对，白谷会深游。急急能鸣雁，轻轻不下鸥。夷陵（江陵）春色起，渐拟放扁舟。"诗人几乎是以一种焦急的心情盼望着春天的到来，春天一到就放船出峡前往江陵。

行船出了三峡，杜甫的目的地是荆州（江陵）。江陵是荆南节度使的治所所在地。上元元年（760）九月，曾以荆州为南都，赐号江陵府，杜甫专门为此写下《建都十二韵》。显然江陵是比夔州发达得多，也重要得多的一个大都市。

杜甫为什么会选择江陵作为下一个目的地呢？原因当然很多，他的朋友卫伯玉正在那儿当荆南节度使，亲戚杜位也在那儿身居要职。还有，他的十三世祖杜预可是荆州的名人。① 这些肯定是他前往江陵的原因。我认为还有一个内在的原因，就是杜甫想离他心中的六朝偶像庾信更近一些，因为庾信在那儿生活过。

我们知道杜甫对魏晋南北朝的诗人，尤其是六朝诗人（还包括初唐）和

---

① 杜预为晋镇南大将军，都督荆州诸军事。杜甫在《祭远祖当阳君文》中称颂杜预功业时即有"缮甲江陵，浸清东吴"之语。

时人有着迥然不同的认识。杜甫提倡兼容并包的薪传态度①，对《文选》、陈琳、陶渊明、二谢、阴铿、何逊、鲍照、徐陵等均极其推崇，这可能与其诗歌家法，尤其是祖父杜审言的影响有关。成都期间所作之《戏为六绝句》，主要目的即在于回击时人对六朝诗人的"轻薄"态度，开篇第一首写的就是庾信："庾信文章老更成，凌云健笔意纵横。今人嗤点流传赋，不觉前贤畏后生。"杜甫为什么认为庾信晚年的文章写得更"老成"呢？"老成"是诗歌难以达成的一种境界，他在《敬赠郑谏议十韵》中描述了老成之境："思飘云物外，律中鬼神惊。毫发无遗憾，波澜独老成。"老成是由想象力和成熟、圆满的写作技巧来完成的，老到，老辣，苍凉。庾信之老成，或可以在杜甫另一首写庾信的诗作中找到部分答案。

咏怀古迹五首·其一

支离东北风尘际，漂泊西南天地间。三峡楼台淹日月，五溪衣服共云山。羯胡事主终无赖，词客哀时且未还。庾信生平最萧瑟，暮年诗赋动江关。

这首诗中说，庾信的文章（"诗赋"）到了暮年怀念江关时才是最具有感动力的。诗中还传达了一层隐义，诗人杜甫之所以喜欢庾信，不特因为其诗赋写得好，还在于诗人从庾信"支离漂泊"的命运中，看到了自己不幸的影子。杜甫在自己的绝笔之诗中，也没有忘记这位动了江关也动了诗心的庾信："哀伤同庾信。"庾信对杜甫的影响是多方面的，不仅在诗歌语言方面，在诗歌形式方面二者也有着秘密的渊源，比如杜甫擅长的律诗中也隐约可见庾信的影子。刘熙载论及庾信时说："《乌夜啼》开唐七律，其他体为唐五绝、五律、五排所本者，尤不可胜举。"②

"幼而俊迈聪敏绝伦"的庾信③，曾与徐陵一同担任梁简文帝萧纲的东宫学士，侯景乱中自建康（金陵）逃往江陵。梁元帝在江陵即位，派他出使西魏，后萧梁为西魏灭掉，他便被扣留在北方长安当官。北周取代西魏后，

---

① 杜甫《偶题》："骚人嗟不见，汉道盛于斯。前辈飞腾入，余波绮丽为。后贤兼旧制，历代各清规。法自儒家有，心从弱岁疲。永怀江左逸，多病邺中奇。"
② 刘熙载：《艺概》卷二，上海古籍出版社，1978。
③ 令狐德棻等：《周书》卷四一《庾信传》，中华书局，1971。

庾信继续在北方做官，做到开府仪同三司，杜甫在诗中称之为"清新庾开府"（《春日忆李白》）。这个时候，南北两方关系趋于缓和，很多流寓北方的人都回到了南朝，唯有庾信和王褒未获得这个许可。庾信终其一生也没有能够回到他的南方故国（庾信四十二岁到六十九岁，在北方生活长达二十七年）——这和杜甫的身世太相像了，只不过两人想回的故国方向刚刚相反，杜甫想回的故国恰恰是庾信想要离开的地方。

杜甫之所以认为庾信暮年诗赋动江关，不仅因为人越老越想家，还在于庾信将这种刻骨的相思锤炼成了一篇不朽的名作，即《哀江南赋》。[1] 陈寅恪考证《哀江南赋》作于庾信暮年的北周宣政元年（578）。[2] 据《北史》记载，庾信滞留长安，"虽位望通显，常作乡关之思，乃作《哀江南赋》以致其意"。杜甫的《秋兴八首》当然与宋玉的悲秋有关，在写作渊源方面，更直接的影响则来自庾信的《哀江南赋》。杜甫所说的庾信之"文章老更成"或"暮年诗赋"，狭义所指即这篇大赋。从某种意义上而言，我们甚至可以将《秋兴八首》视为诗人杜甫以诗歌的方式向六朝偶像致敬的一组诗作。这是杜甫的诗艺与情怀相结合的巅峰之作，诚如明人陈继儒所评："云霞满空，回翔万状，天风吹海，怒涛飞涌。"[3]

我们有理由相信，杜甫之所以执意要去江陵，其中一个原因即在于庾信曾经在那儿生活过，江陵还保留着一些庾信的遗迹。大宰相张说曾在《过庾信宅》诗中说："兰成追宋玉，旧宅偶词人。笔涌江山气，文骄云雨神。"兰成是庾信的小字，张说认为庾信的文学成就堪比宋玉。比较有趣的是，庾信的江陵住宅正好就是宋玉住过的旧宅。《哀江南赋》中就说："诛茅宋玉之宅，穿径临江之府。"——这样说来，杜甫到江陵还多了一个理由，那儿不仅是偶像庾信待过的地方，还是堪当自己老师的宋玉待过的地方。杜甫在夔州送别朋友到潇湘时，就想到了庾信的故宅。《送王十六判官》："客下荆南尽，君今复入舟。买薪犹白帝，鸣橹已沙头。衡霍生春早，潇湘共海浮。荒林庾信宅，为仗主人留。"又在《舍弟观赴蓝田取妻子到江陵喜寄三首·其

---

[1] 李延寿：《北史》卷八三《庾信传》，中华书局，1989。
[2] 陈寅恪：《读哀江南赋》，《清华学报》1941年第13卷第1期。
[3] 仇兆鳌辑注：《杜诗详注》卷一七，中华书局，1979。

三》中再次写及庾信宅："庾信罗含俱有宅,春来秋去作谁家。短墙若在从残草,乔木如存可假花。卜筑应同蒋诩径,为园须似邵平瓜。比年病酒开涓滴,弟劝兄酬何怨嗟。"

  杜甫离开夔州的时候,他的一个姓唐的族弟专门从巫山县赶来与杜甫告别。① 船行至峡州,一个姓田的侍御在一座江边的亭台中为杜甫一家饯行。② 到达宜都（今湖北宜昌）时,杜甫作《大历三年春白帝城放船出瞿唐峡久居夔府将适江陵漂泊有诗凡四十韵》以纪行。从宜都再往前行就是松滋,杜甫作有《泊松滋江亭》一诗。松滋离江陵只有一两天水程,江陵在望,杜甫写下《行次古城店泛江作不揆鄙拙奉呈江陵幕府诸公》。显然杜甫来江陵前已做了不少功课,此处的幕府诸公中一定包括其族弟杜位,杜位此时在卫伯玉麾下任节度使府行军司马。杜甫到达江陵的时间是在大历三年（768）的二三月间,到江陵不久,曾于雨中拜访了杜位的宅院。在《乘雨入行军六弟宅》诗中,杜甫称赞杜位为"雄军"辅佐,春风正得意,不像他这样一个"凡才",亏得还曾经当过省郎（门下省左拾遗）呢,现在落魄成这个模样："萍漂忍流涕,衰飒近中堂。"

---

① 杜甫：《敬寄族弟唐十八使君》。
② 杜甫：《春夜峡州田侍御长史津亭留宴》。

孤舟洞庭湖

大历三年（768）暮春至初秋这几个月，杜甫一家都待在江陵。初夏时节，杜甫与旧友郑审（郑虔侄子）、李之芳（李邕族孙）相遇，三个老朋友在胡侍御书堂把酒叙旧，杜甫作《宴胡侍御书堂》。几人兴犹未尽，从室内来到室外，信马由缰，月下再赋诗，杜甫作《书堂饮既夜复邀李尚书下马月下赋绝句》。几天之后，李之芳设筵送别一个姓宇文的朋友赴石首县，杜甫与李之芳再次相会，写有杜甫诗集中唯一的联句体诗，即《夏夜李尚书筵送宇文石首赴县联句》。

这期间，杜甫去过位于江陵西北一百五十多里远的当阳县，估计是与弟弟杜观相见。奇怪的是，现存杜诗中并没有留下在当阳与杜观相会的只言片语，这之后也没有再看到关于杜观行踪的记载，很可能是杜观出现了什么意外，否则很难解释。杜甫诗中几次提及仲宣楼，如《夜雨》之"天寒出巫峡，醉别仲宣楼"，《短歌行赠王郎司直》之"欲向何门趿珠履，仲宣楼头春色深"。为纪念建安七子之一王粲而建的仲宣楼就在当阳县。

杜甫和家人是肯定到了当阳县的，为什么最终没有留在当阳和弟弟杜观一起生活呢？我的推断是当阳地方太小，生活也不容易，杜甫带着一家老小十几口人，会给杜观带来不小的压力。当意识到这一点时，心疼弟弟的杜甫便主动提出离开当阳。大家生活都不容易，杜观又是新来当阳，在当阳的人脉根底也十分有限。清代杜诗学者施鸿保认为是杜观妻子"不贤"导致兄弟参商，让杜甫不得不离开当阳。① 我认为这不符合杜甫的禀性，他对兄弟间的情分是看得很重的。

秋天，杜甫一家又从江陵移居到南边九十多里远的公安县。去之前，杜甫先让儿子杜宗文（也许还包括杜宗武）去公安一带打探了一番。儿子回信说，当阳也好公安也罢，生活都很艰辛，吃得很粗糙："童稚频书札，盘飧讵糁藜。我行何到此，物理直难齐。高枕翻星月，严城叠鼓鼙。风号闻虎豹，水宿伴凫鹥。异县惊虚往，同人惜解携。蹉跎长泛鹢，展转屡鸣鸡。"（《水宿遣兴奉呈群公》）即使如此，杜甫还是决定走一趟。旧友郑审在公安做官（少尹），杜甫始终认为友情意味着生活的希望，事实上也是如此，古代中国人的友情很多时候胜于亲情。杜甫在《八哀诗》中写郑虔时说："萧条阮咸在，出处同世网。"这儿的"阮咸"说的就是郑审，杜甫诗中自注："著作（郑虔）与今秘监郑君审，篇翰齐价。"郑审的命运比他的叔叔也好不到哪儿去，被贬到偏远的江陵、公安一带："他日访江楼，含凄述飘荡。"杜甫在写给郑审的《舟出江陵南浦奉寄郑少尹审》诗中说：

栖托难高卧，饥寒迫向隅。寂寥相响沫，浩荡报恩珠。溟涨鲸波动，衡阳雁影徂。南征问悬榻，东逝想乘桴。滥窃商歌听，时忧卞泣诛。经过忆郑驿，斟酌旅情孤。

杜甫并没有打算长期在公安待下去，他只是想去看望朋友郑审，当然这话也有不想给朋友带来压力的意思，诗中还表达了杜甫"南征"的新想法。

在公安遇颜十、卫大郎（钧）和书法家顾诫奢，杜甫作《醉歌行赠公安颜十少府请顾八题壁》《移居公安敬赠卫大郎》《送顾八分文学适洪吉州》等诗，还遇见了诗人李贺的父亲李晋肃。到公安不久，就传来老友李之芳辞世的消息，杜甫写下《哭李尚书》，读来令人鼻酸："相知成白首，此别间黄泉。风雨嗟何及，江湖涕泫然。"李之芳是蒋王李恽曾孙，蔡国公李煓的孙子，所以杜甫在诗中才有"秋色凋春草，王孙若个边"的悲叹。从作于公安《久客》之"衰颜聊自哂，小吏最相轻"来看，诗人在公安的生活可能更不

---

① 施鸿保：《读杜诗说》卷二二，中华书局，1962。

如意，待了几个月后还是决定走人。离开公安的暮冬时分，杜甫作《呀鹘行》，为一只病鸟而"失声溅血"。离开公安的早晨，杜甫作《晓发公安》，诗题下有原注："数月憩息此县。"杜甫茫然不知何去何从："舟楫眇然自此去，江湖远适无前期。"

诗人的身体越来越差，《咏怀二首》中说："岁月不我与，蹉跎病于斯。"从《水宿遣兴奉呈群公》诗中可知，诗人此时听力急剧衰退，"耳聋须画字"①，还得四处寻求帮助："余波期救涸，费日苦轻赍。杖策门阑邃，肩舆羽翮低。自伤甘贱役，谁愍强幽栖。"就算是以伤自尊的方式向人求助，仍然所获无几。

杜甫一直没有放弃北归的打算，拟先东下六百里外的岳州（今湖南岳阳），再从岳州北上沔州（今湖北武汉，离岳州七百多里），然后溯汉水向西北行驶一千四百多里，即可到达襄阳（如果从江陵陆行至襄阳只有不到五百里的行程）。到了襄阳往北行走一百八十多里路就可达南阳，南阳离洛阳还有七百里之遥。问题是由于北方正受到吐蕃的严重侵扰，襄阳也并不安全，这可能是杜甫一家最终放弃北上的重要原因。江陵卫伯玉并没有想象中那么给力（卫伯玉也邀请杜甫出席过一些宴会）②，杜甫寄予厚望的杜位好像也没有给他带来多少实际的帮助。《和江陵宋大少府暮春雨后同诸公及舍弟宴书斋》一诗中的"舍弟"写的就是杜位："渥洼汗血种，天上麒麟儿。才士得神秀，书斋闻尔为。棣华晴雨好，彩服暮春宜。朋酒日欢会，老夫今始知。"诗的最后两句所透露的消息值得玩味：这位"舍弟"天天和朋友们一起大酒大肉，却从未邀请过他这个喜欢喝酒的老哥喝上一两杯。

《江汉》一诗当作于江陵，浦起龙在《读杜心解》中认为杜甫至江陵本欲北归，此诗见志：

> 江汉思归客，乾坤一腐儒。片云天共远，永夜月同孤。落日心犹壮，秋风病欲苏。古来存老马，不必取长途。

这是杜甫五律中的名篇，极尽悲壮之笔，雄奇而超拔，沉痛又倔强。元

---

① 从稍后前往岳阳途中所作《夜闻觱篥》一诗来看，杜甫听力又有所恢复。
② 卫伯玉在江陵新建楼宇举办落成典礼，杜甫为作《江陵节度使阳城郡王新楼成王请严侍御判官赋七字句同作》《又作此奉卫王》。

人方回在《瀛奎律髓》中评价说："（余）味之久矣，愈老而愈见其工。中四句用'云天''夜月''落日''秋风'，皆景也，以情贯之。'共远''同孤''犹壮''欲苏'八字绝妙。世之能诗者，不复有出其右矣。公之意自比于'老马'，虽不能取'长途'，而犹可以知道释惑也。"葛晓音谈到了杜甫的孤独感："中国文学史上的大作家都有程度不同的孤独感，尤其是先秦汉魏六朝至初盛唐的诗人。失意困顿的遭际、缺乏同道的寂寞、对理想和操守的坚持、对世俗的洞彻和鄙视，是他们产生孤独感的共同原因。而就不同时代、不同境遇的诗人而言，其孤独感又有不同的内涵。提炼孤独感的艺术方式的差异，往往会造成诗人不同的艺术个性。如屈原以香草自饰、独清独醒的孤洁，阮籍独坐空堂、徘徊旷野的茫然，陶渊明面对'八表同昏'、独酌思友的寂寞，李白天马行空、从云端俯视人寰的清高，都与他们构筑的独特的艺术境界有关。不过，虽然比兴和构思的方式不同，其艺术提炼的原理却是相同的，这就是以诗人高大伟岸的个人形象与污浊荒漠的世俗世界构成反差强烈的对比。这也可以说是盛唐以前诗歌浪漫精神的表现传统之一。杜甫同样体尝了屈原、阮籍、陶渊明和李白诸家大诗人的各种孤独感，而且愈到晚年，他对孤独心境的提炼也愈益自觉。去世前一年他称自己为'乾坤一腐儒'，就是对自己与整个世界的关系经过反复思考之后的最后概括。与其他大诗人相比，杜甫最大的不同是：在个人形象和广漠时空的对比中，诗人突显的是自己的渺小和无力，然而其思考的深度和高度却迥出于前人之上。"①

江陵的冷暖人情杜甫领教过了，此地亦非久居之地。从《秋日荆南述怀三十韵》一诗可窥见杜甫在江陵的生活状态，其中言："休为贫士叹，任受众人咍。得丧初难识，荣枯划易该。"

诗人甚至产生过到庐山隐居的想法②，当然也只是一时的想法，因为还有一大家子人呢。大历三年（768）晚冬时节，杜甫一家到达江陵以东的岳州。刚到的时候，人生地不熟，他们只能暂住船上，杜甫于苦风之中作《泊岳阳城下》及《缆船苦风戏题四韵奉简郑十三判官》。名作《岁晏行》一诗很可能作于新年将近的岳州。

---

① 葛晓音：《杜诗艺术与辨体》，北京大学出版社，2018。
② 杜甫《留别公安太易沙门》："隐居欲就庐山远，丽藻初逢休上人。"

岁云暮矣多北风，潇湘洞庭白雪中。渔父天寒网罟冻，莫徭射雁鸣桑弓。去年米贵阙军食，今年米贱大伤农。高马达官厌酒肉，此辈杼柚茅茨空。楚人重鱼不重鸟，汝休枉杀南飞鸿。况闻处处鬻男女，割慈忍爱还租庸。往日用钱捉私铸，今许铅铁和青铜。刻泥为之最易得，好恶不合长相蒙。万国城头吹画角，此曲哀怨何时终。

　　即事名篇的七言歌行至此已是炉火纯青，汉乐府的精神已融入诗人的灵魂和血液之中，苍凉而臻化境。明人陆时雍在《唐诗镜》中认为此诗"杂沓郑重，是老人语致"。这个"老人语"评得很有深意，王嗣奭在《杜臆》中反而没有能够理解陆氏的用意："此亦不绳削，想到即书。盖偶一为之，以极诗之变。似亦嫌于伤时，故为颠倒其语，非老人语皆然也，学之便误。"《唐宋诗醇》评得比较到位："声哀厉而弥长，其气之老，正在参错中。"

　　杜甫的诗史之笔无所不至，不仅记载了"楚人重鱼不重鸟"的风俗，亦可以印证安史之乱以后唐朝金融秩序的混乱局面："往日用钱捉私铸，今许铅铁和青铜。刻泥为之最易得，好恶不合长相蒙。"不仅私铸（或盗铸）货币难禁，政府本身已经烂掉，所铸铜钱已非足铜，里面掺和了大量廉价的铅和铁。铸钱的铜范也不用了，那样的仿造成本太高，干脆直接用泥范完事。品相好不好也不重要，像个大概就行。已故著名货币史学者、哈佛大学教授杨联陞指出，私铸货币与盗铸货币并不完全相同，私铸有时政府是默许或允许的："在中国漫长的帝王统治时期，只是在很短的时期内，在极少数情形下允许私人造币（这叫私铸）。"① 一些特权人物会被政府允许私铸货币，唐玄宗就允许安禄山在自己的藩镇建立五座熔炉，其中每座熔炉可能和官办铸币厂的熔炉一样铸出数字确切的大量货币。史书记载，唐代中叶的天宝十一载（752），官办铸币厂掌握九十九座熔炉，每座熔炉每年造币三百三十万枚。安禄山拥有五座熔炉，亦即一年可以私铸一千六百五十万枚铜钱。但是盗铸是绝对被官方禁止的，是一种严重的犯罪行为，被政府发现后会处以极刑。杜甫写到的"私铸"很可能就是盗铸，而且是掺假的盗铸。据说，最疯狂的是在铜铅锡中掺入大量的砂子，称为砂尾钱或砂板钱。

---

① 刘梦溪主编：《中国现代学术经典·洪业、杨联陞卷》，河北教育出版社，1996。

从岳州过洞庭,再南行一百多里路就可以进入湘江水域,再逆水上行六七里路即达白水驿。这儿离潭州很近了,只有六十多里远。杜甫的名作《登岳阳楼》即作于此间:

昔闻洞庭水,今上岳阳楼。吴楚东南坼,乾坤日夜浮。亲朋无一字,老病有孤舟。戎马关山北,凭轩涕泗流。

杜甫诗中的"昔闻",自然可以理解成早就听说的意思。八百里洞庭闻名于世,诗人当然早就听说过。我疑心杜甫的"昔闻"是特有所指,他早就听说的并不只是这面烟波浩荡的湖水,还有年长自己二十多岁的诗人孟浩然那首《望洞庭湖赠张丞相》诗作。如果仔细将两首诗作进行一番比较,完全可以感受到杜甫实际上观看的是双重意义上的洞庭湖,一个是"今上岳阳楼"时所看到的洞庭湖,一个是孟浩然用汉语营造出来的诗中洞庭湖:"八月湖水平,涵虚混太清。气蒸云梦泽,波撼岳阳城。欲济无舟楫,端居耻圣明。坐观垂钓者,徒有羡鱼情。"两诗的领联所表达的气象都很辽阔,杜甫似乎刻意要胜过前辈一筹:孟浩然的诗意再广大,说的也只是吴楚一域的事(云梦泽和岳阳城),杜甫则由吴楚而推至乾坤。尤其是诗的后半部分,孟浩然由舟楫或垂钓落入尘俗的套路,杜甫则由无一字,由孤舟,由栏杆,由泪水而及北边的关山,境象开阔又收放自如。尽管两人都写到了"舟",一个"舟楫",一个"孤舟",用意和所产生的阅读快感却迥然相异。杜甫的"孤舟"是入骨的孤独,孤独得连亲朋的一个字都读不到、摸不着,而映衬此种孤独的又是可以将天地日月颠倒或悬浮的洞庭湖!

从《陪裴使君登岳阳楼》一诗来看,杜甫肯定重登过岳阳楼:"湖阔兼云雾,楼孤属晚晴。礼加徐孺子,诗接谢宣城。雪岸丛梅发,春泥百草生。敢违渔父问,从此更南征。"诗中的气象比第一次登临时所作差了很多。杜甫说自己好比是东汉那位名贤徐稚,裴使君好比是那位受人尊重的陈蕃,同时还像南朝齐诗人谢朓,写得一手好诗文。裴使君名字叫裴隐,曾在贾至诗中出现过,从贾至所作《赠裴九侍御昌江草堂弹琴》可知,裴隐在昌江还有自己的草堂。

从岳州到潭州途中,杜甫作《湘夫人祠》及《祠南夕望》,颇有《九歌》风味。其实杜甫诗歌除了直承《诗经》传统,亦有《楚辞》基因。比如在公安所作《移民公安山馆》之"山鬼吹灯灭,厨人语夜阑",一派纯粹的楚风。在湘江上,杜甫突遇大风,险遭覆船。①

到达潭州后,杜甫寻访并题拗体长排诗于岳麓山寺壁②,那儿有诗人祖父好友宋之问的大作。题诗于此显然是有意为之,杜甫是想以此告慰祖父:"诗是吾家事",祖父,我没有让您失望。

大历四年(769)春天,杜甫到达潭州上游近两百里的凿石浦,作《宿凿石浦》,诗中有这样的句子:"穷途多俊异,乱世少恩惠。鄙夫亦放荡,草草频年岁。"湖湘一带的社会并不安稳,这些所谓的"俊异"可能是像后面所说的苏涣那样的豪杰,也可能是绿林强盗。为了应付这些来历不明、目的更不明的人,迟暮之年的诗人杜甫不得不装扮出几分青年时代才有的"放荡"形象。到凿石浦住了一晚,过津口、空灵岸、花石戍,入衡山望南岳,再作《望岳》诗。

正在杜甫不知何处安身的时候,传来旧友韦之晋的消息(来衡州做刺史兼湖南都团练观察使)。韦之晋是杜甫青春年少时在郇瑕认识的朋友,他们已经四十年未再见过。没有想到四十年后,两人还能在衡州相见。不久,韦之晋被调至潭州任刺史,杜甫作《奉送韦中丞之晋赴湖南》。杜甫亦打算返回潭州时,韦之晋却猝然病故。韦之晋的职位由崔瓘接任,后者在次年夏天被湖南兵马使臧玠杀害,湖湘再次陷入乱局。杜甫为作《白马》及《入衡州》以纪乱。

从"远归儿侍侧,犹乳女在旁"两句来看,杜宗文去了较远的地方才回来。诗人此间在潭州还添了一个女儿,可怜她还是在乱世中早夭了。《风疾舟中伏枕书怀三十六韵奉呈湖南亲友》中所说的"瘗夭追潘岳,持危觅邓林",很可能写的就是这个不幸的女婴——杜甫在羌村时已饿死了一个幼子。

孩子的丧钟再一次敲响,它又为谁而鸣!

为孤舟的洞庭湖,还是无边的落木?

---

① 杜甫《解忧》:"减米散同舟,路难思共济。向来云涛盘,众力亦不细。呀坑瞥眼过,飞橹本无蒂。得失瞬息间,致远宜恐泥。百虑视安危,分明曩贤计。兹理庶可广,拳拳期勿替。"

② 杜甫:《岳麓山道林二寺行》。

知音和侠客

大历四年（769）的夏天，杜甫从衡州回到潭州。

秋天来临时，与故人韦迢相遇于潭州，两人互有赠诗。韦迢出生于长安京兆，和杜甫算是老乡。胡可先认为，杜甫与京兆韦氏渊源甚深，杜诗中与韦氏交往者多达三十首（包括韦迢、韦济、韦见素、韦偃、韦讽、韦之晋等）。① 韦迢写给杜甫的诗值得重视，里面牵涉杜甫诗歌的传播、影响与评价。

潭州留别杜员外院长

江畔长沙驿，相逢缆客船。大名诗独步，小郡海西偏。地湿愁飞鹏，天炎畏跕鸢。去留俱失意，把臂共潸然。

酬唱作品中不免会有一些夸张和美化的成分，但绝不可能无中生有。韦迢说杜甫此时的诗名已经很大，而且是以独树一帜的形象广为传播。韦迢的判断对于几十年后元稹对杜甫的认识产生过重要影响：韦迢是元稹岳父韦夏卿的父亲，杜甫孙子杜嗣业之所以请元稹为其祖父撰墓系铭，当与这段因缘

---

① 胡可先：《杜甫与唐代京兆韦氏关系述论》，《复旦学报》（社会科学版）2017年第6期。

有密切关系。① 韦夏卿的女儿韦丛因为嫁给了元稹,后来韩愈还为之作墓志铭。②

杜甫在《南征》中慨叹"百年歌自苦,未见有知音",其实他生前并非没有知音③,韦迢就堪称杜甫诗歌的暮年知音。他对杜甫诗歌的肯定至关重要,我们应该感谢韦迢。当然,韦迢也应该感谢杜甫,他流传下来的两首诗作均与杜甫相关,如果没有杜甫的影响,我们可能就读不到他的任何诗句。韦迢的诗作并不算太出色——他也许不是一个非常优秀的诗人,但一定是一个独具眼光的诗歌鉴赏家。

初冬时分,韦迢去了南方的韶州(今广东韶关,以尚书员外郎为韶州刺史),临别时韦迢致诗杜甫。《早发湘潭寄杜员外院长》:"北风昨夜雨,江上早来凉。楚岫千峰翠,湘潭一叶黄。故人湖外客,白首尚为郎。相忆无南雁,何时有报章。"韦迢到了韶州后,两人继续诗书不断。一个姓魏的人要去岭南,杜甫托他将自己写给韦迢的诗作转交。韦迢收到杜甫所作的《送魏二十四司直充岭南掌选崔郎中判官兼寄韦韶州》一诗后,很快给予回复,接着杜甫又写了一首诗回复韦迢。

酬韦韶州见寄

养拙江湖外,朝廷记忆疏。深惭长者辙,重得故人书。白发丝难理,新诗锦不如。虽无南过雁,看取北来鱼。

韦迢甚为推崇杜甫的诗作,杜甫赞颂韦迢诗"新诗锦不如",又何尝不是在赞颂自己?清人汪瑗论杜、韦之间的唱酬:"往来反复,词旨互见,可见前人和诗必答其意,非若今人为次韵所拘也。"④

---

① 萧涤非等:《杜甫全集校注》,人民文学出版社,2014。
② 韩愈:《监察御史元君妻京兆韦氏夫人墓志铭》,《韩愈集》卷二四,中州古籍出版社,2010。
③ 相传在杜甫五十一岁(宝应元年,762)时,任华作《杂言寄杜拾遗》,诗中称杜甫诗作"势攫虎豹,气腾蛟螭","曹刘俯仰""沈谢逡巡"。但此诗很可能是伪作,杜甫集中亦无一处提及与任华相识之事。
④ 汪瑗著,蔡志超校注:《杜律五言补注校注》卷四,万卷楼,2016。

杜甫诗歌于其晚年在湖湘及江南一带已经得到人们相当程度的认可。①杜甫《酬郭十五判官》："才微岁晚尚虚名，卧病江湖春复生。药裹关心诗总废，花枝照眼句还成。只同燕石能星陨，自得隋珠觉夜明。乔口橘洲风浪促，惊帆何惜片时程。"隋珠自明，虽然说的是朋友，实亦夫子自道。从少年时代开始，杜甫对自己的诗作就相当自信。

其实，杜甫诗歌早在长安时代就已经拥有了相当多的崇拜者，他在《赠李八秘书别三十韵》中写道："乞米烦佳客，钞诗听小胥。"② 小官吏们很喜欢杜甫的诗，还经常把杜甫诗歌抄录下来，以备随时赏读。

从杜甫作于湖湘时期的《早发》及《暮秋枉裴道州手札率尔遣兴寄递呈苏涣侍御》等诗中均可看出，杜甫因诗名远传，常以诗会友，前来看望杜甫的朋友络绎不绝（如卢琚、张建封、刘判官等），所谓"有求常百虑，斯文亦吾病。以兹朋故多，穷老驱驰并"。朋友之间的往来书信也很多，一个月就会汇集成一大捆。这些书信中，最令杜甫欢喜的是诗人元结的来信，他读了一遍不过瘾，还要读第二遍第三遍："久客多枉友朋书，素书一月凡一束。虚名但蒙寒暄问，泛爱不救沟壑辱。齿落未是无心人，舌存耻作穷途哭。道州手札适复至，纸长要自三过读。盈把那须沧海珠，入怀本倚昆山玉。"他们一定会在书信中继续深入讨论关于"比兴体制"或"微婉顿挫"的问题。

在潭州期间，杜甫一家人住在临江的一座阁楼上，他写有《江阁卧病走笔寄呈崔卢两侍御》《楼上》及《远游》等诗作。八月初五，是杜甫心中那轮早已陨落的太阳——玄宗皇帝的诞辰，杜甫为作《千秋节有感二首》，这是杜甫最后一次给玄宗写诗。

> 自罢千秋节，频伤八月来。先朝常宴会，壮观已尘埃。凤纪编生日，龙池堑劫灰。湘川新涕泪，秦树远楼台。宝镜群臣得，金吾万国回。衢尊不重饮，白首独余哀。

诗人伤先帝实亦自伤，龙池铺满了劫后余灰，湘水落满了泪水。

---

① 据万曼《唐集叙录》考证，杜甫诗集最初流行的是唐人樊晃编就的六卷本《杜甫小集》（二百九十篇），而不是《新唐书·艺文志》所载的六十卷本《杜甫集》。樊晃序中记载，杜诗最早流传的地域即在"江汉之南"及"江左"一带。

② 明末卢世㴶《杜诗胥钞》的书名即来源于此。

在杜甫晚年往来的故雨新知中，苏涣的出现是一个意外。苏涣的形象，总让我想起杜甫早年在齐鲁一带认识的那位以骑射见长的苏源明。湖湘一带常有"俊异"之人出现，苏涣就是这样的一位俊异。

大历四年（769）夏秋之际，杜甫在潭州重操旧业，常在长沙定王城（汉景帝之子长沙定王刘发所筑城池，位于今天长沙的浏正街南一带）附近的集市上卖药，长沙的药市和鱼市混杂在一起，"风破寒江迟"，就在那儿杜甫遇见异人苏涣。两人一见如故，互相往来，苏涣还经常坐着肩舆（轿子）来水边船上看望杜甫。在朋友裴虬去道州的饯别宴席之上，杜甫提及新近认识的苏涣，说这位苏姓朋友不是凡人，是苏秦的后裔，两人意气相投，一同坐着轿子到长沙城北观光，或一起到城南靠在隐几上欣赏种庄稼的农夫。杜甫说，苏涣是绝对能干大事的人，他可能会像谢安石一样走出东山，拯济苍生。①

杜甫在另一首写苏涣的《苏大侍御访江浦赋八韵记异》（今仅存七韵）中，记载了对苏涣的印象：

> 苏大侍御涣，静者也，旅于江侧。不交州府之客，人事都绝久矣。肩舆江浦，忽访老夫舟楫。已而茶酒内，余请诵近诗，肯吟数首，才力素壮，辞句动人。接对明日，忆其涌思雷出，书筴几杖之外，殷殷留金石声，赋八韵记异，亦见老夫倾倒于苏至矣。

> 庞公不浪出，苏氏今有之。再闻诵新作，突过黄初诗。乾坤几反覆，扬马宜同时。今晨清镜中，白间生黑丝。余发喜却变，胜食斋房芝。昨夜舟火灭，湘城帘外悲。百灵未敢散，风破寒江迟。

所谓的"静者"，其实只是杜甫看到的苏涣的一面：安静的、隐者的一面。流寓于潭州，在湖南观察使崔瓘幕下当过幕佐的人，现在的生活状态很闲适，不交州府之客，如同东汉末年隐居岘山的庞德公一样。这个代宗广德二年（764）中进士，累迁侍御史的"静者"形象应该只是苏涣的一个假象，他的内心可是一刻也没有安静过。苏涣当年在江湖上还有一个令很多人闻风

---

① 杜甫《暮秋枉裴道州手札率尔遣兴寄递呈苏涣侍御》："宴筵曾语苏季子，后来杰出云孙比。茅斋定王城郭门，药物楚老渔商市。市北肩舆每联袂，郭南抱瓮亦隐几。无数将军西第成，早作丞相东山起。"

丧胆的名字："白跖。"① 唐人高仲武在《中兴间气集》中记载说："涣本不平者，善放白弩，巴中号曰白跖。賨人患之，以比盗跖。后自知非，变节从学。乡赋擢第，累迁至御史，佐湖南幕。崔中丞（瓘）遇害，涣遂逾岭，扇动哥舒（晃）跋扈交广。此犹龙蛇见血，本质彰矣。三年中作《变律诗》九首，上广州李帅（勉）。其文意长于讽刺，亦育陈拾遗（子昂）一鳞半甲，故善之。"大历三年（768）冬或次年春天，李勉任广州刺史兼岭南节度使，四年之后继任者为吕崇贲。《中兴间气集》没有选杜甫的诗，反而选了苏涣的三首诗，说明苏涣的独特经历在当时的诗坛中影响不可小觑。

　　苏涣应该是生活在蜀北梓阆一带以勇武著称的巴人（賨人或板楯蛮）②，青年时代曾是巴山一带有名的强盗，擅使白色弩箭，沿途行商十分惧怕他的凶狠，便送了个"白跖"的雅号，意思是说苏涣就像春秋大盗庄蹻一样。庄蹻本为楚庄王兄弟，初为盗贼（盗跖），后来成为云南滇王。还记得杜甫当时从绵州避难梓州行至光禄坂时，就有过"马惊不忧深谷坠，草动只怕长弓射"的担心，说明当时的强盗打劫时爱用弓弩进行暗杀，说不定那时苏涣就隐藏在某一片草莽之中呢。为什么要说成"白跖"呢？我推测可能与巴人或賨人有过尚白的习俗有关。据《后汉书》载："板楯蛮夷者，秦昭襄王时，有一白虎，常从群虎数游秦、蜀、巴、汉之境，伤害千余人。昭王乃重募国中有能杀虎者，赏邑万家，金百镒。时有巴郡阆中夷人，能作白竹之弩，乃登楼射杀白虎。昭王嘉之，而以其夷人，不欲加封，乃刻石盟要，复夷人顷田不租，十妻不算，伤人者论，杀人者得以倓钱赎死。盟曰：'秦犯夷，输黄龙一双；夷犯秦，输清酒一钟。'夷人安之。"③ 用"白竹之弩"射杀"白虎"，明显带有一种色彩巫术崇拜的倾向。称苏涣为"白跖"，表示苏涣是一个善于使"白竹之弩"的绿林强盗。④

　　白跖是苏涣的另一面，而且是他的本来面目。杜甫并不是不知道苏涣的

---

　　① 欧阳修等《新唐书》卷六〇《艺文志四》："涣少喜剽盗，善用白弩，巴蜀商人苦之，号白跖，以比庄蹻。后折节读书，进士及第。湖南崔瓘辟从事，瓘遇害，涣走交广，与哥舒晃反，伏诛。"
　　② 冯至：《杜甫传》，人民文学出版社，2014。
　　③ 范晔：《后汉书》卷八六《板楯蛮夷传》，中华书局，2007。
　　④ 庾信《庾信集》卷一下《周大将军琅邪庄公马裔墓志铭》："虽复巴水三回，夷歌数曲，徒逢白竹之弩，已济青衣之功。"

这一面,所以才有"记异"的说法。杜甫也是有很多江湖经验的人,不仅因为早年漫游江南和齐赵积累了诸多经验,还由于杜甫身上本来就流着隐秘的江湖之血。(还记得他那位为父复仇的少年叔叔杜并吗?)杜甫所接触的人物身份十分复杂,其中有皇帝、太子、宗室、丞相、尚书、大将、防御使、御史、夫人、舞女、伎女和大盗。[①]

诗人次年与苏涣一同避臧玠之难进入衡州时,又将异人苏涣推荐给衡州刺史杨济。杜甫对杨刺史说,当今乱世,像苏涣这样能文能武的人才太难得,他的身上既有战国大将白起的勇敢与锐气,又有西汉侠客剧孟的仁和义,而且兼有西汉大辞赋家司马相如的才气![②] 毫无疑问,这里肯定有些溢美之词。但是杜甫之所以要如此赞美苏涣,原因并不在于诗人有求于苏涣,而在于他在穷途末路无力回天之时,遇见一个很有个人魅力和能量的人,从他身上似乎看到了某种希望。明人胡震亨在《唐音癸签》中的认识失之偏颇:"苏涣以盗始,以盗终,其人何如人哉!杜称为静者,寄诗望其致主尧舜,屡赞不已,殊可怪。湖南后交游益寥落,穷途倾盖,许与遂至过滥耳。'即今漂泊干戈际,屡貌寻常行路人',岂独为曹将军言哉!"不是杜甫"许与过滥",而是杜甫期许过高:"致君尧舜付公等,早据要路思捐躯。"

杜甫在诗序中称苏涣所作诗篇"才力素壮,辞句动人""涌思雷出""殷殷留金石声"。又在诗中说,听了苏涣吟诵自己的作品(很可能就是"变律"之一),仿佛吃了灵丹妙药一样,可以让诗人自己白发转黑,可以令乾坤颠倒、湘娥鸣咽、百灵聚集,可以让湘江变得平静——这样的赞美确实有点过分,或许可以理解为诗人借赞美苏涣之诗来赞美自己的诗。这种事情在生活中时常会遇到,赞美自己的最好方式就是赞美别人。心理学家杰丝·蕾尔(Jess Rael)认为:对于人类的灵魂而言,称赞就如同阳光一样,没有它,我们便无法健康成长。不过,我们大部分人,只是敏于躲避他人的冷言冷语,而自己却吝于将赞许的阳光给予他人。"不薄今人爱古人"的诗人杜甫深知此理,他在暮年见到集诗人与侠客身份于一身,被郭沫若称为"人民诗

[①] 朱东润:《杜甫叙论》,人民文学出版社,1981。
[②] 杜甫《入衡州》:"剧孟七国畏,马卿四赋良。门阑苏生在,勇锐白起强。"

人"的苏涣时①，便慷慨地将赞许的阳光赠给了朋友。

从今天苏涣留下来的四首诗作来看，其中的变律三首写得较有特色②，比如写捅马蜂窝那首："毒蜂成一窠，高挂恶木枝。行人百步外，目断魂亦飞。长安大道边，挟弹谁家儿？右手持金丸，引满无所疑。一中纷下来，势若风雨随。身如万箭攒，宛转迷所之。徒有疾恶心，奈何不知几！"手法虽然走的仍是比兴一路，但用语近乎口语，很有画面感。这种思路可能受到苏涣的老乡——前辈大诗人陈子昂《感遇》诗的影响，和杜甫所张扬的"比兴体制，微婉顿挫"也是一路。

虽说苏涣后来并没有实现杜甫生前的宏大期望，但也还算得上是热血男儿。苏涣帮助循州刺史哥舒晃杀死岭南节度使吕崇贲，起兵反唐，经过长达两年的浴血奋战仍以失败告终，最后为岭南节度使路嗣恭所灭。"白跖"苏涣没能干成一番轰轰烈烈的大事业，以必死之心赴必败之事，至少无愧于杜甫所说的"勇锐"二字。

杜甫与苏涣，一个是迟暮的大诗人，一个是失败的豪杰或侠客。

两个惺惺惜惺惺的人，却都有一颗寂寞的心："今君抱何恨，寂寞向时人。"③

---

① 郭沫若：《李白与杜甫》，中国长安出版社，2010。
② 仇兆鳌辑注《杜诗详注》卷二三："《杜臆》：涣本盗侠，读其变律诗，自推作家，肩舆忽访，能具只眼，故就此一节取之，而隐衷则微见于'记异'二字，言其出于意外也。《南部新书》：涣有变律诗十九首，上广帅李公。唐人谓涣诗长于讽刺，得陈拾遗一鳞半甲。"
③ 杜甫：《赠别贺兰铦》。

东游南征

杜甫在潭州期间，写过一首类似游仙诗的《幽人》：

> 孤云亦群游，神物有所归。麟凤在赤霄，何当一来仪。往与惠荀辈，中年沧洲期。天高无消息，弃我忽若遗。内惧非道流，幽人见瑕疵。洪涛隐语笑，鼓枻蓬莱池。崔嵬扶桑日，照曜珊瑚枝。风帆倚翠盖，暮把东皇衣。咽漱元和津，所思烟霞微。知名未足称，局促商山芝。五湖复浩荡，岁暮有余悲。

这首诗应该是献给玄肃时代的第一隐者李泌的诗作，其时李泌隐居于衡山。① 李泌曾在肃宗中兴事业中扮演过极其重要的角色，是历史上少见的真正看穿功名的高人之一，他的理想是终身白衣，虽然最终推脱不了皇帝的盛情，还是被迫穿上了三品以上官员才能享有的紫袍，但李泌骨子里就是一个真高人，而非那种以退为进的假高人。杜甫心中十分钦佩李泌，在他看来，李泌代表着一种智慧与觉醒的力量，故在诗中多次写及。杜甫当年在凤翔行在与李泌同过朝，所以在《赠李八秘书别三十韵》中才说："不才同补衮，奉诏许牵裾。"

---

① 刘昫等《旧唐书》卷一三〇《李泌传》："幸臣李辅国害其能，将有不利于泌。泌惧，乞游衡山，优诏许之，给以三品禄俸，遂隐衡岳，绝粒栖神。"

在《幽人》诗中，杜甫表现出对道教神仙思想的热切向往：生命就像一朵无所依托的孤云，那些虚空中的麟与凤，什么时候会显现出它们的威仪呢？值得注意的是，杜甫对于东边大海的向往即使在垂暮之年也没有遗忘："崔嵬扶桑日，照曜珊瑚枝。风帆倚翠盖，暮把东皇衣。"珊瑚树枝对杜甫来说是一种遥远的海洋象征，当年他饯别孔巢父东归时就写到过这种奇幻的石化生命形态。在杜甫眼中，最动人的文采就是珊瑚的文采："飘飘青琐郎，文采珊瑚钩。"(《奉同郭给事汤东灵湫作》)事实上，杜甫入蜀以后，一直存有到东部沿海地区生活的意愿。到了夔州之后，杜甫也没有放弃东游的想法。《解闷十二首·其二》说"为问淮南米贵贱，老夫乘兴欲东游"，开始关心起淮南大米的价格，说明杜甫对东游已经有了比较落地的想法。洪业推断杜甫中途可能还让长子杜宗文远出寻找过江东的姑母和弟弟杜丰。① 从《又示两儿》来看，杜丰应该在长江中下游一带的江州（今江西九江）居住："令节成吾老，他时见汝心。浮生看物变，为恨与年深。长葛书难得，江州涕不禁。团圆思弟妹，行坐白头吟。"不过，东游的计划也仅仅只是一个想象中的计划，一个无法实现的泡影。

从大历五年（770）春天开始，杜甫一家的生活似乎越来越难以为继，很多时候都是在船上度过的，这可能与杜甫的身体状况越来越差相关。寒食的后一天，杜甫作《小寒食舟中作》："佳辰强饮食犹寒，隐几萧条戴鹖冠。春水船如天上坐，老年花似雾中看。娟娟戏蝶过闲幔，片片轻鸥下急湍。云白山青万余里，愁看直北是长安。"寒食刚过，一般人应该食欲很好，而杜甫身体每况愈下，已经不太想吃什么东西，但还得强打起精神，依靠在那只从成都带来的乌皮几上，头上还戴着一顶隐士冠（鹖冠）。"春水船如天上坐，老年花似雾中看。"时光与视觉上的眩晕感（杜甫此时的视力也已经急剧下降），写尽美与虚幻的本质。但是，生命总有其不可遮掩的迷人之处，湖南春来早，寒食一过春意渐多，窗幔边的戏蝶，急流中的轻鸥，各得其乐，各得其所，只有诗人杜甫无所适从，故乡长安越望越遥远不可及。

杜甫执意要离开生活相对比较充裕的夔州，从水路回到长安是其不可动

---

① 洪业《杜甫：中国最伟大的诗人》认为杜甫在江陵时亦有重游江东的计划（弟弟杜丰在那一带生活），然后再从邗沟、淮水达广济渠，由洛阳入长安。

摇的信念——是的，回家成了杜甫暮年的信念，一种讲不清道不明的执念。他就是想回去，但回去了又怎么办？回去了也许情况更糟糕。这些对于杜甫来说都不是首先要考虑的，回家的行为本身才是最重要的，回家就是一种带有宗教情感的强烈冲动。

归雁二首·其一

　　万里衡阳雁，今年又北归。双双瞻客上，一一背人飞。云里相呼疾，沙边自宿稀。系书元浪语，愁寂故山薇。

很多时候，人真的不如一只高飞的大雁。

《燕子来舟中作》可能作于寒食之后不久："湖南为客动经春，燕子衔泥两度新。旧入故园尝识主，如今社日远看人。可怜处处巢居室，何异飘飘托此身。暂语船樯还起去，穿花贴水益沾巾。"一转眼就来到湖南两年了，飞来飞去的燕子似曾相识。人看燕子时，燕子也在看人，彼此心照不宣，却又有种难以逾越的陌生感——这正是杜甫此际的处境，孤独才是压在暮年诗人头上的巨石。

大历五年（770）初春，杜甫作《元日示宗武》及《又示宗武》二诗。从诗中可以看出，次子杜宗武在诗歌方面比宗文更有天赋一些，杜甫对宗武在文学方面寄予厚望。① 就在这年春天，又在长沙作《风雨看舟前落花戏为新句》及《江南逢李龟年》等诗。洪业认为后一首也可能是杜甫现存作品中写作年代最早的一首诗，我个人还是倾向于这是杜甫晚年在潭州遇见当年的音乐家李龟年时所作，与夔州之《观公孙大娘弟子舞剑器行》同一机杼："岐王宅里寻常见，崔九堂前几度闻。正是江南好风景，落花时节又逢君。"清人黄生说得好："此诗与《剑器行》同意，今昔盛衰之感，言外黯然欲绝，见风韵于行间，寓感慨于字里，即使龙标（王昌龄）、供奉（李白）操笔，亦无以过。乃知公于此体，非不能为正声，直不屑耳。"② 从前的欢乐、欢颜与欢聚早已一去不复返，江南（湖南）的风景再好，终是要凋零的，如同

---

① 胡应麟《诗薮》外编卷三：唐小说载杜甫子宗武作诗示友人，友人以斧笞之。宗武曰：欲使我斤正吾父耶？友人云：令若自断其臂耳。不尔，天下诗名又在杜家矣。此事甚新，然史传不载。宗武诗亦竟弗传。岂三世为将，道家所忌哉？按斧字从父从斤，杜尝命宗武熟精《文选》，又作诗屡令其诵，友人言宜有可信者，惜无从互订之。

② 仇兆鳌辑注：《杜诗详注》卷二三，中华书局，1979。

再动听的乐器也终有喑哑的那一天。

长安回不去，潭州也不是杜甫的久居之地。这个时候，杜甫的一个远房舅舅崔伟要去郴州当官（代理郴州刺史），杜甫为作《奉送二十三舅录事之摄郴州》：

> 贤良归盛族，吾舅尽知名。徐庶高交友，刘牢出外甥。泥涂岂珠玉，环堵但柴荆。衰老悲人世，驱驰厌甲兵。气春江上别，泪血渭阳情。舟鷁排风影，林乌反哺声。永嘉多北至，勾漏且南征。必见公侯复，终闻盗贼平。郴州颇凉冷，橘井尚凄清。从事何蛮貊，居官志在行。

由于崔舅舅的出现，杜甫再一次想到了"南征"。在温暖的南方，不仅有治愈瘟疫的橘井，还有炼丹成仙的勾漏令葛洪。杜甫在诗中多次写到这位道家人物（也是青年时代就和李白一起喜欢过的人物）。《为农》诗："远惭勾漏令，不得问丹砂。"杜甫南征的目的地是繁华的交州（今广东广州），交州是唐代最著名的对外开放港口，向海外可达越南及马来半岛、苏门答腊以至天竺（今印度）、锡兰（今斯里兰卡）和大食（阿拉伯帝国），向陆地经广西、长沙、江陵、襄阳直到长安。中外交通史学名家向达论及广州时说："自张骞凿空以后，陆路方面，敦煌一隅绾毂中西之交通；海路通西域则率取道徐闻、合浦。广州之成为中西交通要地，当在汉末以后；中国之政治中心既形分裂，孙权建国江南，从事经营海上，乃有康泰、朱应宣化海南诸国之举。自是以后，广州遂为中西海上交通之重镇，六朝时广州刺史但经城门一过，便得三千万，其富庶可想矣。唐代广州尤为中西海上交通之唯一要地。泉州、明州、澉浦兴于唐末以及北宋，华亭、太仓之兴则又为元明以后之事。"① 杜甫早就知道交州是富庶温暖之地，在《奉送魏六丈佑少府之交广》中对其极尽赞美之辞：那儿有高大的朱门和华屋，门窗墙壁之上雕刻着蛟螭；那儿的人们锦衣玉食，美艳的侍婢倾城倾国，穿着轻薄如雾的丝绸，饮酒的酒盅都是用名贵的琥珀制成的。

大历四年（769）初，李勉任广州刺史兼岭南节度使，杜甫为之作《衡

---

① 向达：《唐代长安与西域文明》，河北教育出版社，2001。

州送李大夫七丈赴广州》："斧钺下青冥,楼船过洞庭。北风随爽气,南斗避文星。日月笼中鸟,乾坤水上萍。王孙丈人行,垂老见飘零。"在《送重表侄王砅评事使南海》诗中,杜甫直接称李勉为"亲贤",在其身上寄予厚望,对广州也充满想象。可能白跖苏涣也表达了南行的想法,更让杜甫觉得广州很可能成为一个梦想的飞地。其实帝国之下从来就不可能有什么飞地,苏涣更不可能给天下带来真正的改变,他甚至连自己作为一个强盗的命运也无法改变。

念头一旦涌现,就成为无法掐断的火苗。杜甫并非说说而已,而是带着一家人真的南征过。大历五年(770)四月,杜甫携家避臧玠之乱入衡州。《逃难》当作于途中:

五十白头翁,南北逃世难。疏布缠枯骨,奔走苦不暖。已衰病方入,四海一涂炭。乾坤万里内,莫见容身畔。妻孥复随我,回首共悲欢。故国莽丘墟,邻里各分散。归路从此迷,涕尽湘江岸。

杜甫的数字举整数时通常是往大处说,很少往小处说,这儿的"五十白头翁"是一个例外,按杜甫的习惯应该说成"六十白头翁"(杜甫已经五十九岁了)。诗人说他一生都在逃难,在长安逃安史之难,在成都逃徐知道之难,现在在湖南又逃臧玠之难。"疏布缠枯骨",这场景实在令人心痛和震惊。杜甫无路可走,又从衡州向南逃,溯耒水而上可至郴州。他们向南船行三百多里时遭遇洪水,泊方田驿,不得已只得放弃南征广州的计划,打算顺流北上汉阳(今湖北武汉),从汉水返回长安。

诗人就是一个永远走在回家路上的孩子。

这年秋天,吐蕃攻打邠州(今陕西彬州),使杜甫回家的计划最终落空,在《暮秋将归秦留别湖南幕府亲友》中所表达的愿望,再无实现的机会。

东游游不成,南征也半途而废。

疾
风

杜甫一家在方田驿躲避夏天的洪灾，水患致使生活物资极度匮乏，一家人等在船上，一连好多天（半旬）都没有什么食物。幸好耒阳（今湖南耒阳）聂县令得知杜甫一家被大水困住的消息，立即写信问候并送来难得的酒肉，总算缓解了杜甫一家的燃眉之急。杜甫为作《聂耒阳以仆阻水书致酒肉疗饥荒江诗得代怀兴尽本韵至县呈聂令陆路去方田驿四十里舟行一日时属江涨泊于方田》一诗：

耒阳驰尺素，见访荒江渺。义士烈女家，风流吾贤绍。昨见狄相孙，许公人伦表。前朝翰林后，屈迹县邑小。知我碍湍涛，半旬获浩溔。孤舟增郁郁，僻路殊悄悄。侧惊猿猱捷，仰美鹳鹤矫。礼过宰肥羊，愁当置清醥。鹿下杀元戎，湖边有飞旐。方行郴岸静，未话长沙扰。人非西谕蜀，兴在北坑赵。崔师乞已至，澧卒用矜少。问罪消息真，开颜憩亭沼。

从诗题及诗歌正文来看，聂县令并没有亲自来，而是派人送来了书信、酒（清醥）和肉（肥羊肉）。杜甫为了答谢聂县令危难时候的慷慨相助，下船走了四十里陆路才走到耒阳县城，向聂县令登门道谢。杜甫称赞聂县令的祖上就出义士（聂政）和烈女（聂嫈），所以聂县令现在的义举是有历史渊源的。关于杜甫食变质牛肉而致死于耒阳的传说广为人知①，否定此一说法的铁证是，至迟在大历五年（770）秋天，杜甫还在潭州与在秦州认识的山中儒生李衔重逢，因此杜甫不可能死于此年夏天的耒阳。谢思炜已经指出，杜甫在诗中写得明明白白，他吃了聂县令送来的羊肉和酒之后，"至县以诗呈聂，非一夕而卒"②。

杜甫从耒阳回到潭州，打算到了秋天便坐船进入汉阳。《登舟将适汉阳》："春宅弃汝去，秋帆催客归。庭蔬尚在眼，浦浪已吹衣。生理飘荡拙，有心迟暮违。中原戎马盛，远道素书稀。塞雁与时集，樯乌终岁飞。鹿门自此往，永息汉阴机。"中原仍然处于战乱之中，致使书信往来十分困难。尽管如此，杜甫好像已顾不了那么多，心中只存一个念头：不死会归秦！

大历五年（770）的秋天到冬天，杜甫一家人漂泊在湘江之上。

从潭州前往北边的岳州途中，寒冬真的降临了。

江面上一阵阵疾风吹来，卷起白色波浪。

杜甫写下生命中的最后一首诗，共三百六十个字。

风疾舟中伏枕书怀三十六韵奉呈湖南亲友

轩辕休制律，虞舜罢弹琴。尚错雄鸣管，犹伤半死心。圣贤名古邈，羁旅病年侵。舟泊常依震，湖平早见参。如闻马融笛，若倚仲宣襟。故国悲寒望，群云惨岁阴。水乡霾白屋，枫岸叠青岑。郁郁冬炎

---

① 《新唐书·杜甫传》："游岳祠，大水遽至，涉旬不得食，县令具舟迎之，乃得还。令尝馈牛炙白酒，大醉，一昔卒。"钱谦益《钱注杜诗》："《旧书》本传：'甫游衡山，寓居耒阳，啖牛肉白酒，一夕而卒于耒阳。'元稹《墓志》：'扁舟下荆楚间，竟以寓卒，旅殡岳阳。'公卒于耒阳，殡于岳阳，史志皆可考据。……近代有为杜工部耒阳祠堂记者，大略曰：'子美出瞿塘，下江陵，登岳阳楼，览衡岳，抵耒阳，适江水暴涨，有诗干聂令，令馈以牛肉、白酒，因饫死。为惊湍所漂，仅得所遗靴，因垒土筑虚冢瘗之。解缙有诗云：蔡伦池上雾如纸，杜老祠前秋日黄。为问靴洲江上水，流船三日到衡阳。'按此，则杜陵之殁，不特以牛肉白酒，并罹汨罗之酷矣。"郭沫若在《李白与杜甫》中力主杜甫死于耒阳，死因并非"饫死"，而是吃了变质腐化的牛肉"中毒"而死："聂令所送的牛肉一定相当多，杜甫一次没有吃完。时在暑天，冷藏得不好，容易腐化。腐肉是有毒的，以腐化后二十四小时到二十八小时初生之毒最为剧烈，使人神经麻痹、心脏恶化而致死。加以又有白酒促进毒素在血液中的循环，而杜甫的身体本来是在半身不遂的状况中，他还有糖尿病和肺病，腐肉中毒致死不是不可能，而是完全有可能的。"相信杜甫死于耒阳的人们，常举韩愈《题杜子美坟》，但此诗不见于韩愈本集，风格亦与韩诗迥异，被洪业斥为伪作。

② 谢思炜：《杜甫集校注》，上海古籍出版社，2016。

瘴，蒙蒙雨滞淫。鼓迎非祭鬼，弹落似鸮禽。兴尽才无闷，愁来遽不禁。生涯相汨没，时物正萧森。疑惑樽中弩，淹留冠上簪。牵裾惊魏帝，投阁为刘歆。狂走终奚适，微才谢所钦。吾安藜不糁，汝贵玉为琛。乌几重重缚，鹑衣寸寸针。哀伤同庾信，述作异陈琳。十暑岷山葛，三霜楚户砧。叨陪锦帐坐，久放白头吟。反朴时难遇，忘机陆易沉。应过数粒食，得近四知金。春草封归恨，源花费独寻。转蓬忧悄悄，行药病涔涔。瘗夭追潘岳，持危觅邓林。蹉跎翻学步，感激在知音。却假苏张舌，高夸周宋镡。纳流迷浩汗，峻趾得嶔崟。城府开清旭，松筠起碧浔。披颜争倩倩，逸足竞骎骎。朗鉴存愚直，皇天实照临。公孙仍恃险，侯景未生擒。书信中原阔，干戈北斗深。畏人千里井，问俗九州箴。战血流依旧，军声动至今。葛洪尸定解，许靖力难任。家事丹砂诀，无成涕作霖。

由于长期的船上生活，杜甫身上的各种疾病急剧加重，已经无法自由行走和活动，只能躺卧在一艘漏风的破船上。杜甫清楚地感知到死亡的脚步正在向自己逼近，世界正滑向彻底的寂静之中："轩辕休制律，虞舜罢弹琴。尚错雄鸣管，犹伤半死心。圣贤名古邈，羁旅病年侵。舟泊常依震，湖平早见参。"一切动听的或不动听的声音与旋律均可以停息了，黄帝不要创制律吕①，舜帝也不要拨动琴弦②，诗人的心也快死掉。

"舟泊常依震，湖平早见参。"这儿的湖说的应该是洞庭湖，杜甫一家人正船行于北归的路上，作此诗时正处于洞庭湖东南方向，离黄陵山和二妃墓不远。接着诗中出现了"水乡"和"白屋"，"枫岸"与"青岑"③，以及"郁郁"的"炎瘴"和"蒙蒙"的"淫雨"，这些显而易见都是湖湘一带常见的冬日景象。杜甫满以为可以一路北行最终回到故乡长安，却没有想到心有

---

① 班固《汉书》卷二一上《律历志上》："黄帝使泠纶自大夏之西，昆仑之阴，取竹之解谷生，其窍厚均者，断两节间而吹之，以为黄钟之宫。制十二筒以听凤之鸣，其雄鸣为六，雌鸣亦六，比黄钟之宫，而皆可以生之，是为律本。至治之世，天地之气合以生风，天地之风气正，十二律定。"

② 司马迁《史记》卷二四《乐书第二》："昔者舜作五弦之琴，以歌南风，夔始作乐，以赏诸侯。"南朝宋裴骃《史记集解》引王肃曰："南风，育养民之诗也。其辞曰'南风之薰兮，可以解吾民之愠兮'。"

③ 湖湘多枫树，杜甫写有《双枫浦》，还在《清明二首》中写到青枫钻火的习俗。

余而力已不足，他的身体虚弱至极，喝一碗药也会累得大汗淋漓。此时的诗人就像一朵找不到桃花源的枯萎之花："春草封归恨，源花费独寻。转蓬忧悄悄，行药病涔涔。"杜甫再一次想到了早年和李白在一起时使用过的"转蓬"（飘蓬），除了使他依稀回忆起年少时的清狂，可能还暗示着自己已无法继续北行。

出生不久的女儿死了，诗人自己即使拄着拐杖也难以行走，只能如同婴孩一样重新学习走路。不能北行，又没有可信的"知音"可以投靠，纵有苏秦和张仪的舌头，盛赞当今天子的仁剑（周宋镡），也完全于事无补。心爱的乌皮几用再多的绳子也绑不安稳，身上的衣裳，用再多的针线也缝补不好。有人从"纳流迷浩汗，峻趾得欹斜。城府开清旭，松筠起碧浔"等诗句推断，杜甫可能乘船进入东洞庭湖某一支流。支流沿岸有绵延的高山峻岭，还有一个风景清幽、长满松树的城署。那条支流很可能就是昌江（平江），那座城署应该就是昌江县城。

杜甫此刻最感惭愧的是他没有给家人带来一个可以安身立命的家，在这个"公孙仍恃险，侯景未生擒。书信中原阔，干戈北斗深"的时代，拥有一个家是多么奢侈的梦想啊。直到生命的最后时刻，杜甫也没有忘记天下和苍生："战血流依旧，军声动至今。"但是，这一切都将过去，时代风云和个体生命终成灰。杜甫再一次想到了道教的葛洪和丹砂，那些令人想入非非的长命的（尸解）灵丹妙砂，也不过是些红色的灰尘："葛洪尸定解，许靖力难任。家事丹砂诀，无成涕作霖。"

诗题言"奉呈湖南亲友"（很可能包括前面提及的裴隐等人），这儿的"奉呈"明显带有一种托孤的含义。长子宗文如果还在，应该已到婚配年龄，次子宗武也有十七八岁，还有三个女儿也都在十岁以上。杜甫与夫人杨氏成婚于天宝元年（742），据元稹《唐检校工部员外郎杜君墓系铭》载，杜甫"夫人弘农杨氏女，父曰司农少卿怡，四十九年而终"。杜甫辞世时杨氏尚在，杨氏在杜甫走后的两三年后卒，他们一起共同生活了三十年左右。

元稹的墓志铭中没有提及长子宗文的名字，这个现象和通常的行文规范不太符合，因此有人怀疑宗文此前已经死了，也有人推测宗文并没有死，很可能过继给杜甫已故的哥哥做嗣子，李昌夔在杜甫死后任桂州刺史兼管防御观察使时，曾聘用时年二十多岁的宗文为正字，官阶为从九品上或正九品下,任华为之作《送杜正字暂赴江陵拜觐叔父序》。①

杜甫打从第二次踏出长安金光门那一刻开始,就一直想着要重回长安或偃师首阳山。十年漂泊西南和湖湘,他从未忘记回家的夙愿。诗人说,只要还有一口气,他就要回家!没有想到回家的路如此漫长,如此遥不可及!

杜甫回家的梦想,他自己没能够实现,他的妻子和儿子(宗武)也没能够帮他实现。直到四十年后,在其孙子杜嗣业的不懈努力下,杜甫和妻子的遗骨才从湖湘大地(岳阳一带)返回河南偃师首阳山——杜甫终于可以和伟大的祖先们长眠在一起。

杜甫的家太难回了,竟然要用三代人的心血和意志才能抵达。

杜甫的乡愁,才是人间最深最远的乡愁!

很多时候,我都为杜甫所做出的去留决定而深感疑惑,尽管每一次决定都有其充足的理由。如果仅从物质层面或现实生活去理解杜甫的决定,无论是离开拥有百亩竹林的成都草堂,还是离开拥有四十亩果园的夔州瀼西草堂,在今天看来都有些不可思议——关键是还带着一大家人。如果就待在成都,或者就待在夔州,就算没有什么"故人"的关照,也完全可以过上比较安逸的生活,绝不至于像在湖湘那样狼狈,水上漂泊,南北失所。长久的船上生活加剧了杜甫的各种疾病(尤其是风痹),我相信杜甫如果不离开成都或夔州,一定会活得更加长久一些。难道杜甫和他的家人不明白这个道理吗?他们身处其中,当然是明白的。但是最终还是拗不过一个更大的理由,一个更强悍的梦想——回家。纵然有一万个理由留下来,只要有这一个离去的理由,所有的理由就都变得苍白无力。

我突然明白过来,无论是青年时代的浪荡与漫游,还是晚年的颠沛和流离,其实都是诗人试图以血肉之躯抵达心灵的原乡。杜甫用他的全部身心,全部的爱和舍弃,全部的坚忍和踪迹,印证了德国天才诗人诺瓦利斯(Novalis)的箴言:哲学就是一种乡愁,是一种在任何地方都要想回家的冲动。

湖南多疾风,"楚岸朔风疾,天寒鸧鸹呼"(《缆船苦风戏题四韵奉简郑十三判官》)。"疾风吹尘暗河县,行子隔手不相见。"(《冬末以事之东都湖城

---

① [美]洪业著,曾祥波译:《杜甫:中国最伟大的诗人》,上海古籍出版社,2014。

疾　风

东遇孟云卿复归刘颢宅宿宴饮散因为醉歌》）疾风中的小舟，小舟中的诗人，诗人身边的乌皮几都被吹散为烟云。

风太疾，吟诵了世间万象，也吟诵了一生浮沉的杜甫，中国不朽的诗人，不，人类不朽的诗人就此搁笔。

万古江河

我相信，每一个生命，无论是宏伟的生命，还是渺小的生命，历经千难万险来到这个世界上，一定都背负着某种独特的使命；否则，就没有必要到来。

杜甫来到这个世界，就是来为汉语诗歌的写作制定标准的。

杜甫所制定的诗歌标准，不仅仅涵括古典汉语诗歌，还在相当广阔的意义上，为现代汉语诗歌的写作指明了方向。

诗圣杜甫

中国的诗圣，为什么是杜甫而不是别人？

第一个明确无误地把"诗圣"这个光芒称号赠给杜甫的，是明代宣德年间著名学者与诗人陈献章。他在一组叫作《随笔》的诗中写道："子美诗之圣，尧夫又别传。后来操翰者，二妙少能兼。"① 不过，把杜甫的诗与邵雍

---

① 钱谦益编：《列朝诗集》丙集第四，中华书局，2007。韦力在《觅诗记》（上海文艺出版社，2017）中说："杜甫在中国诗史上的地位极其崇高，被称之为'诗圣'。其实，这个顶级尊号要到了清末，才真正戴到了杜甫的头上。当时有位专研杜诗的人，名叫王嗣奭，他在《浣花草堂二首》中称：'青莲号诗仙，我翁号诗圣。'"这个说法显然是错误的，王嗣奭也不是清末人，而是明末人。

（尧夫）的诗相提并论，却让这个"诗圣"的含金量大打折扣。杜甫诗圣之名虽然始于明代，但评断至迟始于宋代。秦观在《韩愈论》中指出："于是杜子美者，穷高妙之格，极豪逸之气，包冲澹之趣，兼峻洁之姿，备藻丽之态，而诸家之作所不及焉。然不集诸家之长，杜氏亦不能独至于斯也。岂非适当其时故耶？孟子曰：'伯夷圣之清者也，伊尹圣之任者也，柳下惠圣之和者也，孔子圣之时者也。孔子之谓集大成。'呜呼，杜氏、韩氏，亦集诗文之大成者欤！"①意思是说，杜甫不仅是诗歌中的圣人，还像孔子一样是圣人中的圣人，兼具了四种圣人（圣之清者、任者、和者、时者）的品质，因此杜甫是"集大成"的圣人。事实上，宋人将杜甫视为诗中圣人或诗中的孔子，已广为人们所接受。晁说之在《和陶引辩》中，以曹（植）、刘（桢）、鲍（照）、谢（灵运）、李（白）、杜（甫）之诗为"五经"；吴可在《藏海诗话》中"以杜为正经"；朱熹在《朱子语类》中称李杜诗为"本经"；吴乔在《围炉诗话》中称杜诗为"杜六经"；陈善在《扪虱新话》中认为"老杜诗当是诗中六经，他人诗乃诸子之流也"。南宋大诗人杨万里则在《江西宗派诗序》中直接称杜甫是"圣于诗者"。

叶嘉莹认为杜甫是中国诗歌集大成中的集大成者："谈到我国旧诗演进发展的历史，无疑唐代是一个足可称为集大成的时代，只根据《全唐诗》一书来统计，所收的作者，就有二千二百余人之众，而所收的作品，则更有四万八千九百余首之多。在如此众多的作家与作品中，其名家之辈出、风格之多采，自属一种时势所趋的必然之现象。面对如此缤纷绚烂的集大成之唐代诗苑，如果站在主观的观点来欣赏，则摩诘之高妙，太白之俊逸，昌黎之奇崛，义山之窈眇，固然各有其足以令人倾倒赏爱之处，即使降而求之，如郊之寒，如岛之瘦，如卢仝之怪诞，如李贺之诡奇，也都无害其为点缀于大成之诗苑中的一些奇花异草。然而如果站在客观的观点来评量，想要从这种种缤纷与歧异的风格中，推选出一位足以称为集大成的代表作者，则除杜甫而外，实无足以当之者。杜甫是这一座大成之诗苑中，根深干伟、枝叶纷披、耸拔荫蔽的一株大树，其所垂挂的繁花硕果，足可供人无穷之玩赏，无尽之采撷。"②

---

① 秦观：《淮海集》卷二二，四部丛刊初编本。
② 叶嘉莹：《杜甫秋兴八首集说》，北京大学出版社，2008。

其实，诗圣杜甫是中国诗歌之集大成者的认识，最早来源于唐代的元稹。在杜甫辞世四十年后，元稹在杜甫孙子杜嗣业的请求下，为之撰《唐故检校工部员外郎杜君墓系铭》：

> 唐兴，官学大振。历世之文，能者互出。而又沈宋之流，研练精切，稳顺声势，谓之为律诗。由是而后，文变之体极焉。然而莫不好古者遗近，务华者去实；效齐梁则不逮于魏晋，工乐府则力屈于五言；律切则骨格不存，闲暇则纤浓莫备。至于子美，盖所谓上薄风骚，下该沈宋，言夺苏李，气吞曹刘，掩颜谢之孤高，杂徐庾之流丽，尽得古今之体势，而兼人人之所独专矣。使仲尼考锻其旨要，尚不知贵，其多乎哉。苟以其能所不能，无可无不可，则诗人以来，未有如子美者。

这个评价已经把杜甫推到了中国诗史上最为崇高的位置，赋予杜甫一层神性的光辉，诗圣的名字已是呼之欲出！元稹认为杜甫与唐代一般诗人最大的不同在于：他从不"好古"而"遗近"（"不薄今人爱古人"），从不"务华"（"清词丽句必为邻"）而"去实"（"渐知秋实美"），从不"效齐梁"（"熟精文选理"）而"不逮于魏晋"（"纵使卢王操翰墨，劣于汉魏近风骚"），从不"工乐府"而"屈于五言"（"别裁伪体亲风雅"），从不"律切"（"诗律群公问"）而无"骨格"（"锋棱瘦骨成"），从不"闲暇"而失"纤浓"（"风流儒雅亦吾师"）。因此，杜甫之所以是杜甫，杜甫之所以伟大，亦在于其从久远的传统中萃取精华（"风骚""沈宋""苏李""曹刘""颜谢""徐庾"），兼收并蓄成为我有：尽得古今体势，兼人人之所独专。能做到这个份儿上的诗人，不是诗中圣人还会是什么人呢？

诗史与史诗

"诗史"的含义是多重的①，如果仅仅理解为杜甫以诗歌的形式真实地记录了历史，不仅会使"诗史"的光芒变得暗淡，还使杜甫诗歌本身的广阔纵深空间受到严重压缩。在通常的语境中，"诗史"的提出，似乎意味着诗

---

① 孟棨《本事诗·高逸第三》："杜逢禄山之难，流离陇蜀，毕陈于诗，推见至隐，殆无遗事，故当时号为'诗史'。"

歌很难达到历史叙写的高度，而杜甫诗歌竟然达到了，甚至超越了历史的真实性。这儿有一种预设，即历史高于诗歌。这种预设有其必然的文化支撑，中国人对祖先的迷恋，中国人对历史的记录与研究，中国的历史文献之丰盛，在全世界范围内可能都很难找到出其右者。和中国的历史文化形成强烈对比的是毗邻我们的印度，印度几乎没有历史文献的书写，他们只有史诗，以致西方考古学家要从中国高僧玄奘的《大唐西域记》中去寻觅和印证印度的古迹与历史。此一现象也在相当大的程度上解释了中国文化中为什么没有严格意义上的汉语史诗，因为史诗的职能已被历史写作替代或吸纳。

我更愿意将戴于杜甫头顶的"诗史"光环和通常所说的"史诗"结合在一起来看待，我认为杜甫的诗歌具有史诗气质。无论是早年在长安一带所作之《自京赴奉先县咏怀五百字》《北征》和"三吏""三别"，还是晚年在夔州所作之《秋日夔府咏怀奉寄郑监李宾客一百韵》《壮游》《昔游》《遣怀》《八哀诗》等，都具有隐约的史诗色彩。我们甚至能从他的《诸将五首》《咏怀古迹五首》或《秋兴八首》中嗅到史诗的气息。我愿意将杜甫一千四百多首诗作，视为一幅气象恢宏的盛唐至中唐时期的史诗画卷。

诗史杜甫或史诗杜甫的意义，并不仅仅在于他用诗歌的方式呈现了史学家难以呈现的历史场面与细节，更在于杜甫以诗人之心、天地之心，深入时代与人的灵魂深处，将细如秋毫又壮阔无垠的内心世界展露无遗，还在于杜甫始终是唐代社会一个犀利的观察者和批判者——批判是杜甫手中的利器。在唐代诗人中，没有比杜甫更具批判精神的史诗诗人了。杜甫的诗歌就像一面光鉴纤毫、朗映万象的神奇镜子，使千载之下的世人，得以窥见一个风云时代的侧影：光芒的侧影，灰暗的侧影；繁华的侧影，凋零的侧影；欢乐的侧影，悲伤的侧影；历史的侧影，诗歌的侧影！

幸与不幸

明代诗论家胡应麟曾试图从杜甫诗歌写作的蛛丝马迹中，寻觅和梳理杜甫的文学渊源及影响脉络，从中亦可以见出杜甫何以成为中国古典诗歌的圣人或集大成者①：

"飞星过水白，落月动沙虚"，吴均、何逊之精思；

"春色浮山外，天河宿殿阴"，庾信、徐陵之妙境；

"山河扶绣户，日月近雕梁""碧瓦初寒外，金茎一气旁"，高华秀杰，杨（炯）、卢（照邻）下风；

"冠冕通南极，文章落上台。诏从三殿去，碑到百蛮开"，典重冠裳，沈（佺期）、宋（之问）退舍；

"耕凿安时论，衣冠与世同。在家常早起，忧国愿年丰"，寓神奇于古澹，储（光羲）、孟（浩然）莫能为前；

"片云天共远，永夜月同孤。落日心犹壮，秋风病欲苏"，含阔大于沉深，高（适）、岑（参）瞠乎其后；

"退朝花底散，归院柳边迷""花动朱楼雪，城凝碧树烟"，王右丞（维）失其秾丽；

"地平江动蜀，天阔树浮秦""日月低秦树，乾坤绕汉宫"，李太白（白）逊其豪雄；

至"岸花飞送客，樯燕语留人"，则钱（起）、刘（长卿）圆畅之祖；

"两行秦树直，万点蜀山尖"，则元（稹）、白（居易）平易之宗；

"两边山木合，终日子规啼"，卢仝、马异之浑成；

"山寒青兕叫，江晚白鸥饥"，孟郊、李贺之瑰僻；

"冻泉依细石，晴雪落长松"，岛（贾岛）、可（吴可）幽微所从出；

"竹斋烧药灶，花屿读书床"，籍（张籍）、建（王建）浅显所自来；

"雨抛金琐甲，苔卧绿沉枪"，义山（李商隐）之组织纤新；

"圆荷浮小叶，细麦落轻花"，用晦（许浑）之推敲密切。

上面共涉及二十八个诗人，除吴均、何逊、庾信和徐陵是南朝作家之外，其余二十四人均为唐代诗人，跨越整个唐代，几乎把南朝至唐代一流诗人一网打尽！这些诗人（作家）都有各自擅长的写作风格和成就：或精思，

---

① 胡应麟：《诗薮》内编四，上海古籍出版社，1979。

或妙境，或高华秀杰，或典重冠裳，或寓神奇于古澹，或含阔大于沉深，或秾丽，或豪雄，或圆畅，或平易，或浑成，或瑰僻，或幽微，或浅显，或组织纤新，或推敲密切。而杜甫之诗，仅以一人之力竟然将上述诗境与诗法尽收笔底。胡应麟的意思是，把所有南朝和唐代最好的诗人加在一起，也无法与我们的诗人杜甫抗衡！对于集大成者之杜甫，胡应麟不无绝望地感叹道："读唐诸家至杜，辄令人自失。"这话写得有点狠，感觉生在杜甫之后的诗人，都注定了失败的结局。

杜甫诗歌风格与手法的丰富性几乎达到了空前绝后的地步，令后来的追随者们只有高山仰止的份儿。所以清人仇兆鳌才在《杜诗详注》中说："有能窥其一二者，便可名家，况深造而具体者乎。此予所以稚齿服膺，华颠未至也。"意思是说，杜甫丰富得不可方物，随便给后代诗人分点雨露，都可以令其活得有模有样，也就是《新唐书·杜甫传》中所说的："甫浑涵汪茫，千汇万状，兼古今而有之。它人不足，甫乃厌馀，残膏剩馥，沾丐后人多矣。"清人叶燮也表达了同样的观点："杜甫之诗，包源流，综正变。自甫以前，如汉魏之浑朴古雅，六朝之藻丽秾纤、澹远韶秀，甫诗无一不备。然出于甫，皆甫之诗，无一字句为前人之诗也。自甫以后，在唐如韩愈、李贺之奇昊，刘禹锡、杜牧之雄杰，刘长卿之流利，温庭筠、李商隐之轻艳，以至宋、金、元、明之诗家，称巨擘者，无虑数十百人，各自炫奇翻异，而甫无一不为之开先。"①

杜甫之后的汉语诗人是幸运的，杜甫已用毕生的心血为汉语的写作蹚出一条大道，人们可以沿着这条诗歌的大道继续向前，抵达永无止境的汉语深峻之处。同时，杜甫之后的汉语诗人也是痛苦的，杜甫为汉语写作所制定的标准历经千年而弥新，迄今仍是难以企及的风标。

生于杜甫之后的诗人，幸与不幸，那得看你有多大胸襟和多少才华了。我曾在《唐诗弥撒曲·钟声》中写道：

> 唉！绝响的辉煌世界／在才华散尽的修辞中／永失我心

---

① 叶燮：《原诗》内篇上，人民文学出版社，1979。

鹰与凤凰

不仅仅在唐代,即使放眼整个中国诗歌史,杜甫之所以成为杜甫,之所以能成为诗圣,都有其深远而复杂的诗歌生态背景。法国哲学家丹纳(Taine)在《艺术哲学》中所提出的艺术三要素:种族、时代和环境[①],仍然适用于杜甫诗歌的成长逻辑。我们可以这样认为:杜甫出生的古老而非凡的家族血脉、杜甫生长的由盛而衰的激烈时代(包括中国诗歌史本身的万事俱备)和他足迹所至的洛阳、长安、巴蜀和楚湘大地,成就了独一无二的杜甫。一切都为诗圣杜甫的出现做足了准备,只待千古一子美的到来——"饥鹰待一呼"——一只饥渴的诗歌雄鹰,就要翱翔在汉语的苍穹之上。

在此基础上,再加上天赋与后天的努力,这只汉语的雄鹰必将与百鸟之王凤凰同体。论天才,李白肯定不输于杜甫;论勤奋,白居易也不输于杜甫;论执着,贾岛、孟郊可能也不输于杜甫。但是三者兼而有之者只有杜甫。杜甫之外,大唐亦无两。他是如此自信而张扬:"七龄思即壮,开口咏凤凰";他是如此刻苦而欣喜:"读书破万卷,下笔如有神";他是如此坚忍而固执:"为人性僻耽佳句,语不惊人死不休";他是如此沉迷地追求完美:"陶冶性灵存底物,新诗改罢自长吟。"莫砺锋说得好:"如果说杜甫是诗国中的凤凰的话,那么非凡的天赋与惊人的学力就是凤凰的一对翅膀。"[②]

诗圣杜甫的诗歌,有鹰的凌厉,有凤凰的仁心。

杜甫对极致诗艺的自觉与自省,缜密的写作规划,高度的文体意识以及诗歌美学的多样性追求(清新俊逸与沉郁顿挫),唐代诗人中罕有其匹。既爱翡翠戏于兰苕,又能掣鲸鱼于碧海之中。杜甫所涉猎的每一种诗歌体裁,无论是古风还是律绝,无论是五言还是七言,无论是歌行还是排律,无论是即事名篇还是大型组诗,都达到了一种前所未有的高度,其中尤以五律、七律、五古和五言长排为其所擅长。

杜甫对人世和大自然微妙变化的敏感性("桑麻深雨露,燕雀半生成"),

---

① [法]丹纳著,傅雷译:《艺术哲学》,人民文学出版社,1963。
② 莫砺锋:《杜甫评传》,南京大学出版社,2019。

无与伦比的想象力（"放神八极外，俯仰俱萧瑟"），对汉语音乐之美的挚爱（"思飘云物外，律中鬼神惊"），以及词语之丰赡，在唐代诗人中绝无仅有。有学者统计，杜甫现存作品的单字量高达4118个——这是一个惊人的数字，须知一部《红楼梦》的单字量也才四千多个。衡量一个诗人是否伟大，当然有很多尺度，但是有一个尺度，也是最重要的尺度，那就是他是否为拓展母语的宽度和深度做出了贡献。可以这样说，如果没有杜甫的诗歌，汉语的表现力将大大减色。例子可以举出一大把，比如"白云苍狗""暮云春树""落月屋梁""哀丝豪竹""别开生面""冰雪聪明""并蒂芙蓉""波澜老成""惨淡经营""长安棋局""古稀之年""衮衮诸公""麟角凤觜"等①，这些已经深入汉语内部血液的词语，几乎全都来自杜诗。

相形之下，现代汉语诗人还有很长的路要走，他们还没有为丰富和提升汉语的表达做出太多的贡献。诗人西川曾谈及："古往今来，一般人都会认为当下没有诗意，而比如月亮、秋天、林木、溪水、山峦、寺宇、客栈、家乡，甚至贫穷、蛮荒、虎啸猿啼，由于过去被反复书写过无数遍，便被积累为诗意符号，会顺理成章地呈现于语言。但在当下，忽然哪天化工厂爆炸，石油泄漏，地下水污染，股市崩盘，你写诗试试，你写不了，因为你那来自他人的、属于农业文化和进士文化审美趣味的、模式化了的、优美的、书写心灵的所谓'文学语言'，处理不了这类事，因为你在语言上不事发明。"②如何从传统的"农业文化"词语中汲取生力，并且迅速契入现代或后现代工业文化的核心，仍然是摆在当代汉语诗人面前的难题和重任。

---

① 杜甫《可叹》："天上浮云似白衣，斯须改变如苍狗。"《春日忆李白》："渭北春天树，江东日暮云。"《梦李白二首·其一》："落月满屋梁，犹疑照颜色。"《醉为马坠诸公携酒相看》："酒肉如山又一时，初筵哀丝动豪竹。"《丹青引》："凌烟功臣少颜色，将军下笔开生面。"《送樊二十三侍御赴汉中判官》："冰雪净聪明，雷霆走精锐。"《进艇》："俱飞蛱蝶元相逐，并蒂芙蓉本自双。"《敬赠郑谏议十韵》："毫发无遗憾，波澜独老成。"《丹青引》："诏谓将军拂绢素，意匠惨澹经营中。"《秋兴八首·其四》："闻道长安似弈棋，百年世事不胜悲。"《曲江二首·其二》："酒债寻常行处有，人生七十古来稀。"《醉时歌》："诸公衮衮登台省，广文先生官独冷。"《病后过王倚饮赠歌》："麟角凤觜世莫辨，煎胶续弦奇自见。"

② 西川：《杜甫与韩愈》，《中华文学选刊》2018年第6期。

诗歌与苦难

　　诗歌和苦难好像是一对孪生兄弟。有人说，一场安史之乱虽然毁了大唐盛世，却成就了一个伟大的诗人。明人谢榛就说："子美不遭天宝之乱，何以发忠愤之气、成百代之宗。"① 从某种意义上来看，这话或许是有一定道理的。的确，给中国古代社会带来深重影响的安史之乱的血与火，让杜甫的诗歌闪烁着炼狱般苦与痛的光芒。诗人从痛苦与疼痛的锐角，向汉语的底层和内部无限掘进，并且展现出惊人的生命力和感动力。

　　但是，我们可不可以说：如果没有安史之乱，就没有伟大的诗人杜甫？我个人并不完全同意这样的说法。尽管清人赵翼说过："国家不幸诗家幸，赋到沧桑句便工。"杜甫本人也说过："文章憎命达，魑魅喜人过。"事实上，杜甫在安史之乱之前就已经写出了《望岳》《房兵曹胡马》《奉赠韦左丞丈二十二韵》《饮中八仙歌》《兵车行》等传世名篇，这些诗篇已足以令杜甫成为唐代最杰出的诗人。安史之乱后，杜甫的名篇伟制更是举不胜举。可以肯定地说，如果没有安史之乱，我们看见的杜甫，一定和现在看到的杜甫不一样。但是，杜甫仍然是伟大的杜甫，他的才华摆在那儿，他的胸怀摆在那儿，他的眼光摆在那儿，他的沧桑诗心摆在那儿，他对汉语无与伦比的驾驭力摆在那儿。

　　毋庸讳言，苦难之火的确是煎熬和提纯诗歌精华的祭台。

　　诗歌似乎天生即与苦难相随，与孤独为伍。诗歌是黑暗中的星辰、绝望中的灯火。

　　没有真正经历过苦难的人，很难想象能成为一个真正的诗人。杜甫的确经历过很多苦难，就算没有安史之乱，也算是一个饱经劫难的人。时代的苦难（"南北逃世难"）、理想的苦难（"许身一何愚"）、仕途的苦难（"青冥却垂翅"）、个人的苦难（幼年丧母、先后丧子女、下过死牢、死里逃生）和身心的苦难（肺病、糖尿病、风湿病、哮喘、耳聋等），可谓无不备尝。

　　诗人柏桦曾在一篇文章中谈道：在杜甫的众多形象中，有一种形象从未

---

① 谢榛：《四溟诗话》卷二，人民文学出版社，1961。

被人论及,那就是他同波德莱尔一样,有一种极乐的自我虐待倾向。在这一倾向中,他享受着自己的苦难,并具有一种弗洛伊德所说的死本能冲动。T. S. 艾略特在论述《波德莱尔》一文时认为:"他是这样的一个人之一,他们有伟大的力量,但那仅仅是受苦的力量。他不能逃脱苦难,也不能超越它,因此他就把痛苦吸引到自己身上。他所能做的,就是运用痛苦所无法削弱的那种巨大、被动的力量和感受性,来研习他的苦难。在这一局限内,他根本不像但丁,甚至也不像但丁地狱中的任何人物。但另一方面,波德莱尔所受的这种苦暗示了一种积极的极乐状态的可能性。"波德莱尔用如此巨大的力量及感受性来拥抱苦难并以此达到一种积极的快乐(beatitude)状态(这一状态是许多诗人都曾经历过的写作状态),柏桦认为这是对波德莱尔其人其诗最精准的阐释,完全可以移植到杜甫身上。① 我虽然并不完全认同这个观点,但它至少给我们提供了一个考察杜甫的不同于传统思维的角度。

苦难与怜悯

杜甫诗中所呈现的苦难,除了身家的苦难,更多的是推己及人或推人及己的苦难:将自己的小苦和人民的大苦进行语言叠加,与士大夫的责任性苦难("穷年忧黎元")叠加成一种巨大的、始终无法排遣的生民苦难,从而形成一种更具社会学意义的苦难景观。这是一种典型的儒家传统中的苦难,正如孟子所说:"禹思天下有溺者,由己溺之也;稷思天下有饥者,由己饥之也,是以如是其急也。"② 大禹并不是因为自己被洪水淹没过才想到天下会有人遭遇洪灾,后稷也不是因为自己饿着肚子才想到天下会有人遭遇饥荒。恰恰相反,善治水的大禹和发现五谷的后稷有可能并没有真正面对过此种情形,由于他们是最富有同情与怜悯之心的人,因而会把天下人所遭遇或可能遭遇的苦难当作自己所面临的苦难。于他们而言,天下人的苦难才是真正的苦难! 这是一种纯粹而高贵的恻隐之心,也是儒家文化中仁爱的最高境界。推己及人是大爱,推人及己更是一种仁爱。宋人黄庭坚真正理解了杜甫的愁

---

① 柏桦:《烂醉是生涯——论杜甫的新形象》,《中文自学指导》2005 年第 3 期。
② 《孟子》卷八《离娄下》,上海古籍出版社,2013。

苦，他在《老杜浣花溪图引》一诗中写道："中原未得平安报，醉里眉攒万国愁。"杜甫的忧愁和苦难主要不是来于自身，而是来自中原和万国。郭沫若在为成都杜甫草堂题写的那副楹联中，终于对杜甫做出了公正的评价："世上疮痍，诗中圣哲；民间疾苦，笔底波澜。"

杜甫是一位心怀巨大怜悯之心的诗人，因此他对苦难有着超乎寻常的感知能力。怜悯和同情心是人类所拥有的一种最珍贵也最广袤的情感。达尔文（Charles Robert Darwin）在《人类的由来》中赞美道："人，尽管有他的一切华贵的品质，有他高度的同情心，能怜悯到最为下贱的人，有他的慈爱，惠泽所及，不仅是其它的人，而且是最卑微的有生之物，有他的上帝一般的智慧，能探索奥秘，而窥测到太阳系的运行和组织——有他这一切一切的崇高的本领，然而，在他的躯干上面仍然保留着他出身于寒微的永不磨灭的烙印。"是的，人类本来出身寒微。而人类之所以伟大，诗人杜甫之所以伟大，就在于能向下怜悯到"最卑微的有生之物"，向上可以"窥测到太阳系的运行和组织"。①

人们一谈杜甫，必谈苦难，仿佛杜甫生来就是受苦的，就是来品尝人间苦味的。这样的认识并不全面，我甚至觉得杜甫的形象在千百年来的传播中，被有意无意地过度悲情化了。② 安史之乱的前期，杜甫当然受了很多苦。在那个"国破山河在"的混乱局势中，帝王或王孙们有时候都会饿肚子，何况一个普通的芝麻官或百姓，吃了上顿没下顿当然是常事。杜甫最苦的那几年，唐朝的人民都很苦，他还不是最苦的，"三吏""三别"中那些老翁和老妪，那些新婚之日就上战场送死的人，那些无家可别的人才是最苦的。

杜甫一生活到五十九岁，安史之乱爆发之时杜甫四十四岁，可以说这之前的四十四年，杜甫绝大部分时间还是生活得相当任性和惬意的，仅仅是漫

---

① ［英］达尔文著，潘光旦、胡寿文译：《人类的由来》，商务印书馆，1983。
② 王安石《杜甫画像》："吾观少陵诗，为与元气侔。力能排天斡九地，壮颜毅色不可求。浩荡八极中，生物岂不稠。丑妍巨细千万殊，竟莫见以何雕锼。惜哉命之穷，颠倒不见收。青衫老更斥，饿走半九州。瘦妻僵前子仆后，攘攘盗贼森戈矛。吟哦当此时，不废朝廷忧。常愿天子圣，大臣各伊周。宁令吾庐独破受冻死，不忍四海寒飕飕。伤屯悼屈止一身，嗟时之人死所羞。所以见公画，再拜涕泗流。惟公之心古亦少，愿起公死从之游。"

游吴越及齐赵就花去了近十年的时间,又在长安和一帮王公贵族文人雅士玩了差不多十年,在长安和洛阳还有不少的产业。他所说的"纨袴不饿死,儒冠多误身"只是一时的愤激之语。安史之乱后半期,杜甫来到了安逸的成都,受到高适、裴冕、严武和章彝等一方军政一把手的关照,中间虽再次经历战乱,总的来说生活仍然过得相当滋润,草堂成了杜甫人生的安乐窝。后来出蜀东下入夔州差不多两年时光,又有邛南防御使柏茂琳(贞节)的多方照顾,杜甫几乎过上了庄园主的生活,男女仆人多达五六名。倒是最后两年在湖湘一带南北漂泊,品尝了很多的苦味,但沿途仍有荆南节度使卫伯玉、公安少尹郑审和耒阳聂县令等人的帮助,日子过得比普通人好得多。请不要忘记:杜甫的确是受过太多苦难的人,但也是享受过欢乐和荣耀的人。

忧患与忠诚

杜甫的忧患意识和对时代近乎未卜先知的洞察力,是使其成为诗圣、其诗成为诗史的重要动力。对安禄山背叛行为的警觉,对回纥军队残酷行为和吐蕃入侵的预判,以及对玄肃父子最终反目的担忧,都证明了杜甫令人惊叹的政治敏感力。诗人身上确实一直存在着一种非常人所能及的第六感,这可能与人类最初的诗人大多来自巫师的秘密身份有关。莫砺锋认为:"杜甫对于政治确实具有相当高明的见解,体现了既深知治本又善察隐患的政治器识。但是与其说他是一个有经世之才的政治家,宁可说他是一位观察力极其敏锐的诗人。与其说他对某些历史进程的预见体现了他的政治才能,宁可说那体现了一种忧患意识。"[①] 盘踞于杜甫身心深处的这种忧患意识,才是他最大的愁和苦:"忧端齐终南,澒洞不可掇。"

杜甫能成为中国最伟大的诗人,还在于其丰沛而忠诚的情感。感情丰沛的人多,忠诚的人也不少;既有丰沛的情感,又忠诚不渝的人则寥若晨星。杜甫对待家人(妻子、儿女和兄弟)、朋友、同僚,对待王孙贵族、文武大臣、国家和皇帝,对待天下苍生和万物,始终怀有一颗忠诚的赤子之心。杜甫有着强烈的民本思想,人民在他的心中占据着重要地位。民本与忠君看起

---

① 莫砺锋:《杜甫评传》,南京大学出版社,2019。

来是矛盾的,但在杜甫这儿是和谐的。因为,他所忠之君王,是要能为人民带来福祉的君王。

很多人不理解杜甫为什么会对唐朝君王那么忠心耿耿、矢志不渝("葵藿倾太阳,物性固难夺"),看起来很像是一种愚忠。首先,我们得承认杜甫骨子里是一个儒者,儒家文化中由家庭血亲关系而推及国家君臣的同构情感在杜甫的意识中一直强烈地存在着,也几乎是所有中国古代士人无法逾越的一道门槛。宋代大儒朱熹在为王十朋的《王梅溪文集》作序时,曾将杜甫与诸葛亮、颜真卿、韩愈和范仲淹一起推为中国历史上的"五君子"①,足见杜甫的儒学影响力。其次,杜甫的忠君和很多人的愚忠有很大的不同,很多中国人所忠的君实际上只是一个符号,和某一个具体的君王并无多少直接的联系。而杜甫所忠的君是很具体的,他所忠的君就是我们反复提及的"太阳"皇帝玄宗(可能还包括开创贞观之治的唐太宗),而且是开元、天宝年间的玄宗皇帝。即使如此,杜甫对玄宗的某些政治行为和私人生活依然保持高度的警惕。对安史之乱中或其后的玄宗皇帝,杜甫只有担忧、同情和遗憾。同时,对于继任者肃宗和代宗,杜甫的感情变得非常复杂,始终无法建立对玄宗的那种纯洁的忠诚情感。事实上,杜甫辞去好不容易得到的华州司功参军以及后来的京兆功曹等职,都是缘于他对肃宗朝廷的彻底失望。杜甫忠诚的对象专一明确,他只忠诚于值得忠诚的玄宗(安史之乱前的玄宗),从未忠诚过肃宗,对代宗的感情就更淡薄了。创造了"开元全盛日"的玄宗皇帝,那样的政治家本来就值得忠诚和赞美。杜甫的忠君行为,在古代中国堪称典范,干净而纯粹。他在忠诚、忧患、批判和警醒之间,始终有着自己的天平。

万古江河

仅就个人魅力而言,杜甫可能并不能与李白比肩,李白身上的那种仙气别人学不来,但具有巨大的诱惑力。然而,就人格力量而言,李白远不如杜甫。杜甫身上的包容精神、担当胆略以及坚定的意志,唐代其他诗人难以望

---

① 朱熹:《晦庵集》卷七五,四库全书本。

其项背。杜甫的人格不一定是完美的,但一定是伟大的。叶燮认为诗人之根基就是胸襟:"我谓作诗者,亦必先有诗之基焉。诗之基,其人之胸襟是也。有胸襟,然后能载其性情、智慧、聪明、才辨以出,随遇发生,随生即盛。千古诗人推杜甫,其诗随所遇之人之境之事之物,无处不发其思君王、忧祸乱、悲时日、念友朋、吊古人、怀远道,凡欢愉、幽愁、离合、今昔之感,一一触类而起,因遇得题,因题达情,因情敷句,皆因甫有其胸襟以为基。"① 杜甫后半生的种种不幸际遇,均与其做左拾遗时疏救房琯相关,他因此而下大牢,最终被赶出长安,被排斥和冷落,但他从未为此有过一丝怨言,从未为此有过一毫的后悔——这等胸襟,这等怀抱,要何等高尚的人格才能做到?无伟大的人格,绝无伟大的诗人,更无伟大的诗篇。

韩愈在《调张籍》中赞美了杜甫万丈长的"光焰"。

一千多年后,闻一多再一次让世人目击:杜甫是我们四千年文化中,最庄严、最瑰丽、最永久的一道光彩。②

有人继续追问:为什么是杜甫而不是别人?

如果必须回答,我的回答是:因为他是杜甫。

我更愿意视杜甫及其诗歌为一条波澜汹涌的江河,其不仅奔腾在群星辉耀的中国诗史中,还奔腾在我们的热血和神往中。所有的烟云都会散去,所有的片帆或渔歌都会消失,只有万古的江河不废,亦不竭。③

---

① 叶燮:《原诗》内篇下,人民文学出版社,1979。
② 闻一多:《杜甫》,《新月》第1卷第6期。
③ 杜甫《戏为六绝句·其二》:"尔曹身与名俱灭,不废江河万古流。"

缘空一镜升（代跋）

一个诗人在他一生中，一定会和另一个诗人，尤其是历史上的某个诗人产生神秘的关联——要么成为异代的兄弟，要么成为精神上的父亲——这是一种说不清道不明的神秘缘分。

漫卷诗书的聂家岩少年

1979年秋天，我从大巴山腹地一个名叫聂家岩的小村庄考入西南师范大学（今西南大学）中文系，年甫十六岁，还是一个懵懂少年。大约是在入学的次年，也就是1980年下半年，中文系的杜诗研究专家曹慕樊先生（先生系目录学泰斗刘国钧、哲学家熊十力高足）给七七、七八级的学生开了一门选修课——杜诗选读。就我有限的见闻来看，这可能是全国高校首次开设关于杜甫研究的专题课。

上曹先生这门选修课的学生，以七七、七八级高年级的学生为主，学生平均年龄估计都在二十五岁以上。我作为低年级的少年学生，去旁听曹先生这门颇显高深的课程,坐在一群成熟男人之中,显得特别刺眼。一次课闲时间,曹先生走到我的面前,随手拿起放在书桌上的《杜诗选读》——那是曹先生亲自编选的铅印本内部参考教材,我认为其仍是中国迄今最好的杜诗选本之一,亦是我的案头必备——曹先生看见书页中凡有空隙处均密密麻麻写满了读书笔记,并且粘贴着各种读书札记纸条,目光中露出几分欣喜和讶异之色。这本书随我走南闯北一直没有舍得丢,迄今仍摆在我的书桌上。书的扉页上手写着"浣花水西"和"浣花野民"等字样,现在想来有点好笑,一个十七八岁的少年就成了"野民",再野又能野到哪儿去?估计是由于杜甫在诗中经常写及"野人"或"野老"之类的词①,才会让我想到这样苍凉的雅号。

曹先生低声问我:"你这么小,为什么要来听学长们的课?"我毫不迟疑地回答:"我要报考先生的杜诗研究生。"曹先生微微停顿了一下,郑重地说道:"你要考我的研究生可以,不过有一个条件——得把杜甫诗歌全部背诵下来,我就收你做学生。"我的兴奋神经一下子被刺激起来,不无挑衅地问道:"先生,历史上有没有一个人能把杜甫留下来的一千四百多首诗歌全部背诵下来呢?"曹先生摘下厚厚的镜片,呵了一口热气,撩起衣角轻轻地擦拭着:"有,当然有。""他是谁?"曹先生重新戴好眼镜,笑眯眯地拍了一下我的头:"康南海。"说真的,当时我还真不知道康南海是谁。曹先生看出了我的疑惑,接着补充道:"就是梁启超的老师康有为。"我庄严地站起来,对曹先生说:"好,先生等我两年。"

接下来的事情,就变成了一次美与记忆力的历险:用清人杨伦的《杜诗镜铨》为底本,我以平均每天背诵两首诗的速度(律绝可能会多至五六首),开始了一个人的杜诗苦旅。美丽的西南师大校园诸多角落,都留下了我背诵杜甫诗歌的身影。杜诗真是一片深不可测的大海啊,我成了颠簸其上的一叶小舟。两年时间很快过去了,我差不多兑现了自己的诺言。大三着手撰写毕业论文,我当然选择了杜甫,最终确定的题目是《杜甫诗学研究》。由刘健

---

① 杜甫诗中爱用"野人""野老",如《重过何氏五首·其一》:"重来休沐地,真作野人居。"《独酌成诗》:"苦被微官缚,低头愧野人。"《野老》:"野老篱边江岸回,柴门不正逐江开。"《投简咸华两县诸子》:"长安苦寒谁独悲,杜陵野老骨欲折。"

芬教授做指导，通过一年的努力，最终撰成三万字的论文。据称，这是我们那一届毕业生论文中写得最长的一篇学士论文。

大四上半年，我叩开曹先生的家门。曹先生的第一句话就是："全背了？"我说："全背了。"曹先生说："那你把《秋兴八首》背给我听。"我说："这个太简单了，来点难的，我给你背《北征》吧，我也很喜欢这一首。"我只背了几句，曹先生摆了摆手说，不用背了。我略觉沮丧，先生还是笑眯眯地盯着我："既然你那么喜欢这首《北征》，那你说说杜甫写女儿模仿母亲化妆的样子，'狼藉画眉阔'是怎么回事。"我想也没有想就说："杜甫女儿那时还小，依样画葫芦吧，结果画成了一个花猫脸。"先生沉吟了一会儿，又问："照你这么说，杜甫为什么不说'狼藉画眉乱'而要说'狼藉画眉阔'呢？"一下子把我给问住了。

令曹先生意外的是，我告诉先生，我不准备报考他的研究生。我对先生说，现在我喜欢闻一多，特别喜欢闻一多，我要去读闻一多弟子的研究生。曹先生绝对的大家风范，很快恢复了平静，立即告诉我，南充师院（今西华师范大学）的郑临川先生，就是闻先生的弟子，如果我愿意，他可以代为推荐。

那时的我，真是心高气傲啊，婉谢了曹先生的好意，我没有告诉曹先生不去郑先生门下的原因：那时的我还有很多虚荣心，眼中根本瞧不上南充师院呀。后来，我以第一名的成绩，考上了南开大学中文系王达津教授的研究生。王先生乃名家之后，其祖父王铁珊系蔡元培、许寿裳好友，王先生先后师从刘永济、唐兰、高亨、朱东润、闻一多、朱光潜、冯沅君等名师，闻一多还是王先生研究生毕业论文答辩时的座上师。

背诵杜甫诗歌的事情，在我们那一届的中文系上还是有点影响的。1981年夏天，南充发洪水，我在故乡聂家岩平生第一次给异性同学写了一封书信，那位名叫可可的女同学（后来成了我的妻子）给我回了一封不冷不热的信。信的末尾是这样写的："向小先生，听说你特别喜欢杜诗，相信在不远的将来，你一定会成为研究杜诗的大先生的。"这句话好像是在鼓励我，实际上深深伤害了我那颗不可一世的自尊心。我在后来的诗作《我的两地书》中还提及此事：

唉！我能把1400多首杜甫诗歌/脱口背诵出来又如何/聂家岩的少

年维特/独自躲到香樟树下漫卷诗书

大三暑假期间,我曾专程来成都礼拜杜甫生活过的草堂。南开大学研究生毕业时,我义无反顾地选择了锦江边的四川大学。到成都来的原因很多,其中有一条,就是想离杜甫热爱的成都和草堂更近一些,更近一些。

关于唐代眉毛的回答

为了很好地回答曹慕樊先生提出的那个问题,我查阅了大量资料,写成《杜甫"狼藉画眉阔"琐议——诗歌中的社会风俗剪影》一文,算是给曹先生和自己一个交代。那时我刚满十八岁,正狂热地喜欢着杜甫。

以白描手法勾勒人物情态栩栩如生者,在唐代首推杜甫。《北征》中写小女儿仿效母亲化妆,寥寥三十字,便将一幅乱世里苦中作乐的天伦图跃然纸上:"瘦妻面复光,痴女头自栉。学母无不为,晓妆随手抹。移时施朱铅,狼藉画眉阔。"

有学者指出杜甫《北征》诗意可能受到左思《娇女诗》的影响:"鬓发覆广额,双耳似连璧。明朝弄梳台,黛眉类扫迹。浓朱衍丹唇,黄吻澜漫赤。"仔细比较,便可发现二诗的确有颇多异曲同工之处:诗人均以自己钟爱的小女儿为摹写对象,都写到小女儿最爱做的一件事情是学习化妆。她们化妆时皆因年纪太小而弄巧成拙:杜甫的"痴女"用"朱铅"把眉毛画得一片"狼藉",左思的"娇女"则用"浓朱"把嘴角弄得鲜红"澜漫"。不同之处在于,杜甫的女儿是画眉毛,左思的女儿画的则是口红。虽然描写两个小女儿各有其侧重点,但总算是抓住了女性化妆的要害:眉毛和嘴唇。

杜甫此处看似直白的"狼藉画眉阔"一语,在释读过程中却有不同的说法,造成分歧的原因在于对开元、天宝之际的女性化妆尚有不同的认识。落实到诗中就是对于"阔"的不同理解:是因为画得狼藉而变阔呢,还是画眉本来就要阔,只是画得狼藉而已;还是因为本来画得又好又阔,只是后来不小心弄得狼藉呢?

盛唐开元、天宝之际到底有没有阔叶眉的风尚呢?回答是肯定的。

盛唐诗人中有不少写到阔叶眉习俗的,如景龙中(707—710)登进士第后从岐王李范游的张谔,在《岐王席上咏美人》诗中就有这样的句子:"半额画双蛾，盈盈烛下歌。"更为直接的是遗存下来的盛唐绘画作品，如敦煌壁画《乐庭瓌夫人行香图》中之女子，其眉毛皆阔而短，乐庭瓌正是在开元、天宝时出任太原都督的。武后之后不久的李重润墓石椁刻宫装妇女，其眉毛亦十分宽阔，形如桂叶。传为中唐周昉所画之《簪花仕女图》，图中仕女之眉为"浓晕蛾翅眉"，宽大如同飞蛾的翅膀（而不是飞蛾的触须）。此图经沈从文先生考证，盖为宋人据唐人旧稿增饰而成，并非周昉原作。图中妇女眉式为开元、天宝之际所有：浓晕蛾翅眉和蓬松大髻加步摇钗，成熟于开元、天宝之际。

宽如蛾翅的阔叶眉之风盛行于开元、天宝之际，至元和年间（806—820）时风一变，由浓晕蛾翅眉转变为八字式低颦细眉，与阔叶眉相较，别有一种纤柔的病态之美。白居易新乐府中有《元和时世妆》："时世妆，时世妆，出自城中传四方。时世流行无远近，腮不施朱面无粉。乌膏注唇唇似泥，双眉画作八字低。妍媸黑白失本态，妆成尽似含悲啼。"时尚往往是一面神奇的镜子，从中可以折射出时代精神的影子，仅就女性眉毛式样的变化而言，与盛唐阔大、健康的气象相比，中唐已显出几分萧索和悲凉。

盛唐是一个开放且自由的时代，就眉妆式样而言，亦是多种多样，修阔并举。唐张泌《妆楼记》："明皇幸蜀，令画工作《十眉图》，横云、斜月皆其名。"这十种眉式是哪十种，张泌并没有说明，明代蜀人杨慎在其《丹铅续录》中做了进一步的说明，十种眉式中，有数种当属阔眉，如横云眉、倒晕眉（当即浓晕蛾翅眉）等即是。宋苏轼《眉子石砚歌赠胡誾》诗："君不见，成都画手开十眉，横云却月争新奇。"这种对眉式的新奇追求之风至宋代仍有延续，陶谷在《清异录》中有一则记载，一个叫莹姐的平康妓，画眉日作一样，唐斯立戏之曰："西蜀有十眉图，汝眉癖若是，可作百眉图。"

杜甫之诗，旨在写乱世中的天伦之乐，小女儿之行为，既可看作实写，亦可看作虚写。诗人更可能描写的是这样一种情形：为了迎接父亲回家，小女儿早晨起来很认真地向母亲学习化妆，刻意画出了甚为浓重和庄重的桂叶阔眉，或因为一时的疏忽大意而弄脏或弄乱了自己精心描画的眉样（"随手抹"）。诗中不仅传达了小女儿的活泼与可爱，更通过母女浓妆画眉的细节，表达了离乱中的家人重逢是如此珍罕。虽然我们还没有足够的史料来证明：在盛唐开元、天宝之际，柳叶修眉是一种日常普通的妆，而桂叶阔眉可能是一种较为隆重的表达敬意或喜庆的盛妆。

仰止堂对白

二〇一六年正月十五下午，天气异常好，一扫前几日的凄风苦雨。我以第二届"《成都商报》读者口碑榜年度诗人"的身份参加了由成都商报社、成都杜甫草堂博物馆、《星星》诗刊联合举办的元宵诗歌分享会。这一天是圆满的日子、爱的日子，也是诗人的日子。大约有两百名诗人及诗歌爱好者一起来到杜甫草堂博物馆的仰止堂，诵读了我的二十首现代诗作。仰止堂这个名字，与当时的情景非常契合：我们来到这儿，是向诗圣杜甫仰望和致敬的。

正月十六晚上，在微信朋友圈，一位我素来尊敬的老教授发来短信，对我在杜甫草堂的仰止堂朗诵新诗这一举动表达了看法。在此，我要感谢老教授的真诚与坦率——为了还原当时的情景，我把那段对白略加整理转录于此。

老教授：新诗是舶来品，杜子美听不懂。

向：每个时代都有那个时代的新体诗。杜甫的律诗（近体诗），不就是唐代的新诗吗？他的拗体律诗，更是唐代新诗中的新诗，是唐代的先锋诗、探索诗、实验诗。至于说到舶来品，唐代的舶来品可谓琳琅满目。美国汉学家薛爱华为此撰写了《撒马尔罕的金桃》。唐代是很开放的时代，很多诗人都与异域文化相关，比如李、杜与西域文化，包括波斯、粟特、突厥文化，都有着千丝万缕的联系。杜甫诗中写过不少西域乃至更为遥远的人和事，著名者如《天育骠图歌》《太子张舍人遗织成褥段》和《荆南兵马使太常卿赵公大食刀歌》等。来自中亚的歌谣是否影响过大唐诗歌，应该是一个值得研究的课题，任二北、陈寅恪、岑仲勉等人的研究中也应该有所涉及。再则，说到新诗或自由诗，当时的歌行体，无论是形式（自由多变的句式）、结构（浪漫恢宏），还是气质（鲜活、充满生命张力），都是不折不扣的自由诗。几乎每一个成功的唐代诗人，都写过这样的歌行体，杜甫更是自创歌行体的大家。

老教授：即使有外来的影响，也是一个吸取消化的过程，而不是被同化的过程，所谓新诗是被同化的，与传统诗歌无多大关系。诗体包括古风、乐府、律诗、词、曲，至元代诸体大备，至今未再出现新体。至于所谓新诗，并非传统意义上的新体，王力称作白话诗或欧化诗，不是从传统诗词发展来的，故我说杜甫听不懂。词汇系统都不同，他如何听得懂呢？

向：汉语的白话传统一直存在，它不是胡适等人发明的，而是和汉语的书面语相辅相成，相互滋益、吸收和分享的，是一枚硬币的两面。

老教授：敝人认为，到草堂念些杜甫听不懂的诗，怕是有些亵渎。中国诗歌的基本词汇是以书面语为基础的文言，故今人大体可懂古代诗文。新诗用白话且杂用翻译名词，今人看得懂，古人就看不懂了。且白话变化甚快，可以预言再过百年，只有专家才读得懂所谓新诗。

向：关于诗歌与书面语、口语、俗语、外来语之复杂关系，不是新题而是旧话。屈原、李白、杜甫、莎士比亚、里尔克等人的写作均与之相关。只要汉字还在，汉语不灭，今天的新诗，尤其是那些可以称为卓越的现代诗或先锋诗歌，百年后，甚至千年后的人们一定能听得懂，并且能从中倾听到诗人们的心跳。从语言史或词汇史的角度来看，并不存在真正意义上的口语与书面语之分——所有的书面语都来源于口语；反过来，几乎所有的口语，都有书面语的根源。

老教授：诗歌应该是在传统的形式上发展来的（世界各民族的诗歌无不如此），而所谓新诗，却不是这样的，它们是些没有传统的欧化诗。

向：真正好的新诗、现代诗，并非像您所说，全是欧化的样子（毋庸讳言，今日新诗中确有大量的翻译体存在），其中有相当一部分作品体现出纯正的汉风：在自由、解放的形式下，奔涌着汉语的血液。其实，传统与现代、固有文化与外来文化，从来就是孪生的兄弟姐妹。就说借鉴外来诗歌形式吧，那也是可以写出杰出诗篇的。日本诗人谷川俊太郎，并没有用日本传统诗歌形式（和歌俳句），而是用自由诗成就了日本国民诗人！印度泰戈尔，也没有使用印度古老的史诗形式（如《薄伽梵歌》），而是借鉴英语诗歌写下了不朽的《飞鸟集》。百年前就有保守者预言：胡适这样的新诗，必定是短命的。但是，百年过去了，新诗不仅没有短命，反而涌现出一大批才华横溢的诗人，如郭沫若、闻一多、梁宗岱、戴望舒、徐志摩、冯至、穆旦、陈敬容、郑敏、何其芳、北岛、食指等。倒是墨守成规的旧体诗,已经日渐衰落。

老教授:所谓新诗出名的诗人不少,但他们的诗句有几句为人们所传诵呢?传统诗歌近几十年不振,是教育缺位所致。我见你在草堂朗诵新诗,地点不对,应去天府广场朗诵才好,那里听得懂的人多。在草堂朗诵,杜甫听不懂,未免唐突前贤。其实我不反对舶来的新诗,它有存在的理由。

向:杜甫一定不会认可您这个看法。杜甫之所以伟大,甚至比李白还要伟大,就在于他是人民的诗人,他一直在苦难生活的现场。其实,我是学古典文学出身的,自己也写过不少古体诗,但是后来全部烧掉了。去年冬天,在回复"天铎诗歌奖"发起人萧乾父的采访中,我曾回答过这个问题:我放弃写古体诗,原因很简单,即我觉得今天的人再去写古体诗,连清代的人都写不过,遑论唐宋。因此,我是怀着一种绝望的心情,告别旧体诗的写作的。别人还要继续写旧体诗,那是别人的自由,我也期待他们能写出无愧于时代和汉语的旧体诗——但是,请允许我放言:二十一世纪的中国好诗歌,一定是接通汉语血脉、打通中西隔膜的现代汉语诗歌。

杜甫说过:"千秋万岁名,寂寞身后事。"(《梦李白二首·其二》)千秋也好,万岁也罢,都太久了,生命多么短暂啊!还是读杜诗吧,杜甫绝对可以抵消部分生命的幻灭感。读得多了,便会对杜诗的口吻越来越熟悉。有时候,仅凭直觉我就可以对杜诗异文做出判断。比如《闻官军收河南河北》之"白日放歌须纵酒,青春作伴好还乡",一部分版本将"白日"写作"白首",我熟悉杜甫的口吻,我知道他会怎么说。杜甫在这儿绝对不会以"白首"去对"青春",一定会以"白日放歌"去与"青春作伴"。[①] 为什么呢?这就是我们的诗人杜甫,他有他的腔调,他有他特别喜欢的词语。"白日"和"青春"这四个字就是杜甫所喜欢的,与年龄没有关系。杜甫的口吻具有顽强的生命感召力,甚至会以近乎下意识的状态潜入我的写作。

癸巳年(2013)冬,我写下组诗《唐诗弥撒曲》,这组诗,如果没有杜甫的侧影闪现,将是不能成立的。这也再一次证明:新诗或现代诗与古典诗

---

① 向以鲜:《读杜札记二则》,《天津师大学报》1987年第1期。

歌之间并没有鸿沟；不仅没有鸿沟，很多时候，古典诗歌本身就是现代诗歌的精神源泉。那组诗中的《剑舞》，当然是献给杜甫的。还有，最后的《空山》，亦即全诗最后几句，借用的就是杜甫的诗句——这是我们的秘密，只有极少数真正了解的人才能洞悉。这时候，杜甫的口吻，也是我的口吻：

哦，万嶂之中/那儿万象吐纳、万籁交响/一只蝼蚁跋涉向枯萎的梨子/而苍穹之上，依然日升月沉

缘空一镜升

杜甫是从瘟疫中活过来的人，如果没有敬爱的洛阳姑姑的仁爱，人类将会失去一个不可复睹的诗人。他在《回棹》诗中再次写及瘟疫："衡岳江湖大，蒸池疫疠偏。"

2019年夏天，在四川大学出版社编辑舒星女士的主持下，我与出版社签订了写作《杜甫评传》的合同。我一直想写一写心中的杜甫，苦于没有找到合适的契机——这下好了，终于有机会来写一写我的杜甫。

正当我着手写作的时候，一场没有任何征兆的灾难悄然降临这颗本已满目疮痍的星球上：新冠病毒闪电般席卷了人类，我的写作亦因这场意想不到的病毒风暴而猝然停止。无可奈何又无所适从，只好蛰居丈人峰下，从冬天到春天，再到夏天。疫情防控期间我写过一首小诗——《安静也是一种磅礴力量》，我试图从被迫的安静中汲取一种心灵力量。

令我没有想到的是，中途又经历严重的目疾，真的很绝望。我完全理解杜甫所说的那种"老年花似雾中看"的痛苦，很担心这本《杜甫评传》可能会中途而废。还好，后来得到了较好的医治，国内疫情也控制下来，使我在仲夏时节可以重新投入激情的写作。这期间，我不断得到舒星女士的问候和鼓励，如果没有她的支持，可能就不会有这部《杜甫评传》的问世。

写作之中，我承受着难以想象的压力，这是我在写其他著述时从未有过的。原因在于我太喜欢杜甫，生怕写不好对不起自己的喜欢之情。当然，还有一个重要原因，在我面前，横亘着几座大山：冯至的《杜甫传》、郭沫若的《李白与杜甫》、洪业的《杜甫：中国最伟大的诗人》、朱东润的《杜

叙论》、陈贻焮的《杜甫评传》。还有闻一多、刘文典、岑仲勉、吉川幸次郎、宇文所安和叶嘉莹等人的杜甫研究。在这些大师面前，晚生还要去置上一喙，实在有些不自量力啊！

说起来，上面这些大师级人物，其中好几位多多少少还与我有点关联。闻一多和朱东润是我研究生导师王达津教授的授业恩师之一。有一次在网上与朱东润高足，即复旦大学教授陈尚君谈及这一渊源时，陈尚君开玩笑说，他算得上是我的师叔，论辈分也确实如此。在西南师大上大三时，洪业的侄女，即毕业于金陵女子大学的洪范到西师来做了一场访美的学术报告，报告在西师的大操场上举行，人山人海，简直像是在举行盛大的典礼。在那场报告中，我第一次知道了哈佛燕京学社，第一次知道了"引得"这种先进的文献典籍整理方式，第一次知道了洪业（煨莲）的名字，并且立即从图书馆借回《杜诗引得》。知道吉川幸次郎的事是后来到了天津南开大学的次年，中文系请来日本京都大学教授兴膳宏先生做短期学术交流，兴膳宏是吉川幸次郎的爱徒，自然会常常提及他的导师吉川幸次郎。

在大师林立的杜甫研究面前，我还得硬着头皮写下去，慢慢地，总算找到了一点自信心。随着写作的不断深入，这种自信心越来越强烈，以至于让我产生了几分傲视的幻觉。回过头来看，这些前辈大师的学问当然比我好，但他们不一定有我这么喜欢杜甫；就算有我这样喜欢，他们也没有我这样幸运，因为我能站在他们的肩头之上，我能从他们的杜甫研究中汲取精华和能量，从而淬炼出属于我的杜甫之血与火。

杜甫在《偶题》中写道："文章千古事，得失寸心知。作者皆殊列，名声岂浪垂。"于我而言有没有"名声"并不重要，只要不"浪垂"即足慰我心。秋色如佳酿，丈人峰下佳气渐浓。我再一次想到了当年杜甫登临时的情景，如果能顺着丈人峰的云朵不断向上攀升，那该有多好！杜甫在《江边星月二首·其一》中说："天河元自白，江浦向来澄。映物连珠断，缘空一镜升。"本以为我与杜甫早已结下前世今生的缘分，突然觉得一片空茫和苍白。银河本来就是洁白的，江水本来就是透明的，倒映其间的星辰像一些断了线的珍珠散落开来，明月却像一面空空荡荡的镜子，越升越高，越升越远。

"缘空一镜升"①：我与杜甫的缘分，真的空了吗？

那缘，是攀缘，也是缘分；那空，是苍穹，也是没有止境的虚无。

我要特别感谢西南民族大学王玮教授，在她温婉的引领和努力下，一百〇七岁的蜀中人瑞作家马识途老先生，封笔一年之后，毅然为本书惠赐墨宝，真正稀罕的茶年墨宝——这可能是迄今为止中文书籍中最高龄者的一次题名——我知道，这不是说这本书写得有多好，而是全拜诗圣杜甫之赐！

向以鲜志于辛丑秋青城山

---

① 此处之"缘空"的本义与唐代诗僧皎然《宿吴匡山破寺》之"蔓草缘空壁，悲风起故台"或顾况《送从兄使新罗》之"独岛缘空翠，孤霞上沈寥"义近，可参见杜甫《堂成》之"背郭堂成荫白茅，缘江路熟俯青郊"。

参考书目

［唐］李林甫等：《唐六典》，中华书局，2014。

［唐］李肇：《唐国史补》，四库全书本。

［唐］李吉甫：《元和郡县志》，四库全书本。

［唐］郑处诲：《明皇杂录》，中华书局，1994。

［唐］徐坚：《初学记》，四库全书本。

［唐］元稹：《元氏长庆集》，上海古籍出版社，1994。

［唐］韩愈：《韩愈集》，中州古籍出版社，2010。

［唐］柳宗元：《柳河东集》，上海古籍出版社，1993。

［唐］孟棨：《本事诗》，中华书局，2014。

［唐］张彦远：《历代名画记》，中州古籍出版社，2016。

［唐］司马承祯：《天隐子》，明正统道藏本。

［唐］段成式：《酉阳杂俎》，中华书局，1981。

［后晋］刘昫等：《旧唐书》，中华书局，1975。

［五代］王定保：《唐摭言》，上海古籍出版社，1978。

［宋］欧阳修等：《新唐书》，中华书局，1975。

［宋］王溥：《唐会要》，中华书局，1960。

［宋］司马光：《资治通鉴》，中华书局，1956。

［宋］宋敏求：《唐大诏令集》，商务印书馆，1959。

［宋］王存：《新定九域志》，聚珍版丛书本。

［宋］李昉等：《太平广记》，中华书局，1961。

［宋］李昉等：《太平御览》，四部丛刊三编影宋本。

［宋］李昉等：《文苑英华》，四库全书本。

［宋］郭茂倩：《乐府诗集》，中华书局，1979。

［宋］苏轼著，［清］纪昀评：《苏文忠公诗集》，扫叶山房石印本。

［宋］张耒：《明道杂志》，商务印书馆，1959。

［宋］赵次公注，林继中辑校：《杜诗赵次公先后解辑校》，上海古籍出版社，1994。

［宋］王洙辑：《宋本杜工部集》，国家图书馆出版社，2019。

［宋］葛立方：《韵语阳秋》，上海古籍出版社，1984。

［宋］罗大经著，王瑞来点校：《鹤林玉露》，中华书局，1983。

［宋］沈括：《梦溪笔谈》，中华书局，2016。

［宋］黄庭坚：《豫章黄先生文集》，四部丛刊初编本。

［宋］秦观：《淮海集》，四部丛刊初编本。

［宋］魏庆之：《诗人玉屑》，中华书局，2007。

［宋］胡仔：《苕溪渔隐丛话后集》，人民文学出版社，1962。

［宋］宋敏求：《春明退朝录》，中华书局，1980。

［宋］杨万里：《诚斋易传》，四库全书本。

［宋］张邦基：《墨庄漫录》，中华书局，1985。

［宋］赵子栎：《杜工部年谱》，四库全书本。

［宋］张戒著，陈应鸾笺注：《岁寒堂诗话笺注》，四川大学出版社，1990。

［宋］王禹偁：《小畜集》，四库全书本。

［宋］冯椅：《厚斋易学》，四库全书本。

［宋］俞琰：《书斋夜话》，四库全书本。

［宋］黎靖德编：《朱子语类》，中华书局，1986。

［宋］陆游：《渭南文集》，四部丛刊初编本。

［宋］陆游：《老学庵笔记》，中华书局，1979。

［宋］朱弁：《风月堂诗话》，四库全书本。

［宋］孙奕：《履斋示儿编》，中华书局，2014。

［宋］黄彻：《䂬溪诗话》，人民文学出版社，1986。

［元］脱脱等：《宋史》，中华书局，1977。

［元］马端临：《文献通考》，中华书局，2011。

［元］辛文房著，傅璇琮等校笺：《唐才子传校笺》，中华书局，1995。

［元］范梈：《诗学禁脔》，中华书局，2014。

［明］胡震亨：《唐音癸签》，古典文学出版社，1957。

［明］严从简：《殊域周咨录》，中华书局，1993。

［明］徐弘祖：《徐霞客游记》，上海古籍出版社，1982。

［明］李时珍：《本草纲目》，人民卫生出版社，1979。

［明］胡应麟：《诗薮》，上海古籍出版社，1979。

［明］杨慎：《词品》，上海古籍出版社，2009。

［明］谢榛：《四溟诗话》，人民文学出版社，1961。

［明］佚名：《刘生觅莲记》，中华书局，1991。

［清］钱谦益：《钱注杜诗》，上海古籍出版社，1979。

［清］钱谦益编：《列朝诗集》，中华书局，2007。

［清］金圣叹：《杜诗解》，上海古籍出版社，1984。

［清］顾炎武：《日知录》，上海古籍出版社，2012。

［清］王夫之著，戴鸿森笺注：《姜斋诗话笺注》，人民文学出版社，1981。

［清］桂馥：《札朴》，中华书局，1992。

［清］彭定求等：《全唐诗》，中华书局，1985。

［清］董诰等：《全唐文》，中华书局，2013。

［清］俞樾：《春在堂随笔》，江苏古籍出版社，2000。

［清］梁章钜：《巧对录》，岳麓书社，1991。

［清］王士禛：《带经堂诗话》，人民文学出版社，1963。

［清］徐松：《唐两京城坊考》，中华书局，1985。

［清］仇兆鳌辑注：《杜诗详注》，中华书局，1979。

［清］浦起龙：《读杜心解》，中华书局，1961。

［清］杨伦：《杜诗镜铨》，上海古籍出版社，1980。

［清］施鸿保：《读杜诗说》，中华书局，1962。

［清］汪瑗著，蔡志超校注：《杜律五言补注校注》，万卷楼，2016。

［清］钱大昕：《潜研堂金石文跋尾》，上海古籍出版社，2020。

［清］赵翼：《陔余丛考》，中华书局，1963。

［清］顾祖禹：《读史方舆纪要》，中华书局，2005。

［清］吴永口述，刘治襄记：《庚子西狩丛谈》，中华书局，2009。

［清］蒋士铨：《忠雅堂集》，嘉庆二十一年刻本。

［清］朱琰：《陶说》，天津市古籍书店，1988。

［清］蒲松龄：《聊斋志异》，齐鲁书社，1981。

［清］沈起凤：《谐铎》，人民文学出版社，2006。

［清］陈朗：《雪月梅》，上海古籍出版社，1987。

［清］吴其濬：《植物名实图考长编》，商务印书馆，1959。

［清］孙承泽：《天府广记》，北京古籍出版社，1984。

［清］叶燮：《原诗》，人民文学出版社，1979。

［清］周亮工：《因树屋书影》，凤凰出版社，1980。

［清］刘熙载：《艺概》，上海古籍出版社，1978。

梁启超：《饮冰室合集》，中华书局，2015。

罗振玉：《芒洛冢墓遗文续补》，民国六年（1917）刻本。

郭曾炘：《读杜札记》，上海古籍出版社，1984。

陈寅恪：《元白诗笺证稿》，上海古籍出版社，1978。

陈寅恪：《金明馆丛稿初编》，上海古籍出版社，1980。

陆侃如、冯沅君：《中国诗史》，百花文艺出版社，1999。

宗白华：《美学散步》，上海人民出版社，1981。

韦力：《觅诗记》，上海文艺出版社，2017。

朱自清：《〈唐诗三百首〉指导大概》，辽宁人民出版社，2000。

梁宗岱：《梁宗岱文集》，中央编译出版社，2003。

郑振铎：《清人杂剧初集》，民国二十年（1931）长乐郑氏石印本。

向达：《唐代长安与西域文明》，河北教育出版社，2001。

浦江清：《浦江清文录》，人民文学出版社，1989。

史念海：《西安历史地图集》，西安地图出版社，1996。

王子云：《从长安到雅典——中外美术考古游记》，岳麓书社，2005。

向以鲜：《中国石刻艺术编年史》，东方出版中心，2015。

丰子恺著：《丰子恺散文精选》，长江文艺出版社，2013。

冯至：《杜甫传》，人民文学出版社，2014。

郭沫若：《李白与杜甫》，中国长安出版社，2010。

朱东润：《杜甫叙论》，人民文学出版社，1981。

朱东润：《中国文学论集》，中华书局，1983。

钱锺书：《谈艺录》，中华书局，1984。

陈贻焮：《杜甫评传》，北京大学出版社，2003。

程千帆、莫砺锋、张宏生：《被开拓的诗世界》，上海古籍出版社，1990。

莫砺锋：《杜甫评传》，南京大学出版社，2019。

四川省文史研究馆编：《杜甫年谱》，四川人民出版社，1958。

刘文典：《杜甫年谱》，云南人民出版社，2013。

郭绍虞：《杜甫戏为六绝句集解》，人民文学出版社，1978。

郭绍虞：《照隅室古典文学论集》，上海古籍出版社，1983。

万曼：《万曼文集》，河南大学出版社，2007。

万曼：《唐集叙录》，中华书局，1980。

傅璇琮等：《唐五代人物传记资料综合索引》，中华书局，1982。

王达津：《王达津文粹》，南开大学出版社，2006。

欧阳予倩：《唐代舞蹈》，上海文艺出版社，1980。

常任侠：《中国舞蹈史话》，上海文艺出版社，1983。

曾枣庄、刘琳主编：《全宋文》，上海辞书出版社、安徽教育出版社，2006。

谢思炜：《杜甫集校注》，上海古籍出版社，2016。

萧涤非等：《杜甫全集校注》，人民文学出版社，2014。

萧涤非：《杜甫诗选注》（增补本），人民文学出版社，2017。

宋开玉：《杜诗释地》，上海古籍出版社，2004。

山东大学《杜甫全集》校注组：《访古学诗万里行》，人民文学出版社，1982。

胡小石：《胡小石论文集》，上海古籍出版社，1982。

林悟殊：《摩尼教及其东渐》，中华书局，1987。

曹慕樊：《杜诗杂说》，四川人民出版社，1981。

曹慕樊：《杜诗杂说续编》，巴蜀书社，1989。

葛晓音：《杜诗艺术与辨体》，北京大学出版社，2018。

韩成武：《诗圣：忧患世界中的杜甫》，河北大学出版社，2000。

蒋蓝：《蜀地笔记》，四川人民出版社，2017。

温虎林：《杜甫陇蜀道诗歌研究》，中国社会科学出版社，2015。

王辉斌：《唐人生卒年录》，贵州人民出版社，1989。

刘显波等：《唐代家具研究》，人民出版社，2017。

傅举有等：《马王堆汉墓文物》，湖南出版社，1992。

吴玉贵：《中国风俗通史·隋唐五代卷》，上海文艺出版社，2001。

于赓哲：《隋唐人的日常生活》，陕西人民教育出版社，2017。

赵云旗：《唐代土地买卖研究》，中国财政经济出版社，2002。

刘梦溪主编：《中国现代学术经典·洪业、杨联陞卷》，河北教育出版社，1996。

叶嘉莹：《叶嘉莹说杜甫诗》，中华书局，2018。

叶嘉莹：《杜甫秋兴八首集说》，北京大学出版社，2008。

简锦松：《唐诗现地研究》，（高雄）中山大学出版社，2006。

简锦松：《杜甫诗与现地学》，（高雄）中山大学出版社，2018。

简锦松：《杜甫夔州诗现地研究》，台湾学生书局，1999。

康正果：《风骚与艳情》，上海文艺出版社，2001。

师力斌：《杜甫与新诗》，团结出版社，2019。

［法］丹纳著，傅雷译：《艺术哲学》，人民文学出版社，1963。

［爱尔兰］詹姆斯·乔伊斯著，徐晓雯译：《一个青年艺术家的肖像》，译林出版社，2014。

［美］洪业著，曾祥波译：《杜甫：中国最伟大的诗人》，上海古籍出版社，2014。

［美］薛爱华著，程章灿、叶蕾蕾译：《朱雀——唐代的南方意象》，生活·读书·新知三联书店，2014。

〔美〕苏珊·朗格著，刘大基、傅志强等译：《情感与形式》，中国社会科学出版社，1986。

〔美〕宇文所安著，贾晋华等译：《诗的引诱》，译林出版社，2019。

〔美〕高友工、梅祖麟著，李世耀译：《唐诗的魅力》，上海古籍出版社，1989。

〔德〕海德格尔著，彭富春译：《诗·语言·思》，文化艺术出版社，1991。

〔英〕达尔文著，潘光旦、胡寿文译：《人类的由来》，商务印书馆，1983。

〔日〕吉川幸次郎著，李寅生译：《读杜札记》，凤凰出版社，2011。

〔日〕斋藤茂著，申荷丽译：《妓女与文人》，商务印书馆，2011。

〔日〕古川末喜著，董璐译：《杜甫农业诗研究：八世纪中国农事与生活之歌》，西北大学出版社，2018。

〔日〕池田温著，孙晓林等译：《唐研究论文选集》，中国社会科学出版社，1999。